Song's Hospital Dock

때로는 병원도 아프다

병원이 받아야 할
마케팅 종합검진

때로는 병원도 아프다

송재순 지음

매일경제신문사

머리말

　요즘 들어 TV, 신문 등의 일반 대중매체가 무엇보다 빈번하게 다루는 프로그램이나 기사는 아마도 건강에 관련된 것이 아닐까 싶다. 그만큼 많은 사람들이 자신의 건강과 생명 연장에 관심이 많다는 얘기다. 그러다보니 웬만한 병원에는 '종합건강검진'을 받으려는 사람들의 줄이 끊이지 않는다. 이름 하여 '휴먼도크(human dock)'다. 이는 배가 드나드는 dock, 곧 '부두'에서 유래된 말이다. 부두란 데가 원래 긴 항해를 마친 선박을 점검하고, 다시 또 나서게 될 다음 항해를 준비하는 곳이 아니던가? 그런 의미의 단어, dock가 human 뒤에 붙어 그럴듯한 합성어가 된 셈이다. 수많은 역경을 거쳐야 하는 인생 항로의 중간 점검이라고 할까?

　이렇게, 배도 받고 사람도 받는 것이 종합건강검진이다. 그렇다면 정작 병원은? 과연 병원 자신은 건강을 자신할 수 있는가? 그래서 무병장수할 수 있는가?

병원(hospital)도 dock에 들러봐야 하지 않을까? 그것을 'Hospital Dock'라 치면, 도대체 무슨 점검을 해야 할까? 임금과 비용이 감안된 재무제표, 각종 수치(신규 및 재진 수, 수술 및 검사 건수 등)들, 예산과 함께 단기 전략이 포함된 연차보고서 그리고 또? 어떤 것이 있을까?

병원의 건강검진을 위해 정작 확인해 보아야 할 것들은 따로 있다. management, brand, customer, strategy, communication, information이 그것이다. 이른바 마케팅 점검이다.

현재 독자의 병원은 건강한가? 너무도 오랫동안 방치되어 회복이 불가능할 정도로 암 세포가 퍼져 있지는 않은가? 발견된 문제가 천만다행으로 아직은 깔끔하게 도려낼 수 있는 정도인가? 팔팔한 젊음의 왕성한 건강상태인가?

병원 마케팅을 위해서는 먼저 병원의 위상 파악을 명확히 해야 한다. 그 위상 파악을 바탕으로 성장의 길을 열어야 한다. Hospital Dock, 그 종합건강검진과 치유를 통해서….

들어가기에 앞서

　병원이 달라지고 있다. 아니 좀 더 정확히 말하자면 병원을 찾는 소비자들은 요즘 예전과는 다른 것을 요구하고 있다. 그들은 더 이상, 의사 위주의 기술 중심적인 의료행위를 원하지 않는다. 그들은 더 이상, 의사를 '질병에 무지한 나를 치료해주는 유식하고 권위 있는 사람'으로 여기지 않는다. 그들은 의사를 '치료를 위해 내가 고용한 전문가'라는 '당당한 소비자'의 입장에서 바라본다. 이러한 소비자의 시각은(병원이, 제아무리 스스로의 전문지식을 앞세우며 점잔을 뺀다 하더라도, 애초부터 의료 산업이 '서비스' 업종의 한 분야였음을 되짚어 본다면) 너무도 당연한 얘기다.

　병원과 호텔이란 단어는 같은 어원으로 '순례자', '나그네를 위한 숙소', '심신을 회복한다'라는 뜻의 'Hospitale'에서 나왔다. 그러나 오늘날, 그 둘 중의 하나는 서비스 산업을 대표하는 '친절의 대명사'가 되었고, 다른 하나는 아직도 '권위를 누리는 높은 자리'에서 내려서기를 주저하고 있다.

병원이 서비스업임을 인정한다면, 그 서비스(Service)라는 단어가 하인(Servant)이라는 단어에서 유래되었다는 것도 액면 그대로 받아들여야 한다. 서비스업 종사자들에게 라이코스의 창업자, 밥 데이비스(Bob Davis)는 말한다. "항상 겸손하며, 신중하고, 주인(소비자)의 니즈를 예측하라. 당신은 하인으로서 주인(소비자)의 신임을 받아야만 한다. 그렇지 않으면, 당신이 그들의 마음을 얻는다는 것은 영원히 불가능할 것이다." 무슨 말인가? 그의 말을 보다 직선적으로 지금의 의료 산업에 대입해보자면, '유식하고 권위 있는 의사의 자리에서 주인을 섬기는 하인의 자리로 어서 내려앉아라!'라는 말이 아닌가?

그렇다면 병원은 왜, Servant의 자리까지 내려가 Service를 해야 하는가? 한마디로 '의료 시장에서 돈 벌기 위해서'이다. 이름 하여 '병원 마케팅'이다.

병원 마케팅이란, 글자 그대로 풀어 보면 Market에 ~ing가 붙여져 '시장(Market)이 변화되는(ing) 것에 병원이 적응해 나가는 제반 과정과 성과'라고 할 수 있다. 이는 소비자의 욕구에 부합되는 의술을 포함한 모든 서비스를 말하는 것으로서 경쟁자와 차별되는 그 무엇이다. 마케팅 개념(철학)의 발전 과정을 의료 산업에 대입해봤을 때 다음과 같이 요약될 수 있겠다.([참조] 의료 산업 마케팅 개념 변화 과정)

경쟁자와 차별되는 그 무엇이라는 것이 과거에는 다분히 직관적이고 경험적인 것이었다. 특정 병원이 가진 자기만의 진단법과 오랜 경험으로 축적된(그런 것이 만약 있다면) 비밀스런 처방이었다. 말하자면 '그 병원만이 가진 가치(Product)'가 경쟁력을 가진 차별점이었던 셈이다. 그러나 의료행위를 할 자격을 가진 사람은 늘어나는데도 소비자는 오히려 줄어들어 고도의 경쟁 환경에 접어든 오늘의 병원 마케팅은 그 근본 개념부터가 달라지게 되었다. 즉, 병원 당사자의 직관이나 경험, 자기만의 노하우에서 벗어나, '소비자가 원하는 것은 무엇이며 어떻게 충족시켜줄 수 있을까?'로 사고의 출발점이 옮겨가지 않으면 안 되게 되었다. 어쩔 수 없이, 보다 과학적이고 포괄적인 전략이 아니면 살아남을 수 없는 시점에 도달한 것이다.

사실 마케팅은 물과 기름처럼 서로 상반된 2개의 얼굴을 가진다. '논리'와 '비논리'가 그것이다. 서로 어울리기에는 근본이 다르지만, 그렇다고 잘 섞여지지 않으면 원하는 바를 얻을 수 없다. 체계적인 자료 수집과 논리적 분석이 '물'이라면, 그 자료를 기초로 한 전략을 구상하고 입안하는 데 필요한 직관과 영감, 그리고 창의력은 '기름'이다.

또한 과거의 병원 마케팅이 '어디에 얼마나 빨리 간판을 내거는가?'

[참조] 의료 산업 마케팅 개념 변화 과정

경쟁 구조	대학병원 / 의원	대학병원 / 병원 · 의원	대학병원 / 병원 · 의원 · 종합병원	대학병원 / 병의원 · 전문병원 · 종합병원
의료 행위	본능적	경험적	과학적	포괄적
콘셉트	Product	Care	Selling	Buying
이용 동기	위치	치료	서비스	경험 가치

하는 기득권 선점 수준의 문제였다면, 지금은 '소비자의 트렌드 변화를 얼마나 정확히 읽어내는가?' 하는 마케팅과 커뮤니케이션의 문제가 되었다.

예전 서울시병원회 회장이 어느 매체와 가진 인터뷰에서 "100개 병원 가운데 적어도 10개 이상이 문을 닫아야 할 상황"이라는 말로 작금의 의료계에 불고 있는 찬바람을 표현한 적이 있는데, 이러한 우려할 만한 상황의 원인에는 제도적, 환경적인 문제 이외에, 소비자 욕구를 간과하였다거나 표적 고객을 잘못 짚었다거나 하는 마케팅상의 오류 또한 적지 않았음을 지적하지 않을 수 없다. 그러나 지금까지 우리는 안타깝게도 문을 닫는 병원들에게서 '마케팅으로 실패했다'는 말을 들어 본 기억이 별로 없지 않은가? 그러나, 전략적으로 소비자를 분석하고 트렌드를 파악하여 소비자들이 무엇을 원하는지를 정확히 알고 나면, 병원 마케팅의 문제 중 상당수는 의외로 쉽게 해결될 수 있다.

국내 시장에서는 1990년대 이전까지만 해도, 그것이 어느 분야이든, 그 시장에 들어선 누군가가 얼마만큼이나 마케팅적 개념을 가지고 있었느냐에 따라 일찌감치 어느 정도의 승패는 판가름이 났던 것 같다. 그러면 지금은 어떨까? 4P니, Target이니, Concept니, Positioning이니 하는 웬만한 마케팅 용어는 이미 아주 익숙한 일상어가 되어 우리 주변을 떠다니고 있다. 마케팅적 개념을 '그나마 좀' 알고 있는 정도로는 속된 말로 '어디서 명함도 못 내미는' 시대가 된 것이다. 지금은, 어느새 상식처럼 되어버린 마케팅 지식을 뛰어넘어 시장을 보는 남과 다른 눈, 즉, 자기만의 독특한 전략적 해석력이 요구되는 시기이다.

병원 마케팅도 예외일 수 없다. 소비자가 중시하는 것을 발견하는 남다른 시력으로 경쟁자가 쉽게 쫓아올 수 없는 나만의 그 무엇을 만들어내야 한다. 그러나 열심히 풀을 먹지 않는 젖소가 어찌 좋은 우유를 만들어 낼 수 있겠는가? 끊임없이 궁리하고 지식을 축적하는 과정 없이 값진 지혜와 성공 전략은 얻어질 수 없지 않겠는가? 그 궁리와 축적은 어차피 각자의 몫이다. 그러나 보다 효율성을 높일 수 있는 어떤 아웃라인 정도는 주어질 수 있을 것으로 보인다. 말하자면, 좋은 우유를 내려는 젖소에게 필요한 '어디에 가서 어떤 풀을 먹어라' 정도의 안내문이라고나 할까? 건강을 지키려는 사람이라면 당연히 받아보아야 할 건강검진, Human Dock처럼 병원이 자신의 건강상태를 파악하고 그에 따른 대처 방안을 모색하기 위한 일련의 점검 과정. 그것을 필자는 Hospital Marketing Dock Flow라 이름 지었다. 곧, 이름 하여 [병원 마케팅 진단 과정]이다.

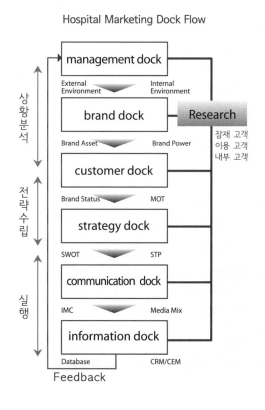

Contents

머리말   5

들어가기에 앞서   7

I 경영하는 의사인가요,
  진찰하는 CEO인가요?
  Hospital Management Dock

1. 어디로 가는지 모르면 아무데도 갈 수 없다   26

2. 직원들이 함께 공유하는 비전이 있는가?   29

3. 비전을 향한 나침반과 사다리   33

4. 병원 경영자가 당장 해야 할 일 10가지   36
   1) 직원을 높여라
   2) 인재로 키워라
   3) 제대로 뽑아라
   4) 이탈을 잡아라
   5) 과거를 잊어라
   6) 가능성에 덤벼라
   7) 상식을 깨라
   8) 실무에 맡겨라
   9) 찾아서 배워라
   10) 어떻게든 나눠라

II 동네가 아는 '이름' 일까요,
  시장이 찾는 '브랜드' 일까요?
  Hospital Brand Dock

1. 브랜드의 생로병사   84
   1) 브랜드의 탄생(네이밍)
      네이밍 작업의 단계
      네이밍의 차별화 포인트
      병원의 네이밍
   2) 브랜드 라이프 사이클(Brand Life Cycle)

     BLC 4단계
     병원의 BLC
   3) 브랜드 포트폴리오(Portfolio)
     BCG Matrix
     병원에서의 브랜드 포트폴리오

2. 힘 있는 브랜드가 되려면   103
   1) 브랜드 아이덴티티, 명확히 하라
     브랜드 아이덴티티의 성공 사례
     시각, 청각적 아이덴티티
   2) 브랜드 이미지, 일관성을 유지하라
     이미지 관리
     이미지 차별화
   3) 브랜드 이상(理想), 아이덴티티와 이미지를 일치시켜라
   4) 브랜드 확장, 소비자에게 물어라
     성공적인 브랜드 확장의 3가지 법칙
     성공한 브랜드 확장의 예
     실패한 브랜드 확장의 예
     병원에서의 브랜드 확장

3. 브랜드가 자산이 되려면   123
   1) 구성 요소를 갖추어라
   2) 브랜드 가치를 높여라
     브랜드 가치 평가 5단계
   3) 인재를 브랜드화 하라
     개인 브랜드화 전략

**Ⅲ 환자의 진찰만 하십니까,
고객과 대화도 하십니까?**
Hospital Customer Dock

1. 기억 단계   143
   1) 7등과 8등 사이, 병원의 생(生)과 사(死)는 고객의 기억에 달렸다.
   2) 고객이 '아는 것'과 '좋아하는 것'을 구별하라

Contents

2. 인지 단계   149
    1) 1등 병원, 할 일이 따로 있다
       1위의 전략
    2) 2~3위 병원, 1등으로 가는 길은 있는가?

3. 선호 단계   158
    1) 무엇을 선호할까?
       평판과 명성
       서비스
    2) 왜 선호할까?
       가치 충족
       이미지 고양과 위험 회피
       병원 고객이 원하는 4가지

4. 이용 단계   170
    1) 고객 중심
    2) 고객 접점
       접수
       대기
       진료
       입원
       퇴원

5. 반복 이용 단계   203
    1) 고객 이탈
    2) 고객 만족

6. 정착 단계   213
    1) 충성하게 하라
    2) 보상하라
       고객 관리 전략

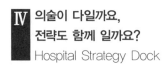

Ⅳ 의술이 다일까요,
전략도 함께 일까요?
Hospital Strategy Dock

1. 지피지기(知彼知己)   231
   1) SWOT 분석의 과정
   2) SWOT 분석의 실례

2. 표적 고르기(Segmentation)   235
   1) 시장 세분화의 조건
   2) 시장 세분화 방법

3. 표적 선정(Targeting)   244
   1) 표적 시장 선정 전략
   2) 표적 시장 선정 전략의 예

4. 제자리 찾기(Positioning)   249
   1) 포지셔닝의 유형
      경쟁 위치에 따른 포지셔닝
      리포지셔닝(Repositioning)
      소비자 이점에 따른 포지셔닝
   2) 세계 병원의 포지셔닝 사례
   3) 실패한 포지셔닝 전략, 그 원인
   4) 병원 포지셔닝 전략계획의 수립과 집행

V 무한(無限)과 통하는 기술입니다.
소통도 무한의 기술입니다.
Hospital Communication Dock

1. 효율적인 소통, IMC(Integrated Marketing Communication)   275
   1) 개념과 배경
      대중광고의 쇠락
      IMC의 등장
   2) 전략
      수립 과정
   3) 기회와 한계
      IMC의 현실적인 한계
      IMC의 한계 극복을 위한 제언

Contents

4) IMC 성공 사례

2. 소통을 위한 트리플 미디어   290
   1) 페이드 미디어(판매 미디어, Paid Media)
   오프라인 미디어
   병원의 오프라인 광고
   온라인 미디어
   병원의 온라인 광고
   2) 온드 미디어(자사 미디어, Owned Media)
   웹사이트
   병원의 웹사이트
   SNS(Social Network Service)
   병원과 SNS
   3) 언드 미디어(평가 미디어, Earned Media)
   PR(Public Relation)
   병원에서의 PR
   홍보(Publicity)
   병원에서의 홍보
   구전
   병원에서의 구전
   스토리텔링(Storytelling)
   병원에서의 스토리텔링

3. 소통의 평가   376
   1) 매체 분석
   총 노출량(GRP, Gross Rating Point)
   도달률(Reach) 또는 도달 범위
   빈도(Frequency)
   상호작용
   2) 효과 측정
   유효 빈도(Effective Frequency)
   측정 방법

4. 예산 수립   388
   1) 비용과 효과

2) 수립 방법
데이터베이스 구축

VI 경험과 직감일까요?
축적된 정보일까요?
Hospital Information Dock

1. 정보시스템의 활용　　　　　　　　　404
　1) 정보는 곧 돈이다
　　정보시스템 사례
　2) 병원의 정보시스템
　　문제점
　　개선 방안

2. 데이터베이스 마케팅(Database Marketing)　　412
　1) 왜, 데이터베이스 마케팅일까?
　　데이터베이스 마케팅의 효용
　2) 데이터베이스 마케팅의 효과를 높이려면
　3) 데이터베이스 마케팅 성공 사례
　4) 병원에서의 데이터베이스 마케팅
　　전개 과정

3. 고객관계관리(Customer Relationship Management)　425
　1) 고객에게 좀 더 가까이, CRM
　2) CRM을 잘 하려면
　　기억하기와 알아보기
　　단계별 전략
　　e-CRM
　3) CRM의 실패 원인
　　전략 수립상의 문제
　　시스템 구축상의 문제
　　실행상의 문제
　4) 성공적인 CRM 적용 사례
　　총각네 야채가게

Contents

17

Contents

리츠칼튼호텔
A은행
5) 병원에서의 CRM
병원 CRM의 예

4. 고객경험관리(Customer Experience Management)   443
 1) 마침내 CEM의 시대
 2) CEM의 성공 프로세스
  제1단계, 고객의 경험 과정 해부
  제2단계, 차별화된 경험의 디자인
  제3단계, 고객 피드백의 반영
  제4단계, 일관되고 통합된 경험 제공
 3) CEM의 성공 사례
 4) 병원에서의 CEM

**VII 조사에 밝으면
마케팅 길눈도 밝습니다.**
Hospital Research

1. 조사의 명(明)과 암(暗)   466
 1) 조사의 명(明) – 제록스
 2) 조사의 암(暗) – 마리안느

2. 조사를 통해 얻을 수 있는 것   469

3. 조사를 잘 하려면   471

4. 조사의 종류   474
 1) 정량 조사(Quantitative Research)
 2) 정성 조사(Qualitative Research)

5. 조사의 진행 단계   477

6. 병원에서의 조사   480
 1) 경영 전반의 단계별 조사
 2) 고객만족도 조사

병원이 받아야 할 마케팅 종합검진

Hospital Marketing Dock Flow

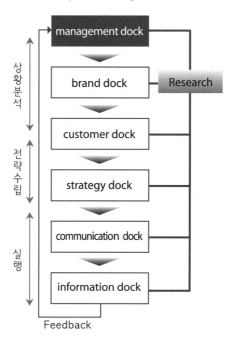

I 경영하는 의사인가요, 진찰하는 CEO인가요?
Hospital Management Dock

1. 어디로 가는지 모르면 아무데도 갈 수 없다

2. 직원들이 함께 공유하는 비전이 있는가?

3. 비전을 향한 나침반과 사다리

4. 병원 경영자가 당장 해야 할 일 10가지
   1) 직원을 늪여라
   2) 인재로 키워라
   3) 제대로 뽑아라
   4) 이탈을 잡아라
   5) 과거를 잊어라
   6) 가능성에 덤벼라
   7) 상식을 깨라
   8) 실무에 맡겨라
   9) 찾아서 배워라
   10) 어떻게든 나눠라

"
오케스트라 지휘자는
정작 자신은 아무 소리도 내지 않습니다.
그는 다른 이들이
얼마나 소리를 잘 내게 하는가에 따라
능력을 평가받습니다.
"

보스턴 필하모니 지휘자 벤 젠더(Ben Zander)

I. 경영하는 의사인가요,
진찰하는 CEO인가요?

Hospital Management Dock

　왜 병원은 해마다 도산이 늘고 정체가 가속화될까? 「마케팅 상상력」의 저자 테오도르 레빗 (Theodore Levitt)은 "경영 실패의 모든 책임은 정책을 결정하는 CEO가 경영을 잘못했기 때문"이라고 한다. 하나마나한 당연한 얘기 같지만, 정작 정체에 직면한 병원 CEO들 중에는 과연 "내 탓이오"라고 말하는 이가 얼마나 될까?

　필자는 광고대행사의 마케팅부서에서 병원 마케팅실로 자리를 옮긴 뒤, 독특한 사실 하나를 발견할 수 있었다. 그것은 병원 경영자들이 하나같이 의사이며, 그들이 의술은 물론 경영 마케팅까지 모두 쥐고 있다는 것이다. 그러한 1인 집중적 운영체제가 자칫 의술의 개발과 발전을 저해할 수 있다는 것과 전문 경영의 중요성을 간과하고 있는 것은 아닌지 진지하게 검토해야 할 것으로 보인다.

우리는 그 어느 때보다 냉철한 판단이 요구되는 시점에 놓여 있다. 현 시점에서 그 무엇보다도 병원 경영자가 놓치지 말아야 할 자명한 사실은, 의료 시장에서도 힘이 '소비자'에게로 넘어갔다는 것이다. 교육현장만 보더라도 정관까지 개정해가며, 경영과 관리 분야를 외부전문가에게 개방하고 있는 것이 현실이다. 그 단적인 예로, 서울의 모 대학이 게재했던 신문 광고의 헤드라인이 '부총장을 모십니다'였다. 너무 폐쇄적이 아니냐는 수없는 지적에도 아랑곳하지 않고 자신만의 아성을 쌓고 있던 대학조차도 강력한 경쟁체제 환경에 부딪히고 있다는 현실을 실감할 수 있다. 미국에서는 교내 2인자격인 부총장직을 기업인이나 경영전문가가 맡는 것이 관례처럼 된 지 이미 오래지만, 국내 대학도 이제는 강의 연구 분야 못지않게 경영 관리 분야도 중요한 전문 영역으로 인정하기 시작했다는 큰 변화의 신호탄으로 보인다.

요컨대, 병원 경영자도 경영전문가와 의료전문가로 나누어야 한다. 이미 일본 의료계에서는 오래전부터 병원의 운영을 전문 경영인에게 맡겨 효율을 높이려는 시도가 이뤄져 왔다. 의사인 이사장이나 원장을 정점으로 한 지금까지의 피라미드식 병원조직으로는 불황 시대를 벗어날 돌파구를 찾기 어렵다는 판단에서 나타나고 있는 현상이다. 이에 따라 기업 조직에서나 보이던 COO(Chief Operating Officer, 최고집행책임자)나 CEO(Chief Executive Officer, 최고경영책임자)라는 자리가 병원에서도 나타나고 있다. 대표적인 사례가 일본 언론에서 자주 거론된 바 있는 겐이쿠카이(健育會)다. 이곳은 모든 것이 이사장이나 원장에게 집중되어 있던 의료와 경영의 권한을 완전히 분리했다. 이른바 '의경(醫經) 분리'다. 의료는 의사에게, 경영은 전문 경영인에게 맡겨 조직의 효율을 최대화하자는 것이 기본목적이다. 이 병원이 도입한 것이 축구

용어 비슷한 투톱 시스템. 기존의 원장을 '메디컬 디렉터'로서 의료 활동에 전념시키는 한편 기존의 사무장을 '매니징 디렉터'로 격상, 권한을 강화시켰다. 모든 의사, 간호사, 사무 직원들의 인사권을 준 것이다. 경영전문가들의 눈에는 병원이 고쳐야 할 것이 수두룩했다. 혁신과 효율에 소홀하던 병원조직에 경영이라는 잣대로 근본적인 수술을 가한 것이다. 그 후 병원 경영은 몰라보게 달라졌다. 다케카와 이사장은 이 같은 병원의 경영 전략을 '의료인으로서의 사명감과 경영 합리성의 융합'이라고 표현하고 있다. 이를 근거로 직원을 채용할 때도 '의료는 비즈니스'라는 인식을 확실하게 지니고 있는가를 먼저 살핀다고 한다.

경영을 전문 경영인에게 맡기고 나면, 의료전문가에게는 몇 가지 의무가 주어진다. 젊은 의사들을 가르치는 일, 최상의 의술을 제공하는 일, 그리고 그동안 경영에 매달리느라 소홀했던 학회 참석이나 논문 집필에 집중하는 일이다. 또한 의료와 관련된 정치, 경제, 사회, 문화 등 거시지표와 보건복지부나 의료보험관리공단, 건강보험심사평가원 및 질병관리본부, 보건소 및 소비자단체들의 발표 내용 등에 이르기까지 의료와 관련된 미시자료, 라이프스타일보고서나 건강과 관련한 컨슈머 리포트들에 이르기까지 광범위한 자료들을 수집, 분석하여 구체화하고 활용하는 업무가 요구된다.

「성공하는 기업들의 8가지 습관(Built to Last)」의 저자 짐 콜린스(Jim Collins)는 '경영자는 시간을 알려주는 사람이 아니라, 시계를 만드는 사람이다'는 말로 효율적 경영이 주는 지속적 가치를 표현하고 있다. 한 번만 시간을 알려주는 사람보다는, 자신이 죽은 후에도 계속 시간을 가르쳐 줄 수 있는 시계를 만드는 사람이 훨씬 가치 있는 일을 하는 사람인 것처럼, 병원의 경영에서도 '당장의 시간을 알려주는' 근시적

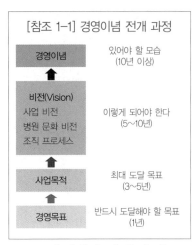

[참조 1-1] 경영이념 전개 과정

경영이념	있어야 할 모습 (10년 이상)
비전(Vision) 사업 비전 병원 문화 비전 조직 프로세스	이렇게 되어야 한다 (5~10년)
사업목적	최대 도달 목표 (3~5년)
경영목표	반드시 도달해야 할 목표 (1년)

경영이념 전개 과정)

인 실적에 매달리기보다 지속적인 성장을 위해 '시계를 만드는', 큰 그림으로서의 운영에 더 큰 노력을 기울여야 할 것이다.

본 장에서는, 그 큰 그림으로서의 경영에 기초가 되는 경영이념, 비전, 사업목적, 경영목표의 4가지 개념을 짚어보고 그에 따른 실천사항들을 확인해 보기로 한다.([참조 1-1]

1. 어디로 가는지 모르면 아무데도 갈 수 없다

루이스 캐럴(Lewis Carroll)의 동화, 「이상한 나라의 앨리스」에서는 이상한 나라에서 앨리스가 겪는 환상적인 모험이 그려지고 있다. 그 이야기 중에 다음과 같은 일화가 나온다. 이상한 나라에서 빠져 나가는 길을 찾다가 갈림길을 만난 엘리스가 꾀 많은 고양이 체셔에게 묻는다. "어떤 길로 가야 하나요?" 체셔가 되묻는다. "어디로 가는데?" 앨리스의 대답은 '모른다' 였다. 체셔는 웃으며 말한다.

"어디로 가는지 모르면 아무데도 갈 수 없어!"

병원도 마찬가지다. 병원 경영자들 중 상당수는 앨리스처럼 자신이 어디로 가고 있는지도 모른 채 하루하루 병원 문을 여닫고 있다. 애초에 가려고 했던 곳이 없으니 어디에 가있어도 자기 자리가 아닌 것처럼 어색하고 주변이 낯설 수밖에 없다. 경영이념의 부재에 따른 지극히 당연하고 보편적인 결과다.

경영이념이란 경영자가 자신이 경영하는 집단에서 추구하는 핵심가치이다. 그리고 그 핵심가치가 분명하게 바로 서 있다 하더라도 그 가치의 실현 여부는 집단 구성원 모두가 얼마나 그 이념을 공유하고 있느냐에 달려있다. 언젠가 한국을 방문한 GE의 잭 웰치(Jack Welch) 회장에게 누군가가 물었다. "세계에서 가장 존경받는 기업의 경영자로 선정된 비결이 뭔가요?" 그의 대답은 간결하고 분명했다. "딱, 한 가지입니다. 나는 내가 어디로 가는지 알고 있고, GE의 전 직원 역시 내가 어디로 가려 하는지를 알고 있다는 겁니다."

예를 들어보자. 사우스웨스트항공사 CEO의 경영이념이면서 전 직원이 추구하는 핵심가치는 '가장 저렴한' 이다. CEO 허브 켈러허(Herb Kelleher)에게 오늘의 성공 비결을 묻는다면 그는 잠시도 뜸들이지 않고 대답할 것이다. "우리는 가장 저렴한 항공사다. 이 점만 명심하면 당신도 나 못지않게 우리 회사를 위해 어떤 결정이든 내릴 수 있다." 명쾌하지 않은가? 경영자의 생각을 분명하게 알고 있는 직원은 어떤 경우에든 자기 자리에서 '판단'이 쉬워진다. 가령 소비자 조사에서 비행 중 간단한 식사와 관련해, 맛있는 양배추 슬로우 샐러드를 메뉴에 포함시키면 좋겠다는 의견이 있었다고 가정하자.(지금껏 이 항공사는 땅콩 정도 이외에는 기내식이 거의 없었다) 이때 CEO는 마케팅 담당자에게 물을 것이다. "이 메뉴를 제공할 때 우리가 가장 저렴한 항공사로 남을 수 있겠는가?" 돌아올 답은 당연히 No! 짧고 단호하다. 이것이 바로 CEO와 전 직원이 공유하고 있는 경영이념, 즉 핵심가치의 힘이다. 그리고 햄버거의 본고장 미국의 서부지역에서는 맛있는 햄버거로 첫 손꼽히는 것이 한국에서 유명한 그 대형 체인, 맥도날드나 버거킹이 아니다. 인앤아웃 버거다. 그들의 경영모토는 '단순함을 지키자'다. 최고의 맛과 청결, 서비스를 제공한다는 평범한 경영이념을 철저히 유지하는 것이 최고 평가의 비결이 된 것이다. 그리고 또 다른 예. 일본 다까시마야백화점이다. 1980년대의 어느 겨울, 일본 도쿄 변두리의 허름한 다다미방에서 백혈병을 앓으며 죽어가고 있던 한 소녀가 포도를 먹고 싶어 하자, 간호를 하던 그 소녀의 어머니는 무작정 포도를 찾아 나선다. 제철이 아니어서 구하기가 쉽지 않은 포도를 마침내 다까시마야백화점에서 발견한 어머니는 너무 비싸 절망한다. 그러나 그 안타까운 사연을 듣게 된 백화점 점원이 포도 상자를 열고 일부를 잘라 어머니에게 건네주었고, 얼마 후 소녀를 치료했던 의사가 마이니치 신문에 이 사연을 기고하면서 다까시마야백화점의 매출은 수십 배로 늘어난다. 얼마 후 창립 160주년을 맞은 이 백화점은 그동안 상징으로 오랫동안 쓰여 오던 '장미'를 '포도'로 바꾸고, "남을 돕는 마음을 갖자"라는 취지의 새로운 경영이념을 채택했다.

이러한 기업의 경영이념 제정에는 대전제가 있다. 자신의 이익을 떠난, 소비자와 사회에 제공되는 분명한 가치가 되어야 한다는 것이다. 다음의 세계 유수 기업 사례에서 보듯이 이제는 병원 경영에서도 명확한 이념이 무엇보다 우선되어야 한다.([참조 1-2] 주요 기업 경영이념)

바른 경영이념이 세워지고 난 뒤라야 비로

[참조 1-2] 주요 기업 경영이념

아메리칸 온라인
고객 연결성을 최우선으로
−언제, 어느 곳에서나

IBM
고객 서비스(customer service)
인간존중(respect for the individual)
탁월성(excellence)

델컴퓨터
직접 행하라

이베이(eBay)
거래 집단에 초점을 둬라

GE
우리가 경쟁하는 모든 산업에서
1∼2위가 되라. 아니면 철수하라

사우스웨스트에어라인
고객의 단거리 여행 경비를 자동차
여행에 소요되는 비용으로 만족시켜라

뱅가드
투자와 소유자에게 필적될 수 없는
가치를

월마트
보다 더 낮은 가격으로

미쉘린
이동성(Mobility)의 개선에 기여한다

소 중·장기적 비전과 중·단기 목표가 선명해진다. 바람직한 병원 경영자라면 '독자병원의 경영이념은 뭔가요?' 라는 질문에 대한 간결, 명확하고 일관된 답이 준비되어 있어야 한다. 그 답은 경영자 혼자만의 것이 되어서도 안 된다. 그것은 이미, 전 조직 구성원이 공유하고 있는, 그 병원의 문화이며 정신이 되어 있어야 한다.

오늘날 모든 병원이 경영상에 직면하고 있는 대다수의 문제는 영양실조에 따른 이상증세다. 오래도록 보충되지 못했거나 태어날 때부터 없었던 절대 영양소의 결핍이다. 그러나 다행스러운 것은 지금 안고 있는 문제의 해결책과 앞으로의 성공적인 병원 경영의 실마리가 될, 그 영양소가 독자의 병원 내부 어딘가에 있다는 것이다. 바로, 경영이념과 핵심가치의 정립과 공유다.

2. 직원들이 함께 공유하는 비전이 있는가?

"나에게는 꿈이 있습니다. …(중략)… 노예의 후손과 노예를 부렸던 이의 후손이 형제의 식탁에 함께 할 수 있으리라는, 나의 아이들이 피부 색깔로써가 아니라, 각자의 성격으로 판단되는 그런 나라에서 살게 될 것이라는 꿈이 있습니다." 마틴 루터 킹(Martin Luther King) 목사의 꿈 얘기다.

꿈이란 미래에 대한 생생한 영상이다. 꿈은 오늘을 사는 우리들 개개인의 미래를 향한 힘의 원동력이며 희망이다. 그러기에 사람이 음식 없이는 40일을, 물 없이는 10일을, 공기 없이는 4분까지 버틸 수 있지만 희망이 없이는 1초도 버티지 못한다는 얘기까지 있지 않은가?

사람을 살리고 죽이는 것이 꿈이라면 기업에도 그에 해당되는 것이 있다. 아니, 있어야만 한다. 곧 비전이다. 중복장애를 안고 살았던 헬렌 켈러(Helen Keller)가 했던 얘기도 같다. "맹인으로 태어난 것보다 더 불행한 것이 시력은 있되 비전이 없는 것이다."

비전이 없는 직원에게는 에너지도, 동기나 보람도 있을 수 없다. 한 취업 포털사이트의 조사에 따르면 직장을 떠나는 이유의 첫째가 '연봉', 둘째는 '불안한 비전'이었다. 효과적으로 제공만 된다면 목표의 70~80%가 달성된 것이나 다름없다고까지 할 만큼 중요한 것이 바로 비전이다. 그렇지만 경영자들은 실제 경영현장에서 오직 2.4% 시간만을 미래 구상에 사용한다는 하버드대학 존 코터(John Kotter) 교수의 연구 결과처럼 자칫 소홀하기 쉬운 것 또한 비전인 것도 사실이다.

1970년대 초까지만 해도 스위스의 대표적인 산업은 시계였다. 그러나 소비자들의 입장에서 보면 시계의 구입이 '소유'를 위해서가 아니라, '시간을 알기 위해서'였다. 따라서 정확한 산업의 이름은 '시계생산산업'이 아니라 '시간측정산업'이다. 그러다보니 보다 간편하고 값싼 일본의 전자식시계가 나오자, 그토록 오랫동안 독야청청, 인기를 누리던 스위스의 시계 산업(보다 정확히 말하자면 시간측정사업)은 사양길로 접어들게 되었고, 롤렉스나 피아제 같은 고급 상표만이 살아남는다. 그렇다면 그들은 어떻게 살아남을 수 있었을까? 롤렉스사의 회장인 앙드레 하이니거(Andre Heihiger)는 '우리는 시계 산업을 하는 게 아니다'라고 잘라 말한다. 그가 만드는 시계들은 시간의 측정을 위한 것이 아니라, 지위, 부유함, 패션감, 허영 등의 전혀 다른 인간 본연의 욕구 충족을 위한 것이기 때문이었다. 이러한 예는 우리가 벌이고 있는 사업을 올

바로 이해하고 정의하는 데 도움을 준다. 소비자가 자신의 주머니를 열어 무언가를 구입했다면 그가 갖고자 한 것은 '제품' 자체가 아니라 '필요(Needs)'와 '욕구(Wants)'의 충족이라는 것을 다시 한 번 상기해 볼 필요가 있다. 어떤 마케터는 이미 일부의 자동차군을 패션상품으로 분류하기도 한다. 때문에, 자신이 벌이고 있는 사업을 '정확하게 규정하기'는 비전을 수립하는 데에도 가장 결정적이고 중요한 개념이 될 수밖에 없다.

비전은 앞서 정의된 경영이념, 즉 '되어 있어야 할 미래의 모습'에 비추어 '그렇게 되기 위해서 우리는 언제까지 이렇게 해야 한다'는, 사업 색깔에 맞는 행동 방향의 구체적 설정이다. 이는 경영이념을 성취하기 위한 업무의 성격이나 프로세스를 개략적으로 포함하고 있는 또 하나의 가치이다. 이와 관련해 하버드경영대학 존 코터(John P. Kotter) 교수는 "만일 직원들에게 5분 이내에 설명하여, 이해와 흥미를 보이는 반응을 이끌어내지 못한다면, 제대로 된 비전이 아니므로 다음 단계로 넘어갈 수 없다"고 까지 말하고 있다.

경영학의 아버지 피터 드러커(Peter Ferdinand Drucker)의 생각도 같다. 그는 "비전은 단순명료하고 일관성 있는 목표를 가지며, 이해하기 쉽고, 도전해 볼만한 내용이어야 하고, 모든 직원이 공유할 수 있어야 한다"고 했다. 요컨대, 경영이념을 성취하는 데는 전 직원의 실천의지를 한껏 고양시켜줄 수 있는 멋진 비전만한 것이 없다는 말이 아닌가?([참조 1-3] 주요 비전 사례)

미국의 어느 유명 식료품회사의 사장, 스튜 레오나드(Stew Leonards)는 자신이 운영하는 상점의 벽에 다음과 같은 일종의 '직원 행동강령'을 적어 붙였다. '제1조, 고객은 언제나 옳다. 제2조, 만약 고객이 옳지 않다고 확신이 서면 규칙1을 보라.' 얼마 후, 그 정도로는 도무지 성에 차지 않았던 그는 3톤이나 되는 화강암에 그 내용을 다시 새겨 전 직원과 고객이 보는 곳에 세웠다. 굳이 무거운 돌에까지 새겨가며 그가 하고 싶었던 말은 무엇이었을까? 자신은 물론 조직 전체를 훈련하기 위함이었다. 그 경영철학은 고객이 볼 때마다 사장과 직원들 자신을 판단하는 기준이 될 것이고, 때문에 그들은 그에 걸맞는 행동을 하려고 분발하지 않을 수 없게 될 것이다. 한마디로 숨을 곳이 없어진다. 니이하라 히로아키(Niihara Hiroaki)가 저술한 「기업성공 6가지 핵심조건」에도 이와 유사한 내용이 있다. "비전이나 경영이념, 경영자의 의지를 직원들에게 전파하는 데 한두 번의 고지로는 어림도 없다. 서너 번은 되어야 '또 그 소리네' 하며 기억하게 되고, 대 여섯 번 정도 되풀이 될 때 '뭐지? 중요한가?' 라고 생각하며 다소 주의를 기울이고, 열 번 정도 이상 듣게 되어서야 비로소 경영자의 본심이 제대로 전달되어 기대에 가까운 반응을 보이게 된다"는 것이다. 자신의 생각과 방침을 전달할 때 '한 번 말했으니 알아들었겠지' 라고 생각하는 사장이 있다면 그야말로 형편없는 리더다. 직원들은 한 번 들은 것으로는 이해하지 못한다. 한 번 듣고 이해해서 사장의 결정을 충실하게 실행하는 직원이 있다면 그게 오히려 이상한 일이다. 그런데도 이 사실을 깨닫지 못하고 있는 리더들이 많다. GE의 잭 웰치(Jack Welch)는 '열 번 이상 얘기한 것이 아니면 한 번도 얘기 안 한 것과 같다' 고 비전 공유를 위한 커뮤니케이션을 강조하고 있다.

[참조 1-3] 주요 비전 사례

스타벅스
2000년까지 2,000개의 점포

월마트
2000년까지 매출액 1,250억 달러 기업

시티은행
전 세계 곳곳에 위치하는 독특한 글로벌 뱅크가 되자

3M
5~10년 후 매출액 50% 이상을 신규 사업에서 달성

나이키
아디다스를 격파하라

록웰
방위 산업에서 세계적으로 가장 다각화된 하이테크 기업으로 변화시키다

듀폰
인간을 통한 위대한 글로벌 회사의 창출

스탠포드대학
서부의 하버드대학이 된다

다른 조사에 의하면 직원들은 같은 얘기를 일곱 번 반복해서 들어야 겨우 비전을 이해하기 시작한다고 한다.

비전은 모두가 알아들을 때까지 이야기하라.

어느 한 직원과 경영자가 만난 엘리베이터 안, 그곳이 어디든, 그 짧은 순간에는 제아무리 첨단의 의료장비라도 잡아낼 수 없는 무언의 측정과 진단이 이루어지고 있다. '서로에게 흐르는 그 무엇이 있는가?'에 대한 진단이다. 바로 그때, 경영자와 직원 사이에 흐르는 건강한 그 무엇, 그것이 곧 병원의 생명을 이어주는 혈액이며 비전이다.

이제 다시 병원으로 돌아와 경영자에게 묻고 싶다. 독자의 병원 직원들은 지금 자신들이 몸담고 있는 병원이 어디쯤에 와 있는지를 알고 있는가? 그리고 그들이 가고 싶어 하는 곳은 병원이 가고자 하는 곳과 같은가?

3. 비전을 향한 나침반과 사다리

목표란 무엇이며 어떻게 설정해야 할까? 세계적인 기업 경영 컨설턴트 브레이언 트레이시(Brian Tracy)는 목표를 '막연한 꿈이 아닌 기술'이라고 했다. 그는 하버드대 MBA 과정 재학생을 대상으로 목표 설정에 관한 매우 흥미로운 연구를 했다. 학생들 중에서 뚜렷한 목표를 세우고 그것을 달성하기 위한 구체적인 계획을 세운 학생그룹(전체의 3%)과 목표는 뚜렷했지만, 구체적인 실천계획은 없는 학생그룹(전체의 13%)을 찾아내어 두 그룹의 졸업 후 수입을 비교해 본 것이다. 결과는 놀라웠다. 목표와 계획이 뚜렷했던 3%의 그룹이 나머지 97%의 평균 수입의 10배를, 목표만 있던 13%의 그룹은 나머지보다 평균 2배의 수입을 올리고 있었다. 목표와 계획의 유무에 따라 같은 강의실에서 같은 강의를 들었던 사람들의 미래가 달라진 것이다. 그는 '성공하려면 상위 3%의 방식을 따라해야 한다'고 강조한다.

경영에 있어 '사업목적'은 비전의 구현을 위해 방향을 잡아주는 나침반인 동시에 비전을 향해 세워진 사다리다. 때문에 사업목적은 누구나 대번에 이해할 수 있는 분명한 무엇이 되어야 한다. 일반적으로 중장기 사업계획과 단기 사업계획을 작성하게 되는 데 여기서 중장기 사업계획을 사업목적이라 할 수 있다. 이는 3~5년 이내에 달성하고자 하는 목표를 말한다.

멋진 목표의 예는 과거 소련과의 우주 개발 경쟁에서 주도권을 잡기 위해 미국이 세웠던 국가 목표에서 찾아볼 수 있겠다. 1961년, 소련은 세계 최초로 유인우주선 발사에 성공한다. 자신이 세계에서 가장 앞선 기술력을 가지고 있노라 믿고 있던 미국으로서는 자부심에 큰 상처를 입는 사건이 아닐 수 없었다. 미국은 그로부터 1달 뒤에서야 앨런 셰퍼드(Alan Shepard)를 우주로 보낼 수 있었다. 다음 해, 당시의 미국 대통령 존 F. 케네디(John F. Kennedy)는 의회 연단에 올라 선언한다. "앞으로 10년 안에 인간을 달에 착륙시키고, 무사히 지구로 귀환시킨다는 하나의 목표에 전념해야 합니다." 구체적이며 간결하고 명확한 목표다. 만약 그때 세운 목표가 다음과 같았다면 어땠을까? "우리의 사명은 팀 중심적 혁신과 전략적인 주도권 확립을 통해 항공우주산업 분야에서 국제적인 리더가 되는 것입니다." 이런 관념적인 목표로 당시의 미국 국민 마음을 움직일 수 있었을까? 그로부터 8년 뒤인 1969년, 케네디가 세운 목표대로 미국은 닐 암스트롱(Neil Armstrong) 일행을 태운 아폴로 11호를 쏘아 올렸고, 달에 내렸다가 되돌아옴으로써 소련과의 우주 경쟁에서 승리하게 된다. 명확한 목표의 통쾌한 승리였다.

'3년 내 동남아 시장과 북미 시장 진출', '5년 이내 전기자동차 상용화'에서와 같이 목표에 수치를 넣으면 방향이 더욱 명확해진다. '이용객 증대'에 수치를 붙여 '향후 3년간 이용객 10% 성장', '향후 5년간 매년 3% 이용객 성장'이라고 하면 직원들이 무엇을 할지 목표가 분명해지는 것이다. 사업목적의 목표는 직원의 목표와 합치되도록 해야 하고, 구체적이고, 간결하고 명확한 문장으로 정리되어야 한다.

이쯤 되어서도 아직 반신반의하며 '병원의 목표에 뭐 특별한 게 있겠어? 병원 찾는 고객이 많으면 되는 거 아닌가?'라는 생각으로 머리를 갸우뚱거리는 병원 경영자가 있을지 모른다. 아니, 장담컨대 상당수일 것이다. 목표의 부재는 비단 병원만의 문제가 아니다. 사람이든, 기업이든, 명확한 목표가 설정되어 있지 않은 개체는 마치 중간 기착지도, 종착하려는 항구도 없이 망망대해에 표류하고 있는, 지친 선박처럼 보인다. 상상만으로도 허망하지 않은가? 어쩌면 그 선박은 우울증의 초기 단계를 이미 오래전에 지나 보내고 중증에 접어들었는지도 모른다. 한시라도 빨리 가까운 항구에 닻을 내리고 점검을 받아보아야 한다. 그야말로 Hospital Marketing Dock이 필요한 시점이다.

4. 병원 경영자가 당장 해야 할 일 10가지

분명한 경영이념이 있고 내부 고객(직원)들과 공유된 비전이 있으며, 그 비전을 이룰 수 있는 사업목적이 세워졌다면 경영자의 다음 과제는 경영목표의 수립이다. 경영목표란 경영자가 계획적으로 활동하여 목표를 달성하기 위해서 설정되고 제시되는 방향이다. 즉, 현재 조직이 지향하는 미래의 바람직한 결과상태를 말한다. 이 경영목표를 결정하는 경영자는 이 목표가 조직 구성원 모두의 이득을 대변하도록 해야 한다.

목표의 유형에는 단기 목표와 장기 목표, 공식 목표와 운영 목표 등으로 구분된다. 조직이 실현하고자 하는 바람직한 상태는 그것이 미래의 어느 시점인가에 따라 단기 목표와 장기 목표로 구분된다. 한편 조직이 표방하는 공식 목표는 조직이 실제 추구하는 목표와 다를 수 있다. 경영목표는 단기간에 반드시 달성하고자 하는 구체적이고 정량적인 성과 수준을 말한다. 경영목표와 함께 사업목적은 회사의 실천의지를 담은 것으로 사업 범위와 영역을 명확히 설정하고 있어야 한다.

"계획 없는 목표는 한낱 꿈에 불과하다"는 생텍쥐페리(Antoine Marie Roger De Saint Exupery)의 말처럼 목표의 달성에는 필연적으로 계획 수립이 선행된다. 계획 세우기는 쪼갬의 작업이다. 잘게 썰린 목표에 시한(時限)을 주면 계획이 된다. 그리고 그 시한과 시한으로 이어진 일련의 연속선 끝은 비전과 이념, 궁극의 꿈에 닿아있다. 다시 말해 얼마나 구체적으로 오늘의 행동계획이 잘게 썰려 있으며, 그 작은 계획을 얼마나 잘 성취해 내느냐에 훗날의 목표 달성과 꿈의 성취 여부가 달려있다. 때문에, 단기계획들은 성취 여부를 분명히 확인할 수 있도록 짜여져야 한다. 이럴 땐 수치만 한 것이 없다. 가령, 해당 년도 '연 매출액 OO억 달성', '상반기 M/S OO% 달성', '1/4분기 영업이익 OO% 달성' 'O월 신규 이용 고객 전월 대비 OO% 성장' 등을 그 예로 들 수 있겠다.

이렇게 단기, 중기, 장기 목표가 세워졌다면 그 다음엔? 설정된 그 목표를 향해 그저 달려가는 일만 남은 것인가? 그 목표라는 것은 그렇게 '무작정' 달리면 도달할 수 있는 것이며, 일단 도달하고 나면 그 상태는 유지되는가?

하나의 조직이 어떤 목표를 세우고 달성하고 유지하며, 또 다시 더 높은 목표를 향해 도전하려면 그에 합당한 근육이 있어야 한다. 생각과 의욕만으로는 어렵다는 것이다. 누군들 정상에 오르면 좋은 줄 모르겠는가? 그러나 정상에서의 환희는 오르는 과정에 겪어야 할 어려움을 이겨낼 의지와 지구력, 그리고 무엇보다 그러기 위해 준비한 단련된 근육이 없이는 얻을 수 없는 것이다.

목표를 정하고 그 달성을 위해 CEO가 해야 할 일, 어쩌면 목표를 세우는 것 못지않게 중요한 일을 10가지로 간추려본다.

1) 직원을 높여라

병원의 고객으로는 지금껏 독자 병원을 이용했거나, 앞으로 이용할 가능성이 있는 대상자들 뿐 아니라, '내부 고객'이라고 불리는 부류의 고객이 하나 더 있다. 바로 우리가 지금껏 '직원'이라고 칭해온 사람들이다. 직원을 굳이 고객의 범주 안에 포함시켜 생각한다는 것이 좀 어색하고 익숙지 않겠지만, 병원의 효율적인 운영을 위해서는 "직원도 나의 고객이다”라는 개념에서 관계를 정리할 필요가 있다고 보는 것이다. 가령 세계 최대 화장품회사 메리케이의 회장, 메리 케이 에시(Mary Kay Ash)는 경영에도 황금률이란 것이 있다고 강조하면서 자신은 직원들을 만날 때마다 그들의 가슴에 ‘나는 존중받고 싶다’라고 쓰인 목걸이가 걸려 있다고 생각하며 대한다고 한다. 스타벅스의 하워드 슐츠(Howard Schultz) 회장 역시 「100호점의 숨겨진 비밀」이라는 책에서 “직원들은 저를 만날 때마다 저 때문에 부자가 되었다고 감사하고들 하는데, 제 생각은 다릅니다. 저야말로 그분들 덕분에 부자가 된 사람입니다. 따라서 감사해야 할 사람은 바로 접니다. 제게 있어 직원들은 타 기업이 흉내 낼 수 없는 경쟁력이요, 회사의 얼굴입니다”라고 말한다. 이러한 격언(?)은 프록터앤갬블에도 있다. 지금도 프록터앤갬블의 홈페이지에 들어가면 볼 수 있는 리처드 듀프리(Richard Deupree) 회장의 말이다. 프록터앤갬블 집안이 아닌 사람으로 처음 CEO가 된 그는 ‘만일 누군가가 우리의 자본과 빌딩과 브랜드들을 놔둔 채 우리 임직원들을 데려간다면 회사는 존속할 수 없을 것이다. 그러나 만일 누군가가 우리의 자본과 빌딩과 브랜드들을 가져간다 해도 우리의 임직원들만 남겨둔다면 10년 내로 모든 것을 재건할 수 있을 것이다’는 말로 ‘내부 고객’과의 바람직한 관계를 강조하고 있다.

일반적인 고객이 구분하기에 따라 다양한 부류로 나누어지듯이 내부 고객, 즉 직원들도 시선을 집중해 들여다보면 몇 가지 부류로 나누어짐을 알 수 있다. 100여 년 전, 이태리의 철학자이며 사회학자였던, 파레토(Pareto)는 ‘세상에는 3가지 부류의 사람이 있다’는 파레토의 법칙(Pareto’s Law)을 발표했는데, 세상에는 꼭 있어야 할 사람 20%(보이지 않는 것을 믿는 사람), 있어도 그만 없어도 그만인 사람 60%(보이는 것을 믿지만 행동하지 않는 사람), 없어도 될 사람 20%(보이는 것조차 믿지 않는 사람)가 있다는 것이다. 재미있게도 일본 홋카이도 대학에서의 일개미를 대상으로 한 연구 결과도 비슷했다. 일개미 중에도 20%는 일은 하지 않고 제 몸을 핥거나 개미집을 어슬렁거리며 놀고 먹는다. 인재 관리로 유명한 일본전산의 나가모리 시게노부(永守重信) 사장도 '직원의 20%는 더 잘할 수 있는데도, 최선을 다하지 않고 대충 일하는 베짱이들이다'라고 같은 얘기를 하고 있다. 이러한 비율은 설사 그 빈둥거리는 20%를 솎아낸다 해도 변함이 없다. 20%의 베짱이는 남겨진 80% 중에서 다시 자연 발생된다. 이런 연구 결과와 경험치는 무슨 얘길 하고 있는 걸까? 언제나, 어디에나 함량 미달의 직원은 늘 있게 마련이라는 것이다. 때문에, 내로라하는 세계적 경영자들이 이구동성으로 하는 말이 "직원과 가까이하라"이다. 그런 실제 사례는 수도 없이 많다. 프록터앤갬블의 CEO, AG 래플리(Alan George Lafley)는 "나는 구내식당, 강당 어디서든 직원들과 얘기한다. 이때 늘 2/3 원칙을 지킨다. 그들과 얘기하는 시간의 2/3를 듣고 대답하는 데 썼다. 이를 통해 반대자들의 목소리를 가라앉히고, 많은 사람을 내편으로 끌어들이는 데 성공했다"고 했고, 아사히맥주 전 회장 히구치 히로타(Higuchi Hirotaro)는 "저는 직원을 열기구에 곧잘 비유합니다. 그 고민거리만 해소시켜 주면 무거운 짐을 덜어낸 열기구처럼 누구나 반드시 상승할 수 있습니다. 저는 고민을 해소시켜 주기 위해 틈날 때마다, 그들을 붙잡고 '무슨 곤란한 일은 없는가?' 하고 물어보곤 합니다"고 했다. 또, 스칸디나비아항공의 얀 카렌디(Jan Carendi) 부사장은 "턱을 내밀고 대드는 부하에게 상을 주는 사람이 진짜 훌륭한 지도자입니다. 상사, 특히 사장에게 대드는 것은 그만한 확신, 자신감, 그리고 애정이 없으면 도저히 할 수 없는 일입니다. 그런 사람의 주장은 아무리 기분이 나쁘더라도, 내 의견과 확연히 다르더라도 반드시 들어볼 필요가 있습니다"라고 말한다.

과연 그 많은 업종의 그 많은 경영자들 중에 몇이나 자기가 운영하는 회사의 직원에 대해 진심으로 관심을 가지며, 속마음까지 이해하려는 노력을 하고 있는지 궁금하다. 곧, 경영자와 직원 간의 소통에 관한 문제로, 생각만 있다면 방법은 얼마든지 있다. 그중 하나가 '직무 만족도' 조사이다. 인텔에서는 이미 오래전부터 매 2년마다 실시되어 온 것으로 알려져 있다. 이 조사에는 반드시 전제가 따른다. 첫째, 결과의 추이를 확인할 수 있도록 정례화(1년 또는 2년 1회)할 것. 둘째, 응답 내용은 절대 노출되지 않도록 할 것. 셋째, 도출된 결과는 반드시 실천하겠다는 의지를 보여줄 것 등이다.

불과 얼마 전까지만 해도, 서비스 분야의 구조는 '서비스 제공자'인 업체의(경영자를 포함한) '직원'과 '서비스 사용자'인 '고객'으로 명확히 양분되어 있었다. 이 시기에는, '손님은 왕이다'는 말이 투철한 서비스 정신을 대변해주는 만고의 진리이며 불변의 격언처럼 들렸다. 그러나 이제 그 격언(?)은 수정이 불가피해 보인다. 언제부터인가 서비스업의 경영자는 영업 일선에서 고객을 맞는 직원도 또 다른 고객으로 보지 않을 수 없게 된 때문이다. 소위 '모셔야' 할 대상이 업체 내부에까지 있게 된 셈이다.

▌직원들 4가지 부류

32개국, 1만 명에 가까운 직원들을 상대로 몇 개의 국제 컨설팅회사가 2000년에 실시한 한 조사에 따르면 어느 나라에서나 대동소이한 4가지 유형의 직원 부류가 나타난다.

1.진심으로 충성스런 직원(34%)

남들보다 일찍 출근해서 늦게 퇴근하며 고객들을 행복하게 해주는 데 필사적이고 자신의 친구들의 회사 입사를 권유하기도 하는, 회사에 없어서는 안 될 귀한 직원들이다.

2.퇴사 가능성 있는 직원(8%)

회사에 충성심을 가지고는 있으나, 1~2년 안에 그만 둘 가능성이 높은 직원들이다. 퇴사 이유는 회사에 대한 것이라기보다는 주로 개인적인 문제이다.

3.꼼짝달싹 못하는 직원(31%)

자기가 맡은 일을 싫어하며, 회사를 떠나고 싶어 하지만 그럴 수 없는 부류이다. 별다른 일자리가 없어서, 어딘가에 소속되어 있지 않으면 돈을 벌 수 없어서 두려움 때문에 회사에 남아 있다.

직원도 '모셔야 할 고객'으로 보아야 하는 이유는 명확하다. 스스로 감동 받은 직원만이 진정한 고객감동을 이끌어낼 수 있다고 보는 것이다. 때문에, 고객을 감동시키고 싶은 서비스업 경영자는 직원부터 먼저 감동케 해야 한다. 과연 직원들이 감동하고 있다고 확신할 수 있는 경영자가 얼마나 될까? 바로, '직무만족도' 조사와 같은 직원과의 소통채널이 필요한 이유이다.

4.위험한 직원(27%)

생산적인 일은 거의 하지 않으며, 몸의 반쪽은 이미 회사를 떠난 상태에 있는 직원들이다.

이처럼 브랜드를 발전시키고 회사와 함께 있으려 하는 충성스런 부류는 직원의 1/3 정도이다. 나머지는 별다른 목적의식 없이 그저 자기만의 만족을 위해 자리를 채우고 있으며, 회사의 성공에는 별 관심이 없다. 이들은 뭔가 더 나은 일이 생길 때까지 그저 회사에서 시간만 보내고 있는 것이다. 이들이 회사를 위해 나름대로의 방식으로 뭔가를 할 것이라고 생각한다면 생각을 바꾸는 것이 좋다.

직원의 수가 많고 적음에 관계없이 병원 내부의 소통의 문제는 인체 내 혈류와 신경 전달의 문제와 유사하지 않을까? 병원이라는 곳에서, 인체 내 각각의 기관과 그것을 통제하고 행동 메시지를 보내는 두뇌조직 사이의 혈액 흐름과 신경체계를 점검해보는 것처럼, 병원 자신도, 어디서든, 어떤 방법으로든, 진찰을 받아보아야 한다. 동맥경화나 신경마비 같은 것은 꼭 인체 안에서나 있는 것이라고 믿는 병원 경영자는 설마 없을 테니까.

2) 인재로 키워라

만약, 경영자가 자신에게 주어진 수많은 일들 중에 우선순위를 매겨 줄 세우기를 한다면 무엇이 제일 앞에 놓일까? 성공한 경영자들 중 많은 사람들이 그 첫 번째로 '인재 키우기'를 꼽는 데 주저하지 않는다. BMW의 헬무트 판케(Helmut Panke) 회장은 "우리는 2P라는 성공 요인을 갖고 있다. 그것은 Product와 People이다"라고 했고, 홈파티사인 타파웨어의 브라우니 와이즈(Brownie Wise)는 "사람을 키워라. 그러면 그 사람이 회사를 키울 것이다"라고도 했다. 스탠퍼드대 경영학 박사, 톰 피터스(Tom Peters)는 "전략인가? 아니면 예산인가? 나는 '인재 문제'가 첫 번째 항목이 되어야 한다고 생각한다. 하지만 대개는 '인사 문제'를 가장 마지막에 검토한다고 한다. 그래서는 인재에 정말 목말라 있다고 말할 수 없으며, 당연히 생존 경쟁에서 승리하지 못한다"고 했다.

이처럼 그 중요성이 강조되는 것이 인재의 발굴과 계발이지만, 즉각적인 결과가 나타나는 것이 아니기에, 경영일선에서는 자칫 소홀해지기 쉬운 것도 사실이다. 그러나 "남을 부자로 만들지 않고서 부자가 된 사람은 하나도 없다"고 한 철강 재벌 앤드루 카네기(Andrew Carnegie)의 말을 다시 한 번 진지하게 되새겨 보아야 할 것 같다. 그는 실제로 자신이 고용한 43명의 직원을 백만장자로 만들고 자신도 미국 역사상 손꼽히는 부자의 반열에 오름으로써 자신의 철학이 틀리지 않음을 입증했다. 비결을 묻는 어느 기자의 물음에 그는, "인재를 확보하고 계발하는 것이나, 금을 캐는 것이나 똑같습니다. 금 1온스를 캐내려면 수 톤의 흙을 파내야 합니다. 흙을 파낸다고 해서 우리에게 흙이 필요한 건 아니죠. 우리는 금을 얻으려고 하는 것입니다"라고 했다고 전해진다. 카네기가 하려고 했던 말은 무엇일까? 수 톤의 흙속에서는 금 1온스가 분명 있다는 확고한 믿음과 몇 톤이나 되는 흙을 한 줌씩 걸러내는 노력 없이는 인재도 얻을 수 없다는 말이 아닌가? GE의 잭 웰치(Jack Welch) 회장은 자신의 시간 중 75%를 사람 관련된 일에 투자했다고 고백한다. 그렇다면 과연, 오늘의 병원 경영자들 중 몇 명이나 카네기와 같은 믿음과 노력, 잭 웰치와 같은 투자를 하며 인재를 찾고 있는가?

꼭 필요한 인재란 어떤 사람을 두고 하는 말일까? 미래 인재의 유형에 관해서는 미국의 한 인사 관리 전문 컨설턴트가 한 말이 설득력 있게 들린다. "미래에는 어느 한 곳만 비추는 레이저 빔형이 아닌, 지적 세계가 360° 자유자재인 전구형 인재가 필요하다"는 것이다. 애플의 스티브 잡스(Steve Jobs)가 열어놓은 '융합의 시대'와도 통하는 말이다. 실제로 미 실리콘밸리 디자인회사 아이데오(IDEO)가 좋은 본보기를 보여준다. 장난감, 의료기계, 사무가구 등의 분야에서 혁신적인 제품 디자인을 내놓기로 유명한 이 회사는 자신의 특정한 전공 분야 이외에도 관심과 지식을 가진 인재를 뽑는다. 예컨대 '예술가이면서 MBA 학사', '해군사관학교를 졸업한 역사학 전공자', '디자인 잘하는 건축학 석사' 등이다.

인재 채용의 다음 단계는 교육이다. 직원 교육에 있어 경영자가 결코 잊지 말아야 할 것은 '교육은 투자'라는 개념이다. 마치 콩나물에 부어지는 물처럼, 당장은 보이지 않는 미래의 결과를 믿고 아낌없이 공(功)을 들여야 한다. 그러나 실제로는 (특히 병원 경영자들 중) 상당수가 교육을 '비용'으로 여기는 것 같다. 그게 사실이라면, 그런 경영자의 병원이 새로운 돌파구를 찾아 성장한다는 것은 실로 어려운 일이 아닐 수 없다. 우화 같은 예가 있다. 벽시계 가게에서의 일어난 일이다. 겉보기에는 별 차이가 없어 보이는 2개의 시계 가격이 크게 달라 의아하게 생각한 고객이 "두 제품의 차이가 뭐죠?"라고 물었더니 돌아온 직원의 답은 지극히 간단했다. "가격이요." 물론, 두 제품의 회사 간 가격 정책이나 판촉 전략을 그 직원이 답변하기란 쉽지 않았을지 모른다. 하지만 고객이 가격 이상의 무언가를 듣고 싶어 했음에도 불구하고, 제품에 대한 설명은 고사하고 친절함마저도 없었던 이 벽시계 가게와 그 가게 직원의 문제점은 무엇이었을까? 마찬가지로 "이 병원은 길 건너 저 병원보다 뭐가 좋은 거죠?"라는 고객의 질문에 눈만 껌뻑거리며 "글쎄요?"라고 답하는 직원이 만약 있다면 그것은 그 직원의 문제일까? 경영자의 문제일까?

사실 요즘 거의 대부분의 병원에 직원 교육 프로그램이란 것이 있다. 다만, 교육 과정이나 강사진의 수준은 차지하고라도, 내용이 너무 추상적이거나 형식적이지 않나 점검해 보아야 한다. 참석 여부 체크나 인사고과 반영 등으로 마지못해 자리나 채우는 꼴이 되고 있지는 않은가 하는 것이다.

그러나, 하기에 따라서는 알뜰한 효과를 보는 경우도 없지 않다. 마침, 필자가 경험한 효율적인 직원 교육 프로그램 하나를 소개한다. 어느 병원에나 비치되어 있는 병원안내책자와 관련된 내용이다.

표제 그대로 '병원안내책자'이고 그 병원에서 다루는 주요 '질환정보책자'인 만큼, 직원 모두가 숙지하고 있다고 보아도 무방한 극히 기초적인 내용이었다. 때문에 고객으로부터 그와 관련된 간단한 질문은 언제든 받을 수 있겠다는 것도 쉬 짐작이 갔다.

현실은 많이 달랐다. 직원들 중 누구 하나 고객들이 할 만한 간단한 질문에도 속 시원한 답을 줄만한 지식을 가지고 있지 못했다. 그래서 필자는 '질환정보책자'를 가지고 전 직원을 대상으로 시험을 보기로 했다. 인사에 반영키로 함을 물론이요, 만점자와 상위등급(1,2,3등)자들에게는 경품까지 내걸었다. 효과는 기대 이상이었다. 시험 1~2주 전부터는 병원 전체가 마치 대학입시 수험생들이라도 된 것처럼 공부 열기로 휩싸였을 뿐 아니라, 객관식과 주관식을 포함한 50문항에서 여러 명의 만점자도 나왔다. 정작 긍정적인 결과로 파악된 것은 시험 결과보다 이를 통해 얻은 부가 효과였다. 고객 접점의 직원들이 자신의 업무에 대한 자부심과 더불어 고객과의 만남에서 전에 없던 자신감을 갖게 된 것이다. 어찌 보면 당연한 결과였다. 자신감의 크기는 언제나 앎의 크기에 비례한다는 사실을 잠시 잊었던 것뿐이다.

사람을 키우는 데 있어서 빠져서는 안 될 중요한 것이 바로 평가와 피드백이다. 이때 주의해야 할 것은 평가나 피드백이 잘못된 목적이나 방식으로 이루어지지 않도록 해야 한다는 것이다. 평가와 피드백은 단기적으로는 아래 사람의 성과 향상을 촉진하는 것이지만, 궁극적으로는 아래 사람의 부족한 부분을 짚어주고 발전의 계기를 만들어 주기 위한 코칭의 일환임을 잊어서는 안 된다.

결국 사람은 병원을 움직이는 근육이다. 주기적 운동으로 키워야 하고 영양소도 때맞춰 보충해 주어야 한다. 부실한 근육으로는 몸을 제대로 움직일 수 없듯이 아는 것 없고 불성실한 직원이 병원을 위해 무슨 일인들 제대로 할 수 있을까? 직원의 선발과 교육, 인재의 육성을 소홀히 하면 병원이라고 그 무서운 병, '근육무력증'에 걸리지 않는다는 보장은 어디에도 없다.

3) 제대로 뽑아라

그렇다면, 그 중요한 '사람'을, 무얼 보고 어떻게 뽑아야 할까? 사실, 대다수의 병원들에게는, 경력 쌓기 차원에서라도 지원자가 몰리는 일부 대형 병원과 달라서, '뽑는다'는 말이 적합지 않다. 오히려 한 사람이라도 더 지원해주기를 바라는 입장이다. 때문에, 혹여 어느 지원자가 그동안 찾고 있던 '인재'라면 '그에 의해 독자 병원이 선택되기를 바란다'고 하는 것이 보다 더 정확한 표현이라고 해야 할 판이다. '현실 상황이 이럴진대 인재 영입이라니 뭘 알고 하는 소리야?' 하는 생각이 든다면 미국 메이저리그 꼴찌 팀의 인재 전략 사례에서 새로운 희망의 메시지를 얻을 수도 있겠다.

만년 꼴찌 팀이었던 오클랜드와 탬파베이는 2000년대에 들어 세인의 이목을 집중시킨 기적 같은 승리를 몇 차례나 연출했다. 당시 새로 취임한 오클랜드 어슬레틱스의 빌리 빈(Billy Bean)과 탬파베이 레이스의 앤드류 프리드만(Andrew Friedman)이 구사한 혁신적 인재 선발 전략의 결과였다. 빌리 빈은 부자 구단과 같은 선수 선발 방식으로는 절대 꼴찌를 벗어날 수 없음을 인식하고 "우리가 해서는 안 될 행동은 뉴욕 양키즈를 따라하는 것이다. 그들은 우리가 취할 행동을 세 번이나 반복할 수 있을 만큼 부자다"라는 말로 자신의 구단과 부자 구단 사이에 분명한 선을 그었다. 그리고 그는 지금까지와는 전혀 다른 3가지를 해냈다. 첫째, 현 상황에 적합한 인재상을 재정립함으로써 자신의 조직에 정확히 필요한 선수를 파악할 수 있게 했다. 둘째, 팀 컬러에 맞는 평가 기준을 작성, 적용함으로써 타 팀에서는 저평가되었더라도, 자신의 팀 컬러에 부합되는 선수를 저렴하게 영입할 수 있게 했다. 셋째, 강력한 리더십을 바탕으로 소통에 주력하여, 변화에 반대하는 내·외부의 불만을 잠재웠다. 이 3가지로 통해 빌리는 가히 기적이라 할 만한 성과를 창출할 수 있었던 것이다.

오늘날 대형 병원과 중소 병원 가릴 것 없이 전국의 병원이 당면하고 있는 인재 선발의 어려움도 오클랜드와 템파베이 구단이 안고 있었던 문제와 별반 다르지 않을 것으로 보인다. 선별 방법이라고 해봐야 면접 이외에는 별 뾰족한 수가 없는 현실에서 중소형 병원이 유수의 대형 병원과 거의 같은 심사 기준이란 것이 도대체 가당키나 한 것일까?

「스웨이」의 저자로 유명해진 심리학 박사 롬 브래프먼(Rom Brafman)과 경영 컨설턴트 오리 브래프먼(Ori Brafman) 형제의 연구 중, 일부 면접에 관련된 내용이 늘 인재 선발에 어려움을 안고 있는 병원 관계자들의 눈길을 끈다.

미국 기업들이 직원 채용면접 때 흔히 사용하는 질문 10가지
① 우리 회사는 왜 당신을 채용해야 하나요?
② 지금부터 5년 뒤 당신은 무엇을 하고 있을까요?
③ 당신의 가장 큰 강점과 약점은 무엇이라 생각하나요?
④ 스스로 자신을 어떤 사람이라고 표현하겠습니까?
⑤ 학교 다닐 때 가장 좋아하고 싫어했던 과목은 무엇이었나요?
⑥ 우리 회사에 대해 무엇을 알고 있습니까?
⑦ 왜 우리 회사에 지원하기로 했나요?
⑧ 전 직장을 그만둔 이유는 무엇인가요?
⑨ 지금부터 5년 후에 얻고 싶은 것이 무엇인가요?
⑩ 인생에서 정말로 하고 싶은 것이 무엇인가요?

이상의 10개 질문은 미국뿐 아니라 여기 한국에서도 대동소이하지 않을까? 롬 브래프먼은 이 중에서 실제 쓸모 있는 질문은 단 한 가지 밖

에 없다고 잘라 말한다. 어느 문항일까? 그의 분석에 의하면, ①③④는 자기 평가 유도 질문으로 제대로 된 성과 파악에는 별 도움이 안 된다고 보았다. 자신의 진짜 약점 털어놓을 사람은 없다는 것이다. '약점을 찾기가 어려운 게 약점'이라든지 '지나치게 잘하려고 노력하는 게 단점입니다'라든지 그럴싸하게 답할 것이 뻔한 질문이다. 미래에 대한 ②⑨⑩이나 과거에 대한 ⑤⑦⑧ 문항도 마찬가지다. '왜 우리 회사에 지원했는가?'라는 질문에 '전 지금 절박해요. 핸드폰 청구서가 날아오고 있어요.'라고 솔직히 말할 지원자 있을까? 대신 '가장 진취적인 회사이기 때문이죠' 같은 답이 돌아올 줄 모른단 말인가? 그가 말하는 그나마 쓸만한 질문은 ⑥, '우리 회사에 대해 무엇을 알고 있나?'뿐이라고 롬은 말한다. 그것도, 지원자가 관심을 가지고 시간을 투자했다는, 입사를 위한 기본자세 정도를 평가하는 데 그치는 질문이라는 것이다.

관심을 가지고 찾아보면 성공적인 직원 채용의 사례들을 심심치 않게 발견할 수 있다. 미국의 어느 한 기업에서는 설문지를 이용한 '서비스성향측정결과'를 크게 반영하여 긍정적인 효과를 얻었다고 전해진다. '낙관적사고테스트'를 거치게 한 결과, 1년 내 이직률이 절반 이하로 떨어지고, 시장 점유율도 크게 증가했다는 메트로폴리탄생명보험의 결과도 주목할 만하다. 외국 어느 항공사가 다른 무엇보다 중시하는 것은 '유머 감각'이고, 페더럴익스프레스는 '실패를 두려워하지 않는 사람'을, 디즈니는 '긍정적이고 활발한 성격의 소유자'를 채용 기준 1순위로 삼는다고 한다. 그런가하면 노드스트롬백화점의 채용 광고 문구는 '진정으로 사람을 좋아하는 사람들, 남을 돕는 데서 만족을 찾는 사람들, 서비스를 베푸는 데 최선을 다하는 사람들'로 되어 있다.

대부분의 직원 채용현장에서 면접 다음으로 채용에 비중을 두는 것이 또 있다면, 지원자가 스스로 기록하여 제시하는 이력서이다. 하버드 대 토머스 J. 드롱(Thomas J.Delong) 교수는 "이력서가 얼마나 휘황찬란하게 만들어졌느냐가 아니라 타인에게 어떤 영향을 미쳤는지, 얼마나 주위 사람들의 삶에 긍정적인 변화를 주었는지를 기준으로 삼으라"며 성공적 인재 측정 방법에 대해 얘기하고 있다. 짧은 시간 안에 사람을 파악할 수 있는 별다른 뾰족한 방법이 없는 까닭에 어쩔 수 없다손 치더라도 가족 환경이나 학력, 취미, 지원 동기나 갖가지 스펙 등 표면으로 드러나는 이력은 그저 참고사항 정도에서 그치라는 것이다.

미국의 한 컨설팅회사의 조사에 의하면 인재 관리를 잘하는 상위 20% 기업은 그렇지 못한 기업들에 비해 약 22% 더 높은 주주가치를 창출하는 것으로 나타났다. 우수한 인재의 확보가 중요한 이유를 잘 나타내주는 내용이다. 한 사람의 인재를 확보하기 위해 신중한 노력을 기울이는 휴렛패커드는 졸업 성적이 아무리 우수하더라도 정식사원으로 곧바로 채용하지 않는다. 인턴이나 아르바이트로 일할 수 있는 기회를 제공하고 공동 프로젝트 수행 과정을 살펴보면서 지원자들의 업무 수행능력을 파악하는 데 신중을 기한다. 월마트는 지난 10여 년간 해외 시장 개척을 위해 '확보하고, 유지하고, 육성한다(Getting, Keeping, Growing)'는 인재 확보 측면을 보다 강조해왔다. 이후엔 인재의 유지와 육성에 중점을 두고 '먼저 유지하고, 육성하며, 그 다음으로 확보에 주력하겠다(Keeping, Growing, Getting)'는 방향으로 인사 정책을 수정했다. 이러한 정책의 일환으로 신입사원의 입사 초기 3개월 동안 조직생활에의 원만한 적응을 지원하는 프로그램도 운영하고 있다.

아마존 성공의 제1요인은 직원 고용 기준을 높이 적용했으며, 앞으로도 그렇게 할 것이라는 사실이다. 아마존에서는 직원을 채용하기에 앞서 스스로에게 반드시 물어야 하는 3가지 질문이 있다. 그것은, '당신은 이 사람을 존경할 수 있는가?', '이 사람을 고용함으로써 팀의 효율성이 향상될 것인가?', '이 사람이 회사의 활력, 활기, 사기진작에 기여할 수 있을 것인가?' 이다.

사람을 뽑는 것만큼 어려운 일도 드물다. '열 길 물속은 알아도 한 길 사람 속은 모른다'는 옛말처럼 사람의 내면을 들여다본다는 것은 어쩌면 애초부터 불가능한 것인지 모른다. 그러나 얼마만큼의 시간이 더 걸린다하더라도, 구체적인 상황을 제시하고 '당신이라면 어떻게 하겠느냐?', '이 상황에서 가장 먼저 할 일은 무엇이라고 보는가?' 하는 식의 '성향(性向)' 파악을 위한 시도는 필요한 것으로 보인다. 개성이나 성향은 지식과 달라서 후천적 교육으로는 쉽게 변화되지 않기 때문이다.

건강도, 만병의 원인도 다 우리가 먹는 음식과 식습관에 달려있기에 '먹는 음식이 곧 몸이다'는 말이 있는 것처럼, 병원 경영의 미래를 두고 '뽑은 직원이 곧 병원이다'라고 한다면 너무 심한 비약일까?

4) 이탈을 잡아라

병원의 내부 고객을 주 대상으로 하는 내부 마케팅은 내부 고객과 병원 간에 적절한 관계와 마케팅 의사 전달체계를 유지함으로써 외부 고객들에게 보다 양질의 서비스를 제공하려는 데 그 목적이 있다. 그렇다면 병원과 내부 고객(직원) 간의 적절한 관계란 과연 어떤 것일까? 직원들에게 무엇을 어떻게 해주어야 내원하는 고객들이 그들로부터 양질의 서비스를 받을 수 있을까? 그리고 그 무엇보다 다른 곳으로의 이직을 줄일 수 있을까?

직원 1명을 교체하는 데 들어가는 비용은 그 직원 연봉의 25%에서 많게는 200%까지 소요된다는 것이 통계로 나타난 수치이다. 인력유출에 따른 비용에는 광고비, 자리가 비어 있는 동안의 임시직 고용비용과 타 직원 업무 연장에 따른 시간외 수당, 기회상실비용, 회사물색비용, 인터뷰시간, 신입사원의 선발과 훈련에 소요되는 시간과 비용 등이 포함된다. 결국, 가급적 직원을 교체하지 않는 것이 경비를 줄이고 이익을 늘이는 분명한 방법 중의 하나라는 말이다. 4년마다 전 직원의 반 이상이 교체됨에 따른 경비 과다지출을 겪고 있는 미국 대부분의 기업들의 경우가 그저 먼 나라의 얘기만은 아니라는 걸 병원 경영자는 한시도 잊어서는 안 된다.

직원 근속율과 고객들의 만족도, 그리고 기업의 수익성에는 분명한 연관관계가 있다. 몇 년 전 시서스는 과거 20년간 800개의 매장으로부터 수집된 자료를 분석하여 직원들의 만족도가 5% 증가하면 고객만족도는 1.4% 증가하며, 이것은 다시 수익성이 1% 증가되는 결과를 가져온다는 것을 알아냈다. 이 분석 결과는 '행복한 직원이 행복한 고객을 만든다'는 것을 말해 주고 있다. 경영자가 직원의 근속에 주의를 기울여야 하는 이유가 여기에 있다.

직원을 근속시키려면 무엇을 해야 하는가? 아니, 직원이 떠나는 이유는 무엇인가? 미국 인적자원관리협회의 통계에 따르면 회사를 떠나는 직원의 79%가 밝히는 퇴사 이유는 자신의 가치가 제대로 인정받지 못했기 때문이라고 한다. 왓슨 와이엇 인적자원지표에 따르면 명확하게 '당근'을 주고 책임을 지웠을 때 직원 신규 모집과 이직률 감소 측면에서 5.5~14.6%의 향상을 가져올 뿐만 아니라 주식가치도 연간

16.5~21.5% 성장한다. 이 회사는 2000년에 대기업 고용주 551명을 대상으로 조사를 실시한 결과, 경제적인 보상에 대한 기대감이 업무 달성에 매우 중대한 영향을 미친다고 대답한 직원은 15%에 불과했다. 이와는 대조적으로 66%의 직원이 회사에서 자신의 가치를 인정받는 것을 매우 중요한 동기 유발 요인으로 꼽았다. 실제, 니렌버그사가 직장을 그만두려다가 다시 남아 있기로 결정한 직장인들을 상대로 의사 번복의 이유를 물어 본 결과, 승진 기회의 확대, 봉급과 혜택의 증가, 기여에 대한 보다 나은 보상 등이 답이었다. 만약 첫째와 둘째 조건이 여의치 않다면 남은 방법은 하나, 보상이다. 350만 명의 직원을 둔 고용주 614명을 상대로 한 왓슨 와이엇의 포상계획 조사 결과에 따르면 포상 전략을 분명하게 밝힌 고용주의 평균 이직률이 그렇지 못한 고용주에 비해 13% 낮다고 한다.

우수한 직원들이 회사를 떠나지 않게 하는 또 하나의 방법은 투자이다. 그리고 가장 좋은 투자는 교육과 훈련이다. 교육과 훈련을 통해서 직원들은 성장하고 발전하며 새로운 기술을 습득한다. 사실 이러한 투자가 비용 대비 효과 측면에서 가장 직접적인 결과를 가져다주는 가장 의미 있는 투자이다. 일본의 맥도날드 전 회장, 후지타 덴(藤田田)은 모든 투자에 대해 수익률을 분석해봤다고 한다. 그 결과 '감정 투자'가 모든 투자 가운데 비용은 가장 적게 들고, 수익률은 가장 높은 투자란 결과를 얻었다. '감정 투자'란 돈과 복리후생보다는, 존중과 칭찬, 경청, 배려 등 감정에 관련된 부분에서의 투자를 말한다.

미 경제전문지 포춘은 '미국 최고의 직장 100곳'을 선정해 발표하면서 구글이 1위를 차지했다고 밝혔다. '최고의 직장'은 한 해 매출과 순익, 주가뿐 아니라 채용 방식과 직원들의 충성심, 사원복지 등을 고려해 선정되는데, 구글은 장시간 앉아 일해 생기는 질환을 예방하기 위해 서서 일할 수 있는 시스템을 따로 마련하는 등, 틀을 깨는 복지 혜택을 계속 내놓고 있다고 포춘은 전했다. 2위를 차지한 보스턴컨설팅그룹은 직원 1명 채용에 평균 100시간 이상의 시간과 수천 달러를 투자하고, 이 과정을 통과해 채용된 직원에겐 평균 연봉 13만 9,000달러(약 1억 6,000만 원)에 의료비와 안식휴가비를 100% 대준다. 3위인 소프트웨어업체 SAS는 직원 자녀를 위한 몬테소리유치원과 사원을 위한 무료건강센터 운영, 무제한 병가(病暇) 허용 등으로 만족도를 높였다. 4위인 식료품체인 웨그먼스 푸드마켓은 직원 2,000명의 금연 프로그램 참가비용을 지원하고 건강관리 핫라인을 연중무휴로 24시간 운영해 '건강이 회사의 종교'란 말을 듣는다. 5위를 차지한 투자은행 에드워드존스는 최근 몇 년간 불황과 금융권 위기에도 전국 1만 1,000개 지점을 통틀어 직원 해고 건수 '0'을 기록했다. 비결은 "오너 지배체제여서 이사회의 구조조정 압박에 휘둘리지 않기 때문"이라고 한다. 이밖에 서던 오하이오 메디컬센터병원(36위)은 사내 정원에서 개인별 주말농장을 가꿀 수 있으며, 소프트웨어업체 오토데스크(52위)는 여직원들의 스트레스를 풀어주기 위한 파티 '걸스 나이트-아웃'을 매달 개최한다. 구글 최고경영자 래리 페이지(Larry Page)는 포춘과의 인터뷰에서 "직원들은 자신이 회사의 일원이라고 느끼고 회사는 그들에게 가족과 같아야 한다"며 "직원을 그렇게 대우하면 생산성이 높아진다"고 말했다.

이직은 내부 마케팅의 가장 큰 장애이다. 그럼에도 불구하고 자칫 내부 마케팅을 직원 채용이나 단순한 대 고객 서비스를 위한 교육 정도로 여기고 인력 관리나 안정성 보장, 뚜렷한 비전 제시 등을 소홀히 할 때, 이직 현상은 필연적인 결과가 될 수밖에 없을 것이다. 그러므로 CEO는 비전을 제시하고 주인의식을 배가시킴으로서 직원들에게 동기를 부여하여 인력 관리의 효율성을 높여야 한다. 한마디로, 효율적인 내부 마케팅이 뒷받침되지 않은 기업들이 지출하는 마케팅 비용의 절반 가까이는 낭비되거나 기업이 추구하는 가치 창출에 실패하기 쉽다. '내부 고객 지키기'는 고객을 상대로 한 마케팅 전략의 시발점이다.

5) 과거를 잊어라

뉴질랜드에 가면, 키위라는 새가 있다. 이 새는 앞을 보지도, 날지도 못한다. 서식하는 지역이 화산 지대인 까닭에 뱀이나 파충류 따위의 천적이 없는 반면, 먹이는 풍부해서 굳이 날아다닐 필요가 없어 날개와 눈의 기능이 퇴화된 결과라고 한다. 주어진 현실 여건에 안주하다 보면 발전은 커녕, 본래 갖고 있던 능력마저 잃어버리기 쉽다는 것을 보여주는 단적인 예다. 미국의 컴퓨터 공학자, 그레이스 호퍼(Grace Hopper)는 "지금껏 항상 그렇게 해왔어"라는 말만큼 우리에게 큰 피해를 주는 것도 없다고 한다. 간단한 실험으로, 영국의 철학자 앨런 워츠(Alan Watts)는 벽에 원을 그려놓고 무엇으로 보이는지를 사람들에게 물어보았다. 대부분의 대답은 그저 '원'이었다. '벽에 뚫린 구멍'이라거나 하는 등의 창의적인 답은 거의 나오지 않았다. 이에 대해 호퍼는 '바깥보다 안을 먼저 생각하는 획일화된 사고방식이 생각을 고정된 사고의 감옥에 갇히게 만든 결과'라고 보았다.

그 '고정된 사고의 감옥'에 갇혀 낭패를 본 실제 사례는 수도 없이 많다. 델은 무선 인터넷 발달로 경쟁사들이 가볍고 편리한 노트북 개발에 전념하는 동안 '저가의 데스크톱 PC'가 지금까지 자신을 키워주었다는 생각에 묶여 그것의 생산에만 몰두하다가 휴렛팩커드에게 1위 자리를 빼앗겼고, 한때 렌터카 시장을 평정했던 허츠는 '주 고객은 여행자'라는 고정관념에서 헤어나지 못하고 정비소에 차를 맡긴 후 렌터카를 필요로 하는 또 다른 수요를 간과하여 엔터프라이즈에게 추월당하고 말았다. 사람을 망각의 동물이라고도 하지만 화려했던 과거일수록 잊는다는 것이 쉽지 않다는 얘기다. 오죽했으면 현대 경제학의 대부라 불리는 케인즈(Keynes)가 "세상에서 가장 어려운 일은 새로운 아이디어를 받아들이게 하는 일이 아니라, 헌 아이디어를 잊도록 하는 일이다"고까지 했을까?

과거를 잊지 못하고 그 속에 안주하려는 경향은 병원이 그 어떤 다른 조직보다도 더 했으면 더 했지 결코 덜하지 않을 것이다. 그 대표적인 증상의 하나가 고객의 소리를 듣고 개선점을 찾으려는 노력을 하기보다는 내부의 규정이나 지침을 앞세워 고객을 설득하려 한다는 것이다. 미국 연합보험회사의 설립자인 W. 클레멘트 스톤(Clement Stone)이 아주 적합한 예화 하나를 들려준다. 신발 시장을 개척하라는 사명을 띠고 아프리카 어느 오지로 가게 된 A와 B, 두 사람의 이야기다. A는 현장 도착 바로 다음날 본사로 다음과 같은 내용의 메일을 보낸다. '다음 비행기로 돌아가겠습니다. 현지인은 모두 맨발로 생활합니다. 여기서는 신발이 팔릴 가능성이 전혀 없습니다.' 반면 B가 보낸 메일의 내용은 정반대였다. '지금 당장 신발 5만 켤레를 보내주십시오. 이곳은 신발을 팔 수 있는 엄청난 가능성이 있습니다. 현지인은 모두 맨발입니다.' A와 B의 차이는 한마디로 사고의 시발점이 어디에 있느냐는 것이다. 둘이 다 똑같은 맨발을 보았지만 하나는 '지금껏 신발을 신지 않았던 과거의 맨발'을, 또 한 사람은 '앞으로 신발을 신게 될 미래의 맨발'을 본 것이다. 요컨대, 주어진 상황이나 사실에서 '그렇기 때문에 한계가 있었던 과거의 결과'를 보느냐, '그렇게 때문에 기회가 될 수 있는 미래의 가능성'을 보느냐의 차이. 생각의 근본이 다른, 그야말로 하늘과 땅 차이다. 그러한 차이는 개개인이나 특정 조직에게 '선천적으로 주어진' 성격 때문이라기보다는 부지불식 간의 '학습으로 형성된' 사고방식에서 오는 것으로 보인다. 때문에 그 사고방식은 개인이든 조직이든 과거를 잊고 새로운 것을 학습으로 받아들이려는 노력의 여하에 따라서 바뀔 수 있다.

GE의 잭 웰치(Jack Welch) 회장은 "세상에는 두 종류의 기업만 있다. 변화하는 기업과 사라지는 기업, 그것이다"라고 단호히 말한다. 미국의 유명 경영 컨설턴트 중 한 사람인 톰 피터스(Tom Peters)는 1982년 펴낸 「초우량 기업의 조건」이라는 책에서 우량기업 43개사를 선정, 잘나가는 이유 8가지를 꼽았다. 그랬던 그가 1987년에는 저서, 「경영혁명」에서 '우량기업은 존재하지 않는다'고 주장하면서 생각이 바뀌었음을 인정했다. 앞서 우량기업이라고 소개되었던 43개사 중 2/3가 파산했거나 인수, 합병되는 등 문제가 생겼기 때문이다. 전문가 시각으로 엄선한 우량기업들조차도 불과 5년을 버텨내지 못했다는 얘기다. 그 파산의 원인을 잭 웰치의 말에 대입해 본다면, 필경 변화에 소홀했거나, 제대로 변화하지 못했기 때문일 것이다.

그러나, 그렇다고 해서 '세계적인 초우량기업들이 이럴진대 고만고만한 병원들에게 무슨 뾰족한 수가 있겠는가?'고 아직도 '과거의 맨발'에 시선이 가는 병원 경영자가 있다면 '미래의 신발'로 시선을 옮기는 단초가 될지도 모를 다음의 몇 가지 질문에 대한 답 찾기를 권한다.

- 나는 미래에 경영우위를 갖는 데 관심 있는가?
- 현재 나의 상대적 위치는 어디인가?
- 프로세스에서 가장 개선 효과가 큰 것은 무엇인가?
- 고객 불만에서 신속히 개선해야 할 부분은 무엇인가?
- 나는 벤치마킹을 통해 개선의 분야와 방법을 파악할 수 있다고 믿고 있는가?

과거의 기억에 매인 부정적 사고에서 벗어나 긍정의 사고와 행동으로 옮겨가려면 어찌해야 할까? 사물을 바라보는 긍정적인 시각과 관련해 '피그말리온 효과(Pygmalion Effect)' 라는 것이 있다. 지중해의 어느 섬에 살았다는 신화 속 조각가, 피그말리온의 이야기이다. 오로지 조각에만 매달리던 피그말리온은 언제부터인가 자신이 만든 조각상 갈라테이아를 사랑하게 된다. 그는 매일, 그 돌 조각상을 껴안고 입을 맞추며 '이 조각상 같은 여인을 아내로 맞게 해 달라' 고 사랑의 여신 아프로디테에게 빌고 또 빈다. 그의 지성스런 기도에 감동받은 아프로디테는 갈라테이아에게 생명을 불어 넣어 결국은 피그말리온의 실제 아내가 될 수 있게 해준다. 절대적인 긍정성을 가지고 간절히 원하면 무엇이든 이룰 수 있다는 소위, '피그말리온 효과' 의 유래다. 그렇다면 병원에서는 어떤가? 조각상이 사람으로 변하는 효과까지는 바라지 않더라도, 경영자를 포함한 직원 모두가 정확한 현실인식과 분명한 발전의지를 가지고 있는지, 얼마나 간절한 마음으로 고객을 대하며 진정으로 원하는 것이 무엇인지 정도는 분명히 하고 볼 일이다. 내부의 규정이나 지침도 중요하지만 고객의 입장을 생각하는 직원 한 사람의 진심어린 마음이 전해진 뒤라야 기대에 부응하는 고객이 생겨도 생기지 않겠는가.

서울대 이면우 교수의 「신사고 이론 20」을 보면 "나의 현 생각이 1년 전 생각에 비해 크게 달라지지 않았다면, 지난 1년 동안 내 영혼은 영안

실에 있었던 것이나 다름없다"고 까지 얘기하며 변화의 중요성을 강조하고 있다. 마이크로소프트의 CEO, 스티브 발머(Steve Anthony Ballmer)도 "고객을 만족시키고, 경쟁사를 이기는 유일한 해법은 혁신밖에 없다"고도 했다.

이처럼 귀가 따갑도록 들리는 변화 요구 속에서 설사, 시대를 앞서가지는 못한다 하더라도, 상황 변화에 따른 신속한 대응조차 못하는 조직은 발달장애에 걸린 사람과 진배없다. 그리고 인체의 발달장애 원인이 한두 가지가 아닌 것처럼, 기업과 병원조직의 정체나 쇠퇴의 원인을 진단하여 찾아내고 단정 짓기란 쉽지 않다. 더욱이 그 진단을 스스로 한다는 것은 인체나 병원이나 불가능에 가깝다. 그러나 한 가지 다행스런 것이 있다면, 적어도 기업이나 병원의 '신경조직'에서 오는 이상 증상은 인체만큼은 복잡해 보이지 않다는 것이다. 게다가 어느 정도의 '임상실험'도 가능하지 않은가?

6) 가능성에 덤벼라

미국 미시간 주의 앤아버에 가면 일명, '실패 박물관'이라 불리는 뉴 프로덕트 웍스 박물관이 있다. 이곳에는 야심차게 출시됐지만 사람들의 관심을 끌지 못해 사라진 제품들이 7만여 점 모여 있다. 식품 2만 6,000여 점, 음료 8,000여 점, 건강 · 미용용품 1만 3,000여 점, 가정용품도 7,000여 점이나 된다. 설립자인 로버트 맥메스(Robert McMath)는 "나는 그저 신제품을 모아놓을 뿐이다. 그런데 매년 출시되는 신제품 가운데 80~94%는 실패한다. 6~20%의 성공한 신제품은 눈에 잘 띄지 않다보니 결국 실패 박물관이 된 것이다"라고 말한다. 그만큼 어려운 것이 성공이다. 아니, 거의 대부분이 실패한다고 보면 틀림이 없다.

실패학의 창시자 하타무라 요타로(畑村 洋太郎) 동경대 교수는 1991년 조지아 주 애틀랜타의 에모리 경영대학원 강의에서 "성공은 99%의 '실패지식'과 1%의 영감으로 만들어진다"고 실패의 절대적 당위성을 주장한다. 그의 말대로라면 실패는 피하여야 할 대상이 아니라 성공을 위해 없어서는 안 될 필수 요소다. 투자의 귀재, 워렌 버펫(Warren Buffett)의 얘기도 비슷하다. "나는 사업의 성공보다 실패를 연구함으로써 얻을 것이 더 많다고 느낄 때가 자주 있습니다. 내 사업에서는 사람들이 어디에서 길을 잘못 들며, 왜 일이 잘못되는지를 연구합니다. 우리는 (성공하기 위해서라기보다) 오류를 피하기 위해 노력합니다"라고 했다.

말하자면, 정작 중요한 것이 성공이나 실패, 그 자체가 아니라는 것이다. 우리가 놓치지 말아야 할 가장 중요한 것은 성공을 향한 행동이며 실패에 대한 해석이다. 때문에 필자는 유니클로의 회장 아나이 다다시(Yanai Tadashi)의 "경영자가 연전연승했다면 새로운 것을 전혀 시도하지 않았다는 얘기다"라는 말에 공감한다. 그는 승리가 주는 달콤함의 유혹을 버리지 못해 그렇게 '승리할 만한 일'에만 매달리는 경영자들에게 "중요한 것은 실패 자체가 아니라 신속히 그 실패를 인정하고, 냉정히 그 원인을 분석해 성공의 밑거름으로 삼는 것이다"라고 조언한다. 영국의 철학자이자 사회학자 버트란드 러셀(Bertrand Russell)도 "미리 실패를 두려워할 것은 없다. 성공하고 못하고는 하늘에 맡기면 된다. 모든 일은 망설이기보다는 불완전한 대로 시작하는 것이 한 걸음 앞서는 것이 된다"는 말로 성공과 실패 이전에 필연코 선행되어야 할 '행동'의 중요성을 강조하고 있다. 실제로 위대한 업적은 실패가 많은 과학자에게서 더 많이 나온다고 한다. 요컨대, 처음부터 정답을 찾아 순탄한 길을 갈 수 있다면야 더 없이 좋겠지만, 그것은 예외적 상황에 불과하므로 '실패를 당연한 것으로 받아들이고 성공을 향해 가던 길을 계속 가라' 는 말이다.

시대를 앞서가게 하는 계기는 실패를 두려워하지 않는 행동에서 나온다는 좋은 본보기는 애플과 구글의 뒤를 이어 세계에서 가장 혁신적인 기업 순위에 세 번째로 이름을 올린 3M에서 찾아볼 수 있다. 3M의 전임 사장은 언론과의 인터뷰에서 "3M은 새 아이디어를 개발하기 위해 좌충우돌하는 경향이 있다던데, 어떻게 생각하는가?"라는 질문을 받고 다음과 같이 답했다. "뭔가 하기 위해 움직이지 않는다면 좌충우돌 할 리가 없다. 중요한 문제는 좌충우돌 하지 않는 것이 아니라, 뭔가를 하는 것이다." 일본의 자동차업체, 혼다는 한 술 더 뜬다. 이 회사는 매년 가장 처절한 실패를 한 연구원을 뽑아서 약 100만 엔의 보너스를 지급하는 '올해의 실패 왕' 제도를 운영하고 있다. 직원의 실패를 그저 용인하는 정도의 수준을 넘어 오히려 격려까지 하는 시스템을 갖추고 있는 것이다. 그만큼 실패 속에는 얻을 것이 많다는 얘기다. 때문에 우리는 자신이 직접 겪지 않고 서로의 실패 경험을 공유함으로써 불필요한 시간적, 물적 낭비를 줄일 수 있다. 그러나 앞서 소개된 하타무라 요타로 동경대 교수의 조사에 의하면 성공 경험은 기록으로 남겨 공유하고 싶어 하지만, 실패 경험은 책임이 두려워 숨기려는 경향이 뚜렷하다고 한다. 그러다보니 그의 말처럼 '성공의 99%가 실패에서 얻은 지식' 임에도 불구하고 실제의 실패 사례를 찾기란 쉽지 않은 것 또한 현실이다.

실패 없이 성공할 수 있을까? 아니면, 성공을 하려면 꼭 실패를 해야만 할까? 그 누구라도 피하고 싶어 하는 것이 실패이지만, 그것이 분명한 성공을 전제로 한 것이라면 얼마든지 할 수 있을 것 같은 게 또한 실패이기도 하다. 그러나 대부분의 사람들은 몇 번 이상의 실패를 못 견뎌 한다. 또 현실적인 여건이 그 몇 번 이상의 실패를 도저히 견뎌낼 수 없게 만들기도 한다. 만약 누구에게나 같은 조건이 주어졌다고 전제할 때, 견뎌내는 실패의 한계 숫자가 사람마다 다르다면 그 차이는 어디에서 오는 걸까? 그것은 아마도 개개인이 가지고 있는 성공에 대한 기대치와 확신의 차이 때문일 것이다.

개척 시대의 아메리카 인디언들에겐 흔들리지 않는 믿음이 있었다고 한다. 기우제를 드리면 반드시 비가 온다는 것이다. 실제로도 그 믿음은 한 번도 어긋난 적이 없다고 한다. 어떻게 그럴 수 있을까? 원리는 간단하다. 그들은 비가 올 때까지 기우제를 드렸다. 성공을 위해서라면 오늘의 우리도 해야 할 일은 같다. 실패를 두려워하지 않는 행동이다. 실패 속에는 틀림없이 성공을 위한 메시지가 있고 그 끝에는 반드시 성공이 기다리고 있다는 믿음만 확고하다면 연속된 실패는 성공으로 가는 길 이외에 아무것도 아니기 때문이다.

병원만큼 실패가 두려워 시도조차 않은 프로젝트가 많은 곳도 드물 것이다. 그러나 걸음마를 시작한 아이가 넘어지는 것을 두려워하지 않는 것처럼 어느 병원이든, 발전을 바란다면, 자꾸 일어서서 발을 내딛어야 한다. 만약 병원 스스로 아무리 생각해보아도 걸을 때가 한참 지난 듯한데, 여전히 배밀이를 하고 있는 느낌이라면 다른 이상은 아닌지도 체크해 보아야 한다. 어쩌면 그것은 실패에 대한 두려움의 문제가 아니라, 병원 내부의 신경근육이나 체내 대사 등 전혀 생각지 못했던 분야에서의 이상이 원인일 수도 있다.

7) 상식을 깨라

1991년 가을, 맛있는 사과로 유명한 일본 아오모리 현은 강력한 태풍의 영향으로 막대한 피해를 입게 되었다. 수확기에 접어든 사과들 대부분이 거센 바람을 견디지 못해 떨어지고 으깨져 상품으로서의 가치를 기대할 수 없게 된 것이다. 1년 농사를 고스란히 망치게 된 농민들은 낙담이 클 수밖에 없었다. 그 절망적인 상황에서 한 농부에게 기발한 생각이 떠오른다. 태풍 뒤에도 가지에 굳건히 달려 있는 몇 개의 사과를 보고 '결코 떨어지지 않는 사과, 시험을 앞둔 수험생에게 팔자'라는 아이디어였다. 이 '안 떨어진 사과'는 한순간에 '행운의 사과'가 되어 10배 이상의 가격에도 불구하고 가히 폭발적인 반응이라고 해도 좋을 만큼 불티나게 팔려나갔다. 발상 전환의 기막힌 힘이다.

발상의 전환. 문자 그대로 생각을 바꾼다는 말이다. 어쩌면 '생각'을 바꾸는 것이라기보다는 '생각하는 방식'을 바꾸는 것이라는 게 더 적합한 풀이로 보인다. 실제로 우리 주변엔, 앞서 소개된 '행운의 사과'가 아니고라도, 생각을 바꿈으로써 일궈낸 기적과 같은 이야기들이 심심치 않게 있다. 그러나 도대체 어떻게 해야 생각을 바꿀 수 있는 것일까? 너나없이 제각각, 저마다 가지고 있는 생각을 자기 스스로 바꾼다는 것이 말처럼 어디 그렇게 쉬운가? 그렇기에 앤드루 머서(Andrew Mercer)라는 발명가는 "당신 앞에 있는 것을 2배로 열심히 본다고 해도, 당신 뒤에 있는 훌륭한 아이디어를 발견할 수는 없다"고 했다. 평소의 눈 그대로를 가지고는 새로운 발상, 새로운 아이디어는 낼 수 없다는 말이다.

사람의 머릿속에는 창의성을 가로막는 7가지 적(敵)이 있다고 한다. '정답, 논리, 상식, 규칙, 편견, 고정관념, 전문화'가 그것이다. 이 중에는 '편견'과 '고정관념'처럼 부정적 의미가 내포된 단어들도 있지만, 이외에는 모두 우리가 평소에 옳고 그름을 판단하는 기준이 되는 것일 뿐 아니라, 생각의 근간으로 삼고 있는 단어들이다. 요컨대, 옳은 것(정답), 대다수의 의견(논리, 상식), 서로 간의 합의(규칙), 과거의 경험이나 학습(전문성) 모두를 무시할 수 있을 때만이 비로소 새로운 것을 찾을 수 있다는 것이다. 기존 사고의 틀에서 완전히 벗어나지 않으면 안 된다는 말이다.

상식을 깸으로써 신선한 아이디어가 된 예는 수없이 많겠지만 그중 하나, 미국의 어느 양말 판매 사이트 이야기다. 거기서는 문양과 색이 서로 다른 짝짝이 양말만을 3짝으로 묶어 8달러에 판다. 이 사이트는 '양말은 좌우가 같다'는 오래된 상식을 통쾌하게 깸으로써 이전에 없던 새로운 수요를 창출했다. 이 '짝짝이 양말'은 소녀들의 수집품으로까지 발전하는 기막힌 아이디어 상품이 되었다. 이처럼 아이디어는 새롭게 만드는 것이 아니라 가능성을 발견하는 것이고, 가능성의 발견이란 새로운 것을 찾는 것이 아니라 새로운 눈으로 보는 것이다.

과거에는 이러한 창의성이 지능과는 다른 것으로 주로 예술 분야의 특정한 인간만이 지니는 특성으로 간주되었지만, 오늘날에는 보통 사람들도 후천적인 노력을 통해서 계발되어질 수 있다고 보고 있다. 100여 년 동안의 노벨상 수상자를 관찰한 노벨박물관장 스반테 린드퀴비스트(Svante Lindqvist)는 그 노력에 덧붙여 용기, 도전, 불굴의 의지, 조합, 새로운 시점, 장난기, 우연, 순간적 번뜩임 등 9가지를 창의적 결과를 도와주는 필요한 항목으로 꼽는다.

그러나 어찌 보면 기발한 아이디어라는 것도 별게 아니다. 듣도 보도 못한, 전혀 새로운 것은 아닌 까닭이다. 그저 낡은 것들이 예전과는 다르게 결합되어 기존에 없던 것이 된 것일 뿐이다. 앞서 소개된 일본 사과의 예도 '태풍에 떨어지지 않은 사과'와 '수험생'이라는 아주 낡은 것 2개가 '엉뚱하게' 결합했다는 것 이외에 아무것도 아니다. 그래서 재즈 가수 찰스 밍거스(Charles Mingus)는 "간단한 것을 복잡하게 만드는 것은 평범함이고, 복잡한 것을 간단하게 만드는 것이 창의력이다"라고 말 그대로 간단하게 창의력을 정의하기도 했다.

기발한 아이디어의 위력을 알기에 아이디어 찾기에 골몰했던 동서고금의 많은 사람들 중에는 아주 구체적으로 아이디어 발상에 효율적인 장소까지 제시하는 이가 있다. 당송팔대가의 한 사람인 구양수는 말 위, 잠자리 위, 평상 위를 꼽았다. 사이언티픽 아메리칸 마인드 잡지는 욕조, 침대, 버스의 3B를, 일본창조개발연구소에서는 '잠자리, 걸으면서, 자동차 안'이라고 한다. 그러나 그렇다고 해서 누구나가 그런 곳에 가 있다는 이유로 아이디어가 저절로 떠오를 리가 있겠는가? 이 얘기는 역으로, 제시되고 있는 특정 장소 외의 곳에서도 끊임없이 생각을 해야 한다는, 좋은 아이디어를 내려면 그만큼 몰입해야 한다는 사실의 반증으로 들린다.

몰입하려면 비워야 한다. 머릿속이 무언가로 가득 차있으면 집중이 안 될 수밖에 없다. 로저 본 외흐(Roger Von Oech)가 지은 「생각의 혁명」이라는 책에는 다음과 같은 얘기가 나온다. 어느 날 오후 창의력을 가르치는 선생이 한 학생을 집으로 초대하여 차를 마시기로 했다. 그들이 잠시 이야기를 나누는 사이에 차 마실 시간이 되었다. 선생은 학생의 잔에 차를 천천히 따르기 시작했다. 어쩐 일인지 선생은 차가 잔에 가득 차도록 계속 따르는 것이었다. 급기야는 넘쳐 바닥에 흘렀다. 학생이 말했다. "선생님, 차가 넘치고 있어요. 더 이상 잔에 들어가지 않아요." 이에 창의력 선생이 제자에게 한 답은 "잘 보았네. 자네도 마찬가지일세. 만약 자네가 내 가르침을 받아들이려면 우선 자네 정신의 잔을 모두 비워야 하네"였다. 그러나 머릿속을 비운다는 것이 또 그렇게 쉽지 않다. 뭔가로 바쁘게 돌아가는 상황에서 머리를 비운다는 것이 가능하겠는가?

머리를 비우려면 우선, 그럴 수 있는 환경부터 만들어야 한다. 그래서 3M에는 '15% 룰' 이라는 것이 있다. 휴렛패커드의 창업자 중 한 사람인 빌 휴렛(Bill Hewlett)이 "3M이 무슨 상품을 가지고 나올지 아무도 모른다. 3M조차도 그들이 무엇을 새로 개발하게 될지 모른다는 점이 3M의 매력이다"할 정도로 진화하고 있는 비전 기업 3M은 세계에서 가장 혁신적이고 창의적인 기업 중 하나로 알려져 있다. 그것은 '연구원은 근무시간의 15%를 일과 무관한, 흥미를 가진 일에 사용해도 된다' 는 바로 그 '15% 룰' 에서 비롯된 것으로 보인다. 머리를 비울 수 있는 시간, 그래서 새로운 아이디어를 생각할 수 있는 환경을 만들어준 것이다.

병원 경영에서도 창의력은 당면한 많은 문제들의 해결 실마리를 찾아줄 수 있을 것이다. 경우에 따라서는, 앞서 얘기한 '행운의 사과' 나 '짝짝이 양말' 처럼 위기가 오히려 기회가 되는 대 역전의 드라마를 연출해 낼 수도 있다. 그러려면 현상을 보는 눈부터 달라져야 한다. 눈이 달라지려면 제일 먼저 해야 할 일은 당연히 시력검사다. 경영자의 눈이 바로 코 앞 밖에는 안 보이는 지독한 근시일 수도 있고, 먼 산만 바라보는 원시일 수도 있고, 세상 만물이 온통 뿌옇게 보이는 백내장이나 녹내장일 수도 있다. 그러한 검사 결과가 있어야 눈 영양제를 먹든, 안경을 쓰든, 수술로 수정체를 교체하든지 하는 처방이 나온다. 그러나 정작 무엇보다 큰 문제는 당사자들 중 상당수가 자기 눈의 건강상태는 모르는 채로 보이는 것이 전부인 것으로 착각하고 있다는 데 있다.

8) 실무에 맡겨라

경쟁이 너무도 치열해서 어지간해서는 새로운 제품이 발도 붙이기 힘든 시장이 국내의 드링크 시장이다. 하물며 그 시장에서 근 40년 가까이 절대 강자로 군림하고 있던 박카스의 아성을 무너뜨린다는 것은 감히 상상도 할 수 없는 일이었다. 그러나 기적과 같은 일이 일어난다. 광동제약의 비타500이 박카스를 밀어내고 정상에 등극한 것이다. 약국에서만 살 수 있다는 기존의 고정관념을 깬, 슈퍼에서도 구입할 수 있는 마시는 비타민이었다. '맛있는 거, 하지만 카페인 없는 거'란 메시지로 카페인 함유라는 박카스의 약점을 파고든 것이 주효했다. 드링크 시장에서의 마케팅 역사상, 좀처럼 유례를 찾아보기 힘든 이와 같은 성공 사례는 어떻게 가능할 수 있었을까? 우리는 '비타민을 드링크로 만들자'는 애초의 개발 아이디어가 개발 업무와는 전혀 무관한 유통 사업부에서 나왔다는 사실에 주목하면서 몇 가지 교훈거리를 발견할 수 있다. 즉, 어느 직원이라도 자신의 당면 업무를 떠나서 아이디어를 낼 수 있도록 한 사내 분위기와 그 아이디어가 채택되는 과정에서 보여주는 조직의 유연성이다.

만약 이처럼, 직무와 직책을 떠나, 어느 부서 어느 위치의 직원이 낸 어떤 아이디어라도 최고의사결정권자에게까지 거리낌 없이 전달될 수만 있다면, 그리고 그 아이디어를 전 직원이 공유하여 보완까지도 할 수 있는 시스템이 갖추어져 있다면, 한 걸음 더 나아가 충분한 포상과 서로 간의 독려로 의욕이 넘쳐나는 분위기가 갖춰진다면, 그 역동적인 조직은 창의적인 결과를 내놓기가 보다 수월하리라는 것을 쉽게 짐작할 수 있다.

경영학의 대가로 불리는 피터 드러커(Peter Ferdinand Drucker)는 "명령 계층 수를 최소화하는 것, 즉 조직을 가능하면 '수평적'으로 만드는 것은 합리적일 뿐만 아니라, 조직구조의 원칙이다. 그것은 모든 명령이 매 전달 단계에서 잡음은 2배로 늘어나고, 메시지는 반으로 줄어들기 때문이다"고 수평적 조직구조의 필요성을 강조한다.

얼마나 수평적 조직이 되었는가는 고객과 마찰이 생겼을 때 현장 직원의 대응력에서 드러난다. 고객과 만나는 수많은 찰나의 순간에서 고객을 세워놓고 관료적인 업무 매뉴얼이나 획일화된 규정집을 뒤적인다거나, 자신의 바로 위 상사를 찾는다거나, 기껏해야 재량권도 없는 그 누군가가 나타나 궁색한 변명만 늘어놓을 수밖에 없는 조직이라면 이미 최악의 구조, 막바지 상황에 놓여 있다고 보면 틀림없다.

최고의 고객 서비스로 권위 있는 상을 두 번이나 받은 홍콩 만다린호텔의 총지배인은 그 수상 비결에 대해 이렇게 말한다. "우리 호텔의 현장 직원들에게는 고객에게 'Yes'라고 말할 권한이 있습니다. 대신 'No'라고 말할 권한은 주지 않았죠. 그들이 'No'라고 말하려면, 먼저 관리자에게 허락을 받아야 합니다."

서비스 분야 세계 최고란 찬사를 받고 있는 노드스트롬백화점의 성공 비결도 딱 한 가지만 꼽는다면 직원의 파워다. '역피라미드'에서 가장 윗부분은 고객이 차지한다.([참조

[참조 1-4] 노드스트롬 권한 피라미드

고객
판매·일반 직원
매장 관리자
지점장·바이어
제품 관리자·지역 관리자
총책임자
경영진

1-4] 노드스트롬 권한 피라미드) 이는 매장 관리자에서 최고경영진에 이르기까지 현장 직원들을 지원한다는 암시다. 이 백화점의 모든 직원 이 지켜야 할 단 하나의 규칙은 '모든 상황에서 스스로 판단을 활용하 라. 이것 이외에는 없다' 이다. 복잡하고 관료적인 규칙 대신, '고객이익 만을 생각한다' 는 단 하나의 원칙을 세우고 나머지는 스스로 결정하게 하였다. 실제로 이 백화점에는 직원의 재량권과 관련된 유명한 일화가 있다. 이미 세일이 끝나 다 팔리고 난 바지를 구매하러 온 고객이 실망 스러워하자, 한 직원이 임의로 인근 백화점에서 정가로 구매, 세일 가격 에 판매한 것이다. '기업이 고객을 잃는 가장 큰 이유는 경쟁이나 품질 이 아니라, 고객에 대한 직원들의 냉담한 태도' 라고 강조하는 이 백화점 의 부사장, 벳시 샌더스(Betsy Sanders)의 말에서도 나타나듯이, 오직 고객만을 위한다는, 전 직원이 가지고 있는 서비스 마인드와 보장된 현 장 재량권의 결과이다.

이밖에도 직원에게 권한을 부여하고 그들의 의견을 존중하는 구체적 사례는 많다. 리츠칼튼호텔은 불만족한 고객을 기쁘게 하기 위한 것이 라면, 직원에게 2,000달러까지 사용할 재량권을 준다고 한다. 매니저를 찾기 위해 화난 고객을 세워둘 필요도 없이, 현장에서 즉시 해결할 수 있도록 하기 위한 것이다.

갈수록 의사결정의 속도가 중시되는 작금의 경쟁구도 속에서 수평적 이고 유연한 조직구조는 점점 더 기업이 갖추어야 할 필수불가결한 요 건이 되어가고 있으며, 그러한 현상은 병원에게도 마찬가지다. 그러나 생명을 다루는 곳일 뿐 아니라 고도의 전문지식을 필요로 하는 병원은 백화점이나 호텔과는 달라서, 조직개편이나 권한 위임의 폭이 제한적일 수밖에 없는 것 또한 엄연한 현실이다. 아무리 그렇다하더라도, 모든 정책과 실행에서 최우선의 고려사항은 고객의 이익이 되어야 한다는 것만은 병원이라고 해서 예외일 수 없다. 때문에, 큰 규칙의 틀 안에서 고객의 이익을 위한 최대한의 권한을 직원에게 부여하자는 것이다. 근간에는 국내에서도 이러한 개념으로 운영되고 있는 병원들이 더러 있다. 서울의 모 안과병원 같은 경우이다. 여기서는 보다 탄력적인 고객 서비스를 위해 인사권과 진료시간 조정권 등의 운영 권한을 팀 단위의 각 진료실에 위임하는 동시에 그에 따른 책임도 지게 했다.

고객 접점에 있는 직원에게 효과적인 고객 서비스를 위해 필요한 것은 재량권 말고도 하나가 더 있다. 바로 지식이다. 홈디포의 공동 창업자 아더 블랭크(Arthur M. Blank) 회장은 "우리 회사 판매원들은 '제품'을 파는 것이 아니라 '해답'을 판다. 그러기 위해서는 권한과 지식이 충만해야 한다"고 했다. 당연한 말이 아닐 수 없다. 직원에게 아무리 큰 재량권이 주어진다 한들, 그 재량권으로 무엇을 해야 할지, 자신이 속해 있는 조직이 추구하고 있는 궁극의 목적, 앞서 얘기된 핵심가치를 모르고 있다면 무슨 소용이겠는가? 아니, 그저 소용이 없는 정도가 아니라 오히려 큰 위험이 될 수도 있다. 때문에, 조금 과장된 비유일지 모르나, 직원에게 주어진 재량권이 강도의 손에 들린 칼이 아니라 환부를 도려내는 의사의 메스처럼 고객이 원하는 속 시원한 '해답'이 되려면 끊임없는 교육이 병행되어야 할 것이다.

9) 찾아서 배워라

기업이든 사람이든, 탄생하고 성장하고 사라지는 일련의 여정에서 일어나는 모든 일 중에 100% 새로운 것이란 없다. 소위 기발한 아이디어란 것도 마찬가지. 이전의 다른 어떤 것으로부터 발전되고 변형된 것이다. 때문에 셀 수도 없을 만큼 많은 발명품을 내놓아 발명왕이라고까지 일컬어지는 토머스 에디슨(Thomas Alva Edison)마저도 '좋은'('새로운'이 아니다) 아이디어를 내는 방법에 대해 '차용하라'고 했고, 잭 웰치(Jack Welch)는 '훔쳐라', 세스 고딘(Seth Godin)은 '베껴라'고까지 하지 않았던가? 말하자면, 마케팅에서 자주 등장하는 용어, '벤치마킹(Benchmarking)'이다. 이는 일본 기업에 밀려 고사상태에 직면했던 제록스가 경쟁업체들의 경영 노하우를 캐기 위해 직접 일본에 건너가 조사 활동을 벌이고 그 결과를 경영 전반에 활용하여 큰 성과를 거둠으로써 널리 알려지게 되었다고 하는데, 이제는 효율적인 기업 경영의 한 기법으로 도입되어 있다. 즉, 특정 분야에서의 어떤 우수한 상대를 표적으로 삼아 그들의 장점과 운영 프로세스 등을 배우면서 자기혁신을 추구하는 것이다.

세계 유수 기업으로 성장한 삼성그룹에는 '해외 정보'라는 이름으로 최고의사결정권자들에게 매주 발송되는 보고서가 있다. 이 보고서에는 기업 경영과 산업기술, 경제사회 등 3개 분야로 나눠 수집한 전 세계의 정보 중에서 눈에 띄는 사례로부터 분석해 낸 교훈과 시사점이 담겨 있다. 그중 몇 개의 주제에 관련된 실제 사례들을 살펴보면, '기업 경영과 무결점조직'이라는 주제의 보고서에는 LA경찰국의 특수기동대(SWAT), 페라리 F1 자동차 경주 팀, 미국의 이벤트회사 엘리자베스 앨런사의 사례가 있다. LA의 SWAT는 지난 1967년 좌익 집단과의 무력 대치 때, 20%의 대원을 잃은 쓰라린 경험을 한 뒤 조직개혁에 나서 팀장에 쏠려있던 의사결정권을 팀원 개개인에게 대폭 위임함으로써 자율적 공격·방어를 하도록 했다. 그 뒤로는 매년 70여 회의 총격 상황에서 95% 이상의 임무 완수를 기록하게 됐다. 독일의 전설적 카레이서 미하엘 슈마허가 소속된 페라리 F1 팀은 3초 이내에 급유를 끝내기 위해, 팀원들이 연간 2,000회 이상 반복 연습을 한다. 뉴욕타임스가 '최고의 이벤트 기획업체'로 선정한 엘리자베스 앨런사는 팀장이 전권을 갖고, 고객의 기대 수준을 완벽하게 채워준다. 이 보고서는 '단 한 번의 실수가 기업 경쟁력에 치명타가 될 수 있음을 명심해야 할 시점'이므로 "긴급 상황에서는 상급 관리자보다 관련 정보와 경험이 풍부한 현장 책임자가 의사결정을 내리는 것이 적합하다"는 미시간대 칼 위익(Karl Weick) 교수의 말로 결론 맺고 있다.

또 하나의 보고서는 '미셸 위를 계기로 보는 스타육성 시스템'이다. 이 보고서는 그녀가 어린 나이, 여성, 동양계라는 한계를 극복하고, 세계적 스타가 된 데에는 차별화 전략과 전문적 매니지먼트 등 체계적인 스타육성 시스템이 작동했다면서 '스포츠뿐 아니라, 어느 산업에서나 우수인재의 조기발굴 및 체계적 육성이 성장의 원동력임을 명심해야 할 시점'이라고 분석하고 있다.

10억 달러 이상의 브랜드 가치를 갖게 된 '해리포터의 성공 비결'이라는 표제의 보고서에서는, 책 출간 직전까지 사전 홍보를 절제해 독자의 호기심을 자극하는 디마케팅(Demarketing) 전략과 독자·관람객의 입을 통해 소문이 확산되도록 하는 구전 전략을 상세하게 분석한 뒤, "충분한 검증을 거치지 않은 신제품의 섣부른 공급은 소비자의 구매심리를 떨어뜨리는 역작용을 야기할 수 있기 때문에 적절한 주기로, 충실한 신제품을 출시하는 전략적 판단이 요구된다"는 경영지침이 주어지고 있다.

그 외 '자금 운용의 귀재 하버드대', 'GM을 능가한 할리데이비슨', '실패 속에서 히트 상품을 만들어 내는 산토리', '신세대 라이프스타일 디지털 코쿤', '이미 10년 전에 결정된 혼다와 소니의 승패' 등의 보고서에서는 단순한 해외 화제로 넘길 수도 있는 토픽 속에서 교훈과 새로운 트렌드의 단초를 찾아내기 위해 애쓰는 치열한 기업정신이 엿보인다.

이제 다시 시선을 병원으로 돌려보자. 일본 히로시마에 있는 내과·노인진료 종합병원인 이데시타클리닉은 시민들 사이에 '대기시간이 없는 병원', '짜증나지 않는 병원'으로 정평이 나있다. 이 병원에 들어가면 '대기시간이 10분을 넘으면 직원에게 연락해 달라'는 접수창구의 안내표지판이 맨 먼저 눈에 들어온다. 이전에는 이데시타클리닉도 여느 병원과 다를 바 없었다. 고객 대기시간이 평균 90분을 넘기 예사였다. 뭔가 차별화된 서비스를 제공하지 않으면 안 되겠다고 생각하던 이데시타 히사토 원장에게 퍼뜩 떠오른 벤치마크가 있었다. 도요타의 '간방(看板·업무 흐름표)' 방식이다. 이데시타 원장은 진료체계에 이 간방 방식을 도입키로 하고 카르망과 계약을 맺었다. 카르망은 도요타 출신들이 도요타 방식을 전파하기 위해 설립한 컨설팅회사. 카르망은 이 병원의 진료체계가 안고 있는 문제점을 정확하게 짚어냈다. 접수→카드 작성→진료→처방→수납으로 이어지는 업무 흐름 사이의 시간 낭비가 대기시간 연장으로 이어졌던 것. 카르망은 무엇보다도 먼저 각 단계의 시간 낭비를 줄이도록 했다. 의사·간호사를 포함한 160여 명의 병원 직원들이 즉각 대기시간 단축 방안을 찾아 나섰다. 문제를 발견하면 즉석에서 토론을 벌여 해법을 마련하는 식으로 하나하나 개선해 나갔다. 한 예로 고객들을 위해 진찰실 앞에 '진료기록카드진행관리판'을 설치했다. 도요타의 간방과 같은 것이다. 안내판에는 진찰은 물론 처방전 수령, 수납까지 걸리는 개인별 소요시간이 계산돼 적혀 있다. 이 병원은 도요타 방식을 도입한지 1년 만에 90분 정도 걸리던 평균 대기시간을 40~50분 수준으로 줄였다. 개선 활동이 집약되다 보니 10명이 하던 일을 이제는 7명이 할 수 있을 정도로 업무 효율이 높아졌다. 유휴인력은 서비스 접점에 배치해 고객들의 불편을 덜어주게 했다. 다카야마 과장은 "업무 효율을 개선함으로써 고객 만족뿐 아니라 직원의 근무환경도 크게 개선됐다"고 말했다.

누군가가 불쑥 다음을 물었다고 가정해 보자. "당신은 닮고 싶은 모델이 있습니까?", "지금 당신이 처한 문제에 참고할 만한 벤치마크는 있나요?" 만약 이 2가지 질문에 대해 (따로 생각할 시간을 가지지 않고 지체 없이) 즉답이 나오지 않거나 "No"라고 한다면 그 이유는 둘 중의 하나다. '누구를 따라하지 않아도 될 만큼 현재의 경영상태가 만족스럽다'거나, '아무 생각이 없다'거나. 그러나 요즘, 만족스런 경영상태의 병원이 그리 흔치 않음을 감안할 때, 벤치마크가 없거나 아직도 찾지 못한 병원은 '아무 생각이 없는 병원'이라고 보면 거의 틀림없다.

10) 어떻게든 나눠라

"의약품이란 고객(환자)을 위한 것이지 결코 이윤을 위한 것이 아니다. 이윤이란 부수적인 것에 불과하다. 그리고 이 사실을 망각하지 않는한 이윤은 저절로 나타나기 마련이다." 세계 굴지의 제약회사, 머크의설립자 조지 윌리암 머크(George William Merck)의 경영이념이다. 그렇다면 병원의 경영이념으로 다음과 같은 것은 어떤가? "병원이란 병원을 찾은 사람들을 위한 곳이지 결코 이윤을 위한 곳이 아니다. 이윤이란부수적인 것에 불과하다. 그리고 이 사실을 망각하지 않는 한 이윤은 저절로 나타나기 마련이다." 맞는 말이긴 한데, 그게 말처럼 그렇게 쉬운일이 아니라고 생각될 것이다. 어쩌면, 대번에 "이윤을 생각하지 않고고객만 생각하라니? 그러고서도 남아날 병원이 있겠어?" 같은 볼멘 반응이 나올지도 모른다.

각 나라의 물가를 측정하는 '빅맥지수' 라는 것이 생겨날 만큼 전 세계에 셀 수도 없이 많은 체인점을 가지고 있는 맥도날드. 이 프랜차이즈가 때로는 부침(浮沈)을 겪으면서도 꾸준히 성장해온 비결은 무엇일까?적지 않은 수의 마케팅전문가들은 맥도날드의 사회적 책임에 대한 남다른 인식과 사회 환원을 위한 꾸준한 실천을 그 성공 비결 중의 하나로꼽는 데 주저함이 없다. 맥도날드가 지역사회에 들인 공(功)의 결과는1995년 로스엔젤리스 흑인폭동 때에도 확연히 드러났다. 막대한 재산피해를 입었던 한인 상점들과는 대조적으로, 30여 개의 맥도날드체인점은폭동의 중심부에 있었으면서도 어느 한 곳, 피해가 없었던 것이다. 그이유는 그간 맥도날드사가 운영해 온 지역주민 프로그램에 있었다. 맥도날드사는 로스엔젤리스의 거리 풍경의 흑인이나 라틴계 미국인 거주지역에서 어린이 중병으로 입원 고객들을 돌보는 가족이 저렴한 가격으로 숙박할 수 있도록 맥도날드 하우스를 운영한다거나 장학금을 수여하는 등 오랫동안 지역주민에게 공헌해 왔다. 이러한 맥도날드의 지역 프로그램 운영을 경험하고 지켜본 지역주민들이 폭동의 위기 상황에서 스스로 맥도날드 점포를 지켜주었던 것이다. 그 반면 한인사회는 피해 당사자였음에도 불구하고 흑인들에 대한 무관심과 무시가 그런 결과를 초래했다는 여론의 비난까지 감수해야 했다.

리더십의 권위자이며 유명조직개발 컨설턴트인 스티븐 코비 (Stephen R. Covey) 박사는 그의 저서 「성공하는 사람들의 7가지 습관」에서 인간관계에서의 신뢰 구축 과정을 '감정은행계좌' 라는 개념으로 설명하고 있다. 만약 우리가 다른 사람에 대해 공손하고 친절하며, 정직하고 약속을 지킨다면 우리는 좋은 감정을 저축하는 셈이 된다는 것이다. 그러면 그 사람이 우리에게 대해 갖는 신뢰가 높아지기 때문에 필요할 때마다 그러한 신뢰에 의지할 수 있고, 설혹 실수를 한다고 해도 감정 잔고인 신뢰 수준이 높기 때문에 실수를 상쇄할 수도 있다는 생각이다. 즉 서로 간의 신뢰가 높을수록, 그래서 감정 잔고가 많을수록 의사소통은 쉽고 효과적이 된다는 것. 앞서의 맥도날드 사례에 견주어 보면, 쉽게 납득이 가는 얘기다.

국내에도 국민들에게 '감정 잔고를 많이 쌓아놓은' 기업이 있다. 벌써 수십 년 이상 일관되게 '우리강산 푸르게 푸르게' 캠페인을 전개해오고 있는 유한킴벌리다. 이 회사는 그 두둑한 '감정 잔고' 덕분에 입사하고 싶은 기업, 사회공헌에 앞장서는 기업 등 좋은 이미지로 확고한 자리를 잡고 있다. 이러한 회사의 이미지는 제품에 대한 선호로 이어져서 매출을 늘림으로써 결국 회사에 이익으로 돌아온다.

그렇다면 병원은 어떤 노력을 하고 있는가? 아마도 병원만큼 신뢰가 선택의 중요한 변수로 작용하는 대상도 없을 것이다. 사람의 생명을 다루는 곳인 까닭이다. 그러나 다른 한편으로 생각하면, 생명을 다룬다는 바로 그 이유로 인간의 생명을 위협하는 생태계 파괴나 환경오염 등에 관련된 캠페인부터 의술무료지원과 봉사활동, 세세한 건강 상식 전파에 이르기까지 자신의 특수성과 연관지어 병원이 할 수 있는 신뢰 쌓기의 방법은 얼마든지 있다.

인간관계에 응급처치란 존재하지 않는다. 영양실조로 쓰러져 응급실로 들어온 사람에게 온갖 영양소를 쏟아 붓는 것으로 그동안의 '부족분'을 메울 수 없듯이 인간관계의 정립과 회복에는 장기간의 투자가 필요하다. 만약, '시간이 갈수록 병원들 사이에 의술이나 서비스의 차이가 줄어들고 있다'는 데 동의한다면, 보다 경쟁력 있는 병원이 되기를 희망하는 병원 경영자가 하루속히 시작해야 할 것은 분명해 보인다. 감정 잔고 쌓기. 지역사회와 이익을 나누고, 소비자를 상대로 신뢰를 높여 좋은 이미지를 만드는 일이다.

[용어해설]

디마케팅(Demarketing)

필립 코틀러가 1971년에 처음 사용한 디마케팅 개념은 기업이 소비자의 수요를 의도적으로 줄이는 마케팅 기법이다. 그것은 정기적으로 소비자와 건실한 관계를 유지, 발전시켜 나가기 위해서 마케팅 활동을 억제한다. 소비자의 수요를 줄이면 제품의 이미지와 브랜드 가치가 높아지고, 오히려 꾸준히 소비자를 확보할 수 있기 때문이다. 공익목적, 수급조절, 이미지 향상, 규제 회피, 수익 제고 등의 목적에 따른 5가지 유형이 있다. 한 예로 루이비통 본점에서는 여행객이 제품을 구입하면 여권번호를 컴퓨터에 입력해 같은 여행객이 1년 내에 다시 살 수 없도록 철저한 관리 시스템을 운영하는데, 이것은 구매심리를 자극하려는 목적의 마케팅이다. 또 다른 예로 가령, 담배갑에 폐암 경고문을 써놓거나, 술병에 과음의 폐해를 경고하는 주의 문구를 기록해 놓는 경우다. 비록 판매를 제한하더라도 소비자들의 진정한 만족을 추구하겠다는 것이다. 말하자면 기업에 불이익이 되더라도 소비자가 알아야 한다면 제품의 부작용 등을 미리 알려주어 신뢰를 얻겠다는 전략이다. 반면 사전에 적절한 동의나 처우 없이 단지 돈이 없다는 이유로 차별을 할 경우 제거된 고객뿐 아니라, 잠재 고객들로부터 반발을 사는 역효과도 나타날 수 있다.

빅맥지수(Big Mac Index)

일정 시점에서 미국 맥도널드사의 햄버거 제품인 빅맥 가격을 달러로 환산한 후, 미국 내 가격과 비교한 지수이다. 맥도널드는 세계 200여 개국 진출, 하루 이용객만 약 5,000만 명으로 세계적인 규모의 패스트푸드업체다. 그래서 이곳에서 판매하는 빅맥의 가격을 기초로 이코노미스트에서 각국(약 120개국)의 물가 수준과 통화가치를 비교한 자료를 매 분기마다 발표한다. 가령, 미국의 빅맥 가격이 4달러이고 우리나라에서 3.5달러(3,850원)인데 원 · 달러 환율이 1,100원이라면 적정 환율은 962.5원(3,850/4=962.5)로 환율 평가에서 원화가 저평가되었다고 말할 수 있다.

벤치마킹(Benchmarking)

벤치마킹은 원래 토목 분야에서 사용되던 말이다. 강물 등의 높낮이를 측정하기 위해 설치된 기준점을 벤치마크라고 부르는데, 기업이 목표 달성을 위해 그것을 세우거나 활용하는 일을 벤치마킹이라고 불렀다. 즉, 뛰어난 상대에게서 배울 것을 찾아 배우는 것이다.

참고문헌
1. 의료와 경영은 완전 분리돼야 산다, 남윤호 중앙일보 도쿄특파원, 이코노미스트, 2000.11.18.
2. 사업 비전이란? Oricom Brand Journal, 1997.2
3. 「사람은 믿어도 일은 믿지 마라」 고야마 노부루지음 · 박은희 옮김, 좋은책 만들기 펴냄
4. 장수기업들은 CEO를 함부로 바꾸지 않는다, 李秉柱 LG경제연구원책임연구원, 월간조선, 2009.6.
5. 「마케팅 종말」 서지오 지먼외 지음 · 이승봉옮김, 청림출판
6. 메이저리그에서 배우는 인재선발 전략, 김치풍 삼성경제연구소연구원, SERI 경영노트, 제21호, 2009.
7. 사람들은 왜 멍청한 결정을 내리나, 「스웨이」저자 브래프먼 형제 인터뷰, 조선 Weekly BIZ, 2010.3.13.
8. 사례로 보는 1등 기업의 조건, 최병현, LG주간경제, 2003.10.1.
9. 「365일 매일 읽는 리더의 한줄」 아드리안 고스틱 · 체스터 엘튼지음 · 안기순옮김, 눈과마음
10. 미국 최고직장들의 복지 천국 부럽지 않네, 조선일보 정시행기자 2012.1.21
11. 경쟁적 판매전략, 고객이탈에서 얻어야 할 교훈, SHB July-August 1996.
　이글은 HBR」 March-April 1996에 게재된 "Learning from Customer Defections"이다.
12. 삼성은 무엇에서 배우는가? 한종호 사회부차장, 문화일보, 2008.5.28
13. 이제는 생산성 '도요타에서 배운다' 도요타 '看板방식', 한국경제신문, 2004.4.23.

Hospital Marketing Dock Flow

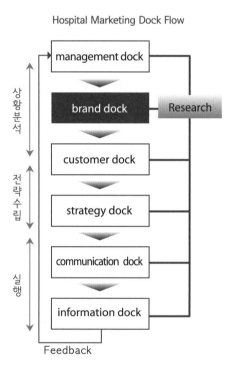

# 동네가 아는 '이름' 일까요,
시장이 찾는 '브랜드' 일까요?
Hospital Brand Dock

1. 브랜드의 생로병사
  1) 브랜드의 탄생(네이밍)
    네이밍 작업의 단계
    네이밍의 차별화 포인트
    병원의 네이밍
  2) 브랜드 라이프 사이클(Brand Life Cycle)
    BLC 4단계
    병원의 BLC
  3) 브랜드 포트폴리오(Portfolio)
    BCG Matrix
    병원에서의 브랜드 포트폴리오

2. 힘 있는 브랜드가 되려면
  1) 브랜드 아이덴티티, 명확히 하라
    브랜드 아이덴티티의 성공 사례
    시각, 청각적 아이덴티티
  2) 브랜드 이미지, 일관성을 유지하라
    이미지 관리
    이미지 차별화
  3) 브랜드 이상(理想), 아이덴티티와 이미지를 일치시켜라
  4) 브랜드 확장, 소비자에게 물어라
    성공적인 브랜드 확장의 3가지 법칙
    성공한 브랜드 확장의 예
    실패한 브랜드 확장의 예
    병원에서의 브랜드 확장

3. 브랜드가 자산이 되려면
  1) 구성 요소를 갖추어라
  2) 브랜드 가치를 높여라
    브랜드 가치 평가 5단계
  3) 인재를 브랜드화 하라
    개인 브랜드화 전략

"

브랜드란

세탁을 해도

지워지지 않는 것을 말한다.

"

작자 미상

II. 동네가 아는 '이름'일까요,
시장이 찾는 '브랜드'일까요?

Hospital Brand Dock

Journal of Advertising Research의 편집자가 미국의 유명 광고전문가 래리 라이트(Larry Light, 맥도날드 광고 캠페인 "I'm lovin't it" 기획)에게 앞으로 어떤 회사가 경쟁에서 이길 수 있을지에 대해 물었다. 그의 대답은 "미래 마케팅의 전쟁은 브랜드 전쟁이다. 무엇보다 중요한 것은 누가 커다란 공장을 가지고 있느냐가 아니라, 누가 시장을 소유하느냐이다. 시장을 소유하기 위한 유일한 방법은 시장을 지배하는 브랜드를 가지는 것이다"였다. 마케팅의 세계적 거장, 필립 코틀러(Philip Kotler)의 생각도 같다. '마케팅의 핵심은 브랜드 구축에 달려 있으며, 브랜드를 구축하고 관리하는 것이 마케팅의 시작이자 끝'이라는 것이다. 미국마케팅협회(American Marketing Association)의 정의에 따르면, 브랜드란 '특정한 판매업자와 판매자그룹의 상품 또는 서비스를 식별시키는 것, 그리고 이들 상품과 서비스를 경쟁사의 것과 구별될 수 있도록 만든 이름과 기호, 심벌, 디자인이나 또는 이것들을 모두 포함하는 것'이다. 즉 브랜드는 단순한 상품명만이 아닌, 상품의 고유성, 상품의 개성을 나타내는 모든 것을 의미하는 것이다.

자기만의 고유성과 개성을 가진 브랜드에는 제각각의 추종 소비자 집단이 형성되고 그 집단의 크기에 따라 힘이 주어진다. 일단, 브랜드에게 힘이 주어지고 나면 경쟁이 시작된다. 한여름 편의점의 냉동고 안을 들여다보자. 그 차갑고 좁은 공간에서는 수십 개의 브랜드들이 뒤엉켜 사활을 건 싸움을 벌이고 있다. 힘센 놈은 살아남고 약한 놈은 사라진다. 냉엄한 약육강식이 따로 없다. 그야말로 치열한 전쟁터다. 그곳에서의 살고 죽음의 기준은 너무도 간단하다. 소비자에게 선택되느냐, 못되느냐 오직 하나다. 약 3~4만여 브랜드가 진열되어 있는 대형 슈퍼마켓에서도 실제 소비자가 필요로 하는 브랜드의 숫자는 고작 200여 개에 불과하다고 한다. 경쟁에서 살아남는 브랜드가 된다는 것, 보통 어려운 일이 아니다.

그렇다면 오늘의 소비자들이 가지고 있는 특정 브랜드에 대한 호불호의 기준은 과연 무엇일까? 브랜드를 죽이기도 하고 살리기도 하는 그 힘의 원천은 어디에 있을까? 그 답도 하나다. '얼마나 소비자의 욕구를 충족시켜줄 수 있느냐'이다. 때문에 브랜드의 힘을 키우려면 소비자의 욕구가 어디에 있는지를 정확히 아는 것부터 시작해야 한다. 과거에는 그것이 제품 속에 있었다. 제품을 소유하면 욕구를 채울 수 있었다는 얘기다. 그러던 것이 언제부터인가 제품만으로는 소비자가 만족할 수 없는 시대가 된다. 제품 간의 품질 차이가 좁혀지면서 대다수의 소비자가 제품보다는 그에 부가되는 서비스, 또는 서비스 자체가 상품인 것을 찾기 시작한 것이다. 불과 얼마 전까지만 해도 바로 그 서비스의 시대였다. 그러나 이제는 그것도 지난 얘기다. 요즘 소비자를 만족시켜 주는 것은 제품도 서비스도 아니다. 지금은 경험과 스토리의 시대로까지 발전되고 있다.

오늘의 소비자들은 브랜드가 가지고 있는 스토리를 직간접적으로 경험하고 그 경험을 또 다른 누군가와 나눌 수 있게 해주는 것에 흥미를 느끼고 주머니를 연다. 다시 말하자면 이제는 브랜드 자체가 경험치의 상징이며 이야기의 중심이 되었다는 것이다. 같은 브랜드를 소유하고 있거나, 경험했거나, 또는 누리고 있는 사람들 간에 느껴지는 교감이나 동질감 같은 것이 그것이다.

브랜드는 종종 살아있는 유기체로 비유되기도 한다. 성공적인 브랜드가 되려면 탄생의 순간부터 끊임없는 관심과 보호로 육성하지 않으면 안 되기 때문이다. 코카콜라, 코닥, 맥도날드, 나이키 등의 브랜드가 지금의 그 막강한 파워를 소유하게 된 것도 그동안의 전문적인 관리와 육성, 끊임없이 공급받은 영양분과 재투자의 결과이다.

이처럼 소비자의 욕구에 뿌리를 두고 탄생하여, 끊임없는 관리 속에 힘을 키우고 성장하는 것이 브랜드라면 병원의 경우는 어떤가? 'OO병원'이라는 지금의 그 호칭은 어느 날 누군가가 그저 붙여준 '이름'인가? 아니면 나름의 전략을 가진 '브랜드'인가? 분명한 것은 치열한 마케팅 경쟁에 들어선 병원 시장에서도 좋은 브랜드 짓기가 이미 강 건너 불구경이 아니라는 것이다.

이제는 병원에게도 브랜드는 얼굴이자 비전이며, 마케팅의 수단이다. 시간이 가면 갈수록 앞으로는 '의술'보다는 '브랜드'를 찾는 병원 소비자가 늘어날 것이다. 그저 식별 기능만을 가진 '이름'에서, 힘 있는 브랜드, 장수할 수 있는 브랜드, 매출을 극대화시켜주는 브랜드로 우뚝 서기 위해서는 시장성, 기억성, 차별성 등 고려해야 할 사항이 많고 많다. 어느새, 병원에서도 보다 과학적이고 체계적인 브랜드 관리는 선택이 아니라 필수사항이 된 것이다. "우리는 소비자에게 제품의 속성을 파는 것이 아니라, 브랜드화된 것을 판다. 우리는 소비자에게 그 브랜드로 꿈과 희망을 파는 것이다"라는 어느 화장품회사 광고 중역의 말이 결코 먼 나라 얘기가 아니다.

1. 브랜드의 생로병사

1) 브랜드의 탄생(네이밍)

하나의 브랜드는 몇 가지 요소로 구성된다. 우선, 브랜드 명칭이 있고, 제품이 가진 물리적 속성과 그 제품이 소비자에게 제공하는 이익, 그리고 사회적으로나 심리적으로 또는 심미적으로 소비자가 그 제품을 통해 얻을 수 있는 상징적 가치 등이 그것이다. 이처럼 다양한 브랜드 상표 요소 중에서 가장 중요한 것은 역시 브랜드 명칭(Naming)이다. 제품의 가격, 유통, 포장단위, 브랜드 표명서(Statement), 심지어 브랜드 마크 등, 대부분의 물리적인 속성은 바뀔 수도 있지만 브랜드의 명칭만은 바뀔 수 없기 때문이다. 브랜드 명칭이 바뀌면 아무리 다른 요소가 동일하게 유지된다고 해도 소비자는 전혀 다른 제품을 생각할 수밖에 없게 된다. 즉, 브랜드 명칭은 특정 제품을 지칭하고 처음에 런칭된 상태 그대로 변경이 불가능하면서 브랜드의 모든 가치를 보관, 전달, 관리하는 가장 핵심적인 요소이다. 때문에, 오래도록 소비자의 사랑을 받는 브랜드가 되도록 하려면 브랜드 명칭을 위한 네이밍 단계에서 생산자나 제품에 대한 탐구는 물론, 제반 환경과 소비자에 대한 심도 있는 분석이 이루어져야 한다.

개인 투자자와 브로커 및 투자분석가를 대상으로 기업 네이밍에 있어 가장 중요한 것을 무엇이라 생각하는지를 조사(Landor Associates사)한 결과 분석 자료에 의하면 조사 대상 브로커 중 1/3 이상이 의미나 정보가 담겨있지 않은 회사 이름의 경우 주식을 거래하는 데 어려움이 있었던 것으로 드러났다. 개인 투자자의 주요 기준은 회사 네이밍의 발음 용이성, 발전 가능성과 회사가 어떤 비즈니스에 종사하는지의 암시성인 것으로 밝혀졌다. 그리고 투자자의 94%가 친숙한 기업 네이밍과 상품과 서비스에 관련이 있는 기업 네이밍에 대해서는 마음이 편안함을 느끼며, 조사 대상 브로커와 투자분석가 중 거의 절반이 쉽게 이해할 수 있는 네이밍으로 바꾸게 되면 주가에 긍정적인 영향을 미친다고 하였다.

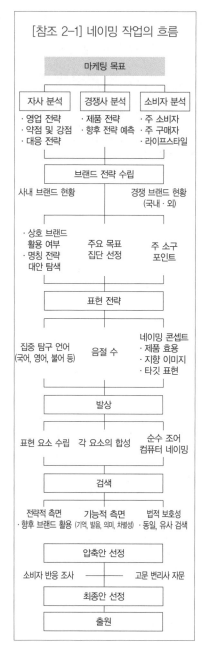

[참조 2-1] 네이밍 작업의 흐름

네이밍 작업의 단계

네이밍 작업은 일련의 마케팅 의사결정 과정과 유사하여 대략 다음과 같은 단계로 나뉘어 진행된다.([참조 2-1] 네이밍 작업의 흐름)

1단계, 브랜드 명칭 전략의 수립 시장 분석, 표적그룹 결정, 제품 콘셉트의 개발과 확정 뒤에 비로소 진행되는 브랜딩 작업은 먼저 해당 브랜드가 자사의 브랜드 계보 상 어느 위치에 속하는지를 파악하는 것이 중요하다. 그래야 기존 상호 브랜드나 패밀리 브랜드를 확장할 것인지, 경쟁 브랜드와의 차별적 콘셉트는 무엇으로 할 것인지 등, 브랜드 네이밍을 위한 전략 수립이 가능해진다. 물론, 제품 콘셉트를 직접적으로 전달할 것인지, 이미지를 전달하는 간접적 제품소구 방법을 택할 것인지 등의 큰 방향성과 구체적으로 적용할 언어군과 자연어, 조어, 합성어 등 개략적인 전개 방안도 잡아야 한다.

2단계, 본격적인 발상 앞선 단계에서 세운 전략 틀을 크게 벗어나지 않으면서 자유 발상을 시도하는 단계이다. 콘셉트를 직접적으로 표현하는 여러 동의어를 찾고, 그것을 여러 언어군에서 비교해서 리스트를 만들어 본다거나, 제품을 암시할 수 있는 표현을 리스트업해 자연어를 그대로 사용하거나 합성해 보는 방법 등을 모색해 볼 수 있다. 또한 컴퓨터

▌**네이밍 사례**

경희대동서신의학병원
지난 2006년 개원한 이 병원은 2010년 브랜드를 변경하게 된다. '동서신의학'이 주는 이미지가 병원 활성화에 장애가 된다는 판단에서다. 경희대학교병원이라는 점이 부각되지 못하고, 한방병원인 동서의원이 시중에 많이 있어 혼란스러우며, 한방병원의 이미지가 너무 강하다는 것이다. 때문에 강동경희대학교병원으로 개명하기에 이르렀다. 5년 여 동안의 숱한 논란 끝에 결국 브랜드는 바뀌게 되었고 그 과정에서 적지 않은 손실을 볼 수밖에 없었다. 브랜드의 중요성을 일깨워준다.

비자(VISA)
1970년대까지 미국 신용카드시장을 주름잡던 회사는 '마스터카드'의 전신인 '마스터차지'였는데, 만년 2위에 머물던 뱅크아메리카드가 기업명을 'VISA'로 바꾸면서 1위 자리를 탈환한다. 발음이 쉽고 기억이 오래가며 입국 허가증과 동일한 철자를 사용함으로써 글로벌한 뉘앙스까지 겸비, 소비자의 압도적인 지지를 얻은 것이다.

참眞이슬露
국내 브랜드 네이밍의 전설로까지 회자되는 이 브랜드는 출시 6개월 만에 1억 병을 돌파하는 최단기간 판매기록을 세웠다. 기발한 이름 덕분이라는 데 이견이 없다.

86

프로그래밍을 통한 순수조어 만들기를 시도해 볼 수도 있다.

3단계, 검증 만들어진 명칭 중 옥석을 가려내는 단계이다. 이 단계에서는 초기 단계에서 세운 브랜드 명칭 전략이나 네이밍의 방향성, 타깃 적합성, 경쟁사에 대비한 차별성을 점검해가며 안을 압축한다. 경험상으로는 여러 측면에서 두루 좋은 반응을 얻는 최종안이 선정되기 위해서는 최소 10~15개로 압축된 후보 리스트가 필요하다. 이 중에서 5개 정도의 후보 안을 선별하여 소비자 선호도 조사를 거침으로써 제품 적합성과 타깃 적합성, 기억 및 발음의 용이성, 참신성, 브랜드 콘셉트 접근성, 선호도 등을 확인한다. 경우에 따라 소비자가 가장 선호하는 안이 선택되지 않는 경우도 있다. 그것은 현 시점에서 소비자 수용도를 기준으로 선정된 브랜드가 장수성이나 확대 적용성 측면에서는 취약할 수도 있기 때문이다. 결국 브랜드의 최종 선택은 중장기적 마케팅 전략에 따른 판단에 따를 수밖에 없다.

유니시스(UNISYS)
버로우사는 스페리 유니백사를 매수했을 때 과거와의 완전한 단절이 필요하며 기존 양사와 공히 아무런 관계가 없는 새로운 네이밍을 개발해야 한다는 결정이 내려졌다. 커뮤니케이션 목표는 회사의 새로운 방향을 전달하는 것이었다. 회사 네이밍을 평가하기 위해 다음과 같은 3가지 기준이 설정되었다. ① 직원들을 하나로 합체할 수 있어야 한다. ②주요 컴퓨터회사로서의 충분한 권위를 지녀야 한다. ③6만 명의 고객의 컴퓨터가 고아가 되지 않을 것이라는 확신을 주어야 한다. 이에 맞춰 직원을 대상으로 회사 네이밍 공모를 실시한 결과 3만 1,000건을 접수하여 최종적으로 UNISYS를 채택하였다.

키위 중국 구즈베리
'키위'로 이름이 바뀌면서 순식간에 많은 사람들이 먹고 싶은 과일로 변했다.

인큐버스(Incubus)
세계적인 스포츠 브랜드, 리복에서 출시한 여성 운동화 '인큐버스(Incubus)는 '여성들이 자는 동안 내려와 강간하는 악마의 영혼'이란 사전적 의미로 출시되고 나서 매출이 급락하더니, 이내 시장에서 사라졌다.

네이밍의 차별화 포인트

네이밍의 주요 관심사는 타사 제품 대비 자사 제품의 특장점이 잘 전달될 수 있는 차별화 포인트를 찾아내어, 자사 제품이 마켓 내에서 고유한 자리를 차지할 수 있도록 하는 것이다. 그렇다면 네이밍의 그 차별화 포인트는 어떻게 찾아야 할까? 가장 일반적인 방법은 브랜드 명칭들이 가지고 있는 여러 가지 의미를 축으로 삼아 경쟁 브랜드들 속에서의 신규 브랜드 위치를 정하는 것이다.

후발로 출시된 제품이 특화 포인트가 없다면 선발 브랜드와 유사한 브랜드 명칭을 사용하는 것도 하나의 방법이다. 이런 경우, 소비자 인식에 이미 심어져 있는 선발 브랜드의 이미지에 편승하는 이득은 취하면서 그 브랜드가 독점하고 있던 이미지를 희석하는 효과를 얻을 수 있다. 반면에 제품 고유의 품질로는 차별점을 찾을 수 없는 성숙한 시장에서는 전혀 새로운 브랜드 명칭으로 소비자의 관심을 끌어 브랜드 인지도를 높이는 방법이 있다. 그 한 예로 소망화장품의 크린싱 샤워 제품 '꽃을 든 남자'가 있다. 이 브랜드는 수많은 브랜드가 난무하는 화장품 시장에 뒤늦게 뛰어들면서 명칭의 의외성과 한 편의 영화 스토리를 연상케 하는 CF의 구성이 돋보여 비교적 짧은 시간에 높은 소비자의 인지도를 얻을 수 있었다.

병원의 네이밍

네이밍이 중요하기로는 이제 병원도 예외가 될 수 없다. 최근에는 병원 명칭이 곧 경쟁력이라는 인식이 확산되는 분위기다. 심지어는 병원 성패의 열쇠가 명칭에 있다는 얘기까지 나오고 있다. 을지대학교 의료경영학과 이광수 교수는 국내 병원의 명칭 선호도에 관해 발표한 연구논문에서 "병원 간 경쟁이 치열하지 않았던 시기에는 기존의 방식이 크게 문제가 되지 않았지만 병원 수가 빠르게 증가하는 근간의 상황에서는 차별화된 명칭을 사용하는 것이 필요하다"고 강조하고 있다. 그의 분석에 따르면 국내에서 병원 이름으로 선호되는 명칭은 단일 의미보다는

2개 이상의 요소가 복합된 의미를 가진 것, 단음절이나 긴 음절보다는 2~3음절인 것으로 나타났다. 또한 진료 영역을 확장하는 병원이 늘어나면서 2000년도를 기점으로 진료 분야와 관련된 명칭은 점차 감소하는 추세를 보이는가 하면, 출신학교나 설립자의 이름과 아호에서 따오거나 해당 지역의 특성을 반영한 명칭들이 주류를 이루어오다가 근간에는 과거의 그 전형적인 틀에서 벗어난, 다소 파격적이거나 신선한 의미를 가진 이름들이 등장해 주목을 받고 있다.

영동제일병원에서 개명함으로써 병원 네이밍 혁신의 선구자가 된 셈인 여성전문미즈메디병원을 필두로 참사랑, 스마일, 굿모닝, 나누리, 다사랑, 힘찬병원, 튼튼병원 등 누구나가 좋아할 수 있는 긍정적 의미의 단어를 차용한 명칭이거나 대항(대장·항문)병원, 털털한(털과 모발)피부과, 길맨(남성)의원, 모커리(목·허리)한방병원, 소리이비인후과, 고운미소치과, 속편한내과, 밝은안과, 누네안과 등과 같이 진료 분야와 관련된 짧고 강렬하면서도 발음하기 쉽고, 단순해서 기억하기 쉬운, 소위 '튀는' 이름들이 그 예가 될 수 있다.

브랜드 명칭은 소비자들의 마음속에 들어가는 첫 관문이다. 차별화되지 않는 명칭은 소비자의 인식을 그저 스쳐지나갈 뿐, 각인될 수 없다. 반면에, 타깃 층에게 쉽게 기억되는 긍정적 의미의 병원명, 병원 자체의 기능과 소비자 혜택이 강조된 병원명은 그것만으로도 많은 마케팅 비용을 절감할 수 있고, 성공을 향해 한발 더 다가갈 수 있게 해준다. 만약 현재의 명칭이 병원이 추구하는 핵심가치와 어딘지 어울리지 않는다고 판단된다면 과감한 개명은 절대 주저할 일이 아니다.

밤하늘을 수놓고 있는 수많은 별들 중 하나에 불과했던 별이 자기에게 꼭 맞는 의미와 가치가 부여되고 이름이 지어지는 순간 북극성이 되고, 오리온도 된다. 그래서 그 별은 예전보다 훨씬 더 반짝반짝 빛나 보인다. 네이밍도 마찬가지다.

2) 브랜드 라이프 사이클(Brand Life Cycle)

어느 날 시장에 등장한 브랜드가 성장하고, 건장한 모습을 보이다가 명(命)을 다해서, 혹은 예기치 않게 사라지는 것을 보면 마치 실제 생명을 가진 유기체 같다. 그리고 사람이 그렇듯 브랜드의 수명도 제각각으로 길고 짧은 데는 다양한 원인이 있다. 침체기에서 반등의 기회를 찾지 못했거나 급작스런 환경 변화에 적절히 대응하지 못해서, 또는 일관성 없고 엉뚱한 브랜딩 활동 등의 치명적인 실수로 수명이 단축되기도 하는가 하면, 그 제품군 전체의 몰락 때문에 없어져 버리기도 한다. 그러나 또 다른 한편으로는 코카콜라와 같이 일반적인 수명 주기와는 무관하게 지속적으로 성장하거나 명성을 유지하는 장수 브랜드들도 있다.

그렇다면, 그렇게 태어났다가 사라지는 대부분의 브랜드와 불로장생이라고 해도 좋을 만큼 장수하는 브랜드의 차이는 어디에서 오는 것일까? 산고(産苦)없이 태어난 브랜드가 어디 있겠으며, 어떤 브랜드인들 장수하고 싶지 않겠는가? 그 답은 브랜드 관리, 즉 탁월한 '브랜드 스튜어드쉽(Brand Stewardship)'에 있다. 브랜드 스튜어드쉽이란 유명 다국적 광고 회사인 오길비앤매더가 브랜드 컨설팅을 하면서 주창한 개념으로 '브랜드의 탄생과 성장 그리고 시장가치를 높임으로써, 특정 브랜드를 구입하거나 사용하는 사람의 삶에 그 브랜드가 어떤 의미를 갖도록 해주는 일'을 말한다. 요컨대, 소비자의 삶과 특별한 의미로 맺어져 소비자로부터 지속적인 사랑을 받는 브랜드는 거의 불로장생도 할 수 있다는 얘기다.

BLC 4단계

강한 브랜드를 만들기 위해 우리가 취할 수 있는 방법은 참으로 여러 가지다. 문제는 오히려 어디서 출발해야 할지 혼란스러운 데에 있는 것인지도 모른다. 그러나 이러한 고민은 브랜드 라이프 사이클(Brand Life Cycle)이란 개념을 적용해보면 의외로 쉽게 풀릴 수 있다.

BLC는 브랜드가 어떤 전략적 이슈를 가지고 있고, 이를 해결하기 위해 마케팅 활동을 어디에 집중해야 하는지 잘 보여준다. 즉, 살아있는 생물처럼 브랜드나 비즈니스도 라이프 사이클을 거치고 그 라이프 사이클상의 위치에 따라 마케팅 전략도 달라져야 한다는 것이다.

1단계, New Brand(Create) 처음으로 시장에 출시된 브랜드를 보면 우리는 이런 질문을 한다. "뭐지?" 이 질문에 마케팅 담당자뿐만 아니라 전 직원이 명확히 대답할 수 있어야 그 브랜드는 시장에서 살 수 있으며 성장 단계로 갈 수 있다. "뭐지?"에 대한 대답은 경쟁 브랜드와 완전히 다른 차별화를 의미한다. 아이폰을 보자. 노키아, 모토로라, 삼성 등 쟁쟁한 글로벌 브랜드들이 있는 휴대폰 시장에서 성공한 이유가 무엇인가? 디자인? 성능? 아니면 서비스? 모두 아니다. 아이폰의 성공은 스마트폰을 유용하게 활용할 수 있게 하는 적용의 장터, '앱스토어'에서 비롯되었다. 이것이 휴대폰 시장에 아이폰이 들고 나온 차별화 포인트이고, "뭐지?"에 대한 대답이었다.

2단계, Growth Brand(Build) 도입기에서 성공적으로 정착한 브랜드는 당연히 얼리 어답터(Early Adopter, 남들보다 먼저 신제품을 사서 써 보는 사람) 사이에 알려진 브랜드 명성을 활용하여 좀 더 큰 시장에서 성장할 기회를 엿보게 된다. 충분히 가능한 일이나 신중하고 조심스런 접근이 요구되는 시점이다. 우선, 도입기에 가졌던 핵심가치를 절대 놓치면 안 된다. 다시 말해, 큰 시장에서의 단기적인 이익에 급급해 얼리 어답터들로부터 지지를 받았던 핵심가치가 희석되는 실수를 경계해야 한다.

3단계, Mature Brand(Leverage) 도입기, 성장기를 성공적으로 거친 브랜드는 어느 시점부터 성숙기에 진입하게 된다. 딤채, 더페이스샵, 스타벅스, 던킨도너츠 등이 이 단계에 이른 브랜드들이며 거의 모든 소비자들이 이 브랜드들의 이름과 핵심가치에 대해 잘 알고 있다. 그러나 문제는 성숙기에 접어들면서 나타나는 성장의 둔화이다. 이를 극복하기 위해 브랜드 확장을 시도할 수 있다. 단, 이러한 확장이 기존 브랜드의 포지셔닝을 약화시키는 결과를 낳지 않도록 유의해야 한다. 요컨대, 브랜드 파워를 활용하고, 브랜드 포지셔닝의 희석을 막으면서 브랜드 확장에 성공하려면 태생부터 가졌던 그 브랜드의 핵심가치에 인접한 제품으로의 확장이 되어야 한다.

4단계, Revival Brand(Evolve) 몇 십 년을 거치고, 여러 제품군으로 확장한 브랜드는 사람처럼 여러 가지 안 좋은 증후군이 나타날 수 있다. 그중에 가장 심각한 문제는 많은 소비자들이 이들 브랜드에 대해 알고만 있지 초창기 얼리 어답터들 사이에 있었던 독특한(전에 없던, 비로소 내게 딱 맞는) 브랜드라는 느낌이 없어졌다는 것이다. 즉, 소비자와 끈끈한 브랜드 연관성이 없고, 이 브랜드에 열광하고 지지하는 소비자층이 없어졌다는 뜻이다. IT업종에서 그렇게 화려했던 Microsoft, IBM, Dell 등이 이러한 이슈를 겪고 있다. 이러한 증후군을 겪고 있는 브랜드는 정밀한 진단을 받아보아야 한다. 그래서 긴 시간이 지나서도 소비자들에게 여전히 의미를 주는 핵심가치를 찾아야 한다. 그리고 그동안 변화된 경쟁 상황이나 시장의 추세(Trend), 소비자 사고방식 등을 고려하여 핵심가치를 재해석함으로써 브랜드와의 연관성을 높여야 한다. 만약 이미 여러 제품군으로 확장된 상태라면 특정 제품

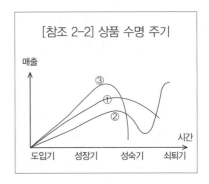

[참조 2-2] 상품 수명 주기

의 속성이나 혜택에서 벗어나 소비자의 감성을 자극할 수 있는 새로운 방향에서 재해석되고 재정립된 핵심가치가 되어야 한다.

이러한 생명 주기는 상품의 타입에 따라 서로 다른 유형을 보인다.([참조 2-2] 상품 수명 주기) 그중 ①번의 경우, 초기 상품 개발에도 시간이 상당히 걸리며, 나중에 쇠퇴도 천천히 이루어지는 전형적인 표준 상품에 해당하는 주기이다. ②번의 경우, 상품을 약간 변형시키거나 새로운 시장을 개척하는 방법으로 죽어가는 시장을 다시 살려 생명 주기가 길어지는 상품에 해당한다. 이 경우 또 한 번의 성장기가 온다.(처음에는 베이킹소다로 출발했다가 방취제로 변신한 암앤해머 베이킹소다가 이 부류에 해당된다) ③번은 개화도 순식간에 하고 사라지기도 순식간에 하는 상품의 생명 주기를 보여주는데, 기술 관련 제품이나 경쟁이 심한 분야의 상품이 주로 이 부류에 해당한다. 이 부류의 경우 매출이 급증하다가 어느 순간이 지나면 급감한다.

병원의 BLC

병원 마케팅에도 BLC의 개념은 유용하다. 클리닉별로 BLC상의 각 단계마다 수익성, 경쟁력, 위험도 등이 다르게 나타나기 때문이다. 즉,

현재의 각 클리닉이 수명 주기 상 어느 단계에 있는지를 정확히 알면 새로운 클리닉 개발이나 경영의 다각화를 모색하는 데 보다 정확한 판단을 할 수 있다.

우선 병원이나 클리닉의 [도입기]란, 잠재 소비자들의 관심을 끌고 이용을 자극해야 하는 단계이다. 이때 마케터가 해야 할 최우선 과제는 브랜드 인지도를 높이는 것이다. 다음 단계인 [성장기]는 고객이 점차 증가하는 단계로 기존 고객의 만족도에 따라 구전 효과가 나타나는 시기이다. 이때의 홍보 전략으로는 브랜드를 알리려는 노력보다는 구체적인 편익을 소구하는 데 역점을 두는 것이 좋다. [성숙기]는 고객의 수나 매출의 크기가 안정적 수준을 유지하는 단계로서 대체로 리마케팅(Remarketing)과 관련된 과업들을 통해 수명 주기를 연장하는 전략이 주효하다. 이 단계가 오래 지속되면 브랜드가 가지고 있던 고유의 특장점은 사라지게 된다. 마지막으로 [쇠퇴기]는 여러 가지 환경 요인들의 변화에 따라 결국 고객이 지속적으로 감소하는 단계다. 이러한 현상의 주된 원인은 고객의 이용행태 변화, 경쟁 병원의 월등한 마케팅 전략 등으로 인한 새로운 대체 요인의 등장이다. 이 시기를 벗어나려면 반등의 전환점(Turning Point)을 찾아내지 않으면 안 된다.

많은 마케팅전문가들은 지금 어느 병원, 어느 클리닉 할 것 없이 과잉성숙 단계에 접어든 시장 카테고리 안에 들어 있다고 진단하는 데 주저함이 없다. 이 카테고리에서는 일시적으로 차별화된 무엇인가가 시장을 선도하지만 결국 경쟁 병원들의 추격으로 모든 의술이나 서비스가 비슷해지는(경쟁 병원들 역시 '차이를 부각시킨 뭔가' 를 내놓지만 소비자들은 그 차이를 인식하지 못하는) 현상이 나타난다. 이러한 상황에서 병원들은 제자리를 지키기 위해 엄청난 에너지를 소비한다.

"지금 나는 내 병원이 몰락으로 가는 쳇바퀴를 너무나 성실히, 열심히 돌리고 있지는 않은가? 담장을 허물고 무리를 떠나 탈주할 방법은 없는가?" 많은 병원들이 스스로에게 던져야 할 질문이다. 어쩌면 지금까지 안주해왔던 자신의 집을 허물고 새로운 집을 지어야 할 때가 바로 지금인지도 모른다. 그 최적의 순간을 놓치지 말아야 한다.

사람의 성장 과정에서 유아와 성인의 먹는 음식이 다르고, 병이 났을 때도 진행 정도에 따라 처방이 다른 것처럼, 브랜드의 성장과 쇠퇴 과정에서 생겨나는 문제들도 시기에 따라 다른 처방과 해결책이 요구된다.

브랜드 라이프 사이클에 따라 가장 최적의 브랜드 전략을 선택하고 중장기적으로 브랜드를 관리하는 일. 그 무엇 못지않게 체계적인 접근이 요구되는 작업이다.

3) 브랜드 포트폴리오(Portfolio)

한 기업이 여러 개의 브랜드를 보유하게 되면 그만큼 브랜드 관리에 대한 고민도 깊다. 개별 브랜드의 관리뿐만 아니라 브랜드들 상호 간의 관계 정립 또한 중요한 문제가 아닐 수 없기 때문이다. 브랜드전략가 제프리 싱클레어(Jeffery Sinclair)는 "각각의 브랜드가 모이면 하나의 가족과 같이 된다. 각각에게 역할이 주어지고, 상호 간의 관계도 정립되어야 한다"고 말하고 있다

브랜드 관리는 3가지로 나누어 생각할 수 있다. 즉, 기업 자산으로서의 브랜드 관리, 브랜드 간의 역할에 대한 관리, 그리고 개별 브랜드의

타깃 관리가 그것이다. 브랜드에 관한 3가지 관점에서의 경영 관리적 과정이라고 할 수 있다.

경영 관리적 관점에서 브랜드 포트폴리오는 자산으로서의 브랜드 평가를 통해 기업의 자원 할당과 개별 브랜드 전략을 위한 일종의 개념도라고 볼 수 있다.

BCG Matrix

아래 제시된 모형은 BCG(보스톤컨설팅그룹)에 의해 개발된 성장·점유율 매트릭스(Growth/Share Matrix)이다.([참조 2-3] BCG의 Growth/Share Matrix 기본 모형) 이를 통해 기업은 브랜드의 기업에 대한 역할을 규정함으로써 신규 또는 육성할 브랜드(Question Mark), 성장/주력 브랜드(Star), 수익성 브랜드(Cash Cow), 철수하거나 전략적 후퇴를 통해 유지할 브랜드(Dog)를 구분하여 전략적 의사결정을 내리게 된다. 즉, 브랜드 포트폴리오는 기본적으로 브랜드 간의 자기잠식(Self-Cannibalism) 효과를 방지하기 위한 사고틀이라고 볼 수 있다.

브랜드 포트폴리오 관리 측면에서 성공했던 브랜드들이 1~2년 사이에 스스로 죽어버리는 경우가 많다. 이런 현상은 보통 마케터가 새로 개발된 브랜드의 자리싸움에 온 신경을 쏟으면서 성공한 브랜드에 대한 관리가 소홀해지면서 일어난다. 어렵게 이루어낸 성공이다 보니 일단 한 브랜드가 자리를 잡고나면 그 브랜드로부터 이익을 챙기기에 급급해 미처 효율적인 관리가 이루어지지 못하기 때문이다. 그러다 보면 결국에는

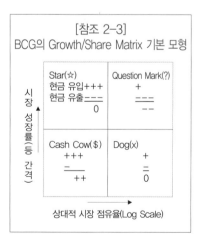

[참조 2-3]
BCG의 Growth/Share Matrix 기본 모형

96

브랜드 파워가 고갈되고 마는 결과에까지 이르고 마는 경우가 드물지 않다.

병원에서의 BCG Matrix 경우, Matrix의 Y축은 각 사업부가 속해 있는 시장 성장률을 나타낸다. 이 시장 성장률을 통해서 해당 사업 분야의 향후 전망을 볼 수 있다. 그리고 중간선은 그 사업 분야가 속해 있는 산업의 평균 성장률이다. 한편, Matrix의 X축은 RMS라고 하는 데 상대적 시장 점유율을 나타낸다. 시장 점유율은 시장에서 해당 사업 분야의 경쟁 지위가 어느 정도가 되는지를 의미하는 데 다음과 같이 정의된다.

상대적 시장 점유율(RMS)=우리의 시장 점유율/가장 큰 경쟁사의 시장 점유율

예를 들어 A병원의 시장 점유율이 30%, 가장 큰 경쟁 병원 시장 점유율이 60%면 A병원의 RMS는 0.5가 된다. 경쟁 병원과의 상대적인 경쟁력을 측정하는 수치로서 의미가 있는 RMS가 BCG Matrix의 가로축이 된다. 그렇다면, 시장 점유율의 높낮음을 가르는 기준점은 얼마가 되어야 할까? 가운데가 1로 되어 있고 양 끝이 10과 0.1로 되어 수치를 구하게 된다. RMS 개념을 도입하면 구분이 쉬워지는 데 RMS가 1보다 크면 시장 점유율이 높은 것이고, 1보다 작으면 시장 점유율이 낮다고 본다. 그래서 A병원의 M/S가 1위라면 2위의 경쟁 병원의 M/S로 나누면 당연히 1이 넘는 수치가 된다. 그리고 2위 이하의 병원이면 반대로 1이하의 수치가 나온다. 세로축인 시장 성장률은 과거의 평균 시장 성장률이 아니라 미래의 시장 성장률이다. 이는 곧 과거에 의의를 둔 방법이라기보다는 미래 사업을 어떻게 구조조정할 것인가가 목적이다.

실 사례를 살펴본다.

1. 주력 사업 4가지 부문 현황
- 정형외과(Orthopedics)

  병원 매출의 51% 차지, 완만한 성장률

  작년 시장 점유율 A병원 25%, 2위 병원 12%

- 내시경(Endoscope)

  매출의 14% 차지, 성장률 상승세

  작년 시장 점유율 A병원 11%, 1위 병원 12%

- 소화기내과(Gastroenterology)

  매출의 13% 차지, 현 상황 유지

  작년 시장 점유율 A병원 9%, 1위 병원 10%

- 종합검진(Human dock)

  매출의 11% 차지, 성장률 높은 추세

  작년 시장 점유율 A병원 8%, 1위 병원 5%

2. RMS
- 정형외과   2.08
- 내시경   0.91
- 소화기내과 0.9
- 종합검진   1.6

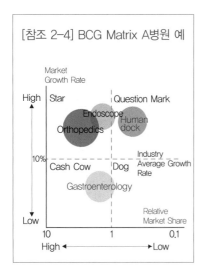

[참조 2-4] BCG Matrix A병원 예

시장 성장률과 상대적 시장 점유율이 구해졌다면, 이제 사분면에 구획 정리(Plotting)를 하게 된다.([참조 2-4] BCG Matrix A병원 예) 그 높낮이, 많고 적음에 따라 4가지 유형으로 나누고 그에 따라 진출, 유지, 수확, 철수 등의 시장 참가 전략을 결정한다. 전략 사업단위(Strategic Business Unit)는 '제품과 시장을 효과적으로 조합한 최적의 조직단위'로서 회사가 전략적인 차원에서 효과적인 사업 기회를 포착하기 위해 만든 조직을 말한다. 기업 전체가 하나의 SBU가 될 수도 하나의 기업 내에 다수의 SBU가 존재할 수도 있다. 이를테면, 가전제품 기업은 이를 하나의 SBU로 규정할 수도 있고, 혹은 기업의 생산 및 판매활동을 몇 가지 그룹으로 나누어서 TV부, 냉장고부, 세탁기부, 에어콘부 같이 여러 개의 SBU로 구분할 수도 있다.

병원에서의 브랜드 포트폴리오

브랜드 포트폴리오 개념을 병원에서는 어떻게 적용할 수 있을까? 종합병원(대학병원 포함)을 예로 들어보자.

Star/암 병동 요사이 무더기로 병상이 늘어나고 있는 암 병동은 현재 종합병원의 스타다. 암으로 입원하는 고객은 앞으로도 증가할 것이고, 비급여항목도 많다. 암 치료는 전 세계적으로 가장 투자가 활발히 이루어지고 있고, 따라서 고가의 비급여 의료기술이 지속적으로 상용화되기 때문에 의료보험수가로부터도 상대적으로 자유롭다.

Cash Cow/검진센터, 장례식장 현재 대학병원은 암 센터를 제외한 진료 분야에서 나온 적자를 검진센터와 장례식장에서 메우는 사업구조를 가지고 있을 정도다. 그러나 검진센터와 장례식장의 성장성은 미지수다. 정부가 암 검진 사업을 지속적으로 추진하고, 의료소비자단체가 활성화되면 현재의 고가 전략에 기초한 호화 검진센터는 타격을 입게 될 것으로 예상된다. 소비자들은 갈수록 인터넷 등을 통해서 더욱 많은 정보를 얻게 될 것이다. 사실 건강검진에서 꼭 필요한 것은 위암, 간암, 폐암, 대장암, 자궁경부암, 유방암, 전립선암과 같은 발병률이 높은 암에 대한 검진이다. 임상 증상이 있으면 보험 적용을 받을 수 있는 검사를 굳이 검진센터에서 비급여로 진행할 이유가 없다고 판단하는 소비자들이 점점 더 늘어날 것이다. 또한 모든 종합병원의 장례식장이 순차적으로 리노베이션되거나 신축되고 있다. 그러나 이러한 장례 산업의 수익구조도 수많은 상조회사가 등장하면서 재편되고 있다. 현재는 상조회사가 서민층을 대상으로 기반을 확충하고 있지만 앞으로는 도시 중산층으로까지 영향력을 확대하면서 장례식장 수익 저하에 직간접적인 영향을 줄 것으로 예상된다. 결론적으로 현재 캐시카우로 여겨지고 있는 검진센터와 장례식장의 성장폭은 그리 멀지 않아 극히 제한적이 될 것이다.

Dog/응급실, 중환자실, 외래진료 반면에, 종합병원 응급실, 중환자실, 외래, 그 외 입원, 진료 부분은 수익률이 극히 낮거나 손해를 보고 있다. 따라서 그 수익률, 성장률만 놓고 보면 Dog에 해당이 된다. 하지만 Star와 Cash Cow에 해당되는 사업 부분을 이용할 소비자 집단을 확보하기 위해서는 Dog에 해당되는 진료 사업 부분이 꼭 필요하다. 장례식장과 검진센터가 Cash Cow로서의 역할을 다하려면 일반 진료에서 확보된 고객군이 있어야 하는 까닭이다.

Question Mark/장기이식 앞으로 Star가 될 여지를 보이는 분야로는 역시 안면이식, 양팔이식 등과 관련된 이식술이 꼽힌다. 혈액검사를 통한 조기 암 검진도 Star가 될 수 있다. 현재는 내시경, 팝스미어 등의 검사에 대해서 불편함을 호소하면서 기피하는 사람들이 적지 않다. 수면내시경은 그동안의 불편함을 많이 감소시켜 주기는 했지만 몸에 뭔가 들어온다는 것 자체를 싫어하는 성향의 사람도 적지 않아 성장에 한계를 보인다. 반면에 혈액을 통한 암 검사가, 특이도와 민감도가 향상된다면, 암 검사 분야의 문턱을 크게 낮춰줄 것이다. 만약에 혈액검사로 대장암의 확률이 40% 정도가 나왔다면, 아무리 꺼리는 내시경검사라 하더라도 응하지 않을 수 없을 것이기 때문이다. 이처럼 조기 암 검진기술이 발달하게 되면 현재의 Star인 암 병동의 수익성은 급격히 저하될 것이다. 조기에 암이 발견되면 간단한 수술로 치료를 끝내는 경우가 많아지면서, 고가의 항암 치료나 침습성 암 치료가 상대적으로 줄어들 것이기 때문이다. 따라서 현재 종합병원의 수익을 올려주는 Star인 암 병동이 10년 후에는 Dog에 해당되는 애물단지가 되지 말라는 보장도 없다. 반면에, 만약 의학적 성과가 뒷받침된다면 고령화 사회로의 이전이 가속화되고 있는 현 시점에서 노화방지 분야는 Question Mark에서 화려한 Star로 바뀔 수도 있다.

어떤 사업 분야가 어느 단계에 있는지에 대한 정확한 파악은 투자 시점에서는 더 없이 중요한 요건이 된다. Star 단계가 오래 갈 것이라고 보고 투자를 한 분야가 막상 투자비를 회수해야 할 시점에서 Cash Cow로 변해버리는 난감한 상황이 실제로 비일비재하게 일어나기 때문이다.

정부의 예상치 않은 의료나 복지 정책 규제 강화도 왕왕 돌발 변수로 작용한다. 불과 1~2년 만에 Star가 Dog로 바뀌기도 하는 데 그 좋은 예가 요양병원이다. 신규 경쟁자의 유입으로 기존 요양병원의 어려움이 심화되고 있는 시점에서 정부가 수가를 제한하고, 노인요양원이라는 경쟁자군을 정책적으로 육성함으로써 요양병원이라는 한 때의 Star가 심각한 경영난을 겪는 Dog로 추락하게 된 것이다.

그런 점을 봤을 때 주변의 소비자들을 주 고객으로 하는 동네 의원은, 성장성이 크지는 않지만, 어느 정도까지는 매출이 지속적으로 늘어나는 Cash Cow로서 존재를 이어갈 가능성이 커 보인다. 일단 사회 전반의 고령화 추세로 인해서 70세 이상 노인 인구의 기본 질환인 고혈압, 당뇨, 고지혈증, 관절염, 전립선비대증 등의 사람들은 지속적으로 증가하게 되어 있다. 따라서 입지가 좋은 동네 병원이라면, 고객의 수는 서서히 누적되어 갈 것으로 보이므로, 막연히 수익률이 높아 보인다는 이유로 의료 산업 분야로 이동하기보다는, 동네 사람들을 대상으로 좀 더 접근성과 만족도를 높이는 데 집중하는 것이 보다 효율적일 것으로 판단된다. 10년 후를 대비한 가장 확실한 방법은 지금 내가 운영하고 있는 병원, 나의 진료를 받고 있는 고객을 더욱 사랑하고 아끼는 것이다. 그러면서 내 의료기관 내에서 할 수 있는 Question Mark에 대해서 지속적으로 관심을 가져야 한다.

10년 후 미래를 대처하기 위해서는 과거, 현재, 미래에 대한 시간 배분이 그 무엇보다 중요하다. 우리들 대부분은 우리에게 주어진 시간의 대부분을 현재를 위해서 사용한다. 그리고 나머지 시간은 이미 벌어진 과거의 사건에 대해서 돌이켜 생각하거나 후회하고 분노하는 데 사용한다. 정작 필요한 미래에 대해서는 시간을 쓰지 않는다. 지금부터라도 정기적금 들듯, 미래를 위해 시간을 써야 한다. 1990년대 자기 돈 내고 스터디그룹에 들어가 임플란트 시술을 배운 치과의사들은 2000년대 큰 성장을 했다. 미래에 대한 투자가 현재의 수익으로 이어진 것이다. 향후 우리 병원에서도 도입할 수 있는 신기술에 대한 좋은 배움의 기회가 있다면 오후 한나절 휴진을 하더라도 꼭 참가할 것을 권한다. 하루에서 30분을 덜어내서라도 지속적으로 미래를 대비하는 시간을 가져야 한다. 꾸준히 미래에 시간을 투자하는 것, 그것이 이 격동의 의료 산업에서 살아남는 방법이다.

2. 힘 있는 브랜드가 되려면

브랜드의 중요성이 날로 커지고 있다. 강한 브랜드는 소비자의 제품 충성도와 기업의 시장 점유율을 높여준다. 마케팅 분야의 세계적 거장인 필립 코틀러(Philip Kotler) 교수는 "마케팅의 핵심은 브랜드 구축에 달려 있으며, 브랜드를 구축하고 관리하는 것이 마케팅의 시작이자 끝이다"라고까지 브랜드의 중요성을 강조하고 있다.

불과 얼마 전, 어느 핸드백이 뉴스의 토픽거리가 된 적이 있다. 수천만 원 하는 명품 핸드백이 물건을 댈 수 없을 정도로 찾는 사람이 많아 주문하고 받기까지 2년여가 걸린다는 것이다. 과연 그 핸드백의 무엇이 소비자들로 하여금 비싼 값을 치르면서 목매어 기다리게 했던 걸까? 성공한 브랜드의 힘을 보여주는 예는 이 밖에도 많다. 고지혈증 치료제로 화이자가 생산하는 리피토가 그중 하나다. 효능 면에서 다른 제품과 별반 차이가 없는 이 약이 약가인하 조정 전에는 몇 배가 비쌌음에도 시장 점유율이 30%가 넘었다. 그리고 또 오래도록 독자적인 브랜드를 사용해왔던 미국 샌프란시스코의 어느 호텔은 세계적인 호텔체인 메리어트로 브랜드를 바꾸자 매출이 40%나 상승했다. 대우에서 쉐보레로 브랜드를 바꾼 한국 GM도 브랜드 하나 바꿨을 뿐인데 눈에 띠게 매출이 늘었을 뿐 아니라, 제 돈을 들여가면서까지 기존의 대우 로고를 쉐보레 로고로 교체하는 운전자가 50%를 넘었다고 한다. 우리는 이러한 현상을 어떻게 해석해야 할까? 바로 성공한 브랜드가 주는 마력이다.

[참조 2-5] 브랜드 관리의 영역

Brand Identity
기업 관점에서
소비자에게
연상시키려는
브랜드에 대한
기획된
연상/의미의 집합

Planning, Input

Brand Image
소비자의 연상
작용에 의해 형성된
브랜드에 대한
전체적인
인상의 집합

Result, Output

이 부분을 넓히는 활동
Brand Management

이와 같이 성공적인 브랜드가 되려면 다음의 2가지 영역에서의 관리가 요구된다.([참조 2-5] 브랜드 관리의 영역) 그 하나는 브랜드 아이덴티티(Brand Identity)의 영역이고, 다른 하나는 브랜드 이미지(Brand Image)의 영역이다.

1)브랜드 아이덴티티, 명확히 하라

브랜드 아이덴티티란 하나의 브랜드가 대내외에 알려지기를 바라는 일련의 연상을 의미한다. 한 사람의 아이덴티티가 그 사람의 성격, 지향을 나타내는 것처럼 브랜드 아이덴티티도 브랜드의 가치체계와 목표 등을 보여준다. 이 브랜드 아이덴티티는, 소비자들의 욕구 충족이 제품 간의 심리적 차별화에서부터 시작된다는 사실을 전제로, 자사의 브랜드를 이상적인 이미지의 차별화된 브랜드로 연상시켜 선호도를 높이고자 하는 데에 그 궁극의 목적이 있다.

브랜드 아이덴티티의 핵심은 일관성과 지속성이다. 주로 시각적인 부분에 대한 정리와 개발 작업을 통해 이루어지는 데 제품의 디자인과 포장에서부터 최종 구매 시점인 매장에서의 인테리어, 디스플레이, 점원의 복장에 이르기까지 제품과 관련된 모든 분야가 포함된다.

브랜드 아이덴티티의 성공 사례

하버드대학 일관되고 지속적인 브랜드 아이덴티티의 성공 사례로는 세계 최고의 대학으로 통하는 하버드가 손꼽힌다. 미국 플로리다대학의 유명한 광고학자 제임스 트위첼(James B. Twitchell)은 그의 저서, 「대학 교회 박물관의 브랜드 마케팅 스토리」에서 하버드가 미국 교육의 대표 브랜드가 된 이유를 "하버드는 '하버드' 라는 브랜드를 어떻게 말할 것인가, 그리고 이 영역을 침범해오는 다른 이들을 어떻게 막을 것인가에 대해 끊임없이 신경을 써왔다. 하버드는 하버드 워드마크의 사용이 가능한 모든 분야를 통제하고 저작권을 행사한다"는 말로 설명하고 있다. 하버드는 브랜드 라이선스 프로그램을 가동하여 스포츠웨어와 스카프, 책상 장식품, 시계, 보석류, 학용품 등 자신의 브랜드 사용을 허가하는 품목과 재떨이와 술잔, 라이터, 무기류 일체, 식품 및 음료 등 브랜드 사용을 금지하는 품목을 엄격히 구분하여 통제해 오고 있다. 바로, '하버드' 라는 세계적인 리딩 브랜드로서의 아이덴티티 형성 배경이다.

메르세데스-벤츠 소비자들은 벤츠에 대해서 물으면 좋은 자동차, 고급 자동차라고 이야기하지만, 구체적으로 왜 좋은지에 대해선 정확히 대답하지 못한다. 벤츠 역시 고가 자동차에서 저가 자동차까지 여러 가지의 등급이 있는 데 왜 소비자들은 벤츠를 좋은 자동차, 고급 자동차라고 여기는 것일까? 그것은 벤츠라는 제품의 실제 성능 때문이라기보다는 벤츠라는 브랜드가 일관되게 쌓아온 아이덴티티, 그 고급 이미지 때문이다. 소비자들은 직접적으로 이야기하지는 않지만 벤츠를 타고 다닌다는 자체만으로도 얻을 수 있는 사회적 인정 때문에 높은 세금 및 고가의 가격에도 불구하고 벤츠를 타고 싶다는 욕망을 가지게 되는 것이다.

맥도날드 맥도날드는 구소련 시장에 진출하자마자 엄청난 매출을 기록했다. 그러나 이러한 매출이 맥도날드햄버거의 맛 때문이었을까? 물론 맛도 적지 않은 부문을 차지했겠지만 매출액에 결정적인 영향을 미친 것은 맥도날드 브랜드의 이미지였다. 즐거움, 자유로움, 가족적인 등, 맥도날드가 가지고 있는 많은 브랜드 퍼스널리티의 결과이다. 즐거움이라는 핵심 브랜드 아이덴티티에 확장된 수많은 브랜드 아이덴티티들이 결합하여 소비자들에게 어떠한 상징으로서 다가갔던 것이다. 즉, 구소련인들은 맥도날드를 서구 사회를 접하는 하나의 문화로서 인식했고 이를 경험하고 받아들이는 상징으로 맥도날드를 찾은 것이다.

나이키 나이키의 브랜드 아이덴티티는 승리정신이다. 최고의 경기력을 발휘할 수 있게 해주는 혁신적인 제품을 각 분야의 유명 인사와 연결시켜 '한 번 해봐(Just do it)'라는 슬로건으로 분명한 메시지를 던지고 있다. 결국 '스포츠=나이키' 등식이 나이키의 전체 브랜드 전략인 것이다. 그러다보니 고객들은 나이키에는 무언가 남다른 차별점이 있을 것이라는 생각에 비싼 가격에도 불구하고 기꺼이 구매한다.

시각, 청각적 아이덴티티

CI CI란 경쟁 상황에서 조직 구성원의 의식과 디자인을 통일함으로써 새로운 인식 변화를 꾀하려는 시각적인 아이덴티티 활동의 중심축이다. 즉 기업의 실체와 이미지를 시각화하는 작업을 총칭하는 요소이다. 기업의 이미지는 다음과 같은 여러 가지 요소가 복합적으로 작용하여 이루어진다.([참조 2-6] 기업 이미지 영향 요소) 이 요소들 중에 심벌과 로고는 기업의 중요한 무형자산일 뿐만 아니라 경쟁력의 원천이 된다. 마치 부메랑 같은 모양의 나이키 심벌, 회사 영문 이름의 머리글자를 활용해 단순미를 앞세운 맥도날드의 로고 M은 언제 어디서나 자연스럽게 그 회사를 연상하게 만든다. 결국 CI는, 하루가 다르게 복잡해지고 정보의 과잉상태로 빠져드는

[참조 2-6] 기업 이미지 영향 요소

1. 시각적 요소
   마크, 로고, 컬러, 제품, 포장, 광고, 판촉물, 사인, 양식, 유니폼, 장비 등
2. 비시각적 요소
   1) 인적 요소
      경영자의 이념, 비전, 직원의 근무태도 등
   2) 물적 요소
      상품의 질
   3) 제도적 요소
      A/S 유무, 서비스 자세, 유통 및 조직체계 등

현대사회에 있어서, 소비자가 좀 더 명확하게 이해하고 쉽게 기억할 수 있게 하는 기업의 정보인 동시에 무형의 자산인 셈이다.

이렇듯 브랜드 아이덴티티는 소비자들에게 파워 브랜드로서 인식되기 위해 가장 중요한 요소이다. 때문에 앞서 소개된 브랜드들처럼 일관되고 명확한 아이덴티티를 가지고 소비자와 커뮤니케이션하는 브랜드는 파워 브랜드로 성장할 수 있다. 그러나 그렇지 못한 브랜드 또한 너무나 많다. 세계적인 의류회사인 이탈리아의 베네통이 그중 하나다. 베네통은 선명하지 못한 브랜드 아이덴티티 전개로 소비자들이 브랜드의 정체성 인식에 혼란을 가지게 함으로써 브랜드에 대한 애호도와 시장 점유율이 급격히 떨어지는 결과를 가져오고 말았다. 베네통의 아이덴티티는, 'United Colors of Benetton'이라는 브랜드 슬로건이 말하듯이, '컬러'였다. 무채색 일변도의 옷 색상이 주류를 이루던 '50~60년대에 산뜻한 색상의 스웨터를 내놓으면서 선풍적인 인기를 누렸던 베네통의 그 아이덴티티는 수시로 변하는 유행색과 이미 컬러풀해진 수많은 경쟁 제품들, 그리고 주제에서 벗어난 커뮤니케이션 활동 등으로 자기만의 아이덴티티 영역 구축에 실패한다. 결국, 한때는 한 벌 없으면 유행에 뒤처진 취급을 받을 정도로 '반드시 가져야 할(Must-have)' 옷이었던 베네통이 '한때 가지고 있었던(Has-been)' 추억의 옷이 되어버리고 말았다.

기업은 항상 자신이 브랜드에 부여한 아이덴티티가 시장 상황과 경쟁 상황뿐 아니라, 소비자의 욕구에도 부합되고 있는지에 대한 지속적인 점검에 소홀해서는 안 된다. 아울러, 현재의 커뮤니케이션 활동이 가고자 하는 브랜드 아이덴티티 방향과 일치할 때 비로소 파워 브랜드로 성장할 수 있다. 아이덴티티가 분명치 않거나 자칫 일관성을 놓친 브랜드는 파워 브랜드로 자리잡기는 커녕 소비자의 인식 속에서 영원히 멀어지는 브랜드가 되고 만다는 사실을 잊어서는 안 될 것이다.

슬로건(Slogan) 브랜드 슬로건은 기업의 브랜드 아이덴티티를 소비자에게 전달하고자 만들어진 대 소비자 언어이다. 즉 소비자에게 브랜드 아이덴티티의 감성적, 기능적 편익을 효과적으로 소구하기 위해 사용하는 짧은 문구를 말한다. 따라서 브랜드 슬로건은 브랜드에 생명력을 불어 넣어주는 역할을 한다. 슬로건을 결정할 때에는 다음의 3가지 요소에 대한 점검이 요구된다. 그중 하나는 슬로건의 '내용'이다. 슬로건에는 현재부터 수십 년 뒤의 미래에 이르기까지 브랜드가 일관되게 제시할 수 있는 제품의 본질, 철학과 비전, 경쟁 브랜드와의 차별성 등이 담겨 있어야 한다. 슬로건 결정시 점검해야 할 요소 중의 또 하나는 '일관성'이다. 시간적, 언어적, 문화적, 지역적 장벽을 뛰어 넘어 통용될 수 있는 폭넓고 지속적인 마케팅 정책의 수립이 선행되어야 한다. 슬로건 결정 요소 중 남은 하나는 '기업에게 주어진 시간'이다. 즉, 정해진 브랜드 슬로건이 충분히 소비자에게 인식되고 무르익을 때까지 기다릴 수 있는 여유와 인내가 기업에게 있느냐 하는 것이다.

그러나 결국 브랜드 슬로건도 끊임없이 소비자와 커뮤니케이션을 통해 진화하며 브랜드에 생명력을 불어 넣는 브랜드 아이덴티티의 한 요소이다. 때문에, 때로는 시대의 발전과 변화에 따른 변경도 불가피한 일이 될 수밖에 없다. 2003년 1월 16일자 뉴욕타임즈는 GE가 24년간이나 사용해왔던 친숙한 'We bring good things to life'라는 슬로건을 'Imagination at work'로 변경하는 데 1억

[참조 2-7] GE 브랜드 슬로건의 변화

브랜드 슬로건
1896년 Live better electrically
1955년 Living better electrically
1960년 Better living through technology
1970년 Progress for People Progress is our most important product
1979년 We bring good things to life
2003년 Imagination at work

달러를 사용한다고 보도하였다. GE의 브랜드 슬로건은 100년이 넘는 기간 동안 1896년 'Live better electrically'를 시작으로 토마스 에디슨의 전기 발명으로 시작된 기술의 진보와 그것으로 인한 우리 삶에서의 변화, GE가 제공하는 제품과 비즈니스와의 연관성을 반영하며 다섯 차례 변경되었다.([참조 2-7] GE 브랜드 슬로건의 변화)

2) 브랜드 이미지, 일관성을 유지하라

브랜드 아이덴티티가 브랜드가 보여 주고 싶은 바를 일관적이고 지속적으로 소비자에게 제시하는 것이라면 브랜드 이미지는 '소비자의 마음속에 최종적으로 그려진 브랜드에 대한 이미지' 또는, '제품이나 기업에 대해 소비자가 갖고 있는 지식의 총체'라고 할 수 있다. 즉, 기업이 생각하는 훌륭한 브랜드 아이덴티티가 존재하더라도 이것이 소비자의 머릿속에 확고한 이미지로 그려지지 않으면 안 된다. 그러나 시도 때도 없이 등장하는 신규 브랜드, 세계적인 브랜드들의 유입, 조석으로 변하는 소비자 취향 등 그야말로 복잡다단한 환경에서 자기만의 브랜드 이미지를 지속적으로 유지하기란 결코 쉽지 않은 일이다. 그럼에도 불구하고 어쩐 일인지 체계적이고 과학적으로 브랜드 이

▌슬로건의 예

Avis '우리는 더욱 더 노력하고 있습니다'는 회사가 제공하는 서비스에 대한 전쟁터의 함성과 같은 것으로 직원에게 어떤 동기 요인이 되고 있다.

ICI 'World Class'는 아직까지도 회사의 가치를 과소평가하고 있는 소비자나 금융마켓에 가깝다기보다 오히려 ICI사의 기업 프라이드에 가깝다고 여겨진다.

베네통 'United Colors of Benetton'은 세계를 하나로 묶는다는 감성적 편익을 제공함으로써 베네통의 소비자는 누구나 평등하다는 철학 이미지를 창출하였다.

BMW 'The ultimate driving machine'은 소비자들에게 완벽하게 설계된 세계 최고 수준의 자동차를 운전한다는 기대감을 심어 주었다.

밀레 '지금보다 더 나은(Forever Better)'과 함께 100여 년 이상, 세계 가전시장에서 '명품' 자리를 지키고 있다.

환타 '오후 3시에는 환타와'라는 캠페인 슬로건은 일본 코카콜라사가 만든 환타 성공 캠페인이다. 떨어진 시장 점유율을 좀체 만회하지 못하고 있는 환타 재런칭을 위해 주 타깃인 초등학생의 일상생활을 면밀히 관찰한 결과 대개의 초등학생들이 오후 3시만 되면 옷차(보리차)를 마신다는 점에서 아이디어를 얻은 것이다.

미지 관리를 하고 있는 기업은 그다지 많아 보이지 않는다. 때문에 경쟁 제품보다 품질이 훨씬 우수하면서도 그 우월성이 소비자 머릿속에 제대로 인지되지 않아 시장에서 기(氣) 한 번 펴보지 못하고 사라지는 제품이 수도 없이 많다. 생산자의 입장에서는 참으로 안타깝고 억울한 일이 아닐 수 없다.

이미지 관리

철학자 J.P. 샤르트르(Jean Paul Sartre)는 이미지를 상상력의 소산으로 보았으며 심리학자인 H.P. 왈론(Wallon)은 이미지와 개념은 서로 합쳐져 있는 것이라고 주장하였다. 때문에 '브랜드 이미지를 관리한다'는 것은 소비자가 그 브랜드를 생산자가 원하는 대로 인식하게 하는 작업과, 브랜드의 탄생에서부터 네이밍과 디자인, 포장, 광고에 이르는 전 과정에서 긍정적 이미지를 심어주고 지속적으로 관리함으로써 타 브랜드들에 비해 경쟁력 있는 차별점을 갖도록 하는 작업을 말한다. 즉, 성공적인 브랜드 이미지 관리의 가장 중요한 베이스는 차별화이며, 지속성과 총체성으로 보완되어야 한다고 할 수 있다.

그동안의 경험에 의하면 기업의 이미지 관리를 회사의 로고나 심벌마크 정도로 생각하고 있는 기업이 아직도 많아 보인다. 기업의 이미지 관리는 단순히 그래픽 차원의 시각적인 문제에 국한되지 않는다. 이는 최고경영자와 직원에 의해 공유되는 기업정신과 사고방식 그리고 행동에서 나타나는 모든 아이덴티티를 대상으로 이루어져야 할 것이다. 그러므로 기업의 이미지 관리는 모든 홍보활동이 궁극의 목표로 삼아야 하는 가장 중요한 기업 활동의 하나이다.

이미지 차별화

브랜드 이미지를 차별화하는 데 가장 기초적인 개념은 매력적인 제품 속성의 발견이다. 소비자 입장에서는 제품의 속성으로부터 출발한 이미지가, 느낌으로 전달되는 막연한 여타의 이미지에 비해 보다 선명하고 차별적으로 인지될 수 있기 때문이다. 제품 속성에서 출발한 이미지가 기존의 '감성적 이미지'를 극복한 좋은 예는 십수 년 전의 맥주 시장에서 찾아볼 수 있다.

하이트맥주 맥주 시장에 하이트가 등장하기 전까지 OB는 대다수 소비자의 마음을 사로잡고 있던 단연 독보적인 존재였다. 그 견고해 보이던 OB의 아성을 후발주자, 하이트가 어떻게 무너뜨릴 수 있었을까? 그 극적이고 흥미진진했던 대 역전 드라마의 계기가 바로, 하이트가 발견한 '물'이라는, 제품 속성에서의 매력적인 차별화 포인트였던 것이다. 어찌 보면 전혀 새로울 것도 없는 그 속성이 새삼 소비자의 관심을 끌게 된 원인은 당시의 주변 상황에 있었다. 마침 그 때는 낙동강 폐수사건으로 소비자의 물에 대한 경각심이 한층 고조되었던 시점이었기에, 물이라는 '쉽고도 분명한' 제품 속성이 소비자의 편익으로 바로 연결되어 인지될 수 있었다. 결국 하이트는 소비자로부터 '깨끗한 맥주'라는 매우 강력한 제품 이미지를 얻는데 성공한다. 상대적으로 '덜 깨끗한' 맥주가 될 수밖에 없었던 OB는 대적할 만하다고 여겨지는 여타의 이미지를 확보하기 위해 막대한 양의 광고예산을 들였음에도 불구하고 결국 하이트에 추월당하고 만다.

프렌치카페 커피믹스 시장에서 카제인나트륨 대신 우유를 넣은 남양유업 프렌치카페의 사례가 있다. 프림용으로 커피믹스 속에 들어가는 카제인나트륨이 건강에 좋지 않다고 생각하는 소비자들의 우려를 파고

들어, 동서식품과 네슬레 양자구도의 시장에서, 시장 점유율을 20% 가까이까지 끌어 올리면서 네슬레를 밀어내고 2위로 올라서는 데 성공한 것이다. 시장 진입 1년 만의 일이다.

Ivory 비누 아마도 세계에서 브랜드 이미지 관리를 가장 잘하는 회사 중 하나로 프록터앤갬블을 꼽는 데 별 무리가 없을 것이다. 창업자 중 1명인 할리 프록터(Harley Procter)는 예배 도중 성경 구절에서 힌트를 얻어 하얀 비누에 상아(Ivory)라는 이름을 붙이게 되었고 "99.44%나 순수합니다"라는 내용의 광고를 게재하여 소비자로부터 큰 반응을 얻는다. 하얀 제품의 색상, 상아라는 아이보리 브랜드 네이밍, 깨끗하고 순하며 물에 뜨는 비누라는 제품 포지셔닝, 그리고 아이가 사용해도 안심이 될 만큼 순수하다는 연상 작용까지, 프록터앤갬블의 아이보리 비누는 차별화된 브랜드 이미지의 좋은 본보기가 되고 있다.

그러나 많은 경우, 소비자의 다양한 욕구가 이상의 제품들이 보여주는 사례에서처럼 분명하고 차별화된 제품 속성으로 충족되기를 기대하기는 어렵다. 뿐만 아니라, 설사 발 빠른 시장 적응으로 인지도와 판매 실적이 오르기 시작했다고 해서 브랜드가 힘을 얻었다고 생각하는 것도 섣부른 판단이다. 브랜드가 힘을 얻으려면 IMC 개념의 총체적인 관리와 일관되게 유지되어 온 이미지가 뒷받침되어야 한다. 예컨대, 그동안 쌓아온 이미지는 소홀히 한 채, 눈앞의 단기실적에 매달려 마케팅 믹스를 하다보면 브랜드의 정체성에 혼란이 일게 되고 결국은 구제불능의 상태로까지 악화되는 경우가 생길 수 있다. 수년 전 등장한 모 와이셔츠의 경우가 그 대표적인 예가 될 것이다. '대통령의 셔츠'라는 슬로건을 내걸고 고가격의 고품격 셔츠로 런칭되었던 이 셔츠는 세일 기간이 되자 가판대에 수북이 쌓인 채로 장당 1만 원이라는 파격적인 가격으로 판매되었다. 생산자로서는 이러한 판촉행사가 재고 처분과 자금 회수라는 즉각적인 득(得)을 얻기 위한 방편이었을지 모르지만, 그 때까지 막대한 마케팅 비용을 들여가며 확보하려했던 브랜드 이미지에는 치명적인 손상이 된다는 것을 간과했던 것으로 보인다.

일반적으로 프리미엄 브랜드는 자신의 고급 이미지를 보호하기 위해 디마케팅 전략도 함께 구사한다. 타깃이 아닌 사람들은 그 브랜드를 소유하지 못하게 막는 것이다. 만약, 내가 타고 있는 최고급 브랜드의 승용차가 구매 문턱이 낮아져서 이 사람 저 사람, 나이나 소득, 직업이나 품격과 관계없이 누구나가 탈 수 있는 차가 된다면 내가 그 차를 타는 상징적 의미가 없어지기 때문에 다른 브랜드로 옮겨갈 수밖에 없게 된다. 프리미엄 브랜드가 단기적인 자금 압박을 감수하면서까지 세일이라든가 장기 무이자 할부 판매를 하지 않는 이유가 여기에 있다. 만일 이러한 원칙을 무시하고 단기적인 매출에 연연하는 마케팅 활동을 계속한다면 결국 소비자들로부터 외면당할 수밖에 없게 되어 브랜드는 급격히 힘을 잃고 소멸하거나, 더 이상 프리미엄 브랜드로서의 이미지를 유지할 수 없어 저급 브랜드의 저 가격대 상품으로 전략하고 말 것이다.

하나의 브랜드가 시장에서 힘을 발휘하는 이미지를 가지게 되기까지의 과정은 우리 정치, 사회 분야에서의 그것과 별반 다르지 않아 보인다. 어제는 이 말하고 오늘은 저 말하는 믿을 수 없는 정치인이 지지를 받을 수 없듯이, 시대 변화 속에서 대중이 진정으로 원하는 것이 무엇인지를 정확히 짚어내어 해결책을 제시하는 정치인이 힘을 얻듯이, 힘 있는 브랜드가 되려면 변화하는 소비자의 욕구에 부합되는 고유의 독특성을 가지고 일관된 이미지를 지켜가야 할 것이다.

3) 브랜드 이상(理想), 아이덴티티와 이미지를 일치시켜라

　'브랜드 이상'이란 '기업의 중심이 되는 신념과 기본가치로서 미래 기업의 지속 성장 키워드이자 기업이 존재하는 이유'를 말한다. 현재 손꼽히는 마케터 중의 한 사람인 짐 스텐겔(Jim Stengel)은 프록터앤갬블보다 빠르게 성장한 25개 기업을 대상으로 연구한 결과 이들 기업이 소비자 삶을 개선하는 그 '브랜드 이상'을 중심으로 조직돼 있다는 사실을 도출했다. 특히 임직원부터 고객까지 기업과 연관된 모든 사람을 한데 묶고 동기를 부여하도록 조직돼 있었다는 것이다. 예컨대 디스커버리채널의 '브랜드 이상'은 '이 세상에 대한 호기심의 충족'이다. 스텐겔은 모범적인 브랜드 이상의 사례로 위스키 브랜드 잭 다니엘과 에미리트항공을 꼽았는데, 전자는 150년간이나 동일한 브랜드 이상을 유지해 왔다는 이유에서, 후자는 여행객들에게 놀라운 경험을 선사한다는 브랜드 이상을 잘 구현해 왔다는 이유에서였다. 그는 또, 삼성전자를 포함한 한국 기업들에게 "기술 개발과 인재 발굴 등 다양한 영역에서 앞서가고는 있지만, '없으면 살아갈 수 없을 것 같은' 브랜드로 성장시키기 위해서는 좀 더 노력해야 할 점이 있다"고 지적했다. 소비자에게 전달하고자 하는 고차원적 가치가 무엇인지에 대해 깊이 생각하고 조직에 접목한다면 한층 경쟁력을 키울 수 있을 것이라는 충고다.

　이러한 브랜드 이상을 실현해 나가기 위해서는 먼저 앞서서 논의한 브랜드 아이덴티티와 이미지의 일치 여부를 확인하는 작업이 우선되어

야 한다. 즉, 스스로 기업이 규정하고 있는 실
체로서의 아이덴티티와 소비자가 그 기업에
대해 인식하고 있는 이미지 사이의 갭은 없는
지에 대한 점검이다.([참조 2-8] 실체와 인식
간의 불협화음) 사실, 다양한 계층의 모든 타
깃에게 매번 한결같은 포지셔닝이 적용되는

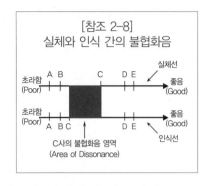

것도 아닐 뿐더러, 자사 직원과의 커뮤니케이션보다 타깃과의 커뮤니케
이션에 정통한 기업도 있을 수 있다. 따라서 전반적인 기업 포지셔닝을
확정하고 나서는 모든 주요 타깃별로 각 사업 부문의 포지셔닝 맵을 그
려 볼 필요가 있다. 이러한 분석을 거쳐 다음과 같은 3가지의 결과를 상
정해 볼 수 있다.

[경우1] 이미지와 실체가 정확히 일치하는 경우이다. 달리 말하자면
회사가 모든 주요 타깃에게 긍정적인 쪽으로 회사의 포지션과 전략을
커뮤니케이션 해 왔다는 말이다. 따라서 기업 이미지는 기업 전략을 뒷
받침하게 될 것이다. [참조 2-8]의 C사를 제외한 A, B, D, E사의 경우
에 해당된다.

[경우2] 이미지가 실체보다 훨씬 좋을 경우이다. 이것은 회사의 희망
이미지를 효과적으로 커뮤니케이션 해오고 있으나 실제에 있어서는 이
미지만큼 실체가 따르지 못하고 있음을 뜻한다. 이러한 현상은 자신의
아이덴티티에 대한 회사의 이해 부족에서 비롯된다. 또한 기업의 초라
한 성과에도 불구하고 완전히 상실되지 않고 남아있는 예전의 긍정적
이미지 때문일 수도 있다. 1970년대의 재규어자동차가 이 경우에 해당
된다고 할 수 있다. 사람들이 여전히 이 자동차를 구입하는 것은 기업의
현 실체 때문이 아니라 기업이 이때까지 누려온 기업 이미지 유산이기

때문이다. 이러한 경우, 단기적으로는 커뮤니케이션으로 긍정적 이미지를 구축할 수 있다 하더라도, 문제점이 해결되지 않으면 소비자들은 결국 발길을 돌려 버릴 것이다.

[경우3] [참조 2-8]의 C사처럼 실체가 이미지보다 좋든지 다른 시나리오로서 가장 보편적인 경우이다. 보다 가시적인 유형의 자산을 관리하는 기업들은 기업 이미지와 같이 눈으로 보이지 않는 무형의 자산에 대해서는 자칫 소홀하기 쉽다. 이러한 무형의 자산들도 그 가치와 지향을 주요 타깃에게 제대로 전달하고자 한다면 철저한 관리가 필요하다. 효과적인 커뮤니케이션의 몫이다.

만약 [경우1]에 해당된다면 커뮤니케이션 과정에는 문제가 없다고 보아도 무방할 것이다. 단 하나 체크해야 할 일은 아이덴티티의 현재 전달 방법이 어떤 식으로든 미래 성장을 제한하지 않느냐의 여부이다. 이미지가 실체보다 훨씬 좋은 [경우2]라면 커뮤니케이션 이전에 해결되어야 할 운영상의 문제가 있다고 보아야 한다. [경우3]은 1차적으로는 커뮤니케이션상의 문제이지만, 대부분의 경우 운영상의 문제가 혼합되어 나타난다. 이는 아이덴티티의 최종 목표를 설정할 때 필히 고려되어야 한다.

다시 병원으로 돌아와 보자. 병원에게도 다양한 브랜드 이상이 있을 수 있다. 그것이 '앞선 의술'일 수도 있고 '최상의 서비스'일 수도 있다. 단, 그 브랜드 이상의 성취와 유지를 위해서는 현재 그 병원에 대해 가지고 있는 고객들의 이미지가 무엇인지를 먼저 확인해야 한다. 어쩌면 브랜드 이상을 향해 스스로 주장하는 '고품격'이라는 아이덴티티가 고객에게는 '대중적' 이미지에 머물러 있을 수 있음을 잊지 말아야 한다. 요컨대, 병원이 주장하는 브랜드 아이덴티티와 소비자가 갖고 있는 브랜드 이미지가 모든 내용에서 정확하게 일치하고 있다면 그것은 브랜드 이상을 성취해 가고 있는 건강한 브랜드에 해당된다.

4) 브랜드 확장, 소비자에게 물어라

'숲 속에 길이 두 갈래로 나 있었습니다. 나는 그 두 길을 다 갈 수는 없는 것을 안타까워하며 오랫동안 서서 가지 못하는 한 길이 굽어 꺾여 내려간 데까지 멀리 바라보았습니다.' 시인 로버트 프로스트(Robert Frost)의 시, '가지 않은 길' 첫 부분이다.

우리는 살아가면서 매력적인 두 갈래 길 중에서 어느 한쪽 길을 선택해야만 하는 순간을 맞이할 때가 최소한 몇 번은 있다. 세계적인 커피체인, 스타벅스의 경영진에서도 같은 일이 벌어졌다. 브랜드 파워를 앞세워 다른 분야로까지 영역을 확장할 것이냐, 커피 프랜차이즈로서의 본업에 모든 역량을 집중할 것이냐의 기로에 서게 된 것이다. 그들의 선택은 확장이었다. 음악 CD, 영화 DVD 등 엔터테이먼트 아이템의 매장 판매와 식품 분야로의 진출을 시도했다. 결과는 안타깝게도 참패. 싸늘한 시장의 반응은 그들을 큰 수험료를 치루고 커피 매장이라는 본래의 자리로 돌아가게 만들었다. 리바이스도 같은 경험을 했다. 광산에서 입던 두껍고 질긴 청바지, 미국의 전통과 역사를 상징하는 싸고 좋은 패션 브랜드, 오늘날까지도 인지도나 선호도 면에서 대단한 자부심을 가지고 있는 리바이스는 80년대 초, 자신의 유명세를 믿고 시장 점유율이 21%에 달하는 유혹의 신사복 시장에 뛰어들었다. 옷감 처리나 유행에서 앞서는 고비용의 확장 브랜드, Levis Tailored Classics였다. 청바지든 신사복이든 같은 '옷' 이므로 청바지를 좋아하는 소비자들은 신사복도 당연히 좋아할 것이라는 그 생각은 큰 오판임이었음이 곧 드러났다. 소비자는 리바이스를 '청바지 브랜드'로 생각할 뿐, '최상의 품질과 뛰어난 패션성의 옷을 만드는 회사'라고는 여기지 않았던 것이다. 결국 리바이스는 청바지 브랜드만으로 만족해야 했다.

　반면에 GE의 경우를 보면, 에디슨 전기회사에서 출발하여 조명, 가전제품, 제트엔진, 발전설비, 비행기리스, 할부금융 서비스, 부동산 관리, 정보기술 서비스, 의료기기, 플라스틱, 건설자재 유통, 열차 제작, 방송국에 이르는 매우 다양한 분야에서 사업을 벌이고 있다. 이 중, 방송국을 제외한 모든 사업에 GE 브랜드를 사용하고 있다. 오랜 기간에 걸친 산업화 과정의 결과로 전문화 브랜드가 일반적인 서구 선진 시장에서 GE와 같이 다양한 사업에 같은 브랜드를 사용하는 사례는 흔치 않다. 그런데 자세히 살펴보면 얼핏 상호 연관성이 없어 보이는 GE의 사업들에서도 몇 가지 공통된 특징이 발견된다. 먼저 산업재가 많다는 것이다. 산업재가 갖추어야 할 가장 중요한 특성은 신뢰성이다. 여기서 신뢰성이란 품질의 신뢰성뿐 아니라 납품이나 서비스에서의 신뢰성도 포함하는 개념이다. 그리고 GE라는 브랜드로 생산되는 대표적 소비재는 백색가전이다. 백색가전 역시, 여타의 가전제품에 비해 발전 속도가 느리고 사용 기간이 길어서 신뢰성이 매우 중요시되는 제품군이다. 또한 GE가 진출해 있는 대표적인 서비스 사업인 금융과 정보기술 분야 역시 신뢰성이 기본인 사업임에 틀림없다. GE의 여타 산업 분야, 의료기기와 제트엔진 등도 언뜻 보기에는 매우 상이하게 보이지만 역시 신뢰성이라는 고리에 묶일 수 있는 분야라는 점에서는 예외가 아니다. GE의 성공적인 브랜드 확장 뒤에는 전문화된 선진 기업들 특유의 그 전문성 못지 않은, '신뢰'라는 일관된 가치가 있었던 것이다.

이처럼 브랜드의 확장은 양날의 검처럼 긍정적인 면과 부정적인 면을 모두 가지고 있다. 브랜드 확장은 기존에 형성되어 있는 모 브랜드의 인지도와 이미지를 활용함으로써 신규 브랜드 런칭에 따른 막대한 초기 비용을 상대적으로 절감할 수 있을 뿐 아니라 결과적으로 신제품 실패 확률을 크게 줄여주는 효과를 가지고 있다. 하지만 확장된 제품에 리스크가 발생했을 경우 전체 브랜드가 위험에 빠질 수 있으며 잘못된 브랜드 확장은 오히려 모 브랜드의 응집되고 특화된 콘셉트를 희석시킬 수도 있다. 그렇다면 그 기준은 무엇일까? 브랜드 확장을 할 것이냐 말 것이냐의 기로에서 내려야 할 판단은 무엇을 근거로 해야 할까? 모든 경우에 통용된다고 단언하기에는 무리가 없지 않지만, 브랜드 확장을 위한 몇 가지의 가이드라인을 정리하면 다음과 같다.

성공적인 브랜드 확장의 3가지 법칙

적합성 브랜드 확장 전략의 성공 여부를 구분 짓는 중요한 법칙의 첫 번째는 적합성이다. 이는 소비자 인식 속에서 신제품이 모 브랜드의 핵심가치에 얼마나 잘 어울리는지를 의미한다. 예를 들어 치약 브랜드인 콜게이트의 마우스워시는 소비자들이 받아들이기 쉽지만 콜게이트의 헤어젤은 소비자들이 받아들이기 어려울 것이다. 따라서 브랜드 확장을 결정하기 전 브랜드의 핵심가치와 현재 브랜드가 가지고 있는 확장 가능한 연상 범위를 잘 파악하여야 한다.

차별성 확장된 브랜드는 모 브랜드와 확실히 차별화된 요소를 가져야 한다. 차별화 요소는 모 브랜드와 신제품 브랜드 간 자기잠식 효과를 최소화시킬 수 있으며 추가적 판매를 창출하도록 도와준다. 다시 말하자면 성공적인 브랜드 확장은 단순히 판매량을 증대시키거나 모 브랜드의 고객을 빼앗아 오는 것이 아니라 얼마나 추가적으로 새로운 시장에서 매출을 창출하는가에 달려 있다. 또한 이 법칙은 라인 확장 시에도 매우 유용하게 활용될 수 있다.

강화성 적합성과 차별성이 있다 해서 성공적인 브랜드 확장을 할 수 있는 것은 아니다. 확장시킬 브랜드를 통해 모 브랜드의 핵심가치가 '+' 방향으로 강화될 수 있는지를 고려해야 한다. 스타벅스는 적합성, 차별성을 고려하여 커피 알코올음료로의 브랜드 확장도 시도한 바 있지만 이 시도가 스타벅스의 핵심가치를 강화시켜주는지에 대해서는 재고의 여지가 없지 않다.

성공한 브랜드 확장의 예

다음에 소개되는 것들은 위의 법칙에 부합되는 성공적인 브랜드 확장의 예이다.

암앤해머 베이킹소다 냉장고 안의 냄새를 제거해주고 있는 편익이 있음을 이용하여 냄새 제거 스프레이(Deodorizer Spray)를 출시, 브랜드 확장에 성공하였다.

Sunkist Vitamin C Tablets라는 비타민 정제 제품을 시장에 쉽게 정착시켰다.

혼다 기계의 정밀성 면에서 세계적으로 유명한 혼다는 잔디 깎는 기계로 상표를 확장하여 그 기술력을 소비자에게 쉽게 인식시킬 수 있었다.

Virgin그룹 음악, 여행, 운송, 출판, 콜라, 청바지, 이동통신 등 서로 관련성이 없어 보이는 분야로 성공적인 브랜드 확장을 해내고 있다. 이는 Virgin의 사업 카테고리 하나하나가 '즐거움' 이라는 Virgin그룹의 핵심가치를 더욱 플러스 방향으로 강화시키고 있기 때문으로 분석된다.

차병원 산부인과로 출발, 특화된 여성전문병원으로서의 독보적인 위치를 구축해 온 차병원은 점차 영역을 확장하여 차의과대학교를 설립하고, 줄기세포 연구를 포함한 생명의학에 주목할 만한 성과들을 축적하면서 오늘의 메디컬그룹으로 성장하기에 이른다.

실패한 브랜드 확장의 예

롤스로이스 최고급 승용차의 상징인 영국의 롤스로이스사는 어떤 리무진 차 제조회사에 자사 엔진을 공급하고 이 리무진 차에 'Rolls-Royce' 상표를 붙이는 것을 허락하였다. 이 리무진이 판촉의 일환으로 저렴하게 팔린 적이 있었는데, 이것이 롤스로이스의 품질에 대한 이미지를 잡아먹었던 것은 두말할 나위가 없다.

캐딜락 1980년 초에 캐딜락은 'Cimarron'이라는 브랜드의 자동차를 내놓았다. 이 차의 수준은 Pontiac2000이나 쉐보레사의 Cavalier와 같은 등급이었으나 다만 가죽시트로 되어져 있고 그밖에 일부 장식이 금빛 금속 소재로 되어 좀 더 고급스러워 보였다. 이 차는 캐딜락을 사기에는 좀 돈이 모자라 BMW를 살 사람을 겨냥한 것이었다. 이 겨냥이 잘 맞았던 것으로 나타났으나, 이 겨냥된 사람들로부터는 고품질이라는 캐딜락의 이미지가 떨어질 수밖에 없는 것은 당연한 결과이다.

라코스테 고급 스포츠 면에 사용하던 브랜드를 여기저기 마구 확장한 결과, 이제는 평범한 브랜드가 되어 버렸다. 'Good Quality'의 고급 이미지라는 인식이 사라졌기 때문이다.

IBM 'IBM Junior'라는 가정용 PC로 브랜드 확장을 시도했으나 'IBM은 품질이 좋다'는 인식에 부정적 영향을 미치는 결과를 초래, 결국 실패로 끝났다.

구찌 무려 1만 4,000개의 제품에 붙여진 'Gucci' 상표는 고품질이라는 브랜드 이미지를 심각하게 훼손하는 결과만을 낳았다.

쿠쿠 전기밥솥의 대표 브랜드인 쿠쿠는 가습기 시장으로 뛰어듦으로써 전기밥솥 브랜드로서의 특화된 브랜드 자산을 감소시키는 결과를 초래하였다.

국내의 많은 기업에서 제품의 성격을 명확히 규명하고 그 결과를 바탕으로 한, 큰 그림으로의 시장 세분화 전략에 따라 브랜드 확장을 시도하기보다는 단지 기존 브랜드의 인지도나 신뢰도를 업고 브랜드를 확장하는 경향이 있다. 이는 위의 실패한 케이스들을 보더라도 신중을 기해야 할 문제가 아닐 수 없다.

병원에서의 브랜드 확장

일본에서 발표된 자료에 따르면 의료기관 도산 원인(제국 데이터뱅크가 종합)의 1위는 방만한 경영(61.9%), 2위는 경영계획 실패(24.7%)가 차지하고 있다. 한마디로 부실 경영이 전체의 8할 이상이라는 얘기다. '어떻게든 확장을 하면 수익은 늘어날 것'이라고 생각하고 있을지도 모르는 오늘의 일부 병원 경영자에게는 경종을 울려주는 수치가 아닐 수 없다.

확장을 모색하다 실패한 실제 사례는 국내 병원 중에도 어렵지 않게 찾을 수 있다. 척추관절이라는 전문 영역에서 출발하여 활발한 커뮤니케이션 활동으로 비교적 널리 알려지게 되었던 서울의 모 병원은 그동안 쌓인 유명세에 힘입어 산부인과와 치과, 비뇨기과로 의욕적인 '영토 확장'을 시도하였다. 얼마만큼의 시간이 지난 지금, 그 병원은 자신의 전문 영역이며 버팀목이 되었던 척추관절 과목에서조차 주요 경쟁구도에서 멀어져가고 있는 상태에까지 이르렀다는 느낌이 들기도 한다.

「Good to Great」의 저자, 짐 콜린스(Jim Collins)는 "위대한 기업이 되기 위해서는 경영자가 '그만두어야 할 목록'이 '해야 할 목록' 보다 훨씬 더 중요하다"고 말한다. 그는 또, "경영자정신은 수확을 최대화하는 것이 목적이어야 하는 만큼, 버릴 것은 과감하게 버리고 잘할 수 있는 소수 핵심 사업에 집중할 수 있어야 한다"고도 했다. 철저한 준비가 없는 확장은 단기적으로는 승자가 되지만, 장기적으로는 패자가 된다는 것이 그 이유이다.

브랜드의 확장을 통해 거대 영토의 주인이 되고 싶은 유혹을 뿌리친다는 것이 결코 쉬운 일은 아니다. 그렇다고 내실을 다진다는 명분으로 매번 자기만의 성(城)을 쌓고 우물 안에서 왕 노릇하는 개구리가 되어서도 안 될 것이다. 요컨대, 브랜드 확장의 가능성을 타진해 보는 시점에서 점검해 보아야 할 것은 기존의 막강하다고 믿어 의심치 않는 브랜드 파워뿐이 아니라는 것만은 명확하다. 그 판단의 핵심은 결국 소비자에게 있다. 그들의 '승낙' 여부에 달려있다.

3. 브랜드가 자산이 되려면

'브랜드 자산'이란 자유 시장경제의 발전과 더불어 브랜드의 가치가 커지면서 '브랜드가 곧 돈'이라는 인식으로까지 확장되어 등장한 개념이라 말할 수 있다. 브랜드 자산은 브랜드 네이밍 자체가 주는 독특한 마케팅 효과로서 어떤 상품이 그 브랜드 네이밍을 가지지 않았더라면 기대할 수 없는 그 무엇을 일컫는다. 브랜드 자산의 증가는 소비자의 관점에서는 선호도 증가로, 기업의 관점에서는 이익의 증가로 나타날 수 있다.

브랜드의 구체적 자산가치는 그 브랜드를 판다고 가정했을 때 받을 수 있는 액수로 나타난다. 말보로 담배로 유명한 미국의 다국적 기업 필립모리스는 치즈로 유명한 식품회사 크레프트사를 인수하면서 장부가의 6배인 129억 달러를 지불하였다. 그중, 크래프트의 유형자산은 고작 13억 달러인 반면 무형자산은 매수가의 90%인 116억 달러로 매겨졌다. 그 무형의 자산에는 브랜드, 기술, 영업권, 지적소유권 등이었다. 이를 두고 필립모리스측은 "우리는 기업이 아닌 브랜드를 사들였다"고 말한다. 자산으로서의 브랜드가 가지고 있는 가치를 보여주는 좋은 사례다. 네슬레는 킷캣 초콜릿을 생산하는 요크 제과회사를 매수하기 위해 장부가격의 5배인 45억 달러를 지불했다. 국내에서도 기업 간의 M&A 과정에서 비싼 값을 치르고 브랜드를 사고파는 것을 볼 수 있다. 한국존슨은 이미 레이드라는 살충제 브랜드를 가지고 있었지만, 국내 시장에서는 에프킬라를 따라잡을 수가 없어 부도가 난 삼성제약의 살충제 부문을 인수하면서 387억을 지불했는데, 그중에서 공장부지와 기계 등 고정자산 대금으로 90억을 지불하고 나머지 297억은 소비자에게 매우 친숙하고 강력한 힘을 가진 브랜드인 '에프킬라'에 기업 자산가치의 3배가 넘는 액수를 이름값으로 지불한 셈이다. 질레트는 로켓전지와 브랜드 사용권(7년간)을 계약하면서 660억을 지불하기도 했다.

이렇게 브랜드가 유형의 자산가치를 월등히 능가하는, 자산으로서의 가치를 가지려면 어떻게 해야 할까? 다음에 제시되는 3가지 조건의 충족이 우선시 된다.

1) 구성 요소를 갖추어라

버클리 대학의 아아커(Aaker) 교수는 자산으로서의 브랜드가 갖추어야 할 5가지 요소를 제시한다.([참조 2–9] 브랜드 자산 관련)

브랜드 충성도 소비자의 특정 브랜드에 대한 지속적인 재구매 성향을 말하는 브랜드 충성도는 브랜드 자산의 가장 중요한 측면으로서 브랜드 자산의 집약이다. 한 제품의 브랜드에 대한 소비자 충성도는 경쟁자의 마케팅 활동 영향력은 감소시키면서, 자신의 유통에서의 영향력을 증대시킬 수 있다. 브랜드 충성도가 높을 경우 소비자들은 그 브랜드를 항상 구입할 수 있기를 바라기 때문이다. 브랜드 충성도는 가격 프리미엄과 사용 만족도를 통해 측정한다.

브랜드 인지도 '소비자가 그 브랜드에 대해 얼마나 알고 있는가'를 말한다. 브랜드 인지도 중, 최초 상기도는 시장 점유율과 거의 근접한다는 사실에 따른 당위성으로 자산 규모의 중요한 척도가 된다. 그러나 이 브랜드 인지도는 브랜드 자산의 필요조건은 되지만 충분조건은 아니다.

인지된 품질 제품에 대해 소비자가 주관적으로 알고 있는 정보나 경험을 말한다. 때문에 제품의 실제 품질과 같을 수도 있지만 다를 수도 있다. 인지된 품질이 높으면 가격 책

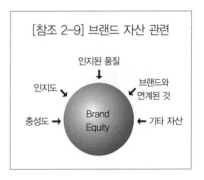

[참조 2–9] 브랜드 자산 관련

정에서 프리미엄 효과를 기대할 수 있기 때문에 브랜드에 있어 매우 중요한 요소가 된다.

브랜드 연상 이는 해당 브랜드에 대한 연상 이미지로서 그 브랜드가 소비자의 감각기관을 통해 받아들여져 해석되는 의미이다. 소비자의 브랜드 연상은 개별 브랜드에 대한 연상을 의미하지만, 그 브랜드를 생산하는 사람과 기업의 이미지도 포함된다. 따라서 브랜드 연상은 관점에 따라 제품으로서의 브랜드, 사람으로서의 브랜드(브랜드 개성), 조직으로서의 브랜드(기업)로 나눠질 수 있다.

기타 자산 경쟁사가 소비자와 브랜드 충성도를 잠식하는 것을 막아줄 수 있는 여타의 독점적 자산을 말한다. 이는 특허나 트레이드마크, 네이밍, 로고, 심벌, 워드마크, 패키지 등, 저작권 및 등록상표의 법적 보호를 받는 자산으로서 경쟁사와 차별되는 요소가 된다.

아아커 교수가 제시하는 이상의 요소들에 덧붙여 브랜드 자산을 보다 강화하려 할 때 다시 요구되는 것이 있다면, 다른 브랜드에는 없는 자기만의 '차별화된 독특함' 이다. 몇 개의 예를 보자. 탄산음료의 절대 강자, 코카콜라는 어떤 독특함을 가지고 있을까? 당연히 코카콜라가 스스로 자기만이 가졌다고 주장하는 '비방의 맛' 일 것 같지만 그렇지도 않다. 그것은 수차례에 걸친 블라인드 테스트(Blind Test) 시음의 결과, 다른 경쟁 브랜드가 가장 맛있는 콜라로 선택되는 경우도 많은 것을 보면 알 수 있다. 코카콜라라는 브랜드 자산을 강화해주는 차별화된 독특함은 그동안 지속적으로 쌓아온 이미지, '마시면 즐겁다' 에 있다. 또 어마어마한 자산의 세계적인 브랜드, 맥도날드는 생일파티, 파격적으로 싼 가격, 홈런왕 맥과이어 광고, 서비스 등 여러 가지를 연상케 하지만 그 중에서 '빠른 서비스' 처럼 롯데리아나 다른 브랜드도 가지고 있는 속성은 맥도날드의 브랜드 자산을 높이는 데는 별반 기여하지 못한다.([참조 2-10] 맥도날드에 갖는 연상) 반면에, 앞에서도 소개된바 있지만, 세계적인 패션 브랜드 베네통처럼 자신만의 그 '차별화된 독특성'을 유지하거나 보호하지 못할 때 브랜드의 자산가치는 급격히 떨어지게 된다.

[참조 2-10] 맥도날드에 갖는 연상

빅맥
빨강색 노란색 / 직원들 복장
어린이 장난감 (생일 파티) / 맥도날드 / 평범한 메뉴
Speed (서비스)
900원짜리 햄버거 / 롯데리아
홈런왕 맥과이어 광고

2) 브랜드 가치를 높여라

'Measurable is manageable' 란 말이 있다. '관리하려면 측정할 수 있어야 한다' 는 뜻이다. 이를 뒤집어보면 에드워드 데밍(Edward Deming)이 얘기하는 '측정할 수 없다면 관리도 할 수 없다' 는 말이 된다. 이는 효과 측정이 기업 활동의 시작과 끝에만 해당되는 것이 아님을 시사한다. 실제, 기업이 행하는 모든 활동에는 측정이 필요하다. 그중 대표적인 것이 브랜드이다. 브랜드를 단순히 '상표권' 이라는 개념에서 '자산' 이라는 개념으로 확장하려 할 때 꼭 필요한 것이 바로 측정인 것이다. 즉, 브랜드 가치는 어떤 형태로든 측정이 필요하며 그때그때의 측정이 병행되지 않으면서 브랜드를 자산으로 관리한다는 것은 무의미하다. 마찬가지로 아무리 훌륭한 브랜드 전략을 실행했다고 해도 그 전략의 결과라고 할 수 있는 브랜드 자산가치를 정확히 진단하고 측정할 수 없다면 공허한 전략이 될 수밖에 없다. 반면에 정기적인 브랜드 자산가치의 측정 결과는 현재 상태의 파악과 함께 브랜드 자산의 강화와 활용

을 위한 향후 전략 수립의 기초가 된다.

브랜드 자산가치의 측정 방법은 크게 기업의 영업실적을 반영하는 재무적 접근법과 시장에서의 소비자들의 브랜드 평가를 반영하기 위한 마케팅적 접근법이 있다. 매출액, 순이익 등을 중심으로 하는 재무적 접근 방법은 브랜드 가치를 금액으로 쉽게 환산할 수 있다는 장점은 있지만, 그 환산액에는 브랜드 가치뿐만 아니라, 영업력, 전략적 우수성과 같은 기업 역량까지 포함된다는 문제점을 가지고 있다. 반면에 브랜드 충성도와 브랜드의 상징적 가치 등을 중심으로 하는 마케팅적 접근 방법은 기업의 수익성에 영향을 미치는 다양한 요인 중에서 브랜드만의 가치를 독립적으로 평가할 수 있다는 장점이 있지만, 질적인 분석을 위주로 하기 때문에 브랜드 가치를 금액으로 환산해서 나타내기 어렵다는 단점이 있다. 따라서 마케팅적 접근법과 재무적 접근법이 결합될 때, 브랜드의 경제적 가치를 정확히 산출하고 브랜드 전략과 성과 간의 인과관계를 명확히 할 수 있으며, 전략적 의사결정 단계에서 투자 효율성 측면에서의 보다 유용한 정보를 제공할 수 있게 된다. 이러한 측면에서 1980년대 후반, 세계 최초로 브랜드 가치 평가를 실시한 이후 3,500여 개 이상의 프로젝트를 진행해 온 인터브랜드의 방법론은 마케팅적인 접근과 재무적 접근을 결합한 것으로 세계 최고의 권위를 인정받고 있다. 인터브랜드는 매년 글로벌 브랜드를 대상으로 브랜드 가치 평가를 실시, 100대 기업을 선정 발표하는데, 그 구체적 브랜드 가치 평가 방법은 다음과 같은 5단계를 거친다.

브랜드 가치 평가 5단계

1단계, 분석 대상의 세분화 브랜드가 구매되는 시장을 세분화 과정으로, 각 소비자 집단별로 상이한 브랜드의 경제적 가치를 산출한다.

2단계, 재무자료 분석 세분 시장 영역별로 브랜드 자산, 업계 동향, 소비자 트렌드 및 과거 재무실적까지 세부적인 분석을 실시하여 기업의 무형자산으로부터 창출될 수 있는 미래 무형이익을 산출한다.

3단계, 브랜딩 역할 분석 2단계에서 산출된 무형이익 중에서 브랜드에 의해 창출되고 있는 부분이 어느 정도인지를 파악한다.

4단계, 브랜드 강도 분석 경쟁사 벤치마킹, 시장의 안정성, 성장 추이, 브랜드에 대한 지원 정도 등을 분석하여 예측한 브랜드 이익이 실현될 가능성이 어느 정도인지를 분석한다.

5단계, 브랜드 가치 산출 앞선 단계들의 과정을 통해 브랜드가 가진 미래 이익 창출능력인 '브랜드 가치'를 산출한다.

이상의 단계 과정을 거친 브랜드 자산가치 평가 결과는 다음의 요소들로 구성되어 있다.

- 리더십(25%)　　　시장에 미치는 영향력과 시장지배력
- 안정성(15%)　　　시장에서 장기간 생존할 수 있는 능력
- 시장성(10%)　　　브랜드가 거래되는 시장 환경
- 국제화(25%)　　　지리적·문화적 경계를 넘어선 브랜드 파워
- 트렌드(10%)　　　시대의 흐름에 따른 적합성
- 지원(10%)　　　　마케팅과 커뮤니케이션 활동의 일관성
- 법적 보호(5%)　　브랜드 소유권의 법적 보호 문제

100여 년 이상의 역사를 자랑하는 미국의 대표적 소매업체인 시어즈 로벅과 K마트가 월마트에게 선두 자리를 내어준 것도 강력한 브랜드 파워의 구축이 미진한 상황에서 지나치게 가격 경쟁에 치중했기 때문이다. 신규 고객을 개척하는 데는 기존 고객을 유지하는 것보다 4~6배 더 많은 비용이 소요된다는 것과 자사 브랜드를 선호하는 소비자는 그렇지

않은 소비자보다 최대 9배의 이익을 제공해준다는 조사 결과는 브랜드 가치 중요성을 단적으로 보여준다.

이처럼 브랜드의 가치를 높이고 단순히 제품을 팔기 위한 마케팅 수단으로서가 아니라 수익 창출을 보장하는 무형의 자산이 되려면 인식하고 장기적, 전략적으로 소비자의 인식 속에 차별화한 영역을 만들어가는 지속적인 노력이 필요하다.

GE의 최대 경영자원은 강력한 브랜드 파워와 제품력이라고 강조하는 잭 웰치(Jack Welch) 회장의 말은 쉽게 나올 수 있는 호언이 아니다.

3) 인재를 브랜드화 하라

'브랜드화 된 인재'란 한마디로 '소비자로부터 이미 믿음을 획득한 사람'을 말한다. 즉, 어떤 사람인지, 무엇을 하는 사람인지, 신뢰할 만한 사람인지, 일은 잘하는지 등에 대한 구체적인 정보 처리를 받지 않고도, 고객으로부터 행위 전체에 대한 믿음을 얻고 있는 사람이다. 예를 들어 우주의 블랙홀에 관한 한, 그 어느 물리학과 학생들보다는 확고한 믿음을 받고 있는 스티븐 호킹(Stephen Hawking) 박사가 월등히 우월한 브랜드인 것이다. 이렇게 소비자로부터의 믿음을 바탕으로 브랜드화 된 사람은 정체성이 확립된 사람이고, 그의 그 확립된 정체성은 다시 그러한 정체성을 찾는 소비자들을 불러들인다. 음악을 하는 사람에게는 음악에 맞는, 그림을 그리는 화가에게는 또 거기에 맞는 소비자가 결정된다. 더 나아가 화가 중에서도, 표현하는 방법과 관점에 따라 소비자는 더욱 더 세분화될 수 있다. 결국, 개인의 브랜드화는 장점을 극대화시켜

주고, 장점이 극대화되면 타인보다 상대적으로 두드러져 보임으로써 경쟁력이 높아진다.

IBM의 경우, 블루셔츠를 입은 이 직원들은 첨단을 약속하는 미래의 희망을 상징했다. "IBM의 판매원은 잘 알려진 IBM 유니폼을 입어야 한다"고 주장했던 창업주 토머스 와트슨(Thomas Watson)의 말은 조금도 이상할 것이 없다. 옷차림이 사람을 만들어 주지는 않더라도 판매 촉진에 큰 도움을 줄 수 있다. 이처럼 고객은 본원 제품 이상의 어떤 것(하다 못해 옷차림이나 풍기는 인상)을 구매하는 것이며, 그것이 바로 인재 브랜드 차별화의 의미다. 그런가 하면, 리더십 브랜딩으로 성공한 대표적 회사 사우스웨스트항공사 고객들은 이 항공사 직원들의 재미있고 활기찬 행동을 보면 여행의 즐거움을 만끽할 수 있었다. 리더십 브랜딩의 핵심은 고객이 가지는 기대를 지속적으로 충족시키기 위해 필요한 구체적인 핵심 역량을 직원들이 얼마나 잘 개발하며 이를 위해서 회사는 얼마나 지속적인 투자를 하고 있는가에 있다.

그렇다면 사람을 어떻게 브랜드화 될 수 있는가? 그 구체적인 전략이 필요한 시점이다.

개인 브랜드화 전략

콘셉트를 정한다 개인 브랜드는 콘셉트를 정하는 것으로부터 출발한다. 자신의 경쟁적 우위점을 찾아내어 정의하고 간단명료하게 정립하는 것이다. 나는 누구이고, 무엇을 하는 사람인지를 정의하는 것이다. 한 통계에 따르면 미국에서는 해마다 7,000여 개의 새로운 브랜드가 생겨나며, 그중 35% 정도만이 살아남는다. 살아남은 브랜드 가운데에서도 성공적이라고 할 수 있는 비율은 20%가 채 안 된다고 한다. 나머지는 사라진다. 그 성패의 주요 요인 중 하나가 바로 브랜드 콘셉트의 유무 여부이다. 개인 역시 콘셉트가 없으면 오래갈 수 없다.

강점에 집중하라 개인 브랜드가 되고 싶다면 집중해야 한다. 그리고 그 집중은 강점에 해야 한다. 일반적으로 사람들은 자신의 부족한 점을 찾아 개선하려고 애쓰지만 약점의 보강으로는 평균적인 사람이 되는 정도에 머무르기 쉽다. 약점은 과감하게 포기하고, 강점을 키울 때 특정 분야에서 두각을 나타내는 사람이 될 수 있다.

나의 고객을 설정하라 개인 브랜드가 되기 위해서는 끈끈한 관계를 갖고 있는 소비자가 있어야 한다. 소비자는 크게, 세 부류로 구분되어진다. 그 하나는 '적극적 지지자' 이다. 연예인 팬클럽이 여기에 해당된다. 이들은 자발적으로 모여서 그 사람의 장점을 찾아 서로에게 정보를 공유하고 단점을 모니터해주는 긍정적인 사람들이다. 이들이 많으면 많을수록 개인 브랜드로서의 가치는 커질 것이다. 다음은 '중도 관망자' 들이다. 경우에 따라 긍정적 반응을 보이는가 하면 부정적 반응을 보이기도 하는 사람들이다. 일반적으로 긴밀한 관계에 있지 않은 사람들이 여기에 해당한다. 다른 하나는 '부정적 적대자' 이다. 이 사람들은 그 누군가에 대한 긍정적 정보에는 별 관심이 없고 부정적 정보만을 찾아다닌다. 이들의 마음을 긍정으로 돌리기는 매우 어렵다. 왜냐하면, 그들은 이미, 어떤 이유에서건, 마음이 떠나버렸기 때문이다. 이들 세 부류 집단 중, 개인 브랜드로서 고려해야 할 집단은 당연히 '적극적 지지자' 들이다. 이들은 지지 대상의 조그만 변화에도 크게 감동하고 민감하게 반응한다. 그리고 그에 대한 우호적 정보를 스스로 수집하고 파악하여 긍정적인 입소문을 낸다. 바로 인적 네트워크의 핵심이 되는 사람들이다.

자신을 설명하는 슬로건을 만들어라 사람을 움직이게 하는 내적 동기로는 논리적 판단도 있지만 그 못지않게 큰 비중을 차지하는 것으로 감성적 반응이 있다. 특히 다수의 일반 대중의 마음을 움직이려 할 때에는 논리적이기보다는 감성적인 접근 방법이 보다 효율적이라는 견해가 보다 일반적이다. 바로 그 다수를 향한 감성적 접근 방법 중의 하나가 (앞서 브랜드 아이덴티티에서 잠시 언급되었던) 슬로건이다. 슬로건이란 본래 스코틀랜드에서 위급할 때 외치는 집합신호(Sluagh-Ghairm)였다고 한다. 오늘날 이 슬로건은 정치에서 상업 광고의 영역에 이르기까지 널리 쓰이고 있는 데 이해하기 쉬운 단순하고 단정적인 표현이 특징이다. 슬로건은 일반적으로 대중의 태도가 유동적이고 미확정적일수록 더 큰 호소력을 발휘한다. 개인 차원에서도 슬로건은 중요한 역할을 할 수 있다. 타인에게 자기 스스로를 명료하게 정의하고 이해시키는 도구로 활용될 수 있기 때문이다. 이미 적지 않은 사람들이 이메일 등에서 사용하여 적지 않은 효과를 보고 있다.

개인 블로그를 적극 활용하라 지금 우리는 그야말로 시공을 초월한 시대에 살고 있다. 인터넷 덕분이다. 이것을 통해 기업 활동은 물론, 고객 행동에서도 급격한 변화가 일어나고 있다. 만인 대 만인의 만남과 개인 블로그의 무한 증가가 그 원인의 하나이다. 이미 개인 미디어로서의 가능성을 무한대로 열어준 이 블로그 활용은 개인 브랜드를 모색하는 사람들에게는 전에 없던, 더없는 기회가 아닐 수 없다. 개인 블로그의 방문자가 늘면 잠재 고객이 늘어나는 것이고, 고정 고객 확보를 위한 긍정적 효과가 다양한 측면에서 발생한다.

자신의 전문 분야를 정리하여 책을 써라 개인을 브랜드화 하는 가장 유용한 도구 중 하나가 책을 쓰는 것이다. 책을 쓰다 보면 여기저기 흩어져 있던 지식이 한데 모이고 정리된다. 뿐만 아니라 내안에 있는 지식의 실체를 확인할 수 있다. 즉, 내가 알고 있는 지식이 얼마나 되는지, 그 수준은 어느 정도인지를 객관적으로 볼 수 있게 된다는 것이다. 그러나 그 무엇보다 자신의 이름을 건 책이 자신의 브랜드화에 도움이 되는 것은 그 책이 세상 사람들과 교감하는 좋은 통로가 된다는 데 있다.

브랜드화 된 인재의 영향력이 병원에서 만큼 큰 곳도 드물 것이다. 그것은 병원 산업이 그만큼 인간의 생명을 다루는, 신뢰를 바탕으로 하는 분야라는 데 기인한다. 때문에 병원에서야말로 브랜드화 된 인재를 확보하고 기존의 인재를 브랜드화하는 일이 시급하고 중요한 일이 아닐 수 없다.

[용어해설]

브랜드(Brand)

명사로서의 의미는 동물의 가죽에 낙인으로 찍혀 있는 아이덴티티마크를 뜻하고 동사로서의 의미는 이러한 상징적 마크를 낙인찍는 행위를 말한다. 'Brandr'라는 노르웨이 말에서 유래되었는데, 'to burn'이라는 의미이다. 즉, 브랜드의 어원은 소나 말에 자기 소유의 물건임을 밝히는 마크로써, 식별을 위해 인두로 지진 것에서 비롯되었다. 오늘날에는 판매자의 제품이나 서비스를 경쟁사의 것과 차별화시키기 위해 사용하는 이름과 상징물(로고, 패키지 디자인, 트레이드마크 등)의 결합체를 일컫는다.

브랜드 아이덴티티(Brand Identity)

프랑스의 마케팅 교수인 장 노엘 케퍼러(Jean-Noel Kapferer)에 의해서 사용되었다가 1996년에 UC버클리 경영학과 교수인 데이비드 아케(David A. Aaker)가 브랜드 아이덴티티 시스템을 제안하면서 실무적으로 많은 발전을 이루게 되었다. '자기 동일성, 자아 동일성, 주체성, 일관성, 동일함, 일치' 등의 사전적 의미를 가지고 있다. 기업 관점에서 소비자에게 연상시키려는 브랜드에 대한 기획된 연상, 의미의 집합이다. 브랜드가 보여주고 싶은 바를 일관적이고 지속적으로 소비자에게 보여주는 것이다. 브랜드 아이덴티티가 기업 입장에서 소비자에게 전달하고자 하는 것이라면, 브랜드 이미지는 소비자에게 형성된 것이라고 할 수 있다.

콘셉트(Concept)

원래 철학 용어로는 '개념'이라는 의미를 갖고 있지만 마케팅 용어로 풀어보면 '생각의 방향'이라는 의미로 사용된다. 콘셉트라는 말이 출현한 것은 벌써 1960년경으로 최초에는 '이 광고에 콘셉트가 있을까, 없을까?' 정도로 사용되었다. 그 후 새롭게 생각하는 방법, 방향이라는 의미로 발전했다. 결국 콘셉트는 만드는 것이 아니라 '눈에 뜨게 강조'되는 것이라 하겠다.

참고문헌
1.DeNeve, Rose 'Whatever Happened to Corporate Identity', Print, 1989.5/6.
2.브랜드 네이밍 접근법, 박영미 소디움파트너스이사, DIAMOND AD, 1999.7/8.
3.「기업이미지와 아이덴티티전략」 Nicholas Ind저 · 최재현번역, 이미지관리연구소
4.네이밍이 병원성공의 열쇠, 병원신문, 박현
5.짧고, 강렬하고, 심플하게', 김태연 모스커뮤니케이션대표, 의협신문, 2010.5.28
6.브랜드 진화론과 이를 통한 전략적 브랜드관리, 홍성민 제일기획 전략마케팅연구소, CHEIL Communication, 2000.7
7.Brand Life Cycle에 따른 마케팅 이슈와 해결책, 이종진의 브랜드 속닥속닥, 한국경제, 2004.12.31
8.「MARKETING is…WAR 피말리는 마케팅 전쟁 이야기」 로버트 F. 하틀리지음 · 김민주외 옮김, 아인앤컴퍼니
9.「심리학 테라피」 최명기저, 정신과전문의 부여다사랑병원장 · 경희대학교 경영대학원겸임교수
10.통합커뮤니케이션의 기본은 사이트 · 브랜드 · 마케팅 홍성민 브랜드컨설팅그룹대리 CHEIL Communication, 2001.1
11.브랜드의 관점에서 바라 본 대학의 마케팅전략, 이승훈 브랜드메이저실장, ORICOM BRAND JOURNAL, 2007.9
12.브랜드 관리 실전 매뉴얼―브랜드 개념의 구축과 관리를 중심으로, 금강기획 마케팅전략연구소
13.BRAND ISSUE ORICOM BRAND JOURNAL 브랜드 슬로건 교체는 유행이 아니다,
    민민식 브랜드전략연구소컨설팅팀대리, ORICOM BRAND JOURNAL, 2005.7
14.(브랜드 마케팅) 브랜드도 건강진단이 필요하다, 박병천 더브레인컴퍼니대표, 대홍사보, 2002.11/12
15.삼성의 '브랜드 理想'은 뭔가, 황인혁 매일경제기자, 2012.6.27
16.GE 신뢰에 바탕을 둔 브랜드 확장, 김재문 LG주간경제, 2002.2.27
17.BRAND ACADEMY ORICOM BRAND JOURNAL The 3 Laws of Brand Extension
    민경일 브랜드전략연구소컨설팅팀, ORICOM BRAND JOURNAL, 2008.3
18.애드포럼 마케팅전쟁에서 이기는 방법, 효과적인 브랜드 관리전략이 필요하다,
    나운봉 마케팅전략연구소선임연구원, 대홍보
19.브랜드 대탐험2 파워 브랜드란 무엇인가 파워 브랜드를 구축하는 7가지 요건, 박찬수 고려대경영학부 교수
    LG Ad 2002.1/2
20.애드포럼 브랜드파워(Brand Power, 상표의 힘)를 키워라, 나운봉 마케팅전략연구소선임연구원, 대홍보
21.사례로 보는 1등 기업의 조건, 최병현, LG주간경제, 2003.10.1
22.「마케팅 상상력」 테오도르 레비트(Theodore Levitt)저 · 옮긴이 새미래연구회
23.평생 경쟁력, 개인 브랜드, 신병철 BRIDGE Laboratory대표, ORICOM BRAND JOURNAL, 2007.11
24.서양 사전에서 살펴본 브랜드의 정의, 코래드, 1993.8
25.가장 중요한 것을 가장 단순하게 표현하라, 진용주 광고본부장, ORICOM BRAND JOURNAL, 1997.3/4

Hospital Marketing Dock Flow

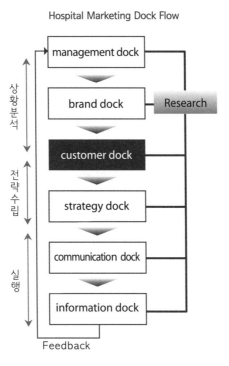

환자의 진찰만 하십니까, 고객과 대화도 하십니까?
Hospital Customer Dock

1. 기억 단계
　1)7등과 8등 사이, 병원의 생(生)과 사(死)는 고객의 기억에 달렸다
　2)고객이 '아는 것'과 '좋아하는 것'을 구별하라

2. 인지 단계
　1)1등 병원, 할 일이 따로 있다
　　1위의 전략
　2)2~3위 병원, 1등으로 가는 길은 있는가?

3. 선호 단계
　1)무엇을 선호할까?
　　평판과 명성
　　서비스
　2)왜 선호할까?
　　가치 충족
　　이미지 고양과 위험 회피
　　병원 고객이 원하는 4가지

4. 이용 단계
　1)고객 중심
　2)고객 접점
　　접수 / 대기 / 진료 / 입원 / 퇴원

5. 반복 이용 단계
　1)고객 이탈
　2)고객 만족

6. 정착 단계
　1)충성하게 하라
　2)보상하라
　　고객 관리 전략

"
우리는 물건을 만들 뿐,
그것에 생명을 불어 넣는 건 고객이다.
고객이 선택하지 않으면
아무런 가치도 없는 것이 우리 상품이다.
"

에르메스그룹 총괄크리에이티브디렉터
피에르 알렉시 뒤마(Pierre-Alexis Dumas)

III. 환자의 진찰만 하십니까,
고객과 대화도 하십니까?

Hospital Customer Dock

언제든, 우리가 자신을 점검할 때면 떠올리는 '기본으로 돌아가자' 는 말은 마케팅 분야에서도 예외가 아니다. 인류의 미술 역사상 손꼽히는 위대한 예술가, 미켈란젤로(Michelangelo)에게도 조각을 시작하기 전에 반드시 놓치지 않고 되새기는, 견습생 시절 스승에게서 배운, 기본이 있었다고 한다. 바로, 돌에 정(釘)을 댔을 때 어떤 현상이 생기는지, 어느 방향으로 쪼개지고, 어디가 잘 깨지는지 등을 꼼꼼히 확인하는 '돌에 대한 이해' 였다. 한마디로, '훌륭한 조각은 돌을 제대로 아는 것부터가 시작이다' 라는 말일 것이다. 하물며 사람을 향한 마케팅에서야 더 말해 무엇할까? 마케팅에 소비자 이해가 선행되어야 함은 기본 중의 기본이 아닐 수 없다.

소비자 이해. 이름 하여 고객진단(Customer Dock)이다. 이는 고객 중심의 마케팅 관점이란 점에서 중요한 의미를 찾는다. 과거, 60년대까지의 마케팅은 생산자(기업) 중심으로 '4P'가 근간을 이루었다. 좋은 제품(Product)을 만들어, 알맞게 가격(Price)을 책정하고, 시장(Place)에 내놓은 후, 잘 팔릴 수 있도록 알리는(Promotion) 활동이 그것이다. 그러던 것이 90년대에 들어서면서 생산자들 간의 경쟁이 심화되어 주도권이 고객에게로 넘어간다. 이른바 '4C'의 시대였다. 제품이 아니라 고객에게 주어지는 주요 가치(Customer Value), 책정된 비용이 아니라 고객이 그 혜택을 누리기에 적정하다고 인정하는 비용(Cost to Customer), 고객의 이용과 구입이 용이한가 하는 편의(Convenience), 고객이 생산자에게 자신이 원하는 바를 이야기하고 생산에 반영할 수 있는 상호 의사소통(Communication)으로 시각이 바뀐 것이다. 그러나 이제는 인터넷 시대. 마케팅의 해석도 또 한 번 진화하여 새로운 마케팅 이론이 등장한 바, 기업과 고객의 관점 모두를 포함하는 관계 중심적인 마케팅 믹스 이론인 '5C'의 개념이다. 고객의 편의성(Convenience), 고객이 원하는 정보 내용(Contents), 고객과의 쌍방 대화 커뮤니케이션(Communication), 유사한 관심자의 조직화된 소집단(Community), 고객의 구매 이용 시 매개체 구매 경로(Commerce)가 그것이다.

현재 우리 모두가 처해 있는 마케팅 환경이 이럴진대, 병원은 지금 어디에 있으며 병원 마케팅은 어느 단계에 와 있는가? 당장이라도 병원의 어느 직원에게 "당신은 누구에게서 급여를 받습니까?"하고 물어본다면, 어떤 답이 돌아올까? 어쩌면 그 직원은 어리둥절한 표정이 되어 "원장님이죠!"할지 모른다. 만약 그러한 대답이 병원 관계자 대다수의 생각이라면 어찌해야 하는가? 어디까지 얼마만큼을 되돌아가야 그들은 병원 마케팅의 기본과 만날 수 있을까?

「마케팅 슈퍼스타」의 저자 제프리 폭스(Jeffrey J. Fox)는 "어떤 기업이든, 모든 직원들의 급여는 고객에 의해 지급된다. 급여는 기업 소유주나 시장에게서 나오는 것이 아니다. 멀리 떨어져 있는 은행 계좌나 노동조합에서 나오는 것도 아니다. 급여는 고객에게서 나오는 것이다"고 하였다. 국내 모 회사의 급여명세서 상단에는 '고객이 지급하는 돈' 이라 쓰여진다고 한다. 그 회사 CEO에게도 매달 같은 글이 주어지리라는 건 쉬 짐작할 수 있다. 이 간단한 글귀는 CEO를 포함한 직원 모두가 누구를 위해 일해야 하는지를 정확히 일깨워주고 있다. 과연 이 글을 읽는 독자와 독자가 근무하는 병원의 경영자나 직원은 '나의 월급은 고객이 주고 있다' 는 데 공감하고 있는가? 공감한다면 급여도 주고 흥망성쇠의 키까지 쥐고 있는 고객에 대해 얼마나 알고 있는가? 그들과 대화를 나누어 본 적이 있는가?

병원에서 이뤄지는 고객과의 대화는 두 분야로 나눠 생각할 수 있다. 그 하나는 질환과 관련해서 진료나 회진 때 이뤄진다. 다른 하나는 여간해서는 속마음을 잘 드러내지 않는 병원 이미지나 외부 평판 등에 관한 것이다. 경영자에게 책무로 주어지고, 때문에 큰 관심을 기울여야 할 부분은 바로 후자. 고객과의 대화가 절대적으로 필요한 이유이다.

지금껏 유독 병원에서만 나타나는 독특한 특징 중 하나는 개원 때든 확장 때든 장비나 인테리어에 마치 베팅이라도 하듯 과감한 투자를 하고서 '그저(?) 기다린다' 는 것이다. '소비자가 알아서 찾아 올 것' 이라는 생각에서일까? 애플컴퓨터의 전 회장, 존 스컬리(John Scully)는 "기업들은 시장의 힘이 생산자에서 소비자로 넘어갔다는 사실을 인식해야 한다. 기업 전략과 관련된 중요한 결정은 이제 기업이 하는 것이 아니고, 소비자들이 한다"고 했다. 그러나 병원만큼은 일반 시장과 다르다고 보는 때문일까? 병원 경영의 성패가 소비자의 필요와 욕구를 얼마나 정확히 파악하고 제공하느냐에 달려 있다고 생각하는 병원 경영자는 그리 많지 않은 것 같다.

인근 1차 권역 소비자는 차치한다 하더라도 병원의 실이용 고객들과의 대화만이라도 최우선의 과제로 삼아야 할 것이다. "고객이 기술적 케어(Technical Care)의 품질을 이해하는 데에는 훌륭한 판정자가 아닐지 모르지만 인간적인 케어(Interpersonal Care)의 품질을 평가하는 데에는 고객만한 훌륭한 판정자가 없다"는 하버드대학 공중위생학교수 로버트 카플란(Robert Kaplan) 박사의 말은 극히 상식적인 말이 아닌가? 경영 CEO는 불확실성을 최소화하기 위한 작업에 착수해야 한다. 고객과의 대화를 통해 그들이 원하는 것이 무엇인지를 예측해내는 일이 그것이다. 그 기초위에서 보다 과학적인 전략을 세우고 보다 효율적으로 업무를 수행해야 한다. 이러한 면에서, 대표적인 대 고객 서비스업체 중 하나인 어느 항공사의 광고 카피, "가장 중요한 것은 바로 고객과의 대화입니다"가 눈길을 끈다.

대화를 통해 고객을 이해하기 위해서는 고객들이 병원을 이용할 때 먼저 어떤 과정을 거치는지를 알아야 한다. 고객의 병원 이용행태로는 대략 기억, 인지, 선호, 이용, 반복 이용, 정착 등으로 구분되는 6단계의 과정을 거치게 된다.([참조] 고객의 병원 이용행태 과정)

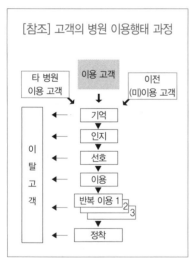

[참조] 고객의 병원 이용행태 과정

142

1. 기억 단계

1) 7등과 8등 사이, 병원의 생(生)과 사(死)는 고객의 기억에 달렸다.

'기억'이란 '생각나는 브랜드 인덱스의 집합', 곧 '상기 상표군 (Evoked Set)'을 말한다. 여기서 브랜드 인덱스라 함은, 고객들의 기존 브랜드들 간 경쟁구조에 대한 인식상태를 말하는 것으로, 크게 3가지 요소 정도로 나눠 생각해 볼 수 있다. 그것은, 기억나는 병원명을 물었을 때 가장 먼저 응답된 브랜드로서의 '최초 응답'과, 최초 응답이 포함된 7개까지의 브랜드인 '무보조 응답', 그리고 무보조 응답에서 응답되지 않은 병원명을 말해주고 인지 여부를 파악하는 '보조 응답'이다.

때문에, 경쟁구도 속에 있는 모든 병원으로서는 그 브랜드 커뮤니케이션 인덱스의 상기 상표군 즉, '기억 순위 일곱 번째 안(A~G)에 들어가느냐 못하느냐'가 성패의 기로점이 되는 매우 중요한 사안이 된다.([참조 3-1] Brand Communication Index, 이하 참조와 데이터는 실제 병원의 조사 결과 사례이나 제한된 여건을 감안하여 실명을 생략키로 함) 그 갈림길에서 고객의 선택 범주 밖에 있는 병원(여덟 번째 이후. H, I)은 철저히 무시된 상태에 있게 된다. 이는 달리 표현하면, 고객이 병원을 이용하는 데 있어 브랜드로서의 기능은 전혀 작동되지 않는 상태라고 봐야 하는 것이다. 이처럼, 논리적으로는 설명이 불가능한 현상을 조지 밀러(George A. Miller)는 그의 논

[참조 3-1]
Brand Communication Index

(대상자 : 지역주민 400명)

	최초 응답	무보조 응답	보조 응답
A(병원)	21(%)	67	91
B	14	42	72
C	12	51	71
D	8	36	33
E	5	29	27
F	3	13	18
G	2	8	19
H	1	4	9
I	1	3	5
없다	13	–	–
DK	20	–	–

문, '마법의 숫자 7'에서 매직 세븐이라는 말로 표현하고 있다. 사람의 기억은 기억상태의 시속시간을 감안하여 감각기억, 단기기억, 장기기억으로 분류할 수 있는데, 그중에서도 단기기억은 감각기억보다는 길지만, 장기기억보다는 짧아서 30초 정도의 짧은 동안만 유지된다. 이 단기기억은 용량 또한 한정되어 있는데, 대략 7±2개 정도로 본다. 다시 말해 단기기억의 용량은 5~9개 정도인데, 평균 기억용량이 7개이기 때문에 7을 신비의 숫자, 매직 세븐이라 불렀던 것이다.

이 이론대로라면 병원의 모든 커뮤니케이션 활동은 상기 상표군인 그 7개 속에 어떻게 자신의 병원 브랜드를 집어넣느냐에 달려있다 해도 과언이 아니다. 그것은 고객에 의해 '간택'된 그 7개 브랜드 안에 포함되어야 비로소 구매 후보로 떠올리는 고려 상표군(Consideration Set) 단계로 연결될 수 있기 때문이다.

이미 기업의 마케팅이나 브랜드 관계자들 사이에서는 상식처럼 되어버린 지 오래인 이 상기 상표군의 중요성은 병원 마케팅에서도 예외일 수 없다. 자신의 브랜드가 첫 출발점인 상기 상표군에는 포함되어야만, 이를 기반으로 마케팅 경기장으로 들어갈 수 있는 출전권이 주어지기 때문이다. 그래도 고객이 7개 '씩이나' 기억해준다는 밀러의 이론은 무척이나 관대한 셈이다. 실제의 경우, 요즘 같은 인터넷 세상에서는 더욱이, 그 보다 덜한 경우가 훨씬 많기 때문이다. 아니 좀 더 정확히 말하자면 그런 경우는 거의 없다. 수많은 병원들은 이 '상기 상표군'에 들어가지 못한다. 만약 상기 상표군에 들어가 있는지의 여부를 확인하려면 정확한 경쟁자 파악과 지역별, 권역별, 전문 분야별 세분화 작업을 통한 고객의 브랜드 마인드 쉐어를 확인해 보아야 한다.

그러나 다른 한편으로, 하버드대학의 제럴드 잘트먼(Gerald

Zaltman) 같은 경제학자는 상기 상표군에 들지 못하더라도 희망의 끈을 놓을 이유는 없다고 말한다. 그의 연구 결과에 따르면 고객이 행하는 사고의 95%는 무의식 수준에서 이루어지고 있으며, 나머지 5%의 의식 수준도 상당 부문 비언어적인 이미지로 사고하고 있다는 것이다. 더욱이 우리가 그의 연구에서 주목하게 되는 것은 고객의 행동을 결정하는 데

지대한 영향을 미치는 것이 95% 무의식 수준에서의 사고라는 사실이다. 만약 우리가 이 이론에 동의한다면 무의식 수준에서의 사고는 간과하고 의식 수준에서의 사고에만 초점을 맞출 때 고객의 올바른 이해는 불가능하다고 보아야 할 것이다.

병원 마케터에게도 상황은 조금도 다르지 않다. 병원도 역시, 무의식 수준에서의 고객을 이해하기 위한 노력 없이 고객이 진정으로 원하는 바를 찾아내기란 결코 쉬운 일이 아니다. 하물며 고객이 원하는 바를 모르는 채로 그들의 선택 범주 안에 들어가기 바란다는 것만큼 막연하고 무모한 일도 없다.

2) 고객이 '아는 것'과 '좋아하는 것'을 구별하라

우리는 병원에 대해서 고객들이 알고 있는 것과 좋아하는 것을 반드시 구별해 낼 수 있어야 된다. 가령 어떤 소비자가 아파트와 관련해 삼성(래미안)과 현대(힐스테이트) 중에서 래미안에 대해서 더 많은 장점을

'알고 있다'고 가정해 보자. 그렇다면 이 소비자는 두 아파트 중에서 어느 것을 더 좋아하는 것일까? 물어보나마나 래미안일 것이다. 역으로, 어떤 소비자가 힐스테이트보다 래미안을 더 '좋아한다'고 가정할 경우, 이 소비자는 어느 아파트의 장점을 더 잘 '알고' 있을까? 대답은 역시 래미안일 것이다. 이처럼 우리는 소비자가 특정 브랜드에 대한 장점을 많이 알수록 그 브랜드를 더 좋게 평가하고, 역으로 특정 브랜드에 대한 평가가 좋을수록 그 브랜드에 대한 장점도 많이 알고 있을 것이라고 쉬 짐작하게 되는데, 이를 소비자심리학에서는 소비자의 '기억(알고 있는 것)과 평가(좋아하는 것)의 상관관계에 대한 가정'이라고 한다. 이러한 가정은 마케팅이나 사회심리학 이론의 중요한 근간을 이루어왔으며, 광고 분야에서도 소비자의 상품 정보에 대한 기억을 광고 효과의 지표로 삼는 근거가 되고 있다. 지금까지 이 가정은 많은 학자들에 의해 행해진 실험을 통해 유의할 만한 결과로 증명되어 왔다.

기억과 평가의 상관관계를 측정하는 가장 보편적인 방법은 사람들에게 어떤 제품이나 인물에 대해서 여러 가지 정보를 보여준 다음 어느 정도 시간이 흐른 뒤에 사람들이 그 제품이나 인물을 어떻게 판단하는지, 또한 그 제품이나 인물에 대해서 무엇을 기억하고 있는지를 알아보는 것이다. 그러면 그 제품이나 인물을 좋게 판단한 사람들이 과연 좋지 않게 판단한 사람들보다 장점을 더 많이 기억하고 있는지 아닌지를 통계적으로 비교해 볼 수 있는 것이다. 물론 이미 언급했듯이 이때 단순히 장점을 많이 기억한다는 것만 가지고 평가와의 관계를 살펴보는 것은 합당치 않으므로 좀 더 정확성을 기하기 위해서는 각각의 정보가 얼마나 중요한지도 측정해 보아야 한다. 즉, 소비자가 어떤 브랜드에 대해서 장점을 단순히 '많이' 안다고 해서 평가가 좋아진다는 것은 아니라는 것이다. 예를 들면 어떤 아파트의 위치가 유통시설이 편리한 곳에 있다는 것은 장점일지는 모르나, 그 아파트를 선택하는 데 있어서 중요한 의사결정 요인은 아니다. 따라서 이렇게 별 중요하지도 않은 장점은 아무리 소비자가 많이 알고 있어도 태도가 크게 좋아질 까닭이 없다. 그러므로 우리가 병원 고객의 기억과 평가 사이에 상관관계가 있다고 할 때에는 고객이 병원에 대해 '이러저러한 장점을 많이 안다' 는 뜻이 아니라 '중요한 장점을 많이 안다' 는 의미로 파악해야 할 것이다. 이러한 '알고 있는 것' 과 '좋아하는 것' 의 상관관계를 병원의 실제 사례를 통해 분석해 보자.

먼저 [표1]은 A라는 병원에 대한 여러 가지 정보를 모아놓은 것이며, [표2]는 [표1]을 보여준 후에 여러 가지 질문을 홍길동이라는 사람에게

[표1]
　A병원에 대한 정보들
　　1.수술 잘 한다　　2.서비스가 좋다　　　　3.주차시설이 괜찮다
　　4.거리가 가깝다　5.비용이 비싼 것 같다　6.기준 병실이 많았으면 한다

[표2]
　Q1)A병원에 대해서 어떻게 평가하십니까?
　　　　매우 좋지 않다　　좋지 않다　　그저 그렇다　　　좋다　　　매우 좋다
　　　　1(점)...................2..................3.................4...................5

　Q2)A병원에 대해서 기억나는 것을 가능한 한 모두 적어 주십시오.(한 줄에 하나씩)
　　1.(수술 잘 한다)
　　2.(주차가 편리하다)
　　3.(비용이 비싸다)

Q3) Q2)에서 응답한 각각의 생각이 병원을 평가하는 데 있어 얼마나 중요한지를 답해 주십시오.

별 중요하지 않다   약간 중요   중요   상당히 중요 매우 중요하다
1(점)..................2..................3..................4..................5
1.수술 잘 한다
2.주차가 편리하다
3.비용이 비싸다

[표3]

응답자	병원에 대한 평가 점수	기억된 정보의 평균 점수
홍길동	4	2.33
* * *	2	1.76
* * *	3	1.99

하여 얻어낸 응답의 한 예이다. [표2]에서는 우선 A병원에 대해 어떻게 평가하는지 물어 보았는데 홍길동의 대답은 '좋다'이다. 두 번째로는 이 병원에 대해서 기억나는 사항을 물어 보았는데 홍길동은 처음 제시된 모든 정보는 기억하지 못했지만 그중의 몇 가지 '수술 잘 한다', '주차가 편리하다', '비용이 비싸다' 등을 기억하고 있다. 그리고 홍길동이 기억해낸 각각의 정보가 병원을 판단하는 데 있어서 얼마나 중요한지에 대한 물음에는 '수술 잘 한다'는 항목에는 '매우 중요', '비용이 비싸다' 항목에는 '별 중요하지 않다'라는 의견을 가지고 대답하고 있다. 이제, 이러한 각각의 응답을 '매우 좋다'는 5점을 '매우 좋지 않다'는 1점을 주는 '5점 척도 방식'으로 점수화하면 고객의 병원에 대한 평가와 고객이 기억하고 있는 정보 사이의 관계를 통계적으로 비교해 볼 수 있게 된다.

이러한 방법으로 홍길동의 A병원에 대한 평가는 4점이 된다. 또한, 기억하고 있는 병원에 대한 정보 중에서 긍정적인 것은 +로, 부정적인 것은 −로 하여 평균 점수를 산출해보면 (+5+3−1)/3=2.33이 된다. 같은 방식으로 다른 여러 고객들로부터 [표3]과 같은 결과치를 얻을 수 있게 된다. 이렇게 병원에 대한 일반적 평가 점수와 기억하고 있는 정보의 평균 점수를 비교해 보면 양자 사이의 상관관계를 검증해 볼 수 있다.

2. 인지 단계

1) 1등 병원, 할 일이 따로 있다

"OO질환과 관련해 가장 먼저 생각나는 병원은 어디입니까?" 이와 같은 질문을 잠재 고객에게 던지면 어떤 응답이 나올까? OO질환에 관한 한 자신의 병원이 단연 뛰어나다고 생각하는 독자가 혹, 있을지 모르지만 조사를 해보면 소비자의 실제 대답은 전혀 다를 수 있다. 이처럼 '생각나는 병원'을 일컫는 소위, '병원 인지도'는 소비자의 마음을 읽어내는 출발점이며, 마케팅 전략 수립에 가장 중요한 척도자료로 활용되는 브랜드지수이다. 만약 이 글의 독자가 자신의 병원을 다른 병원과의 관계 속에서 자리매김한다면 과연 얼마나 정확히 그 상대적 위치를 짚어낼 수 있을까?

독자의 병원은, 어느 분야에서든, 선두인가? 아니면 선두가 되고 싶은 것인가?

선두, 곧 1등 브랜드는 어떻게 만들어지는 것일까? '소비자(잠재 소비자를 포함해서)의 기억을 지배하는 브랜드는 가장 좋은 브랜드가 아니라, 맨 먼저 나온 브랜드'라는 말은 별로 이견의 여지가 없는 정설로 통한다. 결국 브랜드지수에서 최초의 브랜드는 대개 동일한 제품의 대명사가 되는 반면, 두 번째부터는 거의 상기조차 잘 안되다 보니 빛도 보지 못하고 시들고 마는 상황으로까지 내몰린다.

미국의 어느 한 조사 기관이 시장 내에서 인지도 면에서 1등인 기업을 대상으로 한 조사 결과에 따르면 최소한 60% 이상, 심지어는 70%가 훨씬 넘는 비율을 선발 기업이 차지하고 있다.

그러나 여기서 '선발 기업'이란 '시장에 맨 먼저 들어간 기업'의 뜻이라기보다는 '소비자의 기억 속에 맨 먼저 들어간 기업'이라 보아야 한다. 예를 들어 세계 최초의 퍼스널 컴퓨터는 MITS Altair 8800이었다. 이 브랜드는 퍼스널 컴퓨터의 선도자로서 제1의 지위를 차지해야 마땅했음에도 불구하고 현재 우리 곁에서 찾아볼 수 없다. 뒤몽(Du Mont)은 최초로 상업용 TV수상기를 발명했고, 뒤레어(Duryea)는 최초로 자동차를 소개했다. 헐리(Hurley)는 최초로 세탁기를 소개했다. 이들도 모두 사라졌다. 왜일까? 그것은 이들 모두가 시장에 선도자임에는 분명했으나 소비자의 기억 속에서 첫 번째가 아니었다는 이유 때문이다.

마케팅은 제품이 아니라 인식의 싸움이다. 따라서 시장보다는 기억이 우선이다. 즉, 맨 먼저 기억되도록 하는 것, 그것이 1위 마케팅의 요체이다. 복사기업체로 알려진 제록스가 컴퓨터업계에 진입하려고 들인 25여 년의 시간과 20억 달러 이상의 자금은 결국 아무런 성과 없이 허공으로 날아가 버렸다. '제록스는 복사기 만드는 회사'라는 소비자 인식의 벽을 뛰어넘지 못한 결과이다. 이러한 예는 인간의 머릿속에 기억되

어 있는 내용을 바꾸는 것은 거의 불가능에
가깝다는 사실을 환기시켜준다. 사람의 마음
을 바꾸어 보려는 노력이 마케팅에서 만큼 낭
비적인 분야도 없어 보인다.

그러나 정작 문제의 핵심은 이러한 기억

[참조 3-2] 최초 응답과 시장 점유율 관계		
(대상자 : 지역주민 400명)		
	최초 응답	시장 점유율
A(병원)	21(%)	38(%)
B	14	21
C	12	21
D	8	11
E	5	4

사다리에서의 위치가 시장 점유율 위치와 거
의 일치하는 결과를 보인다는 점이다.([참조 3-2] 최초 응답과 시장 점
유율 관계) 이러한 현상은 병원 산업 분야도 예외일 수 없는 까닭에, 각
각의 병원들은 최초 응답의 순위에 민감할 수밖에 없다.

1위의 전략

1위에 도취되지 말라 그렇다면 과연 최초 응답과 시장 점유율에서 1
등인 병원이 마케팅에서 요구되는 전략은 무엇일까? 그 첫 번째는, 아이
로니컬하게도, 그 1위에 도취되지 말라는 것이다. 소위 '이카로스 패러
독스(Icarus Paradox)'이다. 세계적인 경영전략가인 캐나다의 대니 밀
러(Danny Miller) 교수가 1위 기업들에게 제시하는 이 교훈은 새의 깃
털로 날개를 만들어 탈옥에 성공한 그리스 로마 신화 속 인물, 이카로스
의 이야기이다. 하늘로 떠오르는 순간, 이카로스의 마음속에서는 어느
새 '이제는 이 세상 그 누구보다도 더 높이 날 수 있다'는 오만함이 슬며
시 머리를 쳐든다. 결국 그는 탈옥이라는 당초의 목적을 잊은 채 그저
높이 날아오르는 데만 열중하다가 깃털을 이어 붙인 밀랍이 강렬한 태
양빛에 녹아내리면서 추락해 죽고 만다. 밀러는 이 이카로스 패러독스
를 통해 개인이든 조직이든 한 때의 성공이 자만심과 관성, 과잉과 폐쇄
성의 원인이 되어 급기야는 실패로까지 이어질 수 있다고 강조하고 있

다. 「포지셔닝」의 저자 잭 트라우트(Jack Trout) 또한 "성공한 거대 기업은 스스로 공격하지 못한다"고 하면서 "머뭇거리는 사이 새로운 경쟁자들이 시장을 차지하고 만다"고 경고했다. 그러나 실제로 '자긍심으로 가득한' 1위 기업 자신이 스스로를 낮추고 채찍질하며 그러한 위험성을 극복한다는 것이 그리 쉬운 일이 아니다. 때문에 면도기 분야 세계 1위인 질레트의 사례는 자기 혁신을 계속하고 있는 1위 기업의 본을 보여주고 있다는 면에서 높이 평가받을 만하다. 질레트는 자신을 스스로 공격하여 파괴함으로써 변화를 창조하는 데 남다른 능력을 보여주었다. 질레트는 트렉II라는 이중 면도날을 출시해 판매율 최고일 때 헤드가 움직이는 아트라 회전 면도기를 선보인다. 그리고 그 아트라 면도기가 시장을 석권한 정점에서 질레트는 또 다시 이중 면도날이 따로 움직이면서 충격 흡수 센서를 장착한 면도기를 내놓으면서 기존 시장을 또 한 번 뒤집어 놓는다. 아트라가 전 세계 시장의 65%를 차지할 때 3개의 회전 면도날이 달린 마하 3을 내놓은 것이다.

챌린지그룹 연구에 게으르지 말라 1등의 마케팅 전략 두 번째는 팔로우그룹, 챌린지그룹 연구에 게으르지 말라는 것이다. 유대인전문가 테시마 유로(Teshima Yuroh)는 「가난해도 부자의 줄에 서라」는 책에서 유대인들이 부자가 된 비결 중의 하나는 '가난한 사람들을 늘 연구하기 때문' 이라고 주장한다. 부자가 존재할 수 있는 것은 가난한 사람들이 있기 때문이고, 부자가 부자일 수 있는 것은 그들이 늘 그 가난한 사람들이 가는 반대 방향으로 가기 때문이라는 것이다. 이 말은 곧, 1등이든, 승자든, 부자이든지를 막론하고 자신을 따라오고 있는 도전자의 움직임을 제대로 알지 못하면 언제든 실패와 빈곤의 나락으로 떨어질 수 있다는 말과 같다. 그러한 예는 수도 없이 많은데, 그중 하나가 핀란드 경제의 상징적 존재였던 노키아다. '20년 휴대폰 왕국' '세계 휴대폰 시장의 최강자' '핀란드의 자존심' 이라 불리우던 노키아는 급기야 월스트리트저널에 의해 "노키아의 고통이 핀란드 전체로 전이되고 있다"는 내용으로 기사화되기에 이른다. 20여 년간 군림해온 노키아에 무슨 일이 일어난 걸까? 불과 몇 년 전인 2007년 당시 노키아는 시장 점유율 40%의 절대 강자였다. 그 노키아의 눈에 새로 등장한 애플의 아이폰은 그저 콧방귀거리에 지나지 않았다. 자사의 제품이 기능적인 면에서 애플에 비해 지나치게 단순하다는 지적에도 불구하고 노키아의 경영진은 "우리가 정한 것이 시장의 표준이다"라는 말로 묵살한다. 흡사 몰락하는 절대 군주의 교만처럼 보이는 노키아의 이 자아도취는 얼마가지 않아 세계적인 아이폰 선풍과 함께 처참하게 깨

인지도의 함정

지금까지 우리는 제품의 존재를 가능한 한 많은 소비자에게 알리면 매출은 그만큼 늘어날 것이라고 여겨왔다. 즉, 제품 인지도와 매출은 정비례 한다고 믿어온 것이다. 그러나 이 인지도에 대한 우리의 믿음은 수정이 불가피해 보인다. 인지도와 매출의 상관관계를 찾았던 여러 연구가 '인지도만으로는 매출에 별 도움이 안 되며 소비자와 끊임없이 소통해야 한다'는 결론에 도달했기 때문이다. 요컨대, 인지도와 매출은 별개라는 것이다. 그럼에도 불구하고 기업은 자신과 자신이 만든 제품의 이름을 알리려고 안간힘을 쓰고 있고, 일단 알려지고 나면 마술처럼 매출이 늘어날 것이라고 기대한다. 이는 한마디로 착각이다. 맥도날드햄버거는 모르는 사람이 없지만 햄버거를 먹는 사람 모두가 맥도날드를 찾는 것은 아니다.

소비자들은 어딘가에 제품이 있다는 것을 아는 것만으로 그 제품을 구매하지 않는다. 그들에게는 굳이 그 제품을 사야하는 이유가 필요하다. 때문에, 기업은 그 이유를 계속해서 알려주어야 한다. 미국 내에도 회사 이름에 대한 인지도만을 높이고자 했던 수십 개의 대기업들이 있었는데, 이들 중 많은 기업이 결국 파산하고 말았다.

지고 만다. 당황한 경영진은 그제서야, 준비도 제대로 되지 않은 채, 부랴부랴 애플을 따라가려는 전략을 구사해 보지만 이미 가속도가 붙기 시작한 추락을 멈추기에는 역부족이었다. 후발주자와 도전자를 얕잡아 본, 불과 2년 방심의 결과였다.

경쟁우위를 확보하고 유지하라 갑자기 곰과 맞닥뜨려 쫓기게 된 두 사람. 그중 한 사람이 자기의 운동화 끈을 조이기 시작하자 다른 사람이 묻는다. "그건 해서 뭐하나? 어차피 곰이 너보다 **빠를 걸?**" 그러자 운동

화 끈을 묶은 사람이 대답한다. "곰보다 빠를 필요는 없어. 나는 너보다 더 빠르기만 하면 돼." 이미 널리 알려진 얘기. 곰을 만난 두 사람의 우화이다. 절대적인 성과가 문제가 아니다. 상대방보다 더 낫고 빨라야 하는 것, 그것이 경쟁에서의 차별적 우위인 것이다. 1위는 언제나 추종자와는 차별되는 우위점을 가지고 있어야 한다.

2)2~3위 병원, 1등으로 가는 길은 있는가?

우리는 왜 그토록 1등이 되려 할까? 그 이유는 자명하다. 오늘과 같은 치열한 경쟁시대, 수많은 정보 홍수 속에서는 단 하나만이 살아남기 때문이다. 제일 높은 산인 에베레스트를 알아도 두 번째는 잘 모른다. 올림픽 100m 단거리에서 우승과 2등 차이는 불과 0.01초. 그 0.01초 차이로 한 사람은 영웅이 되고 다른 한 사람은 경기가 끝나는 바로 그 순간 잊혀버리고 만다. 1등과 2등 차이는 그야말로 엄청나지 않은가?

자기 자리를 확인하라 그러나 2·3등이 있기에 1등도 있게 마련이다. 영국 항공학자 FW 란체스터(Frederick William Lanchester)는 "2등이 1등과 비슷해지려면 3배의 노력을 해야 한다"며 "1등이 되고 싶다고 1등을 모방하거나 따라하면 오히려 1등을 도와주는 결과가 된다"고 말한다. 소위 '란체스터 법칙(Lanchester's Laws)'이다. 예를 들어 어느 특정 분야에서 기억나는 병원을 물어보았을 때 과반수 응답자가 가장 먼저 떠올리는 병원이 아니라면 2등 이하는 그 1등과 자기주장을 달리해야만 비로소 생존의 길을 찾을 수 있다. 상대가 커 보이면 진다는 바둑에서의 격언처럼 약자는 강자를 두려워하고 있어서만은 안 된다. 강자에게도 허점은 있게 마련이다. 강자의 머리끝에서 발끝 사이 어딘가에는 분명 아킬레스건이 숨어있다. 후발 메이커, 즉 약자는 바로 이 점을 찾아내야 하는 것이다. 찾아보지도 않고 어설프게 강자와 맞붙어서는 백전백패할 것이 뻔하다. 만약, 인지도(최초 응답) 순으로 본 순위가 A병원 30% 대, B병원이 20% 대, C병원이 15% 대로 나타난다면 누가 먼저 소비자에게 자신의 비교우위를 인식시키느냐가 관건이 된다. 반면에 특별히 기억나는 병원이 없다거나 모르겠다는 응답자가 20~30% 이상이라면, 그 시장은 절대 강자가 없는 시장으로 새로 진입하는 병원이라도 얼마든지 우위점을 안고 출발할 수 있다.

이처럼 충성도 강화냐, 브랜드 인지도 제고냐에 대한 결정과 타이밍은 개별 병원의 현재 위상에 따라 결정될 문제다. 요컨대, 전략의 실행보다 위상 파악이 먼저라는 것이다. 경영 CEO에게 고객과의 대화가 다시 강조되는 이유가 여기에 있다. 고객과의 대화와 조사를 통해서 각개 병원의 상대적 위치가 파악되고 그 안에서의 자기 자리가 확인되고 나면 그 위치에 따라 전략이 달라지게 된다.

차별화하라 1위에 도전하는 2등 병원에게 효율적인 전략은 '차별화 전략' 즉, 'USP(Unique Selling Proposition)'이다. '경쟁 병원보다 더 좋다고만 말고 차별화하라'는 것이다. 즉, 그저 '우리 병원이 더 좋다'는 주장은 소비자의 다양한 욕구를 충족시켜야 하는 오늘날의 경쟁 상황에서는 오히려 신뢰를 떨어뜨리고 효과를 반감시킬 수 있다. 소비자는 자신이 확인할 길 없는, 일방적으로 들려오는, '더 좋다'라는 주장을 그대로 믿으려 하지 않기 때문이다. 때문에 비교우위에 대한 주장이 설득력을 가지려면 반드시 다음의 3가지 조건이 요구된다. 첫째, 구체적인 편익을 포함해야 한다. 예로 "M&M 초콜릿은 손에서 안 녹아요, 입안에서만 녹아요"와 같은 제품 측면의 편익 제공이다. 둘째, 경쟁자들이 사용하지 않은 독특한 것이어야 한다. 손에서 녹지 않는 초콜릿은 M&M뿐이어야 한다는 것이다. 마지막으로 경영에도 도움이 되어야 한다. 그 속성은 소비자로 하여금 의사결정을 바꿔 해당 제품을 구매하도록 함으로써 실제 판매 곡선에도 변화를 일으킬 수 있는 것이어야 한다.

고객을 재발견하라 과연 우리의 고객은 누구인가? 대다수 병원은 고객의 범주를 우리 병원을 기억하는 고객, 이용했던 고객, 경쟁 병원의 고객 등으로 한정할 것이다. 그렇기 때문에 경쟁 병원보다 서비스 속성 등을 다소 향상시켜 경쟁 고객을 빼앗아 오는 제로섬 게임에 몰두하기 십상이다. 그럴 수밖에 없는가? 별 뾰족한 수가 없으니 그게 최선일까? 아니다. 닌텐도 위의 경우가 그게 전부가 아님을 증명했다. 지금까지는 없던 새로운 고객을 발견한 것이다. 대부분의 게임회사가 소니나 마이크로소프트보다 성능이 뛰어난 제품 개발에 몰두하는 '쳇바퀴 경쟁'을 하고 있던 중이었다. 하지만 닌텐도는 주로 10대~20대 남성이 게임기 고객의 대부분을 차지하고 있음에 주목하고 '일본 인구 대다수는 왜 게임을 하지 않을까' 쪽으로 발상을 전환했다. 그리고는 화려한 그래픽이나 복잡한 내용을 없애고 누구나 즐길 수 있는 단순한 게임기기를 개발했다. 이를 통해 지금까지는 게임 고객이 아니었던 층을 공략할 수 있었다.

틈새를 찾아라 그렇다면 1등도, 그에 도전하는 2위 그룹도 아닌, 대부분의 병원이 속해 있다고 보아야 할 폴로우그룹에서의 전략은 무엇일까? 그들에게 1위로 가는 길은 영영 없는 것인가? 그 길도 역시 소비자의 마음속에 있다. 소비자 마음, 즉 기억 속으로 맨 처음 들어가는 것이다. 바로 '틈새 시장 전략'이다. 월마트의 회장 샘 월튼(Sam Walton)도

"사회적 통념을 무시하라. 만약 모든 사람이 똑같은 방법으로 일하고 있다면 정반대 방향으로 가라. 그곳에 기회의 틈새가 있다"고 했다. 새로운 시장을 만들고, 스스로 그 시장의 1위가 되라는 것이다. 마케팅에서 2위라는 목표는 없다. 어떻든 1등을 해야 한다. 그러기 위해서 마케터는 반드시 자신의 브랜드가 1등을 할 영역을 찾아내야만 한다. 알 리스와 잭 트라우트(Al Ries&Jack Trout)는 자신들의 저서 「마케팅 불변의 법칙」에서 "지금 있는 곳에서 최초가 될 수 없었다면 당신이 최초가 될 수 있는 새로운 범주를 창조하라…. 브랜드에 관한 얘기가 나오면 잠재 고객들은 몸을 움츠린다. 모두들 자기네 브랜드가 더 좋은 이유만을 떠들어대고 있기 때문이다. 그러나 영역에 관한 얘기가 되면 잠재 고객들은 마음의 문을 연다. 모두들 어떤 점에서 새롭다는 것인지 관심을 보인다"고 조언하면서 오매불망 1위의 자리를 꿈꾸는 추격자(follower)들이 가야할 길을 제시하고 있다. 가령, 높이로만 산의 순서를 매기는 곳에서 높은 산이 되려할 것이 아니라, 가장 추운 산, 가장 아름다운 산, 가장 새가 많은 산 등, 전혀 다른 시각으로 세분하면 전에 없던 새로운 기회가 생길 수 있다. 수많은 드링크가 난무하는 시장에 뒤늦게 뛰어들어 '숙취제거용드링크' 시장을 만들고 스스로 대표주자가 된 컨디션이 그 좋은 예가 된다. 해수담수화플랜트로서는 세계 시장 점유율 1위인 두산중공업도 같은 개념이다. 같은 맥락으로 병원 분야에서도 라이프스타일 센터, 소녀들의 산부인과, 도박중독클리닉, 가슴앓이홧병클리닉, 새집증후군클리닉의 경우처럼 소비자의 다양한 취향과 눈높이를 세분화하여서 새로운 위상을 만들고 강화하는 활동이 갈수록 활발해지고 있다.

재빨리 움직여라 "덩치 크다고 해서 항상 작은 기업을 이기는 것은 아니지만, 빠른 기업은 느린 기업을 언제나 이긴다"고 한 시스코 시스템즈 존 챔버스(John Chambers) 회장의 말은 1등이 되려하거나 새로운 1등의 길을 모색하고 있는 2등 이하 병원이 되새겨 볼만한 마케팅 명언으로 들린다. 1등 병원의 약점이 될 수도 있는 속도 경영에서 기회를 찾으라는 뜻으로도 해석할 수 있다. 그러기 위해서는 1등과는 전혀 다른 경영 패러다임과 함께 이를 소화할 수 있는 체력도 갖춰야 한다.

병원도 기업과 마찬가지로 고객이 진정으로 원하는 게 무엇인지를 파악해야 혁신적인 비즈니스 모델을 찾아낼 수 있다. 자신이 원하는 것이 무엇인지 모르겠다거나 없다고 응답한 고객들, 대다수의 경쟁자들이 비(非)고객으로 간주하는 이들에게서조차도 그들이 왜 우리 병원을 이용하지 않는지에 대한 답을 찾아야 한다.

3. 선호 단계

1) 무엇을 선호할까?

평판과 명성
미국의 홍보컨설팅사, 힐앤놀튼(Hill&Knowlton)은 소비자들이 제품을 고를 때 주로 무엇을 고려하는지에 대해 조사를 실시한 적이 있다. 그 결과 미국인 5명 중 4명이 해당 제품을 생산하는 기업의 '평판과 명성'을 고려하는 것으로 나타났다.
좋은 평판은 좋은 평가 결과를 가져다준다. 작은 식당일지라도 이름이 난 곳에는 고객들이 몇 시간씩 줄을 서서 기다리는 것처럼 품질이 좋다거나 전통이 있다든지 분위기가 좋다든지 하는 것은 입소문이 나기 마련이다. 평판이 좋은 회사는 소비자의 호감을 얻음으로써 경쟁사보다 상대적으로 높은 가격으로 제품을 팔수도 있고, 투자자들을 끌어들이기도 훨씬 수월하며 시장에서도 우위를 선점한다.

시장조사업체인 해리스인터랙티브와 명성연구소에서 매년 조사 발표하는 '기업명성지수(Corporate Reputation Quotient)'라는 것이 있다. 이는 제품과 서비스의 질, 재무성과, 비전과 리더십, 기업에 대한 존경과 이끌림, 고용 환경, 사회적 책임 등 6개 부문에서의 측정치를 종합하여 산출되는 데, 소비자 입장에서 제품이나 서비스를 선택하는 기준과 매우 밀접한 관계를 가지고 있는 것으로 나타났다. 이 연구소가 26,011명을 대상으로 실시한 기업의 명성 관련 앙케이트 조사에 따르면, 인간이 감성적으로 인식하는 신뢰나 감정의 호불호 등이 기업을 평가하는 데 큰 역할을 한다는 것을 알 수 있다.

기업의 홍보를 담당하는 실무자와 홍보학자들 간에는 기업의 홍보활동이 궁극적으로 기업의 명성을 높이는 데 기여해야 한다는 사실에 이견이 없다. 그 이유는 기업의 명성이 주가 상승과 같이 눈에 보이는 실질적인 경제 혜택뿐만 아니라, 수치로 환산하기는 어렵지만, 기업의 생존에 장기적인 혜택을 가져다주기 때문이다. 이는 이미 많은 연구에서 입증된 결과이기도 하다. 예를 들어, 대중은 평소 높은 명성을 유지해온 기업에 대한 부정적인 신문보도를 접할 경우, 그렇지 못한 기업들의 경우보다 덜 부정적인 태도를 보이는 것으로 나타났다.

이는 대중이 명성이 높은 기업을 더 정직하고 신뢰스럽다고 생각하기 때문이다.(Lyon&Cameron, 2004) 즉, 기업의 명성은 부정적인 신문

보도에 대한 부정적인 태도가 즉각적으로 형성되는 것을 지연시켜주는 효과가 있다는 것이다. 기업의 높은 명성은 그 기업이 행하는 광고에 대한 대중의 인식에도 영향을 주는 것으로 나타났다. 골드버그와 하트윅 (Goldberg&Hartwick, 1990)은 기업이 높은 명성을 가진 경우 소비자들이 그 기업의 극단적인 주장이 실린 광고를 좀 더 수용할 것이라는 가정하에 실험을 시행하였다. 그 결과, 소비자들은 명성이 낮은 기업에 비해, 기업의 명성이 높은 경우 광고를 통해 극단적인 주장을 하더라도 여전히 그 기업의 제품을 긍정적으로 평가하는 것으로 나타났다.

또한 기업의 명성에 따라 사람들은 그 기업의 사회공헌 활동에 대한 평가도 다르게 한다.(Bae&Cameron, 2006) 명성이 높은 기업의 사회공헌은 이타적인 동기에 의해 행해졌다고 해석하는 반면, 명성이 낮은 기업의 사회공헌은 이기적인 동기, 예컨대 자사의 이미지를 개선하기 위한 동기로 행해졌다고 해석하는 것이다.

이외에도 기업의 명성은 지역사회에서 기업의 활동에 대한 긍정적인 지지를 이끌어내고, 기업에 호의적인 정부 정책을 이끌어내는 데 기여하며, 소비자로부터 강한 브랜드 충성도를 이끌어낸다든가 직원의 사기진작에도

▌병원서비스의 예

싱가포르 파크웨이병원

"파크웨이병원그룹의 20여 개 병원은 다른 병원과 경쟁하지 않습니다. 오직 특급호텔과 경쟁합니다. (중략) 고객과 검진 고객을 최고로 모십니다. (중략) 파크웨이는 고객을 기다리게 하지 않겠습니다." 이 병원 홈페이지의 안내문이다. 실제 이 병원의 모든 의료서비스는 5성급 호텔 수준이다. 이국에서 오는 고객은 공항에서 마중하고, 치료가 길어지게 되면 체류 연장도 병원에서 처리해준다. 뿐만 아니라, 일대일 방식의 도우미서비스를 채택하고 '입원'이나 '고객불편신고센터' 대신 '체크인', '고객서비스센터'라는 말을 쓰는 등, 용어 하나하나까지도 병원의 테두리 안에 머물지 않고, 호텔서비스 관점에서 문제를 바라본다.

미국 휴스턴 감리교병원

각 병실내의 조명, 실내온도, 침대 등에 완벽한 품질보증시스템을 도입 실시하며, 입원 고객 및 가족을 위한 주차대행서비스, 병원 로비에 서서 서류를 작성하지 않는 등 차별화된 서비스를 제공한다. 그래서 이 병원은 입원 고객이 머무르는 동안 성심껏 도와야 한다는 것을 철칙으로 여긴다.

일본 동경대학병원

'잠시 집을 떠나온 사람이 다시 돌아갈 수 있도록 도와주는 항구나 호텔과 같은 곳'을 표방한다.

존스홉킨스병원

경비와 청소원을 포함한 전 직원을 대상으로 불시 방문을 통한 대처 능력까지 평가, 최상의 고객서비스를 병원의 최우선 과제로 삼고 있다.

긍정적인 영향을 끼치는 것으로 알려져 있다.(Fombrun, Gard, berg&Barnett, 2000)

이러한 연구 결과들은 기업의 명성이 기업이나 기업의 활동에 중요한 영향을 준다는 것을 보여주는 데, 정보 이론에 따르면 기업이 가진 명성이 이러한 효과를 내는 이유는 바로

[참조 3-3] 병원 선택 기준

(대상자 : 지역주민 400명, 중복 응답)

- 집에서 가깝거나 이용 편리   45(%)
- 병원 또는 의료진이 유명   29
- 믿을 수 있는 의료진   25
- 의료진이나 직원 친절   18
- 주변 권유나 이미지가 좋은   16
- 장비가 좋은 병원   11

명성이 사람들에게 그 기업을 판단하는 데 필요한 정보를 가진 신호로 인식되기 때문이라고 한다.(Sabate&Puente, 2002)

그렇다면 병원에 대한 소비자의 선호 이유는 무엇일까? 어느 병원의 조사 결과에 따르면, '거리가 가깝다' 는 물리적 환경과 '친절함' 이라는 서비스 분야를 제외하고 나면, '병원 또는 의료진의 유명도', '믿을 수 있는', '주변의 권유나 이미지', '장비가 좋은' 등이었다.([참조 3-3] 병원 선택 기준) 결국 병원도 선호의 주된 이유는 '명성과 평판' 이라는 얘기다. 특히 수술에 있어선 의료진을 보고 병원을 선택하겠다는 비율이 무려 7할대로 나타난다.([참조 3-4] 수술 시 중점 고려사항)

그러나, 하루에도 수많은 별이 뜨고 지는 요즘 같은 세상에는 평판과 명성만큼 불안한 것도 없다. 단 한 번의 알래스카 정유누출사건으로 10년이 지나도록 소비자 신뢰 점수가 바닥을 헤매고 있는 엑슨 모빌처럼, 스캔들 한번으로 모든 영광을 뒤로하고 사라져 버리는 연예계의 스타나 정계의 거물들처럼, 평판과 명성에는 안전지대가 없다. 그리고 일단 한 번 무너진 평판은 좀처럼 회복할 수 없다. 불확실성의 시대가 주는 교훈이라면 교훈이다.

[참조 3-4]
수술 시 중점 고려사항

(대상자 : 이용 고객 250명)

- 의료진   70(%)
- 거리   14
- 비용   9
- 시설   5
- 규모   1
- 기타   1

*6가지 항목을 제시, 응답한 결과임

서비스

앞서의 조사 결과가 보여주듯이 서비스는 이제 병원 선택의 중요 요인임을 그 누구도 부인할 수 없다. 일본의 한 의대 교수는 서비스가 좋아야 일류 병원이라는 보고서에서 "명의란 환상에 지나지 않는다. 존재한다면 외과수술 정도에서 일 뿐이다"라면서 이제는 의술 이상으로 중요한 가치로 부각되고 있는 서비스에 대해 강조하고 있다. 캐나다의 푸트힐병원에서는 수술 받기위해 찾아온 1만 3,000명을 대상으로 주요 관심사를 물어 본 결과, '수술 잘 받고 빨리 퇴원하는 것' 보다 '내가 얼마나 인간적인 대접을 받을 수 있을까?'에 더 큰 관심을 보였다고 한다. 이러한 예들은 병원 흥망성쇠의 키가 명의의 의술에서 서비스로 옮겨가고 있음을 단적으로 보여준다.

환대(Hospitality) 의료 서비스는 사람(직원)과 사람(고객) 사이에서 실시간으로 제공되는 까닭에 그 품질이 즉각적인 평가를 받게 된다. 병원의 서비스 경영에서 하드한 요소보다 소프트한 요소가 더 중요한 이유이다. 이는 곧, 병원 서비스가 형식적이고 외형적인 인사나 예절 준수가 아니라, 진심에서 우러나오는 환대가 되어야 함을 의미한다. 이에 관해 와타나베 미키(渡邊美樹), 와타미그룹 회

▌서비스 회복의 역설

이용 고객을 대상으로 한 조사에서 병원 이용에 있어 가장 큰 불만은 무엇인가? 라는 물음에 '서비스(불친절)'라고 응답한 비율이 가장 높았다. 다음으로 대기시간, 비용이 비싸다는 응답 순이었다.([참조3-5] 이용에 따른 불만 요인) 문제는 이때 얼마나 신속하고 효과적으로 대처하느냐에 달려있다. 그러기 위해서는 고객이 느끼는 현장에서의 불만족스런 서비스를 감동적 서비스로 반전시키는 체계적인 준비, 즉, '서비스 회복 시스템'이 갖추어져 있어야 한다. 이는 단순한 회복 이상의 효과, 즉 충성 고객을 확보할 수 있는 효과적인 반전의 기회도 될 수 있다. 실제로 미국의 한 조사 결과에 따르면, 처음부터 아무 문제가 없었던 고객보다는 문제가 있었으나 그 문제의 즉각적인 해결을 얻은 고객이 오히려 더 큰 만족도를 보이는 것으로 나타났다. 예를 들어 도미노피자의 지각배송 시 할인, 항공기 예약 문제 발생 시 좌석 업그레이드 등과 같은 것이다. 이것을 '서비스 회복의 역설(Service Recovery Paradox)'이라고 부른다.

[참조 3–5] 이용에 따른 불만 요인

(대상자 : 이용 고객 250명, 중복 응답)

- 불친절하다 32(%)
- 대기시간 길다 23
- 비용이 비싸다 15
- 시설이 낙후됐다 10
- 수술을 권한다 4

장도 같은 말을 하고 있다. 그는 「서비스가 감동으로 바뀔 때」라는 자신의 저서에서 "서비스는 매뉴얼이 아니라 사람 됨됨이다. 규칙은 오직 하나, 당신이 가장 사랑하는 사람처럼 고객을 대하라"고 강조한다.

황금률(Golden Rule) 철강 관련 업체 워싱턴 인더스트리사의 설립자, 존 맥코넬(John Mcconnell)은 매년 500만 달러라는 획기적인 성장을 이루어 온 그간의 성공 노하우를 황금률의 실행에서 찾았다. "남에게 대접을 받고자 하는 대로 남을 대접하라"는 자세로 일관했더니 성공은 저절로 찾아오더라는 것이다. 자동차보험 선두업체인 USSA에도 2가지 황금률이 있다고 한다. 하나는 '당신이 대접받고 싶은 대로 모든 사람을 대접하라'이고, 다른 하나는 '직원들이 고객을 대접해 주기를 기대하는 대로 직원들을 대접한다'는 것이다. 고객 만족보다, 주주의 이익보다, 직원을 최우선으로 대할 때 고객에게는 최선의 서비스가 주어지리라는 것은 자명한 사실이다.

단순함 서비스에 관해 DHL의 프랑크 아펠(Frank Appel) 회장은 단순함을 강조한다. 그는 "고객이 서비스를 이용하는 데 복잡하다고 느낀다면 그 서비스는 이미 잘못된 것이

■ **초우량 서비스 병원이 되기 위한 3가지 요소**

경영 컨설턴트 칼 알브레히트(Karl Albrecht)가 말하는 '초우량 서비스사가 되기 위한 3가지 요소'를 병원과 연관지어 풀어 보자면 다음과 같은 얘기가 된다.

서비스에 대한 식견 개발

병원 직원들은 자신들이 무엇을 해야 하는지에 관한 통일된 인식을 찾아 그 것을 발전시켜야 하며, 이러한 인식이 직원이 행하는 모든 일의 바탕이 됨으로써 병원 전체가 '진정한 고객 우선'을 지향하도록 하여야 한다.

내부 고객(직원)의 고객지향성

고객을 맞는 병원의 직원 하나하나가 쉼 없이 고객의 필요나 원하는 것이 무엇인지를 찾아내는 데 주의를 기울이고 있어야 한다. 이러한 지속적인 지향성이 고객들로 하여금 그 병원의 서비스 품질을 느끼게 만들고, 반복 이용하게 하며, 주위의 잠재 고객에게 스스로 구전까지 하게 된다는 것이다.

고객 중심의 시스템

아무리 고부가가치의 전문성을 내세우는 병원이라 하여도, 고객이 그 시스템의 중심이 되어야 한다. 병원의 내부 여건이나 그 어떤 것을 막론하고라도 고객의 편의가 최우선이 되어야 한다는 것이 병원의 방침이 되고, 확고한 시스템으로 정착되어야 한다는 것이다.

요컨대, 인적 의존도가 높은 병원은 직원들의 서비스가 경영 성패를 좌우한다. 그러한 서비스를 위해서는 '타이밍 감각'을 적재적소에서 발휘하거나 이용할 수 있어야 한다. 그러기 위해서는 직원들의 교육과 관리가 무엇보다 중요하다. 병원 서비스 품질은 매 순간순간 제공되는 직원 하나하나의 마음가짐과 열정에 달려있다.

▌1-10-100의 법칙

불량 서비스가 기업의 문턱에서 벗어나 고객에게 가까워질수록 이를 시정하려는 원가는 증가하기 마련이다. 어디에서 사업을 하든, 모든 조직은 경쟁력을 위해 양질의 제품과 서비스를 생산해야만 한다. 이를 강조하기 위해 1987년 8월 미 의회는 말콤 볼드리지 품질 개선법을 제정하여 세계적으로 권위 있는 '말콤 볼드리지 품질 대상' 제도를 시행하였다. 서비스부문에서 최초로 이 상을 수상한 페더럴 익스프레스의 예에서 살펴볼 수 있다. 이 회사에는 '1-10-100의 법칙'이라는 것이 있다. 가령, 불량이 생길 경우 이를 즉각적으로 고치는 데에는 1의 원가가 들지만, 책임 소재나 문책 등의 이유로 이를 숨기고 그대로 기업의 문을 나서면 10배의 원가가 들며, 이것이 고객 손에 들어가 클레임으로 되면 100배의 원가가 든다는 법칙이다.

다. 단순해야 비용을 낮출 수 있고, 단순해야 믿을 수 있으며, 단순해야 지속가능하다. 무엇보다 단순해야 고객이 감동한다"는 것이다. 이러한 고객에게 감동을 주는 서비스의 이면에는 놓치지 말아야 할 것이 있다. 그러한 서비스는 해당 직원이 '자기도 모르게 스스로' 하게 되는 '익숙하고 일상적인 업무'가 아니라는 것이다. 대부분의 경우가 전에 없던 일이고 불특정 고객에게 전혀 예상치 못했던 상황에서 행해지는 일이기에, 폭넓은 재량권을 가지고 있는, 현장 직원의 순발력 없이는 불가능한 일임을 잊어서는 안 된다.

2) 왜 선호할까?

가치 충족

고객이 어떤 제품이나 서비스를 선호하여 얼마만큼의 비용을 지불했다면 그 대가로 그가 얻고자 하는 것은 무엇일까? 그것은 자신이 '지불한 비용에 적합한 만큼의 가치'에 대한 충족일 것이다. 결국, 비용에 대한 가치의 크기는 사람마다 다른 까닭에 충족에 대한 만족도도 각자 서로 다를 수밖에 없다. 때문에 경쟁 시장에서 제품이나 서비스의 성공 여부는 '제각각의 가치를 가지고 있는 사람들이 공감하는 보다 보편적 가치'이거나, '보편적인 성향과는 뚜렷이 구분되는 세분화된 특정 집단의 가치'를 얼마나 잘 충족시켜줄 수 있느냐에 달려있다. 요컨대, 시장을 지배하는 성공적인 제품이나 서비스가 되려면 IDQV가 높아야 한다. 즉, Impact(감동이나 강한 이미지를 주는 특이한 것), Differentiation(해당 제품이나 기업만이 가지고 있는 차별화되고 매력적인 무엇), Quality(고객들이 느끼는 품질), Value(이상의 3가지 요소 모두를 종합하여 고객이 판단한 가치)가 경쟁자 대비, 우월성을 확보해야 한다는 것이다.

가치와 관련해 병원을 이용하는 고객들의 특징을 보면, 가치와 시간의 관계 안에서 저울질하여 병원을 선택해왔다고 할 수 있다. 즉, 지금까지의 고객들은 대체적으로 간단하더라도 수술을 해야 하는 중형 병원이나 중증 치료를 위한 종합병원(대학병원 포함)은 '그곳 밖에 없는' 병원이라는 인식이 강해 기꺼이 더 많은 시간과 비용을 들이지만, 각 지역별에 하나씩 있는 보건소나, 감기 등의 가벼운 질환을 치료하는 '동네 어디에나 있는' 일반 내과의원에 대해서는 상대적으로 가깝고 고위험군이 아닐 뿐만 아니라 비용이 덜 든다는 이유로 선택하는 경향이었다. 그러나 이러한 인식은 전문병원과 전문클리닉이 속속 등장함으로써 뚜렷한 변화가 일어나고 있다. 가치와 시간의 함수관계 속에서 정해지던 종전의 병원 선택의 양상이 크게 달라지고 있는 것이다. 고객은 이제 자신의 귀중한 시간을 할애해서 멀리 있는 종합병원을 찾아가기보다 가까운 거리의 전문병원과 전문클리닉을 이용함으로써 보다 적은 비용과 시간으로도 자신이 원하는 가치를 얻을 수 있다

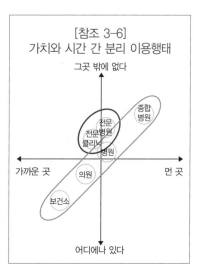

[참조 3-6]
가치와 시간 간 분리 이용행태

그곳 밖에 없다

종합병원

전문병원
전문클리닉

병원

가까운 곳   먼 곳

의원

보건소

어디에나 있다

는 기대를 가질 수 있게 되었다.([참조 3-6] 가치와 시간 간 분리 이용행태)

이제는 기존의 일반 병원이나 종합병원 어디를 막론하고 '그곳 밖에 없는 가치' 이거나 '적은 비용' 중에서 어느 하나 이상의 가치 제공을 위한 연구가 보다 더 요구되는 시점에 이르렀다. 즉, '언제', '무슨 목적' 으로 병원을 방문하는, 그 '누구' 를 대상으로 '무엇' 을 제공할 수 있는 가를 반드시 점검해 보아야 한다는 것이다. 그 '무엇' 이 '그곳 밖에 없는 가치' 일 때, 그곳은, 고객의 가치를 충족시켜주는, 고객이 선호하는 곳이 된다.

"가치는 고객이 정한다. 고객은 제품을 만들기 위해 기업이 얼마나 열심히 노력했는지에 관해서는 전혀 관심이 없다. 세계 최초, 천재적인 발명에도 관심이 없다. 고객 본인이 원하는 것인지가 가장 중요하다"는 스탠포드대학 로버트 서튼(Robert Sutton) 교수의 말도 같은 얘기다.

이미지 고양과 위험 회피

자기 이미지의 고양 평판과 명성이 높은 제품, 그리고 양질의 높은 서비스를 선호하는 소비자 심리의 핵심에 대해 명품 핸드백의 대표적 브랜드 중 하나인 구찌의 디 마르코(Di Marco) 회장은 말한다. "명품이 갖춰야 할 가장 중요한 조건은 품질이지만 서비스도 아주 중요해요. 제품을 사고 나면 왕이 된 기분을 느낄 수 있어야 하지요. 예컨대 구찌 옷을 입고, 구찌 핸드백을 가지고 있다는 사실만으로도 어깨가 으쓱해지는 느낌. 명품은 그런 만족감과 기쁨을 줄 수 있어야 해요."

누구나 쉽게 가질 수 있다면 소유 욕구는 떨어지게 마련이다. 고가격, 고객 제한 등 '거래장벽'으로 '희소성'을 높임으로써 언젠가는 구매하고 말겠다는 생각이 들게 하는 제품이라야 실제 그 제품을 소유했을 때의 만족감이 커지고 그럼으로 자기 이미지의 상승 효과도 누릴 수 있게 된다. 즉 사람에게는 어떤 행동에 대해 자유를 제한당할 경우 심리적 반발감이 생겨 그 행동을 더욱 갈구하게 되는 속성이 있다. 때문에 개체 수가 적어 희소성이 있거나, 정도 이상의 고가격으로 소유할 수 있는 자유가 제한된 제품은 사람들로 하여금 동경심을 유발케 하여 더 갖고 싶게 만든다. 이러한 원리로 인해 실용적 가치는 커녕, 못쓰게 된 물건이 더 비싸게 팔리는 수가 있다. 잘못 인쇄된 우표나 잘못 제작된 동전 등은 그 액면가치도 안 되는 것이지만, 희소성의 원리가 적용되면, 박탈당한 자유, 즉 손쉽게 구할 수 없다는 제한성 때문에 사람들이 기꺼이 비싼 가격을 치르고자 한다. 이러한 일반적인 심리를 활용하여 마케팅에서는 제한된 숫자나 시간의 압박을 통해 희소성의 상황을 창출하기도 한다. 예를 들어 올림픽 주화처럼 그 제조 숫자를 제한하기도 하고, 백화점 같은 데서는 특정 제품에 '한정 판매'와 같은 표현을 써가며 희소가치를 높이기도 한다.

희소가치 홈쇼핑에서 주문 마감시간이 다가옴을 카운트다운 하듯 초 단위로 시간을 알려주며 자유를 박탈하는 듯한 인상을 주는 것도 원리는 마찬가지다. 같은 이치로 소위 과시품, 또는 명품이라고 알려진 브랜드들도 제품 구매의 제한성을 강조하게 된다. 즉 제품을 구매하는 데 장애 요소를 설치함으로써 거래에 따르는 장벽을 높이는 것이다. 마음으로는 원하지만 실제로 구매할 수 없는 사람이 많아질수록 그 브랜드의 구매자는 자신에 대한 긍지를 더욱 높일 수 있다. 또한 그 제품을 지금은 구매할 수 없는 사람들도 언젠가 구매할 수 있다고 기대하는 동경을 가지므로 더욱 마음이 끌리게 된다. 명품 브랜드는 경우에 따라 사치풍조를 조장한다는 비난을 듣기도 한다. 아닌 게 아니라, 가끔은 문화적 품위 수준에 못 미치는 일부 명품 구매자들이 위화감과 불필요한 적대감의 원인이 되기도 하는 것은 사실이다. 미국의 최고급 디자이너 양복점인 비잔의 입구에는 '예약 손님에 한합니다' 라는 문구가 쓰여 있다. 비잔은 돈이 많다고 무조건 고객으로 삼지 않고 기존 고객의 소개를 받아 고객을 선별하는데, 이 모두 이러한 비판 소지를 줄이기 위해서일 것이다. 명품 브랜드가 가격에 대한 부담을 줄임으로써 대중 제품과 어설픈 타협을 하려 했을 때, 오히려 이도 저도 아닌 역효과가 나타나는 이유도 여기에 있다. 사람이란 존재는 소유하기 어렵게 만들수록 더욱 소유하고 싶어 하는 본능을 가지고 있는 것이다.

위험 회피 뿐만 아니라, 평판과 명성은 신용도의 또 다른 척도로 여겨지기도 한다. 때문에 관여도가 높은 고가 상품(시계, 보석 등)이나 위험이 따르는 상품군(성형수술, 투자 상품 등)의 구매에는 리스크에 대한 두려움이 클 수밖에 없어 신중함이 따르게 마련인데, 좋은 평판이 주는 신용도는 그런 위험 부담을 낮추고 긍정적인 구매 결정을 내리도록 하는 데 매우 효과적인 역할을 한다. "사람들이 유명한 브랜드를 구입하는 이유는 그 브랜드를 선호해서라기보다는 상품 구입에 있어서의 위험 부담을 줄이기 위해서다"라는 바우어(Raymond A.Bauer) 교수의 말도 맥을 같이 한다.

병원 고객이 원하는 4가지

고객이 원하는 것은 과연 무엇일까? 일반적으로 좋은 품질, 저렴한 가격, 보다 빠르고 좋은 서비스로 요약된다. 이와 같이 고객이 원하는

것과 기대하는 것, 즉 고객이 원하는 가치를
파악해서 이를 충족시키는 활동을 '고객가치
창조'라고 한다. 그렇다면 고객의 가치란 무
엇일까? 독일 출신 경영 컨설턴트이자 미래
학자로 「서비스 아메리카」의 저자로 유명한
칼 알브레히트(Karl Albrecht)는 '고객가치
의 4단계' 이론을 주창하였다.([참조 3-7] 고
객가치 4단계) 이것을 병원에 온 고객이 원하
는 가치로 예를 들어 보기로 한다.

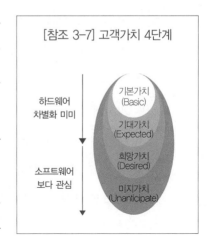

[참조 3-7] 고객가치 4단계

하드웨어
차별화 미미

소프트웨어
보다 관심

기본가치
(Basic)

기대가치
(Expected)

희망가치
(Desired)

미지가치
(Unanticipate)

기본가치 고객이 병원을 찾는 1차적인 가치다. 즉 병원에서의 고객들
은 수술 결과 혹은 치료 결과가 좋고, 아프지 않기를 바란다. 아무리 시
설이 훌륭하고 유명한 병원이라 해도 결과가 좋지 않으면 고객의 가장
기본적인 가치는 충족되지 않는다. 결국 그것 없이는 시장에 참여해 게
임을 할 기회조차도 갖지 못한다. 그것은 기본 판돈(Table Stake)이다.

기대가치 고객이 기본가치 이상을 기대할 때 그런 기대 수준을 충족
시켜야만 병원을 이용하게 된다. 경쟁적 상황에서 이런 기대를 충족시
키는 다른 방법을 제시한다는 것은 그들 제공물이 남과 다르다고 구분
짓는 것이다. 차별화는 이렇게 기대 수준들이 달라짐으로 해서 잇따라
생겨난다. 고객은 병원에 갔을 때, 의사나 간호사가 깔끔한 복장, 친절
한 미소, 편리한 시설, 깨끗한 환경에서부터 자신의 이야기를 잘 들어주
고, 자세한 상담을 해주는 등 병원의 모든 절차와 시스템이 편리하기를
기대하는 것이다.

희망가치 고객이 적극적으로 기대는 하지 않았지만 마음속에서는 원
하고 있었던 가치를 의미한다. 고객이 기대하는 것을 제공하는 것만으

로는 차별화가 끝나지 않는다. 고객이 필요하다고 생각하거나 익숙하게 거래해왔던 것 이상을 제공해 줄 때 고객의 이용 범위는 더 증폭될 수 있다. 따뜻한 차와 그림이 있고 내부 환경도 아름답고 안락하면 좋겠다는 등의 바람이다.

미지가치 이것은 치료 외적인 부분, 즉 고객이 치료나 입원 그리고 퇴원 후 사후 관리 서비스 등 전혀 기대하지 않았던 특별한 서비스에 큰 만족을 느끼게 되는 것이다. 그 예로 퇴원 후, 의사나 직원이 집으로 전화해 불편한 점은 없는지 묻는다든지, 어려운 치료로 몸이 많이 불편하면 병원차를 이용해 집까지 바래다준다든지 하는 등의 예상하지 않은 서비스로 놀라게 되는 경우에 느끼는 가치를 말한다.

고객 입장에서는 기본가치와 기대가치는 일반적으로 의료적, 치료기술적인 것으로서 고객이 병원에서 기본적으로 기대하는 것이다. 그러나 희망가치와 미지가치는 그 높낮음이 다른 병원과 차별화가 되는 치료 외적인 서비스 요소로서 고객의 가치 충족에 큰 영향을 미치는 것들이다.

4. 이용 단계

1) 고객 중심

고객이 병원을 이용하는 단계에서 가장 먼저 짚어보아야 할 것은 병원의 중심이 과연 어디에 있느냐 하는 것이다. 요즘 들어 고객의 중요성을 인식한 병원들이 너나없이 '고객 중심'을 강조하지만 정작 고객에 대해 얼마나 알고 있으며, 병원 내부의 프로세스를 얼마나 고객의 관점에서 바라보고 있는지에 대한 질문에 대해서는 답이 궁색한 병원이 많아 보인다.

고객의 관점 고객이 관심을 가지는 유일한 것은 오직 자기 자신의 문제이다. 고객이 병원과 만나는 단 하나의 이유는 병원이 자신의 그 문제를 조금이라도 해결해 줄 수 있으리라는 믿음 때문이다. 그러므로 병원이 고객을 만나려면 우선 고객이 발행한 '믿음'이라는 이름의 초청장이 필요하다. 바로 병원이 고객에게 모든 정신을 집중해야 하는 이유이다. 자기 이야기만 하기 바쁜 병원에게 고객은 초청장을 주지 않는다. 먼저 고객의 관점에서 보고, 고객의 말을 듣고, 그들의 신뢰를 얻어야 한다.

그렇다면, 도대체 고객의 관점이란 무엇인가? 같은 제품도 기업 관점에서 보면 하드웨어지만, 고객 관점에서 보면 소프트웨어가 된다. 이제는 고객을, '무엇을 사는가?'에서가 아니라, '왜 사는가?'의 관점에서 보아야 한다. 레오 맥지네바(Leo Mcginneva)는 그 관점에 대해 '누군가 1/4인치 드릴을 구매한다면 그가 필요로 하는 것은 1/4인치 드릴이 아니라 1/4인치 구멍이다'라는 말로 함축적인 설명을 하고 있다. 미국 레블론화장품 본사 입구에는 'We sell hope'라는 문구가 씌어 있다. 이 회사 판매원들은 화장품을 팔면서 '화학 제품'이나 '아름다움'을 판다고 생각하지 않는다. "이 제품으로 마사지하고 주무신 다음, 아침에 일어나 보세요. 얼굴이 얼마나 매끈매끈하고 젊어 보이는지 아세요?"라고 말하며 '기대와 희망'을 판다. 이와 관련한 참조를 보면,

[참조 3-8] 기업과 고객 관점에서의 제품	
기업 관점	고객 관점
영화	엔터테인먼트
의류	매혹적인 외모
주택	안락함과 자부심
장난감	유쾌한 순간들

왼편은 시스템이고 오른편은 솔루션이다.([참조 3-8] 기업과 고객 관점에서의 제품) 이렇듯 사업의 본질을 고객 관점에서 규정하면, 제품과 고객을 대하는 직원들의 마음가짐도 달라진다. 바로, 기업 스스로가 고객 관점에서 어떤 솔루션을 제공하고 있는지를 곰곰이 생각해봐야 하는 이유다.

고객 관점의 서비스업을 하는 사람이라면, 적어도 '표 파는 곳', '현금 자동지급기', '버스 정류장', '신차 발표회' 같은 단어들은 쓰지 말아야 한다. '표 사는 곳', '현금 자동출금기', '버스 승강장', '신차 관람회'로 바꾸어야 한다. 식당 어디엔가 붙어 있는 "분실한 구두에 대해서는 책임지지 않습니다" 같은 말은 고객을 쫓아내는 대표적인 말인 것이다.

문제의 해결 90년대 초, 톰 왓슨(Tom Watson) 회장이 사망하면서 흔들리기 시작한 IBM에 새로운 CEO로 영입된 루 거스너(R. Gerstner)가 제일 먼저 한 일은 사업의 핵심을 다시 세우는 것이었다. 그것은 'IBM means service', 단 세 단어였다. 그 의미는 "메인 프레임 컴퓨터를 팔면서 단지 기계를 판매한다고 생각하지 말라. IBM을 사는 고객들은 회계 처리를 효율적으로 하고, 재고 관리를 원활히 할 수 있는 상태를 사려는 것이지 기계 덩어리를 사려는 게 아니다"라는 뜻이다. 그가 말한 '서비스' 역시 고객이 당면한 문제에 대한 해결 방안이다. 그는 IBM의 직원들이 컴퓨터가 어떻게 작동하는지는 잘 알고 있지만, 그 컴퓨터가 고객들에게 무엇을 해줄 수 있는지는 모르고 있다는 점을 간파했던 것이다.

1943년에 스웨덴에서 설립한 IKEA는 저렴하면서도 감각이 있는 가구를 자랑하는 세계 최대의 가구점이다. 이곳에서는 고객들이 데리고 올 아이들을 위해 무료 유모차를 제공하고, 아기들을 위한 탈의실, 아이들이 놀 수 있는 커다란 방, 그리고 엄마, 아빠가 쇼핑하면서 아이들이 말썽 피우지 않을까를 걱정하지 않아도 되도록 아이들을 살피도록 교육받은 대리 엄마와 대리 아빠까지 여기저기 배치해 놓았다. 이 가게가 주는 교훈은 간단하다. 고객의 입장에서 자신의 제품과 서비스를 볼 때 고객이 진정으로 원하는 것을 채워줄 수 있다는 것이다.

미국에서 쥐덫을 가장 많이 판매하던 회사, 울워스는 쥐덫의 재료를 나무에서 플라스틱으로 바꾸었다. 기존의 나무 쥐덫은 잡힌 쥐와 함께 버려야 했지만, 새 플라스틱 쥐덫은 색깔과 모양도 예쁘고 위생적이면서도 가격은 약간 비싼 정도였다. 그런데 이 '더 좋은 플라스틱 쥐덫'은 곧 실패한 제품으로 드러난다. 고객에게는 그 쥐덫이 한 번 쓰고 버리기엔 아깝고, 다시 사용하자니 세척이라는 즐겁지 않은 일을 해야 하는 귀찮은 제품이었던 것이다. 결국은, 종전의 1회용 나무 쥐덫이 나았다는 결론에 도달한다. 이 쥐덫 사례와 관련, 피뢰침을 창안한 벤자민 프랭클린(Franklin Benjamin)이 "만약 당신이 더 좋은 쥐덫을 발명한다면, 온 세상 사람들이 당신의 가게로 달려 올 것이다'라는 말은 옳다. 그러나 어떻게 하면 '더 좋은' 쥐덫을 만들고 '누구를 위해 만드는가?'라는 질문을 할 필요가 있다"고 한 말에 주목해야 한다. 결국 플라스틱 쥐덫의 실패 사례는 '고객의 입장이 되라'는 마케팅의 기본을 망각한 것에서 비롯된 것이다.

가평의 청심국제병원은 일본의 임산부 원정출산으로 유명하다. 그 이유는 비용 측면도 크지만, 그 무엇보다도 외국인 중심의 시스템과 마인드가 큰 몫을 차지하기 때문이다. 이 병원은 일본어로 된 출생증명서 발급이나 일본대사관을 직접 찾아가 신생아 여권을 만들어주는 등, 하나에서 열까지 오직 산모를 위해 최대한의 배려를 함으로써 분명한 자기만의 영역을 확보하게 된 것이다. 이제 병원도 고객의 관점에서 스스로의 본질을 재규정해야 한다. 그럼으로써 고객을 대하는 병원 내 직원들의 마음가짐까지도 변화해야 한다. '물고기처럼 생각할 때 비로소 훌륭한 낚시꾼이다'는 말도 그 말이 아닌가?

2) 고객 접점

실제 병원 고객들이 중요하게 생각하는 접점들을 요약해보면 다음과 같이 5가지 정도로 요약될 수 있다.([참조 3-9] 접점에서의 이용 과정)

접수

고객 만나기(Moment of Truth) 대표적인 서비스업체라고 할 수 있는 백화점이나 호텔에서도 고객에게 실제의 서비스가 제공되는 시간은 극히 짧다. 그리고 그 (대략 15초 남짓 되는) 시간을 바탕으로 고객은 서

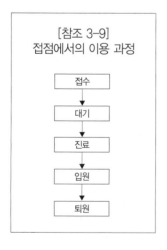

[참조 3-9]
접점에서의 이용 과정

접수 → 대기 → 진료 → 입원 → 퇴원

비스의 질을 판단한다. 결국 고객이 직원과 만나는 바로 그 시점은 고객으로 하여금 고정적이 되느냐, 떠나느냐를 결정짓도록 하는 절대 절명의 순간, 소위 '진실의 순간'이다. 이 말은 17년간 흑자를 기록하던 스칸디나비아항공사(SAS)가 1970년대 말 불어 닥친 석유파동으로 2년간 약 3,000만 달러 적자를 내게 되자, 사장에 새로 취임한 얀 칼슨(Jan Carlzon)이 '일선 직원이 고객을 어떻게 대하느냐

가 회사의 운명을 결정한다고 강조하면서 유래되었다. 이후 SAS는 접점 요원들의 선발, 훈련, 지원을 획기적으로 개선하면서 불과 1년 만에 수지가 연 800만 달러 적자에서 7,100만 달러의 흑자로 전환되고 최고의 고객 만족 항공사로까지 불리게 되는 전설적인 신화를 창조하면서, 고객 접점에서의 서비스가 기업의 생존과 성장의 결정적 열쇠임을 입증했다. 예약에서 탑승까지 전 과정에서 SAS

[참조 3-10]
항공사 예약~탑승 MOT 예

- 정보를 얻기 위해 전화했을 때
- 예약을 하려고 할 때
- 예약을 전화로 끝내려 할 때
- 공항 카운터에 다가갔을 때
- 대기 순서를 기다리고 있을 때
- 탑승권 직원과 만났을 때
- 요금을 지불하고 탑승권 받을 때
- 출발 입구를 찾고 있을 때
- 보안 검사대 통과할 때
- 출발 라운지에서 출발을 기다릴 때
- 티켓을 건네고 탑승할 때
- 입구에서 승무원 환영을 받을 때
- 좌석을 찾고 있을 때
- 수화물 보관소를 찾고 있을 때
- 좌석에 앉았을 때

가 찾아내고 발전시킨 MOT의 실제 사례의 일부 예를 볼 수 있다.([참조 3-10] 항공사 예약~탑승 MOT 예) 이외에도 MOT는 수없이 많다. 착륙 후, 미소 띤 직원의 친절한 인사와 안내, 에스컬레이터 주변의 인테리어나 조명도 접점의 일부이며 MOT이다. 그 한 곳, 한 곳이 얼마나 준비가 되어 있느냐에 따라 MOT에서의 성패가 갈리게 된다.

일반적으로 항공사 내부 직원들은 항공기, 정비시설, 사무실, 업무 수행 절차 등의 집합이 자신의 회사라고 생각하지만, 고객들은 '항공사로부터 어떤 경험을 하였는가?' 가 그 회사에 대한 인식이 된다. 즉, 서비스 제공자가 평소에는 별로 주의를 기울이지 않거나 극히 당연한 것으로 여겨온 것들도 고객의 입장에서 겪어보면 적지 않은 문제의 근원이 되기도 한다. 공항 출국장에서는 왜 그렇게 긴 시간이 버려져야 하는지, 막상 탑승을 하고 나서는 또 왜 지체되어

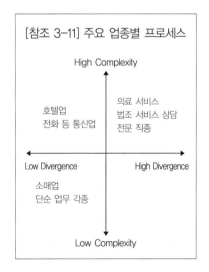

[참조 3-11] 주요 업종별 프로세스

High Complexity

의료 서비스
법조 서비스 상담
전문 직종

호텔업
전화 등 통신업

Low Divergence — High Divergence

소매업
단순 업무 각종

Low Complexity

야 하는지 등이다. 칼슨은 서비스 기업의 본질은 물적 자산의 집합에 있는 것이 아니라, 일선 직원들이 개별 고객에게 제공하는 서비스의 품질에 있다고 강조한다.

결국, MOT 마케팅 전략의 핵심은 '고객과 만나는 곳, 어디에서나 제품과 서비스의 좋은 이미지를 심어주는 것'으로 일상의 공간을 파고드는 것이다.

그렇다면 병원에서의 MOT는 어떤가? 고객과 만나는 첫 '진실의 순간', MOT가 중요하기로는 병원에서도 항공사 못지않다. 병원에서의 주요 업종별 업무 프로세스를 살펴보면 병원은 호텔보다 더 다양하고 복잡한 업무 특성을 보여주고 있다.([참조 3-11] 주요 업종별 프로세스) 즉 고객과의 접점이 많을 뿐만 아니라 각 접점에서의 업무 중요도도 높다.

사람들은 어떤 사람의 인상을 평가할 때 대개는 긍정적으로 평가를 한다. 기왕이면 좋게 사람들을 평가하려는 그런 경향을 '인물 긍정성 편향'이라고 하고 미국 소설에 나오는 여주인공의 성격에 비유해 '폴리아나 효과(Pollyana Effect)'라고도 한다. 그럼에도 불구하고 사람들은 어떤 부정적인 정보가 나타나면 다른 긍정적인 정보보다 부정적인 것에 더 비중을 두고 인상을 평가한다. 이런 현

▌세브란스병원이 겪은 제로 효과

한 때 고객 만족을 위해 전 직원이 혼신의 힘을 기울었지만 만족도가 기대만큼의 수치를 얻을 수 없었던 세브란스병원은 그 이유를 찾기 위해 고객 조사를 실시했다. 원인은 의외의 장소에 있었다. 고객이 가장 먼저 마주치는 주차에서의 불쾌감이었다. 결국 출발점에서부터 불만을 가지게 됨으로써 이후의 동선에서는 아무리 잘해도 만족도가 오르지 않는 '제로 법칙'이 적용되고 있었던 것이다.

▌첫인상

심리학 박사로서 첫인상 주식회사라는 독특한 컨설팅사를 설립한 앤 데마레이스(Ann Demarais)와 발레리 화이트(Valerie White)는 자신들의 저서, 『남이 당신을 어떻게 생각하는지 당신은 알지 못한다』에서 "누군가에 대해 파악한 첫 번째 것은 나중에 알아낸 그 어떤 것보다 훨씬 더 강한 인상을 심어준다"고 첫인상의 영향력과 중요성을 강조하고 있다. 그들의 또 다른 저서, 『느낌 좋은 첫인상(First Impression)』에서는 대부분의 사람들이 생각하는 것처럼, 첫인상이 외형, 즉 얼굴이 잘 생기고 못생김에 달려 있는 것이 아니라고 주장한다. 느낌 좋은 첫인상을 가지고 있는 사람들이 결코 특별히 잘 생긴 것은 아니라는 것이다. 결국, 어떤 사람의 첫인상은 처음 만났을 때 그가 나에게 어떤 반응을 보였는가, 그와 어떤 이야기를 나누었는가 등에 훨씬 더 많은 영향을 받는다는 것이 두 저자의 지론이다.

176

상을 '부정성 효과(Negativity Effect)' 라고
한다. 이 부정성 효과와 관련해 병원을 포함
한 여타의 서비스업체가 깊이 유념해야 할 것
으로 '제로 법칙' 이 있다. 제로 법칙이란, 어
떤 고객이 접점에서 몇 번을 만족했더라도 한
번만이라도 불만을 느끼게 되면 그 고객의 종
합 만족도는 제로가 된다는 법칙이다. 그리고
(병원에서의 MOT 횟수는 외래냐, 검사냐, 입
원 치료냐, 수술과 퇴원이냐에 따라 다르고,
병원의 규모나 질환에 따라 다르겠지만)
MOT의 숫자와 관계없이 공통되는 현상이 있
다면, 모든 경우에 소위 '제로 법칙' 이 적용
된다는 사실이다. 예를 들어, 병원에 입원해
서 퇴원하기까지 아무리 만족스러운 서비스
를 받고서도 퇴원을 위해 수납을 하면서 장시
간 줄을 서서 기다리는 불편함을 겪었다거나
수납의 오류 발생 등으로 불쾌함을 느꼈다면,
그동안의 서비스에 대한 종합 만족도는 제로
가 되고 만다는 것이다.

[참조 3-12] Total Liking

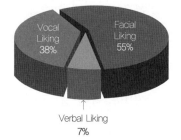

홍콩기업가 왕중추도 비슷한 주장을 하고 있다. 그는 「디테일의 힘」
이란 저서에서 '100-1은 99가 아니라 0이다. 공들여 쌓은 탑도 벽돌 한
장이 부족해서 무너지고, 1%의 실수가 100% 실패를 부를 수 있다' 는 말
로 작은 것의 중요함을 강조한다. 세계적인 경영학자 짐 콜린스(Jim

▌초두 효과(Primary Effect)

먼저 들어온 정보가 뒤이어 들어온 정보를 배척하는 현상을 말한다. 사람과의 만남에서 첫인상이 중요한 것처럼 먼저 제시된 정보가 나중에 들어온 정보보다 전반적인 인상 형성에 더 강력한 영향을 미치는 것이다. 가령 선거에서 1번 후보가 선거 프리미엄을 얻는 맥락의 이유다. 1946년 사회심리학의 고전적인 연구인 애쉬(Asch)는 다음과 같은 실험을 했다.

특정인 A를 설명할 때 ①장점을 먼저 말하고 단점을 나중에 설명했을 때와 ②단점을 먼저 말하고 장점을 설명했을 때 ①과 ②어느 쪽을 더 긍정적으로 판단할까? 답은 전자로서 먼저 제시된 특성에 의해 뒤의 특성이 영향을 받는다는 '초두 효과' 때문이다. 대인관계에서 첫인상의 중요성이 강조되는 이유다.

Collins)의 말도 같다. 그는 '뛰어난 능력의 손꼽히는 리더들은 비전에 병적일 정도로 집착하고 세부사항을 제대로 처리하는 것에 편집광적으로 매달린다'는 것이다.

그리고 보면 병원의 성공이란 것도 어쩌면 고객 접점에서의 그 수천 가지 작은 일들을 착오 없이 수행하고 반복함으로써 얻어지는 것인지 모른다.

고객의 생각 읽기 만약 병원이 보다 많은 고객 확보를 위해 고객의 생각을 읽으려 한다면 대략 2가지 방향으로의 모색이 필요할 것으로 보인다. 그중 하나는 '선택의 동기' 파악이다. 실제, 특정 병원을 이용한 고객을 대상으로 그 병원을 이용하게 된 동기를 물어보면 다음과 같은 응답이 도출된다.([참조 3-13] 이용 동기) 여기서 우리는 70%가 넘는 절대 다수의 동기가 구전이나 소문에 의한 것임을 확인할 수 있다. 그에 비하면 거리가 가깝다는 물리적인 이유나 대중매체에 의한 정보는 미미한 수준에 그친다. 즉, 병원을 선택할 때는 여타의 소비재 상품을 선택할 때보다, 앞서 경험한 고객의 의견을 훨씬 더 중시한다는 사실을 알 수 있다. 고객 생각 읽기에 또 다른 하나는 '선택의 기준' 파악이다. 그것은 사람의 마음속에서 어떤 결정을 내릴 때 적용하는 저마다의 '틀(Frame)'이다. 예를 들면 가격 틀, 품질 틀, 서비스 만족 틀, 희소가치 틀 등, 종류도 다양하다. 한 사례로 100달러짜리 시계를 60달러에, 1,000달러짜리 비디오카메라를 960달러에

[참조 3-13] 이용 동기

(대상자 : 이용 고객 250명, 중복 응답)

– 이용한 사람 소개	48(%)
– 잘한다는 소문 듣고	24
– 거리가 가까워	15
– 대중매체서 보고	9
– 무응답	5

178

파는 곳이 있다고 했을 때, 미국의 소비자들은 시계의 경우 90%, 비디오카메라는 50%가 거리가 멀어도 싼 곳을 찾아가서 사겠다고 답했다고 한다. 여기서 비디오보다 시계의 구매 의사가 현저히 높은 이유는 이들이 두 제품을 구매함에 있어 동일한 40달러 할인금액이라는 '가격 틀' 대신 40%와 4%의 차이, 즉 '할인율 틀'을 적용했기 때문임을 알 수 있다.

이제, 우리가 병원 마케팅의 관점으로 주의를 기울여야 할 것은 이처럼 각자 상이한 선택 기준, 즉 저마다의 틀을 가지고 있는 고객이 타인의 의견이나 평가를 듣고 병원을 선택하고 이용한 뒤에 고객 머릿속에 떠오르는 생각이다. 자신이 선택한 병원에서 고객이 실제로 체득한 경험은, 들었던 내용과 얼마나 일치하고, 자신의 선택의 기준에 얼마나 부합되고 있느냐 하는 것이다. 만약, 실제의 경험이 이전의 생각과 일치하지 않는다면('생각보다 좋다'는 의미의 불일치는 논외로 하고) 병원으로서는 당연히, 그 불일치의 정도를 파악하고 그에 따른 적합한 해소 방안을 찾아야 하지 않겠는가?

그동안의 수많은 심리학 이론은 "인간이란 인지적 조화상태를 추구하는 경향성이 있다"고 보았다.(Abelson, 1968 ; Feldman, 1966) 이러한 경향은 미국의 사회심리학자 레온 페스팅거(Leon Festinger)가 '종말론'에 대해 사람들의 심리를 관찰하면서도 제시되었다. 그는 종말론을 믿는 한 사이비 종교집단에 숨어 들어가 광신도들이 종말이 올 거라고 예견되었던 그날 과연 '예언이 빗나갔을 때 신도들은 어떤 반응을 보일까?'를 살펴보았다. 결국 그들은 종말이 오지 않았음에도 불구하고 자신들의 신념을 바꾸지 않는다. 그들은 당혹감과 허탈감을 일시적으로 보였지만, 자신의 믿음이 잘못되었음을 받아들이기보다는 자신들의 신앙이 종말을 막았다는 쪽을 선택했다. 사실을 왜곡하는 심리적 경향을 극단적으로 보여주는 이러한 사례를 페스팅거는 "인간은 스스로 위선을 정당화하고자 대단히 놀라운 정신활동을 한다"고 결론지었다. 마찬가지로 제품이나 서비스가 구입 전에 기대했던 것과 실제 구입 한 뒤의 결과치 간에 엇갈림 현상이 일어나면 그 불균형을 회복하기 위한 동기상태, 즉 각성상태가 유발되는데, 이와 같은 상태를 '인지부조화(Cognitive Dissonance)' 라고 한다.

가령, 자동차 구입과 관련하여 A씨의 경우를 생각해 볼 수 있다. A씨는 X-car를 선택하려 한다. 탁월한 연비와 세련된 디자인이 이유였다. 그런데 최근 우연히 택시기사로부터 전해들은 얘기로는 신형 Y-car가 X-car에는 없는 최첨단 급제동 시스템이 장착되어 있음을 알게 되었다. 마침내 A씨는 X-car 대신 Y-car를 구입하게 된다. 그러던 A씨는 얼마 지나지 않아 Y-car가 생각보다 연비가 낮고 실내공간이 좁아 차라리 X-car를 구입했더라면 어떠했을까 하는 생각을 가끔씩 하게 된다. 이런 경우, A씨에게 당장 필요한 것은 A씨의 인지부조화를 해소시켜줄 Y-car에 관한 새로운 정보이다. 그럼으로써 A씨를 인지조화의 상태로 유도함과 동시에 새로운 구전의 생산을 기대할 수 있다.

병원 경영 관계자는 고객이 자신의 병원에 대해 알고 있었던 것은 무엇이며 전해들은 소문은 무엇인지를 알고 있어야 한다. 그럼으로써 인지부조화 상태에 있는 고객이 있다면 그의 선택이 틀리지 않았음을 확인할 수 있도록 그동안 알지 못했던 긍정적 가치를 제공할 수 있다.

병원은 구전(소문)으로 먹고 사는 산업이라 해도 과언이 아니다. 결국 고객들이 인지한 내용들은 무엇인지, 그러한 내용들이 왜 선택의 주요 요인이 되었는지를 정기적으로 파악하고 그에 따른 연구와 노력이 결부된다면 인지조화에 경험가치까지 더해질 수 있다. 이것이 바로, 고객의 생각 읽기를 통해 고객의 마음을 자신의 병원으로 움직이도록 할 수 있는 자신만의 고객감동 프레임, 글로벌 경쟁시대에 꼭 필요한 생존 도구이다.

대기

소위 인구밀도가 높은 곳이라면 어디에서건, 기다림은 이제 아주 흔한 예삿일이 되어버렸다. 그러나 문제는, 고객의 입장이 되고 보면, 그 대기 행렬 속의 시간이 결코 유쾌하지 않다는 데 있다.

초인종 효과와 임계치 고객에게 아무런 정보도 주지 않은 채 무작정 기다리게 함으로써 고객에게 나타나는 반응을 세계 유수의 디자인 기업 IDEO의 최고경영자이자 「유쾌한 이노베이션」의 저자, 톰 켈리(Tom Kelly)는 일명 '초인종 효과(Doorbell Effect)'라 이름 지었다. 초인종을 누르고 나서 문이 열릴 때까지, 기다리는 동안의 방문자 반응과 비슷하다하여 지어진 용어이다.

초인종 효과와 비슷한 개념으로 '임계치(Critical Value)'가 있다. 임계치란 어떠한 물리 현상이 갈라져서 다르게 나타나기 시작하는 경계의 수치(값)를 말한다. 물은 섭씨 99℃에서 100℃로 넘어가는 어느 순간에 끓는다. 그 찰나의 순간에 액체인 물이 기체로, 한 사물이 지금까지와는 전혀 다른 가치와 속성을 가진 존재로 바뀌는 것이다. 이러한 임계치는 우리 일상에서도 존재한다. 외국어 공부의 과정에서, 그 외국어를 계속 듣고 말하다 보면 갑자기 찾아오는, 말문과 귀가 뚫리는 듯한 순간이라거나, 음식을 만들 때 이것저것 해보다가 문득 감(感)으로 오는 깨달음의 순간 같은 것이다.

[참조 3-14]
'잠깐'이라고 했을 때 인내시간

- 식당에서 요리 제공   6분 23초
- 신호대기   3분
- 응접실에서   10분
- 친구와의 약속   10분
- 애인 사이   30분

일상생활에서 나타나는 이러한 임계치나 초인종 효과는 서비스업 종사자들에게는 남다른 의미를 지닌다. 어느 한 연구 조사 결과는 '잠깐만 기다려주십시오!'라는 말에 인내할 수 있는 시간이 각기 다른 상황에서 얼마나 다른가를 보여준다.([참조 3-14] '잠깐'이라고 했을 때 인내시간) 즉, 서비스 제공자는 고객이 초인종을 누르고 인내의 임계치에 도달하기 전에 무언가를 제공해야 한다.

대기시간 관리 '기다릴 때의 심리 연구'로 유명한 영국의 심리학자 데이비드 마이스터(David Maister)는 대기시간과 고객이 느끼는 심리적 시간과의 관계에 대해 흥미로운 사실을 발견했다. 그는 고객의 대기시간을 효과적으로 관리하여 만족을 주기 위해 다음과 같은 8가지 원칙을 알아야 한다고 제시한다. 고객이 심리적으로 더 길게 느껴지는, 대기 상태에서의 상황을 구체화한 것이다.

① 아무 일도 할 수 없는 가만히 있는 상태에서 대기하는 경우
② 구매 중 대기가 아닌 구매 전까지의 대기인 경우
③ 강렬히 원하는 상태에서 대기하는 경우
④ 예상 대기시간을 알지 못하고 대기하는 경우
⑤ 지연의 이유를 알지 못하고 무작정 기다리는 경우
⑥ 대기시간에서 남보다 불이익을 받는다고 느끼며 기다리는 경우
⑦ 기다릴 가치가 없다고 생각하며 기다리는 자포자기식 대기의 경우
⑧ 대기 행렬 내에서 유일한 대기자로 혼자서 기다리는 경우

이러한 개별 상황이 서비스업의 경영자나 직원에게 중요한 것은 대기 유형에 따라 각기 다른 심리상태를 이해함으로써 각각에게 제공되는

서비스가 달라야 할 것이기 때문이다.

고객들은 아무런 통보도 없이 무한정 기다리길 원치 않는다. 현재 엘리베이터가 몇 층에 있는지 보여주는 계기판이 있거나, 서비스 직원이 "고객께서 문의하신 상황은 3분 안에

답변 드리겠습니다"라고 대답해 주기만 해도 기다림의 고통은 훨씬 반감될 수 있는 것이다. 데이비드 마이스터는 사람들이 줄을 서서 기다릴 때 불편하게 여기는 것은 줄을 서 있는 것 자체가 아니라, 기다리는 동안 아무것도 하지 않은 채 시간을 낭비하고 있다고 인식하기 때문이라는 사실을 발견했다. 만약 줄을 서서 기다리는 중에도 뭔가 생산적인 일을 할 수 있다거나 시선을 집중할 무언가가 있다면 불편을 덜 느낀다는 것이다. 이와 관련하여 어느 한 병원의 조사를 보면 기다리는 시간 동안 고객들이 원하는 서비스의 구체적 실례를 알 수 있다.([참조 3-15] 대기 시 원하는 서비스)

타임 마케팅(Time Marketing) 교토대학교 미야 에이지(三家 英治) 교수가 지은 「타임 마케팅」은 시간을 세일즈 포인트화 하여 비즈니스 기회의 폭과 깊이를 새롭게 확장하기 위한 개념이라고 할 수 있다. 그러나 이 타임 마케팅에 대한 인식은 대다수의 비즈니스 분야에서 아직은 다소 부족한 것으로 보인다. 즉, 타임 마케팅을 '마케팅에 유리한 또는 불리한 특정 시간대에 특별한 가격 또는 혜택을

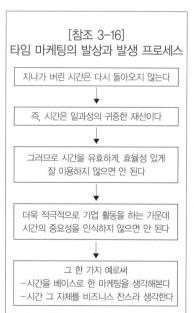

[참조 3-16]
타임 마케팅의 발상과 발생 프로세스

지나가 버린 시간은 다시 돌아오지 않는다

↓

즉, 시간은 일과성의 귀중한 재산이다

↓

그러므로 시간을 유효하게, 효율성 있게 잘 이용하지 않으면 안 된다

↓

더욱 적극적으로 기업 활동을 하는 가운데 시간의 중요성을 인식하지 않으면 안 된다

↓

그 한 가지 예로써
–시간을 베이스로 한 마케팅을 생각해본다
–시간 그 자체를 비즈니스 찬스라 생각한다

█ 대기시간 서비스 사례

뱅크오브 아메리카(Bank of America, BoA) 세계적인 금융서비스 뱅크오브 아메리카는 은행에서 줄서서 기다리는 시간에 대한 고객의 임계치가 '3분'이라는 사실을 발견했다. 즉, 은행에서 '3분'이 지나가면 고객은 실제 기다린 시간보다 더 오래 기다렸다고 생각하면서 기다림의 수고를 과대평가하게 된다는 것이다. 그래서 BoA는 재미있는 비디오상영 등의 다각적인 노력으로 초인종 효과를 완화할 수 있었다. 고객 만족도 지수에서 단 한 가지 사항만 개선해도 고객 한 사람당 1.4달러의 매출 증가 효과가 있음도 알아냈다. 초인종 효과에 주목하면서 이를 임계치와 접목해 '대기시간을 즐겁게'라는 모토로 고객 만족도를 올린 BoA는 이노베이션 팀 창설 등 일련의 고객케어를 위한 지속적인 투자를 한 결과 고객들의 로열티와 추천 의향이 크게 늘어나게 되었다.

일본의 리소나은행
일본의 리소나은행은 창구를 분할하여 고객이 기다리는 시간을 정하도록 하는 전략을 사용했다. 서서 일하는 창구는 간단한 일처리를, 칸막이가 쳐진 공간의 의자에 앉아 상담을 받는 창구는 긴 상담업무를 처리하는 것으로 했다. 이 결과로 당시 실시 8개월 만에 고객 대기시간이 평균 4분에서 평균 1분으로 감소하는 성과를 거두었다.

아치라이벌 구두 매장
고객들에게 단순히 구두를 판매하는 것이 아니라, 발과 관련된 모든 체험을 할 수 있도록 배려해 준다. 심지어 은퇴한 족부성형 전문의를 고용하여 고객들에게 발에 대한 전문지식을 알려주고 자신에게 맞는 구두를 구입할 수 있게 해 주었다.

제시하여 소비를 이끌어내는 것' 정도의 수준에서 머물고 있는 것이다.([참조 3-16] 타임 마케팅의 발상과 발생 프로세스) 시간에 쫓기는 현대인의 라이프스타일에 맞춰 시간을 잘게 쪼갠 후 최적의 서비스를 제공한다거나, 특정 시점을 선택할 수 있는 예약 방식의 유통, 점심이나 심야시간과 같은 특정 기간 활용, 그리고 마감 임박 할인 등과 같은 것이 그 구체적인 예가 될 수 있겠다.

그러나 미야 교수가 주장하는 타임 마케팅은 그러한 '시간 관리' 수준에 머무르지 않고 한 걸음 더 나아가 있다. 즉, 시간의 가치가 가속도적으로 높아지게 되면, 당연히 시간을 축(軸)으로 한 마케팅 찬스가 증대된다고 보는 것이다. 이는 곧 고객 만족을 제일의 목적으로 삼아 시간이라는 차원에서 전개되는 비즈니스 활동을 말한다. 그러므로 '시간'이라는 개념을 기업 나름대로 어떻게 해석하고 새로운 전략을 입안해 나아갈 것인가가 테마가 된다.

'Time is money'라는 말도 있지만, 비즈니스에서 시간이라는 개념은 '시간은 돈만큼 소중한 것'이라는 단순한 뜻 이상을 지닌다. '시간'이라는 개념 속에는 여러 가지 의미가 들어있기 때문이다. 즉, '얼마나 빠르게'라는 의미의

'속도', '얼마나 적합한 때에' 라는 의미의 '타이밍', '같은 때에' 라는 의미의 '동시성', 그리고 '어느 정도의 간격을 두고 몇 번이냐' 라는 의미의 '주기성' 등이다. 더욱이나 요즘 들어 '수준(내용)', '정도(빈도)'와 함께 서비스 분야에서 고객의 만족도를 결정하는 주요 요인 중의 하나로 크게 대두되는 것이 '시간' 임을 감안하면 타임 마케팅은 주목받기에 충분한 분야가 아닐 수 없다.

지금은 제품의 품질 수준이나 서비스의 정도에서는 그다지 큰 차이가 나지 않는 시대이다. 때문에 이제는 시간이 서비스 품질의 주요 선별 기준이 되어가고 있다. 예를 들어 우리가 평소 가장 유유자적하게 즐기는 목욕시간을 타임 마케팅의 시각으로 쪼개어 분석해 본다면 참조와 같이 될 것이다.([참조 3-17] 목욕시간의 타임 마케팅) 이를 보면 목욕 중에 느끼는 만족항목들이 고객별로 다양하게 나타난다. 이러한 각각의 욕구와 만족의 유형 속에서 기업은 저 나름의 마케팅 기회를 찾을 수 있다. 고객이 기다리는 시간을 줄이기 위해 노력하는 스타벅스와 도미노피자 같은 회사들이 있는가 하면, 그와는 반대로 고객이 즐거움을 느끼는 시간을 늘려주며 수익을 만들어내는 기업도 있다. 이들은 시간을 마케팅의 수단으로 적극 활용하는 것이다. 한마디로, 고객의 시간을 벌어주면서, 즐기는 시간은 늘려주는 것이다.

영국의 철학자 토마스 카아라

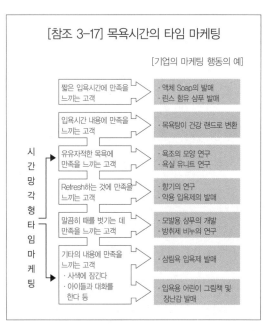

[참조 3-17] 목욕시간의 타임 마케팅

일(Thomas Carlyle)는 "책이 없는 궁궐보다 책이 있는 오두막이 낫다"고 했고, 엘마 봉베크는 "대합실의 식물이 말라 죽어가는 병원의 의사에게는 절대 가지 말아야 한다"고도 했다. 병원 서비스에서의 대기시간 대응 전략 여부는 병원의 선호도 및 고객만족도에 결정적인 영향을 미친다. 고객의 기다리는 시간은 병원의 이미지나 만족도에 큰 영향을 미치는 중요한 시간이며, 서비스의 차별화를 위한 절호의 기회가 숨어 있는 시간이다. 그러나 이 사실을 간과하고 있는 병원이 아직은 많아 보인다.

시간은 최대의 제약조건인 동시에 Money making의 최대 비즈니스 찬스이기도 하다. 때문에 병원도 하루속히 변화하여 지금까지는 없던 새로운 가치를 '시간'에 부여할 수 있어야 한다. 지금이라는 시간은, 병원이 시간의 개념을 재인식하고 접수, 진료, 검사, 예약, 수술, 입원 등 일련의 과정들 속에 놓여 있는 고객의 시간을 면밀히 들여다보고 어떻게 마케팅을 전개하여 비즈니스 찬스를 창조할 것인지를 적극 연구할 때다.

지금은 가히, '기다림의 차이가 서비스 차이'라고 할 만한 시대이다. '어떻게 하면 서비스를 더 빠르게 제공할 수 있을까?'에서 끝나지 않고 '어떻게 하면 기다리는 시간을 효율적으로 관리해줄 수 있을까?' 하는 '초인종 효과'의 발견이 필요한 시점인 것이다. '기다리지 않는 병원' 못지않게 '기다림에 지루하지 않은 병원'은 고객에게는 강한 셀링 포인트가 될 것이다. 그렇다면 과연 독자의 병원은 고객이 초인종을 누르고 임계치에 도달하기 전까지 무엇을 하고 있는가? 자기 병원의 홍보영상물이나, TV, 대중잡지 등을 제공하는 수준에 머무르고 있지는 않은가? 그리고 그것은 마케팅적인 판단의 결과인가, 아니면 별 의도 없이 행해지고 있는, 지금까지의 타성의 발로인가? 타임 마케팅이라는 개념을 놓고 독자의 병원에게 묻고 싶은 질문이다.

진료

지식의 저주(The Curse of Knowledge) 대화중에 우리는, 무의식적으로, 자신이 잘 알고 있는 것을 상대방도 당연히 알고 있을 거라고 생각하는 경향이 있다. 그러나 그러한 생각이 실상은 착오일 경우가 많아 소통을 어렵게 만드는 주요 원인이 되기도 한다. 이를 스탠포드대학 심리학자 엘리자베스 뉴턴(Elizabeth Newton)은 '지식의 저주'라고 이름 지었다. 그녀는 '두드리는 자'와 '듣는 자(Tapper and Listener)'라는 재미난 실험을 통해 특정 분야의 전문가가 되어 지식을 알고 나면, 알게 되기 전 상태를 상상하기 어렵게 된다는 사실을 증명해 보였다. 그녀는 '두드리는 사람'에게는 크리스마스캐럴과 같이 누구나 아는 노래를 이어폰을 통해 들려준 다음, 박자와 리듬에 맞춰 탁자를 두드리게 하고, '듣는 사람'에게는 그 두드리는 소리만으로 노래의 제목을 맞추게 했다. 결과는 의외였다. 모두 120곡을 들려주었는데, 제목이 맞추어진 노래는 3곡에 불과했다. 두드리는 사람이 짐작한 예상 확률 50%와는 확연한 격차를 보인 것이다. 들은 사람이 곡을 알아맞히지 못하는 것을 보고 당황한 두드린 사람은 '어떻게 그럴 수가 있지? 이 정도면 식은 죽 먹긴데!'라고 생각한다. 바로 '지식의 저주'다.

「스틱」과 「스위치」의 저자인 스탠포드대학의 칩 히스(Chip Heath) 교수는 커뮤니케이션의 가장 큰 장애 요소로 뉴턴이 말한 이 '지식의 저주'를 꼽았다. 그는 마침 병원과 관련된 얘기 하나를 전한다. 수술 받은 고객을 대상으로 '치료의 수술법이 무엇이었는지 알고 있는가?'를 물었더니 놀랍게도 20%가 넘는 사람이 자신이 받은 수술이 무슨 수술인지

▌따뜻한 진료

ABC방송 등의 미국 언론들은 미국에서 두 번째로 큰 쇼핑몰체인을 소유한 부동산투자신탁회사 설립자 매튜 벅스봄과 캐럴린 벅스봄 부부 얘기를 보도한 적 있었다. 시카고대학병원 내과 전문의 마크 시글러(Mark Siegler) 박사의 너무 따뜻한 진료에 감동한 나머지 4,200만 달러를 기부한 사연이다. 캐럴린은 매체와의 인터뷰에서 "남편이 갑자기 큰 수술을 받게 됐을 때, 그는 적절한 수술진을 찾기 위해 진심으로 애를 써주었고, 담당 의사로서 수술실에도 함께 있어 주었어요. 그는 고객 개개인에게 눈을 맞추고 공감해주며, 때로 집에까지 전화를 걸어 그들을 챙기는 의사예요"라고 감사함을 표했다. 세계적인 의료윤리학자이기도 한 시글러 박사는 "의사가 치료 과정에서 질병에만 관심을 두고 고객을 소외시키는 일이 있다. 좋은 진료는 의사와 고객이 인간적인 관계를 맺는 것이다"라고 말했다. 병원 측은 기부금으로 의사와 고객의 의사소통 개선과 관계 강화를 돕기 위한 교육센터를 설립할 것이라고 했다.

조차 모르더라는 것이다. 과연 고객이 수술법에 대해서 알려는 노력을 하지 않은 것인지 또는 알려고 해도 이해하기가 힘들었던 것인지는 알 수 없지만, 충분히 설명을 했다고 생각하는 의사의 입장에서 보면 지식의 저주가 아닐 수 없다. 이는 국내 조사에서도 유사한 결과를 보인다. 서울대병원과 국립암센터 공동 조사에 따르면 국내 암 생존자 2,556명 중 37.1%인 985명이 의사와 면담이 불충분하다고 답한 것으로 나타났다.

지식의 저주는 회사 경영자와 일선 직원, 정치가와 유권자, 마케터와 고객, 작가와 독자, 교사와 학생, 부모와 자식, 그리고 고객의 입장은 잘 알지 못한 채 의학지식만을 일방적으로 전달하는 의사와 고객 사이에서 수시로 일어나고 있다. 모니터에 시선을 고정시킨 채, 의사는 진료 결과만 열심히 기록하는 모습은 전혀 낯설지 않은 진료실 풍경이다. 그러다보니 실제로 고객을 대상으로 한 접점별 만족도 조사 결과를 보면 진료가 가장 불만족스러웠다는 응답이 나오는 것도 무리가 아니다.([참조 3-18] 가장 불만스러운 과정)

의사가 지식의 저주에 빠지지 않고 자신의 생각을 정확히 전하려면 진료실을 찾은 고객

[참조 3-18] 가장 불만스러운 과정	
(대상자 : 이용 고객 300명)	
– 진료	31(%)
– 수납	20
– 검사	15
– 접수	13
– 입원	11
– 퇴원	10

*6가지 항목을 제시, 응답한 결과임

의 입장을 먼저 헤아리고, 서로의 접점을 찾아 적절한 말투로 대화를 할 수 있어야 한다.([참조 3-19] 말투)

미국의 신설 버지니아텍 의대는 학생 선발에 혁신적인 방법을 적용하고 있다. 이 대학은 '인간의 생명을 구하는 의사가 되고 싶다면 스스로 먼저 인간이 되어라'라는 모토 아래, 성적 대신 인성을 중심으로 입학생을 선발한다. 아홉 차례에 걸친 다중 인터뷰에서 측정되는 주요 내용은 지원자의 '품성'과 '자질'이다. 이 대학에서는 의사에게 무엇보다 필요한 것이 고객과의 소통과 동료 간 신뢰라고 본 것이다. 사실 우리는, 생명을 구하는 직업이라고 자처하는 의사들이 때로는 정작 고객의 호소에는 귀를 기울이지 않고 모든 것을 다 알고 있다는 듯 행동하는 모습을 종종 보게 된다. 이는 존경받는 의사들이 한결같이 '명의의 기준은 스펙보다는 레포르(Rapport, 의사와 고객의 심리적 신뢰)에 있다'고 말하는 것과도 같은 맥으로 이해된다. 신뢰 형성의 핵심 요소는 '고객의 말을 잘 듣는 것'이다.

"저는 의사가 나의 병을 인식하고 이해하는 데 있어 의과대학 교과서에 나오는 병명이라는 개념으로서 이해하지 말고, 고객의 고통을 고객의 생명 속에서 발생한 고유한 실존적 현상으로 이해해 주길 바랍니다. 그러나 의사는 그렇게 받아주는 것 같지 않았어요. 교과서 속에서 보편화한 개념, 병명으로서 개념화한 일반적 현상으로 받아들이는 것 같았어요.

┃크로스병원의 의자

도쿄 시부야의 크로스병원은 진찰실의 고객용과 의사용의자를 모두 똑같이 만들었다. 의사는 팔걸이가 있는 회전의자에 앉고 진료 받는 사람은 둥그런 간이의자에 앉는다는 통념을 과감히 깬 것이다. 그들이 의사에 대해 가지고 있는 심리적 거리감을 없애고 병원에 대한 친근감을 느끼게 하기 위한 고도의 마케팅 전략이다. 이처럼 일본에서는 고객과의 커뮤니케이션을 존중하는 병원들이 늘고 있다. 그들에게 충분한 설명을 해주지 않는 병원, 그들의 알 권리를 존중하지 않는 병원은 결국 외면당해 경영난에 빠지고 만다는 점을 일본 병원들은 스스로 인식하고 있는 것이다.

저는 의사에게서 많은 소외감을 느꼈습니다. 의사와 고객의 소통은 가능한가 하는 문제를 생각했지요." 소설가 김훈(金薰)씨가 의사들에게 한 말이다. 의사라면 묵상해 보아야 할 화두가 아닐 수 없다.

감성 마케팅 병원을 찾은 고객이 치료 방법이나 의료진에 대해 완전한 믿음을 가질 때, 병의 치료 확률이 급격히 높아진다는 것은 이미 여러 실험을 통해 입증된 바 있다. 심지어는 그것이 설사 가짜 약일지라도 그들에게 믿음만 있다면 보통의 경우 35% 정도, 최대 70%에 이르는 치료 상승 효과를 보인다는 연구 결과도 보고된 바 있다. 소위 플라시보 효과(Placebo Effect)이다. '플라시보'는 라틴어로 '마음에 들다' 라는 뜻으로 가짜 약을 의미한다. 이 효과를 처음으로 확인한 사람은 프랑스의 약사이자 심리 치료사인 에밀 쿠에(Emile Coue)였다. 그는 1922년에 출간한 자신의 저서 「자기암시」에서 꿈은 진심으로 믿고 확신을 가지면 이룰 수 있다며, 모든 것은 마음이 더 중요하다는 주장을 펼쳤다. 그는 사람의 행동을 지배하는 것은 의식이 아니라 무의식이라고 말한다.

이처럼 사람의 행동을 지배하는 무의식을 향한 마케팅이 바로 '감성 마케팅' 이다. 요컨대, 기분과 감정에 영향을 미치는 정서 중심의 자극을 통해 브랜드에 대한 긍정적인 이미지를 고객의 무의식에 심음으로써 고객의 행동을 의도하는 방향으로 이끄는 마케팅 활동이다. 미국의 어느 한 수퍼마켓은 매장 내 구운 빵 냄새를 뿌렸더니 빵 가게의 매출이 3배 증가했다거나, 백화점에서 들리는 음악의 빠르기가 제품 구입에 영향을 미친다거나 하는 것들이 그 실질적인 예가 될 것이다.

이 감성 마케팅은 이성에 호소하기보다는 직관과 이미지를 중시함으로써 보다 쉽고 직접적으로 고객을 사로잡을 수 있다는 장점 때문에 별

다른 차별점이 없는 경쟁자들 사이에서 활용도가 점차 높아지고 있다. 이는 많은 요소들이 점차 평준화되어가고 있는 오늘날의 병원들에게도 그대로 적용된다. 즉, 고객들의 감성을 움직이는 자극이나 정보를 통해 병원에 대한 호의적 반응을 일으키고, 즐거운 이용 경험을 가질 수 있게 해줌으로써 고객에게 감동을 주는 활동이 병원에게도 효율적인 마케팅 수단이 되고 있다는 얘기다.

미국, 코비 리더십센터의 창립자이자 프랭클린 코비사의 공동 회장인 스티븐 코비(Stephen R. Covey) 박사는 '감정 계좌'라는 이름으로 인간관계에서 구축하는 신뢰의 정도와 감정의 사용에 대해 명쾌한 이론을 제시했다. 우리는 서로 관계를 맺고 있는 사람들 사이에 흡사 은행 계좌와 같은 저마다의 감정 계좌를 가지고 있으며 수시로 입금과 출금을 하고 있다는 것이다. 즉, 코비는 사람들이 자기 자신에 대해 상대방이 좋은 감정을 갖게 함으로써 감정 계좌에 잔고가 늘어나게도 할 수 있지만, 나쁜 감정으로 인한 인출이 생기기도 하여 경우에 따라서는 그 인출의 정도가 잔고 보다 많아 부채가 되기도 한다고 설명한다. 예를 들어, 만약 어느 부부가 별거나 이혼을 생각하고 있다면 그것은 어느 한쪽, 또는 양쪽의 감정 계좌가 바닥을 드러내고 있거나 심각한 정도의 부채상태가 되어버렸기 때문일 가능성이 크다.

그런 면에서 병원의 많은 접점들은 고객이 입금을 하기도 하고 출금을 하기도 하는 감정 계좌의 창구이다. 때문에 병원은 고객의 병원에 대한 감정 계좌에 잔고가 얼마나 있고, 고객이 떠날 수 있는 잔고의 한계치가 얼마쯤이라는 가상의 기준치까지 염두에 두고 있어야 한다. 그중에서도 진료실은 고객이 병원을 찾은 궁극의 이유가 되는 곳일 뿐만 아니라, 일대일의 대화가 이뤄지는 장소인 만큼 그 어떤 접점보다도, 많은 분량의 감정이 입출금되는 곳임에 틀림없다.

고객에게 공손하고 친절하며, 정직하고 약속을 잘 지키는 병원은 고객의 감정 계좌에 잔고를 늘려준다. 반면, 불친절하거나 무례하고, 고객의 말에 귀 기울이지 않는다거나 무시할 때마다 고객의 감정 계좌에서는 인출이 일어난다. 병원의 이미지와 입소문은 결국, 고객 하나하나의 감정 계좌에서 일어나는 이러한 덧셈과 뺄셈의 결과치와 전혀 다름이 없다고 보아도 무방하다.

"마음이라는 발전소에서 나온 에너지가 외부 세계를 변화시킨다"고 한 베트남의 평화운동가 틱낫한(Thich Nhat Hanh)의 말만큼 병원이 감정 계좌 관리에 심혈을 기울여야하는 이유를 명확히 설명해주는 말도 없어 보인다.

입원

웃음 마케팅 병실은 수술을 앞두고 있거나 수술 후 회복을 위해 그리고 집중적인 별도의 간호와 치료가 필요할 때 고객이 머무르는 곳이다. 짧게는 며칠, 길게는 몇 개월 이상씩을 지내야 하는 그곳에서 고객에게 가장 필요한 것은 무엇일까? 저마다의 건강상태가 다른 까닭에 요구되는 것도 당연히 제각각일 수밖에 없지만, 어느 병실의 어느 입원 고객에게나 동일하게 필요한 것을 찾는다면, 아마도 마인드 케어가 아닐까?

그렇다면 그 마인드 케어, 즉 고객의 정서적 안정을 위해 요구되는 것은 어떤 것들일까? 수없이 많은 것이 있겠지만 그중 분명한 것 하나만 꼽으라고 한다면 필자는 주저 없이

▌맥도날드의 웃음

맥도날드는 웃음으로 고객 마음을 사로잡은 사례로 유명하다. 러시아 수도 모스크바에 처음으로 입성해 그들이 펼친 전략은 '지옥의 스마일 훈련'이었다. 공산주의 사회 속에서 웃음이 없는 러시아 사람들을 사로잡을 수 있었던 유일한 방법은 웃음밖에 없다는 것에 착안, 습관화시켰던 것이다. 추운 러시아에 안착할 수 있었던 전략에 웃음이 있었다는 얘기다.

192

'웃음' 을 선택할 것이다.

우리 몸의 건강과 관련해, 웃음이 실제로 인체의 면역 기능을 강화한다든가 하는 등의 연구 결과는 이미 상식이 되어버린 지 오래다. 그럼에도 불구하고 우리가 이제 다시 웃음에 주목하는 것은 웃음이 자기 자신의 건강 증진의 차원에서 머물지 않고 고객에게 긍정적인 이미지를 심어줌으로써 마케팅적 측면에서도 큰 기여를 한다는 데 있다. 그 한 예로, 의료 관계자들에게 밀도 있는 정보 제공과 각종 연구회 등으로 학술지향을 위한 의료 중심 메이커로서의 이미지에 머물던 일본베링거인겔하임은 일반인들에게 다가가기 위한 기업 PR로 "웃는 얼굴 캠페인"을 실시한다. 젊은 여성의 웃는 얼굴→건강→의약품 메이커라는 누구나 상기하기 쉽고 알기 쉬운 표현을 사용한 이 캠페인으로, 회사는 친숙하지 않고 기억하기 어려울 뿐 아니라 업종과 업태도 알 수 없다는 사명(社名)이 지닌 한계에서 벗어날 수 있었다.

어느 조사 자료에 따르면 판매원들은 95%의 이성과 5%의 감성으로 고객에 다가가지만, 고객들은 5%의 이성과 95%의 감성으로 판매원을 대한다고 한다. 95%의 감성에 결정적 영향을 미치는 것이 바로 '웃음'이다. 전설적인 미국의 자동차 판매왕, 조 지라드(Joe Girard)는 "웃음의 위력을 알지 못하는 세일즈맨은 결코 성공할 수 없다"고 단언한다. 프린스턴대학 판매연구소 제이슨 박사는 연기자를 동원, 50명은 시종일관 웃음을 띠고, 50명은 무표정한 상태로, 나머지 50명은 험상궂거나 신경질적인 얼굴로 판매하는 실험을 했다. 그 결과 '웃음 팀'은 목표량

▌재미있는 병원

캐나다 온타리오주에 있는 숄다이스라는 탈장 전문병원은 병상 수가 100개밖에 되지 않지만, 전문의 15명이 연간 8,000여 건의 수술을 한다. 병원 광고도 하지 않는다. 하지만 전 세계에서 고객들이 몰려드는 데 그러한 인기를 누리게 된 이유 중의 하나는 '재미'이다. 병원엔 입원 고객들의 무료함을 달래는 TV 대신 레크리에이션 공간이 있다. 그들은 여기서 다른 이들과도 재미있게 논다. 레스토랑에 모여 밥도 함께 먹는다. 그들은 식당에 갈 때나, 심지어 수술실에 갈 때도 스스로 걸어서 간다. 공동목욕탕에서 함께 목욕을 하면서 걱정거리를 덜어낸다. 일상생활 공간처럼 꾸며져 있다. 퇴원한 고객들은 매년 모임을 갖고 '숄다이스 동창생'이 된다.

의 3~10배까지 팔았고, '무표정 팀'은 목표량의 10~30%를 판매한 반면, '험상궂은 팀'은 전혀 팔지 못한 결과를 보였다. 그렇다면 정작 병원에서는 어떻게 웃음 마케팅을 할 수 있는가?

이미 국내의 몇 개 병원에서는 정기적으로 모든 직원을 대상으로 한 '행복한 미소 짓기', '아름다운 대화 나누기' 등의 교육을 실시하기도 하고(한양대병원), 매일 아침 직원들이 본관 입구에 나와 웃음으로 방문 고객을 맞는 '고객감동 서비스'를 하는가 하면(분당서울대병원), 고객에게 신뢰감을 주는 용모와 복장, 전화 및 대화 예절 등과 함께 미소로 인사하기(의정부성모병원) 캠페인을 벌이기도 했다. 이외에도 '따뜻한 가슴으로 안아 주세요'라는 주제로 서로에게 관심 갖기, 고객 손 한 번 더 잡아주기, 밝은 미소로 인사하기 등을 슬로건으로 내건 병원(성가병원)도 있고, "따뜻한 병원 만들기"라는 주제 아래 '환한 미소로 응대하겠습니다'라는 실천사항을 선정한 병원(가톨릭의대성모병원)도 있다.

중국의 옛 속담 중에는 "웃지 않는 사람은 장사를 해서는 안 된다"는 말이 있다. 만약, 이 속담을 오늘날의 병원 마케팅으로 옮겨 다시 풀어 보면, "웃지 않는 얼굴로 병원 열 생각하지 마라"는 뜻이 되지 않을까? 혹, 지나친 비약일까?

[참조 3-20]
입원생활 중 항목별 평가
(대상자 : 입원 고객 300명)

– 병원 식사	51.6(점)
– 병원 진료비 설명	54.1
– 오락시설	56.8
– 입퇴원 수속 절차	62.6
– 침구 상태	64.8
– 입원실 냉난방	67.0
– 세면, 샤워 등 시설	70.3

먹는 즐거움 병원에 어디에서나 먹는 즐거움은 있고 병원이라고 해서 예외일 수 없다. 그러나 실제로는 대부분의 병원 식사가 병실의 고객들에게 기대만큼의 즐거움을 주지 못하고 있는 것으로 보인다. 국내 모 병원에서 입원 고객을 대상으로 한 항목별 평가에서도 병원 식사가 가장 낮은 만족도를

보이는 것으로 나타나고 있다.([참조 3-20] 입원생활 중 항목별 평가)

구체적 불만 요인으로는 '맛이 나지 않는다', '너무 식어서 나온다', '간 조절이 잘 안 된다' 등이었다.([참조 3-21] 식사와 관련한 불만사항) 물론 우리가 느끼는 음식의 맛은 활발한 활동 여부에 따라 분명 차이가 있게 마련이다. 때문에 아마도 정작의 문제는 병원이 과연 얼마나 고객의 입장을 고려하고 식사를 제공하느냐에 달려 있는 것일 수도 있다.

'국내에서 해가 긴 여름이든 해가 짧은 겨울이든 저녁 5~6시면 어김없이 식사가 제공되는 곳이 딱 두 곳이 있는데, 바로 교도소와 병원이다' 는 우스갯소리가 있다. 그저 자조적인 유머일 뿐이라고 웃어넘길 얘기만은 아닌 것 같다. 아니, 오히려 서비스업임을 자처하는 병원이 그만큼 아직도 자신의 입장과 편리만을 생각하고 있지 않나 반성케 하는 쓴소리로 들어야 한다.

미국 월스트리트저널은 '병원 식사, 형편없다고요?'를 보도한 적 있었다. 뉴욕 메모리얼 슬로언케터링 암 센터(MSKCC)의 수석 요리사 프니나 펠레드는 암 병동에 있는 입원 고객들을 먹게 하는 일은 결코 쉬운 일이 아니라고 말한다. 그러나 어떤 병원들은 한발 더 나아가 전문 요리사를 고용해 메뉴를 바꾸고 다양한 의료적 요구에 부응하기 위해 주방 시간을 연장하기도 했다. 하루 900인분 식사를 준비하는 MSKCC는 삼키기 어려운 고객을 위해서는 영국 크림과 계피, 넛맥 등을 뿌린 크르와상 프렌치 토스트 커스타드 같은 달걀 커스타드 요리를 개발하기도 했다. 펠레드는 "어린이 병실 아이들은 모두 내 명함을 갖고 있는 데 끊임없이 이메일을 보낸다"고 말한다. "오늘 13살짜리 어린이에게서 온 메일에는 '내 방에 와서

[참조 3-21]
식사와 관련한 불만사항

(대상자 : 입원 고객, 집단심층면접 2Group)

- 그렇게 맛나지 않다
- 입맛에 맞지 않는다
- 다 식어서 나온다
- 국이 맛이 없다(간이 안 맞다)
- 밥이 돼서 꼬들꼬들하다
- 반찬 양이 부족하다
- 너무 싱겁다, 어떤 것은 짜다

내가 어떤 걸 먹을 수 있는지 어떤 요리로 내 식욕을 돋울 수 있을지 함께 얘기했으면 해요. 직접 만나 얘기하고 싶어요. 꼭 연락 주세요. 당신의 음식친구, 코트니'라는 것도 있다"고 한다. 또한, 보스턴 소재 800개의 침상을 갖추고 있는 브리검여성병원 영양 책임자 케이시 맥마너스는 "병원 식사의 변화는 병원철학의 변화다. 단지 입원 고객을 달리 먹인다는 차원에서의 변화가 아니라, 병원 전체의 운영에 관한 변화이다"라고 했다.

식사 준비에 더 정성을 쏟는다는 사실은 병원 평판에도 크게 도움이 된다. 영양 및 식이요법 저널에 실린 연구 자료에 따르면 음식 서비스가 맞춤형일수록 고객들의 만족도가 높아진다고 한다. 노스캐롤라이나 소재 렉스헬스케어병원에서 관상동맥우회수술을 받은 어느 병실 입원 고객은 입원 6일 동안 그릴 치킨과 터키 샌드위치, 맛있게 양념된 야채 등을 먹었다며 "심장에 좋은 음식은 대부분 풍미가 없게 마련인데, 그 병원 음식은 맛이 좋아 식사시간이 기다려지곤 했다"고 한다. 이처럼, 병원 식사는 입원 고객들에게, 그저 때가 되서 먹는 식사가 아니라, 맛을 즐기기 위해 기다려지는 식사가 되도록 관점이 바뀌어야 한다.

이제는 병원 식사도 재조명될 때가 되었다. 그것은 배식이라는 당연한 의무와 책임을 뛰어넘는 체계적인 관리다. 정기적인 만족도 체크를 포함한 고객 분석은 음식맛의 차별화를 통한 병원의 구전 효과에 미치는 영향력이 매우 클 것으로 기대된다. 그러고 보면 그것도 또 하나의 블루오션이다.

▌고객의 취향에 따른 메뉴

일본의 에비나종합병원은 업무 위탁계약을 맺은 닛신 의료식품과 함께 '병원밥은 늘 맛없고 차갑다'는 통념을 일소하는 데 노력했다. 입원 고객 개개인의 기호에 맞춰 다품종 소량 생산에 주력한 것이다. 그 결과, 고객이 먹다 남긴 잔반의 양이 30% 정도 줄어들더니 어느새 "에비나병원의 밥은 맛있다"는 입소문이 퍼져 나가면서 입원 고객은 물론 가족이나 잠재 고객들의 병원에 대한 평가가 크게 높아졌다. 또 병원 측은 재료비를 크게 줄일 수 있게 됐다. 닛신이 식재를 일괄적으로 대량 구입하고 있으므로 병원이 단독으로 사들이는 것보다 훨씬 싼값에 구입할 수 있었기 때문이다.

퇴원

진료비 이상의 가치 제공 영국 속담에 '최초의 큰 웃음 보다 마지막 미소가 오히려 낫다' 는 말이 있다. 이를 커뮤니케이션적으로 해석하자면 일명, '최신 효과' 이론을 적용해 볼 수 있겠다. 즉, 나중에 제시된 정보가 앞서 들어온 정보보다 전반적인 인상 현상에 보다 강력한 영향을 미친다는 이론이다. 이 이론은 병원 마케팅 측면에서도 매우 중요하다. 그것은 고정 고객 확보를 위해 온 신경을 쏟고 있는 오늘의 병원에게 고객의 기억에 가장 오래 남으며 병원에 대한 이미지에 가장 강력한 영향을 미치는 곳이 어디이며 무엇이냐에 관한 얘기이기 때문이다.

어디일까? 바로, 병원을 떠나는 고객에게 그 병원에 대한 정보가 '가장 나중에 제시되는' 곳. 비용을 정산하는 수납창구다. 예전 서울시가 한국고객단체협의회에 의뢰, 종합병원(32곳) 대상으로 항목별 서비스 만족도 조사 결과에 따르면 병원 이용 시의 불만 요인으로 주차비의 적정성, 진료의 과다, 대기시간 다음으로 높은 것이 '비용이 비싸다' 는 것이다. '진료비 적정성' 이 전체적인 서비스 만족도에서 낮은 평가 결과를 보인다는 얘기다.([참조 3-22] 종합병원의 서비스 만족도) 그럼에도 병원은 아직 비용에 대한 고객의 불만에 별다른 관심을 두지 않는 듯하다. 그것은 병원이 '비용은 고객이 당연히 지불해야 하는 것' 이라는 정도의 인식에 머물러 있기 때문인 것으로 보인다.

사전적으로, '비용' 은 '상품을 사거나 어떤 일을 하는 데 드는 돈' 이다. 병원의 경우라면 '치료를 위해 고객이 지불해야 할 돈' 이라고 할 것이다. 그러나 이 비용을 좀 더 세분하여 분석하여 보면 실제적으로 눈에 드러나는

[참조 3-22] 종합병원의 서비스 만족도	
– 비용 지급의 편리성	72.5(점)
– 진료의 성실성	71.7
– 간호사의 친절성	70.8
반면	
– 주차비의 적정성	50.2(점)
– 진료 대기시간	54
– 진료비 적정성	56.9

이러한 금전적 비용 이외에도, 시간적 비용, 에너지 비용, 심리적 비용 등이 있다. 금전적 비용이 평소 알고 있는 상품의 가격이라면 시간적 비용은 그 상품을 구입하기 위해 소비되는 시간이고, 심리적 비용은 오판에 대한 불안감이나 망설임과 같이 상품의 구매를 결정하기까지 들이게 되는 심리적 에너지가 될 것이다. 공식으로 '소비자 가격=속성에 기인한 제품 자체의 혜택(Benefit)+부가가치(Added Value)'이다. 여기서 '혜택'이란 소비자가 상품이나 서비스를 구매함으로써 자신의 욕구가 충족되는 상태를 말한다. 고객이 느끼는 가치는 이 혜택에 정비례하고 지불한 비용에 반비례한다. 즉 '가치(Value)=혜택(Benefit)/비용(Cost)'이 된다. 또한 고객으로서는 혜택을 얻기 위해 구매 결정을 내리는 데 들이게 되는 여러 비용 중 가격은 가장 민감한 요소가 된다. 즉, 고객은 얻게 되는 혜택에서 시간, 에너지, 심리 비용을 뺀 나머지가 금전적 비용인 가격으로 인정되는데, 이렇게 고객으로부터 인정되어지는 가격을 찾아 적정한 가격을 책정하고자 기업들은 다양한 방법들을 동원하게 된다.

가격 책정에 관련된 어느 기초화장품의 사례다.([참조 3-23] 신제품 기초화장품 '가격 책정' 감수성 평가 사례) 고객이 느끼는 한계저가와 한계고가 사이에서의 적정 가격이 형성되게 된다. 그런데 여기서도 역치가 존재하는 데 반응과 무반응 변이의 경계에서 자극에 반응하기 시작하는 분계점(Threshold)이 그것이다. 이는 특정 자극을 탐지하거나 감각하는 데 필요한 최소량의 자극 강도, 또는 감각하고 있는 자극 정도의 변화를 탐지할 수 있는 최소량을 나타내는 수치이다.

이제 병원은 실질적인 현금가치보다 더욱 인정되는 인지가치를 고객에게 전달해야 한다. 즉, 고객이 지불하는 비용에 고객이 느끼는 심리적 가치에 대한 비용까지 포함시켜야 한다는 얘기다. 그 성공적인 사례로, 국제적인 병원으로서의 위치를 확고히 구축해가고 있는 가평의 청심국제병원의 경우가 눈길을 끈다. 사실, 대부분의 병원에서 자기공명영상실(MRI)과 컴퓨터단층촬영실(CT)이 지하나 구석진 곳에 배치되어 있는 것이 현실이다. 그러나 이러한 검사들은 실제 의료보험에 해당되지 않는 비급여항목이어서 고객들이 '비싼 검사'로 인식하고 있다는 것에 주목한 이 병원은 검사실을 청평호가 훤히 내려다보이는 전망 좋은 곳에 배치했다. 고객에게 새로운 값어치를 제공함으로써 비용에 대한 고객의 심리적 저항감을 줄이려는 마케팅 전략의 일환으로서 소기의 성과를 충분히 얻고 있다. 어떤 특정한 상황에서 매우 주관적인 가치 부여를 통해, 상품이 원래의 가치와 의미 이상을 가지게 하는, 일명 '가치 더하기 (Adding value not in product)'의 좋은 예이다.

승용차는 아직도 많은 나라에서 교통수단으로서 만이 아니라 지위를

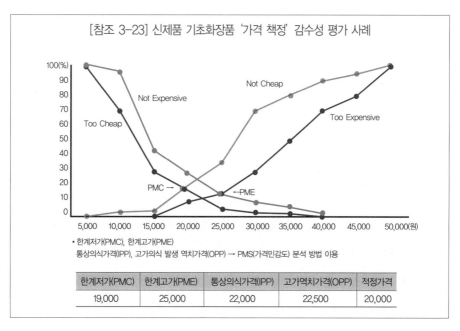

[참조 3-23] 신제품 기초화장품 '가격 책정' 감수성 평가 사례

• 한계저가(PMC), 한계고가(PME)
통상의식가격(IPP), 고가의식 발생 역치가격(OPP) → PMS(가격민감도) 분석 방법 이용

한계저가(PMC)	한계고가(PME)	통상의식가격(IPP)	고가역치가격(OPP)	적정가격
19,000	25,000	22,000	22,500	20,000

대변하는 상징으로서의 가치도 지닌다. 화장품의 경우도 광고에서 설정되는 상황과 모델에 따라 지니게 되는 가치와 이미지가 천태만상이다. 제품에 설득하는 힘을 더하고, 광고를 더욱 효과적으로 만드는 방법, 그것은 사람들이 이미 알고 있는 제품의 가치 이외에 또 다른 가치를 더하는 것이다. 그것은 고객이 느끼는 비용에도 크게 영향을 미치게 된다.

사실, 병원들 간의 가격 경쟁력은 경쟁 병원과 비교해서 단지 비용이 낮다는 데 의미가 있는 것이 아니라, 고객이 원하고 가치를 부여하는 여러 장점들이 함께 할 때 비로소 본연의 의미를 가지게 된다. 즉 가격 경쟁력은 경쟁력 있는 다른 가치와 결합될 때 보다 그 경쟁력이 강력해진다는 것이다. 고객이 지불하는 실제 비용은 그 병원의 가치와 직접적으로 관련된다. 병원의 내·외적 가치가 높아지면 고객은 자신이 지불하는 비용이 생각보다 다소 비싸다 할지라도, 병원이 형성한 가치의 범주 안에서, 그 비용을 충분히 수긍한다. 그렇기 때문에 병원 마케터는 가격 인식과 관련하여 주기적으로 고객의 심리를 터치해야 한다.

결국, 고객이 자신도 모르게 그려서 간직하게 되는 어느 병원의 이미지와 가치에 대한 그림은 그 병원에 있는 동안 그가 얻은 혜택의 총합에 견주어, 지금 막 수납창구에서 비용을 지불하며 갖게 되는 느낌에 의해 완성된다. 병원이 보다 다양한 부가가치를 찾음으로써 고객의 심리적 가치 충족에 주목해야 하는 이유이다.

불만 수집 동서고금을 막론하고 분명한 사실 중의 하나는 사람들이 불편해 하는 것들 속에 비즈니스의 기회가 숨어 있다는 것이다. 면도기는 털이 주는 불편함 때문에, 볼펜은 매번 잉크를 넣거나 묻혀야 하는 불편함 때문에 생겨났고 그 불편함을 해소시켜 준 누군가는 큰돈을 벌었다. 그것은 지금 이 순간에도 마찬가지다. 사람들이 살아있는 한, 그가 움직이든 꼼짝도 안 하든 간에, 어떤 불편함은 있게 마련이고 그에 따른 비즈니스의 기회도 상존한다.

영국의 버진 애틀랜틱항공사는 고객의 불만을 듣기 위해 노력하는 항공사로도 유명하다. 이 회사의 회장은 자사 비행기의 이등칸에 서서 고객과 대화를 나눔으로써 고객들의 불평을 직접 청취하고 개선한다. 어린이를 위한 땅콩버터 샌드위치 제공, 다양한 경영 관련 잡지와 신문의 기내 비치, 공항 리무진에 카폰 설치 등이었다. 그는 "우리가 조그만 일에 신경을 쓰니까 고객이 우리를 다시 찾는다"고 말한다.

가난한 행상인의 아들로서 어려서부터 아버지를 따라 미국 이곳저곳 떠돌아다니며 살아야만 했던 콘라드 힐튼(Conrad Hilton)은 어느 날 아버지에게 "아버지를 따라 이곳저곳 다니니까 보는 것도 많고 참 좋아요. 하지만 한 가지, 잠자리가 좀 불편하네요" 했다고 한다. 그가 오늘날, 잠자리의 불편함을 해소해준 대가로 막대한 부를 일군 힐튼호텔 창업자, 바로 그 힐튼이다.

미 마이애미대학 파라슈라만(A. Parasuraman) 교수는 '고객의 표현이 아니라, 고객의 경험에 신경을 곤두세우라' 고 조언한다. 기업은 고객이 경험하는 불만을 포착하기 위해 최대한 넓게 안테나를 펼쳐야 한다는 것이다. 그는, 그러기 위해서, 고객이 쉽게 불만을 말할 수 있도록 해야 하고, 그 불만의 해소를 위한 적절한 반응을 보여줘야 한다고 강조한다. 고객들이 나쁜 서비스를 경험하고도 조용한 이유는 '이렇게 힘들여 불만을 말해봐야 내 입만 아프지' 라고 생각하기 때문이다.

경제학자 알버트 허시먼(Albert Hirschman)은 1970년 그의 저서 「이탈, 불평과 충성심」에서 고객들이 행복하지 않을 때 내리는 2가지 선택이 있으니, 그것은 바로 떠나거나, 불평하거나 둘 중 하나라고 단정한다. 고객 입장에서는 어느 한 회사에서 독점하고 있는 물건이 아니라면 떠나버리는 것이 더 경제적이다. 불평을 하는 데에는, 전화를 걸든 편지를 쓰든, 별도의 비용이 발생할 뿐 아니라 시간 낭비와 심리적 부담이 따르기 때문이다. 기업은 그래서 스스로 비용을 지불해가며 불평하는 고객에게 짜증을 낼 게 아니라, 고마워해야 한다. 소리 없는 불평이 더 무서운 것이다.

이 세상 어디에도 불평 듣기를 좋아하는 사람은 없을 것이다. 그러나 고객이 하는 불평과 쓴 소리는 우리 몸에서 이상이 생긴 곳을 알려주는 통증과 같다. 암이 두려운 이유 중의 하나가 상당 기간 손 쓸 수 없을 만큼 발전이 된 뒤에야 통증이 느껴지기 때문이 아닌가?

고객이 퇴원과 함께 병원 문을 나서기 전에 불만의 여부와 이유를 확인해야 한다. 그리고 불만을 터뜨리는 고객은 부족한 점을 조기발견하여 치료할 수 있도록 해주는 고마운 존재임을 결코 잊어서는 안 된다. 가장 좋은 것은 물론, 고객이 불편을 경험하기 전에 병원이 선제적으로 대응하는 것이겠지만, 현실적으로 제각각 취향이 다른 고객들을 상대로 쉽지 않은 일인 만큼, 고객과의 마지막 접점인 퇴원 단계에 도달하기 전에 그들이 불만과 불편을 그때그때 표현할 수 있는 실질적 방안만큼은 마련되어 있어야 할 것이다.

5. 반복 이용 단계

1) 고객 이탈

일반 대중을 상대로 하는 소비재나 서비스를 제공하는 기업의 운명은 고객이 인지하는 새로운 정보 때문이라기보다는 고객의 변덕스러운 욕구 때문에 좌우되는 경우가 많다. 즉, 고객은 자신이 얻고자 하는 혜택과 만족에 대한 기준이 수시로 변하는 특성이 있고 잦은 브랜드 교체는 그러한 특성에 기인한다고 보는 것이다. 고객의 이러한 브랜드 교체 행위를 기존 기업의 입장에서 보면 '고객 이탈'이 된다.

웬만한 기업의 경우, 줄잡아 5년이면 기존 고객의 절반이 사라진다고 한다. 그럼에도 불구하고 대부분의 기업들은 이에 대한 대응 방안은 말할 것도 없고, 원인조차 제대로 파악하지 못하고 있는 것이 현실이다. 때문에 고객을 확보하고 늘려가는 것이 지상의 과제인 기업으로서는 이러한 고객 이탈 현상의 구체적인 원인을 파악하는 것이야말로 더 없이 의미 있는 일이 아닐 수 없다.

고객 이탈의 유형 고객 이탈 현상에 직면해 있는 기업들을 분석해보면 대략 다음과 같은 유형으로의 분류가 가능하다. 우선, 핵심 고객이 빠져나가는데도 알아채지 못하는 경우다. 그 이유로는 크게 2가지. 첫째, 핵심 고객에 대한 정의가 없거나 잘못되어 있는 경우다. 레이더는 있는데, 적군과 아군을 식별하지 못하는 것과 마찬가지다. 둘째, 고객 이탈을 예측하거나 발견하는 방식에 문제가 있는 기업이다. 식별 레이더가 오작동 중인 셈이다. 고객 이탈 현상에 직면하고 있는 기업의 또 다른 유형은 핵심 고객이 이탈한 것은 파악했지만, 왜 이탈했는지 모르는 경우다. 그 이유 역시 2가지로 집약된다. 그 하나는 거의 대부분의 고객이 오래도록 거래하던 기업을 떠나면서 왜 떠나는지를 '고백'하지 않는 것이다. 또 다른 이유 하나는 기업 스스로가 원인 파악에 무심하다는 것이다. 모두들 신규 고객 확보에만 매달려 분주할 뿐, 소리 없이 새 나가는 기존 고객들을 챙길 여유가 없기 때문이다. 고객 이탈 현상에 직면한 기업의 마지막 유형은 그들이 왜 떠나는지를 알면서도 붙잡을 방안이 막막한 경우다. 이는 품질이나 디자인, 가격, 서비스 등 고객들이 중요하게 생각하는 가치 속성들이 경쟁사에 비해 현격히 뒤떨어져 있다거나, 고객과의 관계에서 결정적인 실수를 저질렀다거나 하는 기업이다.

고객 이탈의 이유 고객 이탈에 대해서는 경영학에서 말하는 소위, '구멍 뚫린 물통' 이론이 있다. 즉, 어딘가에 구멍이 나있는 물통에 물을 채워야 하는 경우를 연상해 보는 것이다. 그 '구멍 뚫린 물통'이 채워지려면 새어나가는 양, 이상의 물이 새롭게 보충되어야 한다. 곧, 이탈되는 고객의 수보다 신규 고객의 수가 최소한 적지는 않아야 그 기업은 유지가 될 수 있다는 말과 같다.

그렇다면 도대체 물통은 왜 샐까? 그것은 경쟁자에게 고객을 빼앗긴

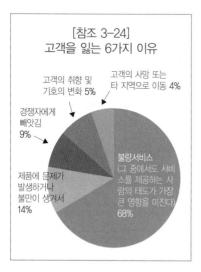

[참조 3-24]
고객을 잃는 6가지 이유

고객의 취향 및 기호의 변화 5%
고객의 사망 또는 타 지역으로 이동 4%
경쟁자에게 빼앗김 9%
제품에 문제가 발생하거나 불만이 생겨서 14%
불량서비스 (그 중에서도 서비스를 제공하는 사람의 태도가 가장 큰 영향을 미친다) 68%

상황일 수도 있지만, 고객의 여건이 어려워졌다거나 다른 곳으로 이사했다거나 하는 등의 고객 자신에게서 일어난 변화에 기인하기도 한다. 이유야 어떻든 기존 기업으로서는 고객 이탈이다. 그리고 또? 어떤 다른 이유들이 있을까? 이는 미국의 한 컨설팅업체의 '고객을 왜 잃게 될까?'라는 질문에 대한 조사 결과가 말해준다.([참조 3-24] 고객을 잃는 6가지 이유) 그에 따르면 고객이 이탈하는 이유는 정

작 다른 것에 있었다. 고객 이탈의 원인으로 제품에 대한 문제나 불만 (14%), 경쟁자(9%), 취향 및 기호 변화(5%), 사망과 이사(4%) 등의 원인이 32%였던 데 비해, 대다수(68%)의 이유가 서비스 제공자의 고객에 대한 불량 서비스 때문인 것으로 나타났다. 결국 물통에 구멍이 나게 한 것은 경쟁자가 아니라, 고객의 마음이 멀어지게 만든 기업 자신이라는 얘기다.

고객을 밀어내는, 기업이 피해야 할, 구체적인 말들과 상황을 보면 다음과 같다.([참조 3-25] 금기 시 해야 할 말들)

- 어떤 대답이 나올지 뻔해, 보고 듣는 것을 소홀히 했다.
- 고객이 뭔가를 얻는다는 중요성은 염두에 두었지만, 만족도와 유지의 중요성은 소홀했다.
- 개인이 결정을 내린다는 것을 잊고 당연하게 받아들이거나 관계의 소중함을 무시했다.
- 상품이나 서비스가 품질과 가치 면에서 하락했다.
- 시기적절하고 효과적인 방식으로 의사소통하는 것이 중단되었다.
- 고객의 필요와 기대치는 바뀌었으나 나의 전략과 해결책은 그대로였다.
- 스스로 가격적인 장점 외에는 별다른 경쟁력이 없는 상품도 팔 수 있다고 생각했다.

고객 이탈 방지 방안 기업들은 가끔 고객으로부터 꼭 들어야 할 2가지 중요한 핵심을 놓친다. 고객의 도착 시점(즉 고객이 되는 시점)과 고객의 이탈 시점에서 행동 이유이다. 새 고객을 대할 때, "어떻게 우리에 대해서 알게 되었습니까?" 하는 질문도 중요하지만 "당신은 과거 어떤 경험이 우리 제품 또는 서비

> [참조 3-25]
> 금기 시 해야 할 말들
>
> - 전에도 말했지만
> - 절 믿으세요
> - 그런 말씀이라면 미리 하셨어야죠
> - 조금 있다 봐드리죠
> - 제대로 됐는데 그러세요
> - 우리 병원 방침은 이렇습니다
> - 저로 인한 문제는 아니로군요
> - 설마, 그럴 리가요
> - 이러저러하셔야 합니다

스를 찾게 만들었습니까?"라는 질문도 역시 중요하다. 전자의 질문에 대한 답은 기업의 고지 광고가 얼마나 효과적인지를 알 수 있게 하는 데이터로 활용될 수 있고, 후자의 질문에 대한 답은 실제로 고객을 끌게 한 구체적인 요인이 무엇인지 알려준다. 이와 마찬가지로 절대적으로 중요한 것은 고객이 왜 떠나는지 이유를 아는 것이다. 그러한 정보를 수집하기 위해서는 상당한 감각과 기술을 요한다. 떠나는 고객들은 진짜 이유를 감추고 싶어서 주로 가격이나 제품 또는 서비스의 기본적 속성만을 탓하기 때문이다. 떠나는 고객들에게 세심한 질문이 꼭 필요한 이유는, 그들을 떠나게 만드는 제품 또는 서비스의 속성을 분리해내야 하고, 그 고객을 붙잡기 위한 마지막 기회가 될 수도 있기 때문이다. 떠나는 고객들을 접촉해서 진지하게 이야기를 들어주기만 해도 이탈 고객의 35%는 다시 붙잡을 수 있다.

병원에서의 고객 이탈 고객 이탈의 정도는 병원 사업에서도 그 성쇠를 가늠하는 중요한 척도의 하나임에 틀림없다. 이는 설사 새로운 고객의 유입으로 전체 외형에는 큰 변동이 없다 하더라도 마찬가지다. 왜냐하면 신규 고객 확보하는 데는 기존 고객을 유지하는 것보다 훨씬 더 많은 비용이 들 수밖에 없기 때문이다.

독자의 병원은 현재 어떤 상황인가? 다달

▌고객이탈 방지를 위한 노력들

스위스항공사는 내부 직원들이 갖추어야 할, 가장 기본이 되는 소양으로 '고객에게 제공해야할 서비스 수준을 얼마나 정확히 이해해 회사의 위상을 표현할 수 있느냐?'에 두고 있다. 고객 만족을 위해 매우 노력하는 기업으로서 모범적인 위상을 가지고 있는 이 회사에서는 매 3개월마다 탑승객 5,000명 대상으로 서비스 만족도를 측정하고 그 결과를 직원들의 인사고과나 연봉에 반영하는 제도를 운영하고 있다.

피아트자동차사는 새 차를 구입할 때 다른 브랜드로 옮겨가는 고객을 붙잡기 위해 애널리틱스(Analytics) 기법을 활용했다. 고객으로부터 이메일로 받은 설문지, 자동차 구매자가 차량을 교체하는 주기를 알려주는 공식 통계를 분석해 붙잡을 만한 고객을 추리고, 이들에게 마케팅을 집중한 것이다. 그 결과 7%의 재구매 증가 효과를 얻게 된다.

다이너스카드는 불만을 표시하는 고객을 가장 애착이 있는 고객으로 판단해 이를 집중 관리하는 컴플레인 마케팅(Complain Marketing)을 실시한다. 고객으로부터 불만이 접수되면 2일 이내 해결하고 곧바로 처리 결과의 만족도를 확인한다. 아울러, 고객불만을 유발한 직원은 매월 지정된 고객의 날에 해당 직원이 불만 고객을 직접 방문토록 하고 있다.

이 이탈하는 고객의 수가 적지 않은, 물통에 뚫린 구멍이 의외로 큰 느낌인가? 그렇다면 지금이 바로 교정조치를 행하여야 할 시점이다.

혹자는 고객을 '언제든지 다른 곳으로 떠날 준비가 되어 있는 사람' 이라고 정의한다. 우리의 핵심 고객 중 이탈 가능성이 큰 고객은 누구인가? 그들은 왜 이탈하려고 하는가?

▌편익부족정도지수(Benefit Deficiency Index) 고객들이 느끼는 미충족 욕구를 발견해 전략적 시사점을 도출해 냄으로써 기존의 경쟁 및 자사 제품과의 차별화 전략 수립에 적용하는 지수이다. 고객 니즈에 대한 구조를 파악하고, 구조상의 속성들이 갖고 있는 중요도와 만족도의 차이를 통해, 기존 상품의 리뉴얼이나 신상품 개발 시 전략적 포인트를 도출하는 것이다. 역으로 특정 속성에 대한 자사 제품의 BDI가 경쟁 제품에 비해 높다면 그 속성은 빠르게 개선되어야 한다. 이는 경쟁사의 공격 포인트로 작용할 수 있기 때문이다.

그들의 이탈을 막을 수 있을까? 혹시 막을 수 없다면 나중에라도 돌아올 마음이 생기도록 하는 감동적인 환송의 예(禮)는 어떤 것일까? 고객 이탈을 줄이려면 먼저 핵심 고객을 제대로 정의하고 파악해야 한다. 그리고 말없이 떠나가는 고객에게 병원은 정중한 이별 인사라도 '올려야' 한다. '실망시켜드려 미안하다' 든가, '그간의 사랑에 감사하다' 든가, '꼭 다시 모실 수 있기를 희망한다' 라고.

2) 고객 만족

고객만족도지수(Customer Satisfaction Index) 병원의 고객이 반복 이용 단계에서 이탈하느냐 정착하느냐의 핵심은 그들의 만족도에 달려 있음은 명백한 사실이다. 만약 고객만족도가 90%라고 해도 불만족한 10%를 개선할 방도를 찾아야 한다. 조금도 불만사항이 없는 소위, 100% 완전 만족상태가 아니라면 언제든 그 완전을 찾아 움직이는 것이 고객의 타고난 생리이기 때문이다. 예를 들어, 5점 척도의 고객 만족 조

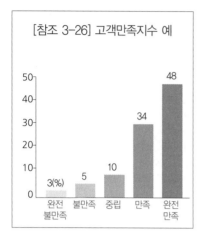

[참조 3-26] 고객만족지수 예

사를 분석함에 있어, 4점(만족)과 5점(완전만족)의 합이 82%라는 결과치에 고무될 수도 있겠지만 다른 한편으로는 완전히 만족한 고객은 단지 48%에 불과하고 과반수이상인 나머지 52%가 언제든 떠날 기회만 보고 있는 난감한 상태라고 볼 수도 있다.([참조 3-26] 고객만족지수 예) 사실, 내구재나 금융 서비스, 소매업과 같이 경쟁이 치열한 시장에서 '만족한다'와 '완전히 만족한다' 사이에는 엄청난 차이가 있다. 자동차 시장에서 나타내는 가파른 만족도 곡선에서 보듯이 '완전히 만족'한 고객은 '그저 만족'한 고객보다 놀라울 정도로 충성심이 크다.[참조 3-27] 경쟁 환경이 고객 만족/충성 관계에 미치는 영향) 이러한 현상은 곧, 완전한 만족에서 약간만 벗어나도 충성심이 뚝 떨어진다는 말이 된다. 실제로 제록스는 자사 제품에 '완전히 만족'한 고객들이 평범하게 만족

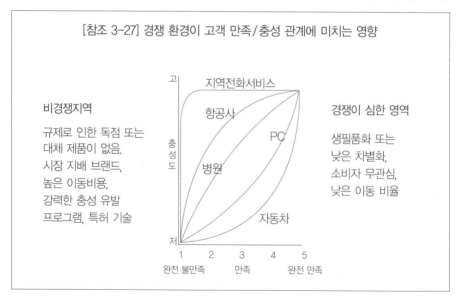

[참조 3-27] 경쟁 환경이 고객 만족/충성 관계에 미치는 영향

한 고객보다 향후 18개월 동안에 걸쳐 6배나 재구매할 가능성이 더 높다는 조사 결과를 얻은 바 있고, 미국 뉴저지 주의 오피니언 리서치사 존 라슨의 연구에 의하면 소매은행 예금자들을 대상으로 조사한 결과 '완전히 만족' 한 고객은 '그냥 만족' 한 고객에 비해 42% 더 높은 충성도를 보이는 것으로 나타났다. 프랑스의 자동차회사, 푸조의 조사 결과도 비슷한 양상을 보인다. 고객의 만족도에 따른 새 차 구입 비율 조사에서, 중간 정도(그저 그렇다)를 나타내는 고객은 불만족 고객보다 2배 정도 높은 충성도를 보였지만, 아주 만족한 고객에 비해서는 반 정도밖에 충성도를 보이지 못하는 것으로 나타났다.

고객의 만족도는 절대치라기보다는 상대치에 가깝다. 즉, 만족도는 고객의 기대 수준에 따라 달라진다는 것이다. 이러한 현상을 설명해주는 좋은 예는 사우스웨스트항공사에서 찾을 수 있다. 이 항공사에서는 미리해주는 자리배정도 없고, 장거리 운항이라 해도 영화상영이나 마일리지 프로그램, 음식을 포함한 기내 서비스 등이 좀 더 나을 것이라는 기대도 할 수 없다. 그럼에도 불구하고 사우스웨스트는 고객만족도에서 매번 높은 점수를 얻고 있다. 그것은 저렴한 가격임에도 직원들이 제공하는, 기대 이상의, 즐겁고 예의 바른 서비스와 정시안전운행에 대한 만족 점수이다. 요컨대, '이 정도의 가격에 이 정도 서비스라면 만족해' 라는 것이다. 이와 관련해 유나이티드 파셀 서비스(UPS) IR 담당 부사장, 커트 쿠엔(Kurt Kuehn)은 "기업은 고객에게 엄청나게 많은 것을 약속하지만, 실제로 그렇게 하지 못하는 기업들이

> **[참조 3-28] 고객 만족 위한 관심 요소**
>
> **이미지**
> ①병원 측면
>   대 고객 이미지 신뢰성, 성장성, 비전 등
> ②이외 측면
>   CI, 로고, 컬러, 사회봉사, 환경보호 등
>
> **클리닉**
> ①하드웨어 가치
>   치료 우수성, 비용 등
> ②소프트웨어 가치
>   질환 명, 편리한 시스템 등
>
> **서비스**
> ①MOT
>   원내외 서비스(분위기, 조명, 음악 등)
>   접객 서비스(복장, 말씨, 표정, 언행 등)
> ②사후
>   불만 처리, 소개자 관리, 정보 제공 등

태반이다. 우리는 정반대로 약속은 조심스럽게 조금만 하고, 더 많은 일을 하려고 한다"고 한다. 당장 눈앞의 이익 때문에 많은 것을 약속하는 것은 고객의 불신을 초래하여 결국 손해로 이어지게 된다는 얘기이다.

병원이 고객 만족과 관련한 주요 관심 요소들을 살펴보면 크게 3가지 요소로 나눠지는데, 하나는 치료성과나 이용 시스템 등의 클리닉, 다음은 고객응대나 불만 처리 시스템 등의 서비스, 그리고 비전이나 CI가 포함된 이미지가 그것이다.([참조 3-28] 고객 만족 위한 관심 요소) 병원은 고객 만족을 위해 이 개별 요소 하나하나에 대한 고객의 반응을 면밀히 파악해야 한다. 지금껏 논의한대로, 고객으로부터 별다른 불만의 소리가 들리지 않는다고 해서 그들이 만족하고 있음이 아님은 명백한 사실이기 때문이다. 때문에 고객과의 채널 확보는 무엇보다 중요하고 시급한 일이 아닐 수 없다.

순수추천고객지수(Net Promoter Score)

우리는 앞서 고객 불만과 니즈 파악을 위해 고객만족도 조사를 살펴봤지만 이 조사는 고객이 불만을 숨기거나 의사표현을 정확히 하지 않아 그들 속내를 파악하기 어렵다는 한계가 있었다. 베인앤캠퍼니 조사에 따르면 "경영자의 80%는 소비자만족을 위해 기업이 차별화된 가치를 제안하는 경영을 한다고 주장

▌**메사추세츠병원(MGH) 만족도 조사**

거칠고 냉엄한 시장원리 앞에서는 미국 병원들도 경영 개선에 필사적이다. 일례로 메사추세츠병원은 전문부서를 설치하고 서비스의 품질 관리에 집중했다. 그들은 우선 고객 만족도 조사를 실시했다. 의사, 간호사, 일상적인 케어 파트 등 항목별로 매우 좋음, 좋음, 보통, 좋지 않음의 4단계로 나눠 품질을 평가하면서, 만족도를 판정키 위해 고객들에게 '자신이 또 입원할 필요가 생기면 MGH로 오고 싶은가', '가족이 입원할 때 MGH를 권하겠는가?'를 물었다. 1994년 4월부터 실시한 입원 고객 조사 결과, MGH에 입원한 만족도는 매우 높아서 70% 이상이 또 오고 싶으며 가족에게도 권하고 싶다는 응답을 얻었다. 반면에 의료서비스의 품질에 대한 평가는 뜻밖에도 그리 높지 않았다. 즉, MGH의 입원 고객은 MGH의 전체적인 의료서비스 질에 대해서는 40% 정도만이 '매우 높다'라고 응답함으로써 의료서비스의 품질에 대해 그저 그렇게 평가하면서도 매우 높은 만족도를 보이고 있는 것이다. 이는 아마도 MGH의 명성에 대한 이미지 및 선입관 때문인 것으로 생각될 수 있다. 이를 항목별로 품질 평가와 고객 만족 사이의 관련성 측면에서 보면, '간호사의 친절' 등의 일상적인 케어항목을 높이 평가한 고객은 만족도가 높은 반면 의사의 서비스와 만족도 간의 상관성은 상대적으로 낮게 나타났다. 결국, 입원 고객은 의사의 품질보다는 일상적인 케어를 더욱 중시한다는 것이 이 병원 고객 만족도 조사의 결과이다.

하지만 이에 동의하는 소비자는 8%에 불과하다"고 비판했다. 그래서 한 단계 업그레이드된 NPS(Net Promoter Score)라는 조사 방식이 생겨났다. NPS는 고객 충성도 측정 방법의 일종으로 미국의 경영전략가인 베인앤컴퍼니의 프레드 라이켈트(Frederick F. Reichheld)가 고안해 하버드 비즈니스 리뷰에 발표하였다. 원어로 번역하면 '순 촉진자(후원자)지수' 라는 뜻으로 '순수추천고객지수' 다. 일명 '입소문지수' 라고도 불리어진다. 라이켈트는 고객의 충성도를 평가하기 위해서는 고객이 해당 제품을 반복적으로 구매하거나 타인에 추천해 줄 의향이 어느 정도인가

를 분석해야 한다고 주장했다. 고객의 속내를 파악하는 한 방법으로 고객에게 "당신이 거래하는 기업을 주변 친구나 동료에게 추천하겠느냐"고 물어 보는 것이다. NPS는 '추천하겠다' 는 고객의 비율에서 '추천하지 않겠다' 는 고객의 비율을 뺀 것이다.

NPS = '추천하겠다' 고객 비율 − '추천하지 않겠다' 고객 비율

NPS를 계산하려면 먼저 "추천하겠느냐"는 질문에 대해 고객이 0점(전혀 추천할 의사가 없다)부터 10점(반드시 추천하겠다)까지 답하게 한다. 다음으로 9~10점으로 응답한 고객을 추천 고객으로, 6 이하로 응답한 고객을 비추천 고객으로 분류한 후 두 고객 비율의 차이를 구하게 된다. 예컨대 A라는 기업의 NPS가 마이너스이면 추천 고객보다 비추천

습관화에 따른 구매

고객의 구매 행동이 꼭 '만족'과 '불만족'에 의해 결정되는 것은 아니라는 이론도 있다. 고객만족전문가 닐 마틴(Neale Martin)은 '만족'이라고 답한 고객 중 재구매율은 기껏해야 8% 정도에 지나지 않고 '불만족'이라고 답했다고 해서 그 브랜드의 구매를 기피하는 것도 아니라고 주장한다. 그는 그 예로 어떤 항공사의 서비스에 불만이 있는 고객이라도 마일리지가 누적되어 있으면, 다른 항공사로 쉽게 옮겨가지 않음을 환기시킨다. 이제는 기업의 관심이 고객 만족에서 고객습관화(Customer Habituation)로 옮겨가고 있다. 심리학자 수잔 피스크(Susan Fiske)는 사람들을 '인지적 구두쇠'라 칭한다. 두뇌가 정보처리를 할 때 많은 에너지가 사용되는데, 되도록이면 그 에너지를 절약하려 든다는 것이다. 사람들은 제품을 구매할 때도 그 제품을 새로이 평가하는 것이 아니라 늘 하던 대로, 즉 습관에 따라 구매한다.

고객이 많다는 의미가 된다.

병원도 고객 만족도 조사와 관련해 '만족'이라는 응답에 대해 과연 어떻게 해석해야 할지 고민을 하게 된다. 독자의 병원 이외에는 대안이 없는 것인지, 그냥 다닐만해서인지 등의 해석이 정확하지 않을 때가 많다. 그러다 보니 '매우 만족'이라는 응답만을 높은 충성도를 가진, 자발적인 소개가 이루어질 정도의 척도로 해석해야 할 것으로 보인다.

병원 역시 고객 만족의 정도에 따른 충성도가 몹시 가파른 하강 곡선을 보이는 시장이다. 그 가파름의 정도는 경쟁이 심화될수록 더해질 것이다. 그럼에도, 어찌된 일인지, 병원 경영자들 중 상당수가 자신의 병원에 대한 고객의 만족 정도에 대해 그다지 심각하게 생각하고 있지 않는 듯하다. 그것은 아마, 다소 불만족한 고객이라 하더라도 병원을 바꾸는 데는 넘기 힘든 벽이 존재하고 있다는 믿음에 근거한 자신감 때문인지도 모른다. 만약 그렇다면 그 병원 경영자는 조만간 큰 충격에 빠지게 될 것이다. 그것은 병원을 바꿀만한 기미를 전혀 보이지 않던 어느 고객 하나가 어렵게 다른 병원으로 옮겨간 어느 시점을 시작으로 고객 이탈 현상은 상상 밖의 가속이 붙어 일어날 수 있기 때문이다. 불만족한 정도의 크고 작음을 막론하고 고객의 불만족은 살아있는 방해물이며, 다른 고객의 유입을 적극 방해하는 걸림돌이 되기도 하고, 병원을 도산으로 이르게 하는 주범으로 자라나기도 한다는 사실을 잠시도 잊어서는 안 된다.

6. 정착 단계

1) 충성하게 하라

일반 고객을 상대로 하는 기업의 가장 큰 바람은 확고히 정착한 애용자그룹을 구축하는 것일 것이다. 그것은 그 애용자그룹으로부터 기업이 얻는 혜택이 한두 가지가 아니기 때문이다. 우선, 어느 기업이든지 애용자가 많을수록, 즉 고객 이탈율이 줄어들수록 수익이 기하급수적으로 늘어난다. 업종별 고객 이탈이 5%가 줄었을 때 은행 수익은 85%, 보험은 50%, 자동차 서비스는 30% 늘어난다는 통계치가 이를 뒷받침한다. 더 나아가 이탈을 2% 줄이면 원가를 10% 절감하는 셈이 되고, 이탈을 절반으로 줄이면 기업 성장률은 2배가 된다는 통계가 있다. 애용자로부터 기업이 받는 또 다른 혜택은 고객을 관리하고 유지하는 비용이 줄어든다는 것이다. 신규 고객 개척비용은 기존 고객 유지비용의 거의 5배에 달한다. 뿐만 아니라, 평균적인 회사의 비즈니스 중 65%는 만족을 얻은 현재의 고객을 통해 이루어지며, 20%의 고객이 매출의 80%를 차지한다고 한다. 애용자로부터 기업이 받는 혜택은 여기서 그치지 않는다. 애용자들은 스스로 구전 효과를 일으켜 신규 고객을 끌어들이면서도 애용자 스스로는 복잡한 서비스나 고가의 모델 등에 스스럼없이 높은 가격을 지불하기도 한다. 이처럼, 기업들이 애용자 만들기에 목을 매다시피 하는 데는 그럴만한 이유가 있는 것이다.

그렇다면 과연 무슨 방법으로 확고히 정착한 애용자그룹을 만들 것인가? 한마디로 기업과 상표에 대한 고객의 충성도를 높여야 한다. 충성도란 신뢰성이다. 특정 상표에 대한 선호를 시작으로 반복 구매 과정을 거치면서 쌓인 신뢰가 고객으로 하여금 남다른 애착을 갖게 하여 정착하게 하는 것이다. 그러나 정착한 듯 보이는 고객의 충성심을 액면 그대로 다 받아들여서는 안 된다. 고객이 보이는 충성심에는 '진짜' 충성이 있는가 하면 '가짜' 충성도 있기 때문이다. 가짜를 진짜처럼 오인하게 만드는 예로는 치료 도중이어서 병원을 바꾸기가 힘들어 '마지못해' 정착한 듯이 머물러 있는 경우이거나, 누적 마일리지에 의한 무료 항공권을 얻기 위해 반복 이용을 하고 있는 항공사 고객 같은 경우이다. 이런 고객들은 보너스 항공티켓을 위해 비행거리가 다 채워지거나, 한 단계 병원진료가 끝나고 다른 의술을 이용할 수 있는 선택의 여지를 발견하게 되면 바로 이탈하고 만다.

요지부동의 '진짜 충성'은 완전히 만족하고 있는 고객이라야 가능하다. 브랜드 마케팅의 대가 데이비드 아커(David A. Aaker)는 브랜드 충성도를 높이려면 "고객의 욕구를 항상 올바르게 파악해야 하고, 고객과 항상 가깝게 존재해야 하며, 고객의 제품에 대한 만족도를 측정 관리할 수 있어야 하며, 고객에게 항상 기본 외에 별도의 추가 서비스 제공에 노력을 해야 한다"고 말한다. 기업들이 가장 비용을 적게 들이고도 만족시킬 수 있다고 생각하는 고객들에 대해서도, 비용을 더 들이는 한이 있더라도, 최고의 가치를 제공하기 위한 노력을 기울여야 한다는 얘기다.

고객에게 제공되는 최고의 가치는 프리미엄급 브랜드에서 찾을 수 있다. 이들 브랜드들은 대중적 브랜드 이미지에서 벗어나 많은 사람들이 선망하는 그 무엇을 가지고 있다. 몽블랑만년필이 그중 하나다. 눈 덮인 몽블랑 산봉우리를 보며 느끼는 유럽인들의 자부심을 만년필을 쓰면서도 가질 수 있도록 하겠다는 신념과 장인정신으로 만들어진 이 브랜드는 세계 역사에 기록될만한 사건의 현장에서, 엘리자베스여왕, 존

F. 케네디, 미하일 고르바초프, 요한바오로 2세 등, 서명을 하는 정상들의 손에 거의 예외 없이 들려져 있었다. 일반인들의 머릿속에 알게 모르게 쌓여온 그런 이미지들은 그동안 이 하나의 필기구를 품격과 신분까지도 대변하는 귀한 소품으로 인지하도록 만들어왔다. 펜촉에 새겨진 몽블랑 산의 높이 4810, 사철 내내 눈덮힌 정상을 상징하는 뚜껑의 육각형 로고. 몽블랑은 사용의 가치에 그치지 않고, 수많은 이야기를 지니고 있고 소유의 가치를 느끼도록 하는 특별한 브랜드로서의 자리를 고수하고 있는 것이다. 노버트 플라트(Norbert Platt) 몽블랑 사장은 "최고급 브랜드는 신화를 만들어야 하고, 영혼을 담아내야 한다"며 "성공한 사람이 쓰는 필기구, 이런 식으로 기능 이상의 무엇을 뿜어내야 한다"고 말한다. 결국 몽블랑만년필은 '얼마나 많이 팔리는 필기구냐'의 수준에서 머무는 것이 아니라, '얼마나 최고의 필기구냐'를 중시하게 하는, 하나의 작품으로 여겨지게 된다.

브랜드에 대한 고객의 충성심을 얘기할 때 빼놓을 수 없는 것 중 하나는 할리데이비슨이다. 할리데이비슨의 고객과 브랜드 간의 관계는 한마디로 매우 돈독하다. 그 비결은 무엇일까? 그것은 고객과 브랜드 간의 관계로서 할리데이비슨을 타는 사람들과 제품 사이의 정서적 결속력을 면밀히 연구한 결과다. 할리소유자모임(Harley Owner Groups)인 호그(HOG)는 작은 동호회로 출발하여 전 세계 약 64만여 명, 한국도 수천여 명의 회원을 가지고 있다. 이 모임의 일부 회원들은 브랜드 로고를 문신으로 새길 만큼 충성도가 높다. 이들에게 할리데이비슨은 고객과 제품 간의 관계 이상의 의미를 가지고 있는 것이다. 제품이나 서비스를 중심으로 브랜드를 구축하는 대신, 고객을 중심으로 장기적인 브랜드 관계를 구축하도록 설계한 결과이다. V-트윈엔진에서 나오는 육중하고 둔

탁한 굉음은 이들 애호가들에게 있어선 짝짓기를 유혹하는 소리일 뿐만 아니라, 그들만의 공감의 소리이기도 하다. 할리데이비슨에 따르면 자신이 쓰는 제품이나 브랜드를 타인에게 추천하려는 의향을 나타내는 '순수추천고객지수'가 80%를 넘는다고 한다.

병원도 이젠, 충성도라는 개념에서의 고객 관리에 눈을 떠야 할 때다. 이미 적지 않은 병원에서 고정 고객 확보를 위한 활동을 하고 있으나 고객 입장에서는 왠지 핵심을 비껴가는 느낌도 있는 듯하다. 그러나 모 척추전문병원의 경우처럼 성공적인 케이스도 없지 않다. 이 병원은 기존 고객과의 유대감 형성과 체계적 건강 관리를 위해 비교적 큰 규모의 병원 외부 행사를 열었다. 완쾌 고객의 무대공연, 주치의와 만남 등으로 자신의 건강상태를 확인하고 일상생활에서의 건강 유지를 위한 조언까지 받게 함으로써 고객과의 관계 강화를 위해, 병원이라는 기존의 울타리를 벗어난, 꽤 진일보한 프로그램이라는 평가를 받았다.

몇 년이고 지속되는 충성 고객을 만들기 위해서는 적절한 관리체계가 전략적으로 개발되고 지속적으로 유지되어야 한다. 그런 면에서 병원은 다른 여타의 업종에 비해 꽤나 유리한 위치에 있다고 할 수 있다. 고객과 브랜드, 또는 고객과 병원 간의 관계를 유지하고 강화하는 수단으로서 '건강'이라는 개념만큼 강력한 키워드도 없기 때문이다. 고객들이 그만큼 병원과의 관계 형성에 큰 관심을 가지고 있으며 적극적인 참여 의사를 보인다는 것이다.

병원이 고객을 확보하고 그들, 정착된 고객이 주는 수많은 혜택을 받아 누리려면 충성도를 높일 방도를 찾아 나서는 데 주저함이 없어야 한다. 수많은 고객 중에 진정한 충성심을 가진 고객을 가려내고, 그중 높은 충성도를 보이는 고객에게는 만족할 만한 보상이 주어져야 한다. 그리고 그 만족감이 지속될 수 있도록 하는 관리체계가 개발되어야 한다. 병원 마케팅의 핵심은 결국, 고객 만족과 고객과의 장기적 관계 구축 방안을 찾는 일인 까닭이다.

2) 보상하라

마케팅의 대가, 필립 코틀러(Philip Kotler)는 "마케팅이란 수익성 있는 고객을 찾아내고, 유지하고, 키워나가는 과학과 예술"이라고 했다. 이 말은 결국 마케팅의 핵심이 새로운 고객의 확보 이외에 충성도 높고 수익성 있는 고객을 찾아 장기간에 걸쳐 유지하고 확대하는 활동에 있다는 의미다. 여기서 말하고 있는 수익성 있는 고객이란 '그 고객을 획득하고 서비스하기 위해 소요되는 비용보다 그 고객으로부터 얻을 수 있는 장기적인 수입이 더 큰 고객'으로 정의될 수 있으며, 이 초과분의 수입이 바로 고객의 '가치'이다. 이는 결국, 기업이 고객을 상대로 하여 수익을 극대화하기 위해서는 최대의 고객가치를 창출해내야 한다는 말이 된다.

그렇다면 그 고객의 가치를 강화하는 전략의 핵심은 또 무엇일까? 바로 '기존고객관리전략'이다. 요컨대, 기존 고객의 개별적 특성과 기여도를 정확히 파악하는 것을 시작으로 우량 고객을 선별하고 우대하여 이탈하지 않도록 함은 물론, 재이용과 구전을 하도록 유도하며, 더 나아가 기업 옹호자로서의 역할까지 수행하는 충성도 높은 고객을 만들어내는 전략이다.

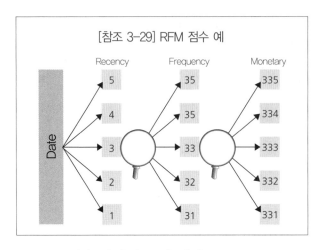

[참조 3-29] RFM 점수 예

고객 관리 전략

데이터베이스 구축 첫 단계는 고객 데이터베이스 구축이다. 성공적인 데이터베이스 활용의 요체는 기존 고객 및 잠재 고객 가운데서 가장 가치 높은 고객을 발견해내고, 또한 이들의 특성을 알아내는 데 있다.

데이터 분석 두 번째 단계는 그 구축된 데이터의 정확한 분석이다. 데이터 분석 방법에는 여러 가지가 있지만, 그중에는 가장 널리 쓰이면서 병원에서도 적절히 활용할 수 있는 방법으로 'RFM 포인트 분석법(일명 고객등급분석)'이 있다. RFM는 Recency, Frequency, Monetary를 말하는 데 병원 고객에 적용하면 다음과 같다.([참조 3-29] RFM 점수 예)

- 얼마나 최근에 이용했는가?
- 얼마나 자주 이용하는가?
- 총 비용을 얼마나 지불했는가?

이 간단한 3가지 정보는 고객의 가치를 판단하고, 고객에 대한 마케팅 효율을 높이며, 향후 얻을 수 있는 수익을 극대화할 수 있게 해주는 중요한 요소가 된다. 다음은 그 실제 사례이다.

사례1. 미국 43개 주에서 1,400여 개의 의류 및 액세서리체인을 가진 패션버그사는 데이터베이스 마케팅을 활용한 기존 고객 RFM 기법을 통해 상당한 비용 절감을 거둘 수 있었다. 이 회사는 다이렉트 메일 캠페인을 전개할 때 먼저 RFM의 결과를 근거로 지난 18개월 동안 50달러 미만을 지출한 10%의 고객에게 메일을 전혀 발송하지 않고 있다. 이로 인해 메일 캠페인을 매번 전개할 때마다 수익에는 전혀 영향을 받지 않으면서 1만 2,000달러씩을 절약하고 있으며, 이 액수는 연간으로 따지면 9만 달러에 이른다.

사례2. 국내의 치킨체인점, BBQ의 사례이다. 전국 36개 지역의 대표 가맹점을 선정해서 도면화 된 아파트단지의 동별, 가구별 최근 3개월간의 구매횟수를 파악하여 3회 이상의 충성 고객, 1~2회 일반 고객, 재구매실적이 없는 중단 고객, 기록이 전혀 없는 미이용 고객으로 세분화하고 판촉 방법을 달리함으로써 이들 가맹점이 실험에 참여해서 거둔 100일간의 가맹점 매출이 평균 41.3% 성장을 기록했다.

사례3. 모 병원에서는 위내시경검사 통계자료에서 데이터마이닝을 실시하여 효율적인 고객 관리 방법을 찾아냈다.([참조 3-30] 위내시경 이용 횟수 분포도 이는, 2001년 국립암센터에서 발표한 한국인 표준 검진 권고안을 기준으로 '위암은 위장조영술이나 위내시경검사를 40세 이상이면 2년 주기로 검사를 받는 게 좋다'는 제안을 근거로 함)

Recency(최근 검사일) 최근 검사 날로부터 얼마나 지났는지 측정하는 항목이다. 2년이 되어서 검사한 고객이 3, 5년이 지난 고객보다 더 높은 점수를 받게 된다.

1=검사한 지 5년 넘은 고객
2=검사한 지 3~5년 된 고객
3=검사한 지 1~2년 된 고객

Frequency(빈도) 정해진 기간 내 권고대로 검사를 했는지 측정하는 항목이다. 지난 10년간 4번 검사 받은 고객은 같은 기간 2번 검사한 고객보다 더

[참조 3-30] 위내시경 이용 횟수 분포도	
1(회)	15,749(건)
2	10,389
3	8,976
4	2,032
5	1,421
6	1,030
7	911
8	342
9	251
10	151

높은 점수를 받게 된다.

1=10년 동안 1~2번 검사 고객
2=10년 동안 3~4번 검사 고객
3=10년 동안 5번 이상 검사 고객

Monetary(비용) 평균 얼마의 비용을 지불했는지를 측정하는 항목이다. 평균 비용은 고객이 10년간 병원을 이용하면서 사용한 비용을 같은 기간 동안 이용한 횟수로 나누어 산출한다.

1=평균 비용이 50만 원 이하인 고객
2=평균 비용이 50만 원에서 100만 원 이하인 고객
3=평균 비용이 100만 원 이상인 고객

이와 같이 주어진 점수의 합을 개별 고객에게 적용함으로써 가치 높은 고객을 찾아내는 것이다. (여기서 '각 항목에 균일한 가중치가 적용되어 점수를 주는 것이 옳으냐'의 문제는 병원의 고객 특성과 질환의 성격 등에 따라 달라질 수 있다)

보상 프로그램 개발 고객 관리 전략의 세 번째 단계는 보상 프로그램의 개발이다. 보상은 크게 Hard Benefit과 Soft Benefit으로 나뉜다. 먼저 Hard Benefit은 유형의 혜택으로 무료 마일리지 제공이나 사은품과 같은 예이다. 병원 경우 법적 한계 안에서 제공되는 내시경이나 종합검진 시 혜택과 같은 것이다. 이 Hard Benefit 보상 프로그램은 그 결과에 대한 치밀한 예측 후에 실행해야 한다. 바로 미국에서 경관이 빼어난 30곳을 엄선해서 체인을 둔 레스토랑 차트 하우스의 한 체인이 그 고객 보상 프로그램을 잘못 수립함으로써 막대한 손해를 본 전례를 남겼다. 문제가 된 보상 프로그램은 '알로하'라는 고객클럽을 운영하면서 회원 중 전국 65개의 레스토랑을 모두 이용한 고객에 한하여 세계일주 여행

권을 제공한다는 것이었다. 당초 차트 하우스는 약 30만 명의 회원 중이 조건에 맞을 숫자는 몇몇일 것으로 예측했다. 그런데 뜻밖에도 41명이나 되는 회원이 그 조건을 만족시켜 차트 하우스는 약 200만 달러의 막대한 비용을 감수해야만 했다. 반면에, 병원이 눈여겨봐야 할 보상 프로그램은 'Soft Benefit'이다. 이것은 '무형의 혜택'으로, 특별한 대우를 제공받음으로써 고객이 획득할 수 있는 정서적이고 감정적인 형태의 '보상'이다. Soft Benefit은 고객의 가치나 지위를 높임으로써 고객의 충성도를 제고할 수 있다. 그 예로 대한항공은 모닝캄 회원 전용창구를 설치, 발권 수속에 편익을 제공해 줌으로써 고객이 특별한 대우를 받는다는 느낌을 갖게 해줬다. 생일을 기억해 축하 편지를 우송해주는 것도 Soft Benefit의 좋은 예가 될 수 있다. 요컨대, Hard Benefit 경우 만족감은 높지만 비용이 많이 드는 반면, Soft Benefit은 비용은 적게 들지만 자칫 고객들이 혜택을 제대로 인지하지 못할 수도 있다.

병원의 RFM을 통한 고객 분석과 그에 따른 보상은 자칫 고객을 과잉진료로 유도할 소지가 없지 않다. 그러나 고객 성격의 규정과 정확한 분류가 이뤄진다면 보다 체계적으로 고객을 관리할 수 있다는 이유에서 오늘의 병원 마케팅에 폭넓은 적용이 시급하다. 그럼으로써 병원은 고객 개개인의 과거 사실로부터 다음 단계로의 예측까지 가능하게 되고, 우량 고객 파악을 통한 보상 시스템 구축을 가능케 한다. 이는 개별 고객에게 적합한 맞춤보상이 주어질 수 있도록 함으로써 고객 충성도를 높이는 결정적 동인(動因)을 제공할 수 있게 된다. 바로, 평생 고객을 만드는 첫걸음이자 지름길이다.

[용어해설]

무보조 응답(Unaided of Mind)

최초 응답을 포함, 브랜드나 광고에 관한 언급 없이 고객의 기억을 측정한 후 전체 조사 대상자 중 몇 퍼센트가 기억하는가를 의미하는 것이다. 가령 "어젯밤 MBC 뉴스데스크를 보셨습니까? 봤다면 뉴스 전후 방영된 광고 중 생각나는 브랜드를 모두 말해 주십시오"와 같은 오픈 질문으로 측정한다.

보조 응답(Aided of Mind)

무보조 상태에서 기억을 해내지 못할 때, 설문하고자 하는 브랜드나 광고에 관한 개략적인 정보를 제시한 후 해당 브랜드를 기억해내는 비율

브랜드 인덱스(Brand Index)

마케팅상의 지표적인 자료들. 고객의 Mind Share를 읽는 시발점이다. 즉 브랜드 관련 인지, 이해, 이용, 선호, 광고기억지표뿐만 아니라, 이미지의 변화도까지도 정기적으로 점검하여 지속적으로 마케팅 계획에 피드백시켜, 목표에 의한 과업 관리의 기본적인 통제 방법으로 사용된다. 이는 향후 브랜드 관리나 프로모션, 홍보 전략을 수립하는 데 가장 중요한 척도자료로 활용된다.

상기 상표군(Evoked Set)

하워드와 쉐드(Howard & Sheth)가 제안한 개념으로서 고객이 어떤 상표나 서비스를 선택하려 할 때 머릿속에 떠오르는 브랜드의 집합을 말한다. 고객이 특정 브랜드를 몇 개 머릿속에 갖고 있으며, 그 몇 개의 브랜드는 선택되는 시점에서 중요한 역할을 함을 알고 있다. '이용한 적이 있다', 혹은 '이용해 본 적이 있다', 혹은 '앞으로 이용하고 싶다'라는 범주 속에 포함되는 브랜드가 될 수 있는 확률, 즉 Evoked Set에 들어갈 수 있는 확률을 'Evoked율'이라고 한다. 광고 활동을 통한 인지율의 향상은 결국 Evoked율을 높이기 위한 수단으로 보아야 한다. Evoked율은 광고, 판촉, 점포 활동 등 마케팅의 종합적 효과의 결과로 생각할 수도 있다.

역치(Threshold)

신경 흥분이나 근육 수축 등을 유발하는 데 필요한 최소 자극(刺戟) 값. 생리학 분야에서 주로 사용되는 의학 용어로서 '최소 한계 값'이라고도 한다. 자극의 차이·

변화에 있어 사람이 인지할 수 있는 최소한에 해당하는 자극, 또는 자극 간의 차이의 양이다. 매체 용어로서 역치(Threshold)란 Target Audience가 비로소 그 메시지를 알아차리고, 그 정보를 받아들이기 시작하는 최소한의 노출 횟수를 말하며 이것은 여러 조사를 통해 입증된 바 있다. 애써 번 돈을 매체에 쏟아 붓기 전에 반드시 조사의 중요성에 대하여 강조하고 넘어가야 한다.

최초 응답(Top of Mind)

고객이 평소 알고 있는 경쟁적인 여러 가지 상표 중에서 특정 상표를 가장 먼저 떠올리는 비율, 가령 "화장품 상표 중 생각나는 순서대로 대답해 주십시오"라고 질문하여 측정하는 것이다. 이때 제일 먼저 대답한 상표의 비율을 말한다.

MOT(Moment of Truth)

스페인의 투우에서 나온 말(Momento De La Verdad)을 영어로 옮긴 것인데, 스웨덴의 마케팅 학자인 리차드 노만(R. Norman)이 서비스 품질 관리에 처음 사용하였다. 스페인에서는 투우사와 소가 일대일 대결에서 소의 급소를 찌르는 순간 즉, '피하려 해도 피할 수 없는 순간' 또는 '실패가 허용되지 않는 매우 중요한 순간'을 의미한다. 그 최후의 순간을 결정적 순간 또는 진실의 순간이라고 하는 데 이 결정적 순간 직후에는 반드시 어떠한 결판이 난다고 한다. 이 결정적 순간은 서비스 제공자가 고객에게 서비스의 품질을 보여줄 수 있는 기회로서 지극히 짧은 순간이지만, 이 순간이 고객의 서비스에 대한 인식을 좌우한다.

USP(Unique Selling Proposition)

로저 리브스(Roger Reeves)가 처음 주창한 이래 광고의 강력한 무기로 오랫동안 애용되어온 이론이다. "모든 제품은 타 제품에 비해 독특하게 내세울 수 있는 무엇이 있어야 한다. 경쟁 제품을 모두 물리치고 A라는 특정 상표를 사야 하는 이유가 광고에 나타나 있어야 한다"라고 했다.

참고문헌

1. 변치 않는 성공원칙, 배영민, Nice Culture

2. 「포지셔닝」 Al Ries, Jack Trout 저 · 金忠起역, 나남

3. 알기 쉬운 마케팅 이야기 소비자가 '아는 것'과 '좋아하는 것', 김재환 마케팅전략연구소 수석연구원, 대홍보

4. 「마케팅 불변의 법칙」 알 리스 · 잭 트라우트저

5. 「스스로를 공격하라」 이광현저, 한국능률협회

6. 해외리포트 BBDO 마케팅 매뉴얼 소개-커뮤니케이션 전략개발을 위한 지침, 영업전략의 핵심 玉遠林
   사보엘지애드, 1990.7

7. 「마케팅 종말」 서지오 지먼외 지음 · 이승봉옮김, 청림출판

8. 광고논단, 광고에 얽힌 여러 가지 비유, 박창우 기획국장, 서울광고, 1992 여름호

9. (DBR)비즈니스 모델 혁신, 출발점은 '고객 재발견', 김한얼 홍익대경영학과교수, 동아일보, 2011.1.8

10. 금융권 이상적 이미지, 정보원 신뢰도 및 이슈 중요도 인식과 금융기업명성 간 관련성, 홍보학연구 제11-2호, 2007

11. 「평판을 경영하라」 로사 전(Rosa Chun)지음, 위즈덤하우스

12. 「한 수 위의 기획 창의적 기획법」 김재호저, 이코복

13. 명품 브랜드를 만들고 싶은가 소비자의 동경 · 갈망을 훔쳐라, 홍성태 한양대경영대교수, 조선 Weekly BIZ,
    2010.4.10

14. 마케팅에 있어서의 창의력의 힘, 번역 기획국 이용수, 삼희기획, 1989.10

15. (사람&경영) 말로만 고객만족, 한근태 한스컨설팅대표, 머니투데이 2003.9.17

16. 홍성태의 마케팅 레슨 "물건 대신 꿈을 팔자…고객에게 왜 살까를 어필하자", 홍성태 한양대경영학과교수,
    조선 Weekly BIZ, 2011.6.18

17. SELLING WITH HONER LAWRENCE KOHN & JOEL SALTZMAN, 상암기획부설 커뮤니케이션전략연구소

18. 삼성경제연구소 지식경영실장 강신장 상무(SERICEO 내용 中에서, 이현우 한양대교수의 설득심리 中)

19. 인지부조화이론-소비자 행동분석에의 적용, 우석봉 조사부, 대홍보

20. 「이노베이터의 10가지 얼굴」 톰 켈리저 · 이종인역, 세종서적

21. Designing Waits That Work, MIT Sloan Management Review, July, 2009

22. 「타임마케팅」 미야 에이지(三家 英治)지음 · 어윤태편역, KITI 한국산업훈련연구소

23. 김영호의 문제 해결을 위한 전략 컨설팅 中

24. 의사 營業능력따라 병원수입 달라진다, 남윤호 중앙일보 도쿄특파원, 이코노미스트 547호, 2000.8.1

25. 경영학자도 놀란 '재미있는 병원', 이준혁 중기과학부기자, 한국경제, 2012.11.13

26. 환자 개인취향 따른 급식 메뉴 개발로 인기, 남윤호 중앙일보 도쿄특파원, 이코노미스트 565호, 2000.12.12

27. James Webb Young 'How to become an Advertising Man' 중에서

28. 고객만족 위한 최고 서비스? '네 가지 격차' 부터 줄여라, 박수찬기자, 조선 Weekly BIZ, 2011.4.23

29. 김영걸 교수의 'CRM(고객관계관리) 클리닉' 고객은 말없이 떠나도 보내는 기업은 말해야, KAIST 경영대학교수,
    조선 Weekly BIZ, 2010.11.20

30. 「365일 매일 읽는 마케팅 전략 100」 제프블랙먼지음 · 조용모옮김, 눈과마음

31. 경쟁논단, 단골고객이 떠나는 이유, Thomas D. Jones, Earl Sasser, Jr 박상준 HBR November-December
    1995 "Why Satisfied Customers Defect" SHB, March-April 1996

32. 「MARKETING is…WAR, 피 말리는 마케팅 전쟁 이야기」 로버트 F. 하틀리지음 · 김민주외 옮김, 아인앤컴퍼니

33. 시장원리에 흔들리는 미국의 의료계, 글쓴이 이계충(李啓充) 메사추세츠 종합병원 내분비분과
    하버드의대 조교수 · 옮긴이 최진호내과전문의

34. 서비스마케팅, 마케팅, 2002.3

35.애드포럼 브랜드의 로얄티(Loyalty)를 높여라, 나운봉 마케팅전략연구소선임연구원, 대홍보
36.관계의 차별화로 승부하라-할리데이비슨 Brand Centric Thinking, 윤경희 마케팅팀대리
37.마케팅교실-Frequency 마케팅, 김영태 마케팅전략연구소, DIAMOND AD, 1998.3/4
38.애프터 마케팅, '한번 고객'을 '평생 고객'으로 만드는 애프터 마케팅, 서승범 기획국, Oricom Brand Journal, 1995.5
39.연합리포트 마케팅 시뮬레이션, 연합광고, 1992.9

Hospital Marketing Dock Flow

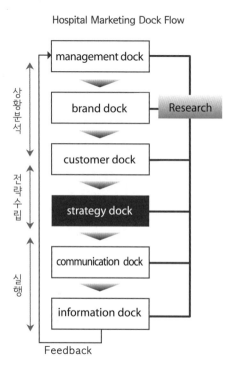

**IV** 의술이 다일까요,
전략도 함께 일까요?
Hospital Strategy Dock

1. 지피지기(知彼知己)
　　1) SWOT 분석의 과정
　　2) SWOT 분석의 실례

2. 표적 고르기(Segmentation)
　　1) 시장 세분화의 조건
　　2) 시장 세분화 방법

3. 표적 선정(Targeting)
　　1) 표적 시장 선정 전략
　　2) 표적 시장 선정 전략의 예

4. 제자리 찾기(Positioning)
　　1) 포지셔닝의 유형
　　　경쟁 위치에 따른 포지셔닝
　　　리포지셔닝(Repositioning)
　　　소비자 이점에 따른 포지셔닝
　　2) 세계 병원의 포지셔닝 사례
　　3) 실패한 포지셔닝 전략, 그 원인
　　4) 병원 포지셔닝 전략계획의 수립과 집행

"
문제는
얼마나 빨리 가느냐가 아니라,
어디로 가느냐는 것이다.
"

메이벨 뉴컴버(Mabel Newcomber)

IV. 의술이 다일까요,
전략도 함께 일까요?
Hospital Strategy Dock

경영이나 자기계발에 관련된 서적의 표제에서 가장 많이 눈에 띄는 단어 중의 하나는 아마 '성공 전략' 일 것이다. 생각만으로도 우리 가슴을 뛰게 하는 단어, '성공'과 그 성공을 해낼 수 있는 구체적인 방법이 된다는 '전략' 이다.

성공에 굳이 전략이라는 것이 필요할까?

전략이란 것이 무엇일까?

전략(戰略)은 본래 군사에서 쓰이는 낱말로, 특정한 목표를 수행하기 위한 행동계획을 가리킨다. 이기려고 싸우는 전쟁에서 행동계획이 없는 것을 상상할 수 없듯이 성공을 위한 사업에서 전략이 없을 수 없다. 전략을 구성하는 근본 요소는 목표(미션/비전), 수단/행동, 그리고 계획이다. 곧 전략을 수립한다 함은 목표를 설정하고 그 목표를 달성할 수 있는 수단을 명시하며, 그 수단을 통한 합리적이고 체계적인 수행계획을 만든다는 것이다.

전략 수립의 첫 단계는 상황 분석이다. 곧, 자신이 처해 있는 곳의 주변 상황과 그곳에서의 자기 위치 파악이다. 상황 분석이 정확해야 효율적인 전략이 수립될 수 있는 것은 두 말할 나위 없다. 상황 분석을 위한 방법으로 가장 많이 쓰이는 것은 SWOT 분석으로 각자의 자리에서 자신만이 가지고 있는 강점, 극복해야 할 약점, 넘어서면 얻을 수 있는 기회, 그리고 직면하고 있는 위기 등을 파악하는 것이다.

내가 누군지, 어디에 있는지를 정확히 알아야 내가 싸워야 할 정작의 상대가 눈에 들어온다. 그 상대는 꼭 경쟁자가 아닐 수도 있다. 환경일 수도 있고, 법적 규제일 수도 있고, 관습이나 전통일 수도 있고, 나 자신일 수도 있다.

SWOT를 통해 분석된 시장자료를 바탕으로 수립되는 전략의 유형 중에 대표적인 것이 STP이다. 서로 다른 욕구와 특성을 가지고 있는 소비자를 몇 개의 유형으로 구분하는 시장 세분화(Segmentation), 세분화 된 각각의 표적 시장에 대한 매력도 평가를 바탕으로 행해지는 진입 가능한 시장의 선정(Targeting), 그리고 경쟁적 우위를 차지할 만한 곳에 자사의 제품을 위치시키는(Positioning) 일련의 전략 수립 과정을 말한다.

결국, 어떤 분야를 막론하고 시장에서의 성공을 위해서는 소비자에 대한 정확한 이해를 바탕으로 적합한 마케팅 전략이 담보되어야 한다는 것은 상식 중의 상식이다. 오늘날 치열한 경쟁을 벌이고 있는 병원 시장에서의 성쇠 또한 두말할 나위가 없다. 전략에 달렸다.

1. 지피지기(知彼知己)

SWOT는 1960~70년대, 미국 스탠포드대학의 경영 컨설턴트, 알버트 험프리(Albert Humphrey)에 의해 고안된 전략개발분석도구로서 강점(Strength), 약점(Weakness), 기회(Opportunity), 위협(Threat)의 합성어다. 이는 기업이 현재 처해 있는 내·외부 환경을 분석함으로써 효율적인 마케팅을 위한 기초자료가 된다. 내부 요인으로는 경쟁사 대비 강·약점을, 외부 요인으로는 자신을 제외한 제반 모든 상황에서의 기회와 위협 요인을 찾아내는 것이다.

우리는 그 예를 이해하기 쉽게 '밀림의 왕자'라고 불렸던 타잔에게서도 찾아볼 수 있다. 타잔에게는 밀림에서 생활하기에 약점이 많다. 날카로운 이빨이나 발톱도 없다. 그렇다고 힘이 아주 센 것도 아니다. 치타처럼 빠르지도 않다. 하지만 타잔은 강점도 많다. 나무를 탈 줄 알고, 밧줄을 이용할 줄 안다. 수영도 할 수 있다. 무엇보다도 무기를 만들 수 있다. 게다가 이 모든 기술을 시기적절하게 구사할 수 있는 능력을 지니고 있다. 말하자면, 이런 설정이 SWOT 분석에 의해 도출된 것으로 가정할 수 있다. 정글(시장)의 기회와 위협 요인을 조사하고, 타잔의 강점과 약점을 분석한 후 타잔에게 '밀림의 왕자'가 될 수 있도록 하는 역량(경쟁력)을 부여했다고 볼 수도 있다는 것이다. 즉, 장점이 되는 부분을 핵심 역량으로 키워나가서 그것이 쓰일 수 있는 시장과 비즈니스를 찾아내면 타잔처럼 밀림의 왕자도 될 수 있다.

1) SWOT 분석의 과정

외부 환경 분석

시장과 소비자 분석을 통해 자사가 처한 시장 환경에서의 기회와 위협 요인을 파악한다. 이 단계의 핵심은 어떤 상황에서도 객관성을 놓치지 않는 구체적인 분석이다.

내부 환경 분석

자사의 강·약점을 경쟁사와 비교 분석해 자사의 상대적인 강점을 어떻게 활용할 수 있는지, 그리고 상대적인 약점은 어떻게 보완, 방어할 수 있는지를 분석하게 된다.([참조 4-1] SWOT 단계별 분석 과정)

매트릭스 작성

분석의 결과로 얻어진 것들 중에서 핵심적인 SWOT을 통하여 SO, ST, WO, WT 전략을 도출, 매트릭스를 작성한다.([참조 4-2] 내·외부 결합 SWOT 비교 매트릭스)

[SO] 강점을 가지고 기회를 살리는 전략
[ST] 강점을 가지고 위협을 회피하거나 최소화하는 전략
[WO] 약점을 보완하여 기회를 살리는 전략
[WT] 약점을 보완하면서 동시에 위협을 회피하거나 최소화하는 전략

중점 전략 선정

기업들은 자사의 원활한 경영 활동을 위하여 SO에 위치할 수 있도록 해야 한다. 현 위치에서 SO로 가기 위한 활동 등을 통해 자사의 상황을

SO로 이동시키는 것이 SWOT 분석의 목적
이다. 이와 관련해 「강점에 집중하라」 저자인
마커스 버킹엄(Marcus Buckingham)은 「위
대한 나의 발견, 강점 혁명」에서 "약점이 아
닌 강점에 초점을 맞추라"고 강조한다. 그는

[참고 4-1]
SWOT 단계별 분석 과정
기회(O)와 위협(T) 요인 파악
↓
자사 강점(S)과 약점(W) 파악
↓
SOWT 분석을 이용한 Matrix 작성
↓
중점 전략 선정

20여 년간 성공한 사람들을 만나 인터뷰한 결과, 성공한 사람들은 모두
약점의 지배에서 벗어나 강점을 재발견하는 데 자신의 모든 것을 쏟았
다는 공통점을 갖고 있었다. 그들은 자신의 단점을 고치기 위해 시간과
노력을 20% 정도 사용하고, 나머지 80%는 장점을 강화하는 데 사용한
다고 말한다.

정치인이며 과학자인 벤저민 프랭클린(Benjamin Franklin)도 같은
얘기를 남겼다.

"인생의 진정한 비극은 우리가 충분한 강점을 갖고 있지 않다는 데
있지 않고, 오히려 갖고 있는 강점을 충분히 활용하지 못하는 데 있다."

한 인생이나, 어떤 기업을 막론하고 깊이 숙고해 보아야 할 격언이다.

2) SWOT 분석의 실례

1997년 초, 신생 아시아나항공은 전통성
과 항공노선, 운항대수 등 하드웨어적인 서비
스의 편리함으로 우위를 강조하는 경쟁사 대
한항공에 무엇으로 초기 마케팅 전략을 펼쳐
야 할지가 관건이었다. 그것은 바로 비행기의

[참고 4-2] 내·외부 결합
SWOT 비교 매트릭스

외부역량 \ 내부역량	Strength (강점)	Weakness (약점)
Opportunity (기회)	SO (공격 전략)	WO (만회 전략)
Threat (위협)	ST (우회 전략)	WT (생존 전략)

'기령(機齡)'이었다. 당시 꽘 비행기 추락사고 등으로 소비자들에게는 안전성에 대한 인식이 크게 퍼져 있는 상태였다. 이는 잦은 사고로 이미지가 실추된 경쟁사에 대항해 소비자로 하여금 새 비행기의 중요성을 인식하게 하고 항공사 선택 요건으로 안전을 부각시키는 계기가 되도록 하기 위함이었다.

이에 아시아나는 '이 비행기 몇 년 됐어요?'라는 헤드라인, '우리 비행기는 3.5살 경쟁사는 20살 넘어'라는 카피로 광고를 시작했다. 비행기 안정성하면 그 무엇보다도 비행기 기령이라는 요소를 끄집어내 신생 항공사로의 약점을 극복할 수 있게 된 것이다. 이 캠페인은 즉각 언론의 관심을 불러일으켰고, 경쟁사는 이에 자극받아 '근거 없는 비방'으로 공정위원회 제소까지 해 화제가 되었다.

이후의 SWOT 분석에서 아시아나는 대외적 인지도와 신뢰도, 기술력 등에서 약점으로 나타났지만 브랜드 이미지는 '새 비행기'로 기령이 짧은 비행기가 편안하고 안전한 비행기의 상징처럼 소비자들에게 연상되게 하였다.([참조 4-3] 아시아나 SWOT Matrix) 이와 함께 인간적인 요소인 소프트웨어적인 서비스를 차별화의 방향으로 정하고 스튜어디스를 소재로 활용하였다. '그녀의 이름은 아시아나' 캠페인으로 이미지를 극대화시킨 것이다. 신생 항공사가 SWOT 요소에서의 상당수 약점들을 커버함과 동시에 강점을 가지고 기회를 살리는 전략(SO)을 공격적으로 펼치는 계기가 되었다.

[참고 4-3] 아시아나 SWOT Matrix

강점(Strength)	약점(Weakness)
• 최신 항공기 • 서비스 차별성 • 다소 저렴함	• 국내외 인지도 • 신뢰도 • 기술력

기회(Opportunity)	위협(Threat)
• 안정성 통한 신뢰도 • 이미지 극대화 • 관광 산업, 국제 행사	• 고 유가 • 고 환율 • 외국 항공사들 복항

'지피지기 백전불태 부지피이지기 일승일부 부지피부지기 매전필패(知彼知己 百戰不殆 不知彼而知己 一勝一負 不知彼不知己 每

234

戰必敗' 손자병법 모공편에 나오는 그 유명한 구절이다. '적을 알고 나를 알면 백 번 싸워도 위태로울 것이 없으나, 적을 알고 나를 모르면 승과 패를 각각 주고받을 것이며, 적을 모르는 상황에서 나조차도 모르면 싸움에서 반드시 패배한다' 는 뜻이다. 하나하나의 문자 그대로가 SWOT 분석의 개념과 일맥상통하는 의미를 담고 있지 않은가?

병원은 SWOT 분석을 통해 무엇을 얻을 수 있을까? 병원의 현상을 점검하고 미래를 예측, 준비하는 차원에서 이 분석 방법은 전략의 방향성을 점검하고 조정해주는 수단이 될 수 있다. 보다 체계적이고 분석적인 전략 설계를 위해 SWOT 분석은 병원 마케팅 분야에서도 기초 중의 기초가 되는, 그래서 그만큼 중요한, 현실 점검과 길잡이를 위한 기본 툴이다.

■ 제퍼슨기념관 비둘기 퇴치 전략

워싱턴 포토맥 강변의 토마스 제퍼슨 대통령 기념관. 연간 200만 명 이상이 방문하는 이 관광명소가 비둘기 문제로 크게 골치를 앓고 있었다. 대리석으로 지은 건물 천장에 집단으로 서식하는 비둘기들이 배설물을 바닥과 관광객들에게 마구 쏟아내기 때문이었다. 담당자들은 그 원인으로 관광객들이 던져주는 모이를 지목했고 온갖 수단을 동원해 모이 주기를 근절했다. 그러나 비둘기들은 떠나가지 않았다. 결국 천장 밑에 비둘기 방지 그물망을 설치하기로 했으나 그 비용이 만만치 않았고, 더 심각한 문제는 그물망이 건물의 미관을 해치게 될 것이라는 것이었다. 결국 비둘기전문가와 생물학자를 찾아 퇴치 방법을 의뢰하기에 이르렀는데 그들의 연구 결과는 의외였다. 비둘기가 기념관에 모여든 것은 천장에 있는 수많은 거미 떼를 잡아먹기 위해서였다. 또 그 거미 떼가 많은 이유는 해질 무렵에 주변의 나방들이 모여들기 때문이며, 나방이 많이 모여드는 이유는 다른 건물보다 1~2시간 먼저 켜는 불빛 때문이었다. 야행성으로 불빛에 달려드는 나방의 속성이 근본 이유였던 것이다. 이후로 이 기념관은 전등을 다른 건물보다 늦게 켰고 결과는 대성공이었다. 나방이 모여들지 않자 거미가 사라졌으며 비둘기가 떠났다. 원인의 정확한 진단을 시작으로 성공을 이루어낸 전략의 예이다.

2. 표적 고르기(Segmentation)

거의 대부분의 시장에서 소비자는 소득, 나이, 직업 등의 개인적인 특성뿐만 아니라 해당 제품이나 서비스를 이용할 때 고려하고 선호하는 속성들에 대해서도 제각각의 행동 모습을 보인다. 때문에, 이처럼 서로 다른 소비자 개개인을 설득하거나 행동의 변화를 일으키기 위해서는 그들 각자에게 각기 다른 방식으로 접근하여 개별적인 마케팅 믹스를 적용함이 마땅하다. 그러나 이는 실제로, 그에 따르는 비용 증가 때문에, 불가능한 일이다. 그렇다고 해서 개개인의 특성을 무시하고, 하나의 마케팅 전략을 일괄 적용하는 것 또한 위험하고 불합리한 일이 아닐 수 없다. 그래서 필요한 것이 시장 세분화다. 한정된 자원으로 보다 효율적인 마케팅 방법을 모색하기 위해 시장을 구분하는 것이다.

마케터의 역할은 소비자가 서로 어떻게 다른지 그리고 그런 차이 속에서 소비자들을 상업적으로 가치 있는 세분 시장으로 어떻게 묶을 것인지를 알아내고 그 속에 내포된 동질적인 소비자 욕구를 충족시키는 것이다.

1) 시장 세분화의 조건

시장의 세분화에는 다음의 몇 가지 전제조건이 따른다.

측정 가능성(Measurability) 세분된 시장이 시장으로서의 의미를 가지려면 어떠한 소비자가 그 시장의 주 구성원인지를 마케터가 구분하고 측정해 낼 수 있어야 한다. 예컨대, 콘택트렌즈 마케터는 어느 계층의 어느 그룹이 눈이 나쁜가를 알아야 하며, 샴푸의 경우에는 어떤 사람들이 당장 머리를 감아야 할 만큼 가려운가를 파악할 수 있어야 한다. 반면에 대영백과사전의 표적 시장을 '장식용으로 책을 구매하기 원하는 사람들'로 잡을 경우에는 그들의 수나 구매력을 측정하기가 거의 불가능하기 때문에 효과적인 세분 시장이라고 보기는 어렵다.

접근성(Accessibility) 실속 있는 세분 시장을 발견했다하더라도, 해당 제품과 관련된 소비자에게 접촉할 수 있는 방법이 구체적으로 강구되지 않으면 안 된다. 표적 고객이 관심을 갖고 있지 않는 매체에 실리는 광고는 낭비일 뿐이다. 만약 어떤 커피제조회사가 자사 제품의 애용고객이 사회 활동이 활발하고 자주 야근을 하는 미혼 여성임을 알아냈다고 하더라도, 그들에게만 선별적으로 접근할 수 있는 그들만의 직장이나 거주지역이 파악되지 않는다면 효과적인 세분 시장으로 보기 어렵다.

시장의 규모(Substantiality) 세분 시장은 기업이 이익을 얻을 수 있을 만큼의 규모가 되어야 한다. 예를 들어 각 소비자의 기호에 맞추어 제조된 '맞춤 냉장고'는 그것을 찾는 분명한 소비자군이 존재하는 세분 시장이 될 수 있고 높은 소비자 만족도도 보일 수 있겠지만, 생산자에게는 과다한 생산비용으로 이익을 기대하기 힘든 부적합한 시장이 되기 쉽다. 다른 한편으로 식품회사, 제너럴 푸드사의 애견용 사료 마케터는 기발한 세분화 전략으로 제품을 개발해냈다. 그는 애견 소유자가 자신의 개를 네발 달린 사람으로 생각하고 있다는 사실을 알아낸 것이다. 그래서 개의 발육상태에 따라 주기를 넷(1기/강아지, 2기/어린 개, 3기/젊은 개, 4기/늙은 개)으로 나누고, 각 주기에 맞는 제품을 개발하였다. 특히, 3기견을 위한 사료로 저칼로리성(性) 먹이(상표명 Fit and Trim)를 내 놓았다. 애완견 소유자 중 41%가 자신들의 애견이 과체중상태라고 생각하고 있었고, 그중 62%는 너무 움직이지 않기 때문이라고 생각하고 있다는 사실을 발견한 것이다. 결과는 폭발적이었다. 저칼로리성 사료라는 세분 시장의 크기가 그만큼 컸던 것이다.

실행 가능성(Actionability) 세분 시장을 공략하기 위해서는 효과적인 마케팅 프로그램을 개발할 수 있어야 한다. 예를 들어 어떤 자동차회사가 충분히 시장성 있는 5개의 세분 시장 기회를 발견했다하더라도 자사의 여건상 각각의 세분 시장에 적합한 마케팅 프로그램을 따로 개발할 수 없다면 이러한 세분화는 의미가 없다.

2) 시장 세분화 방법

시장을 세분화하는 데 어떤 정형화된 방법이란 없다. 주어진 상황에 따라 세분화의 방법도 달라질 수밖에 없다는 것이다. 어떤 제품에 대해서는 가장 효과적인 세분화 방법이 다른 제품에서는 그다지 효과적이지 못하기도 한다. 자동차의 경우에는 소비자의 소득수준이 시장을 세분화하는 데 매우 중요한 요인이 될 수 있는 반면, 소주 시장에 있어서는 음용량이나 음용 횟수가 시장을 구분하는 주요 기준점이 된다.

이처럼 시장 세분화 방법은 다양하게 존재하지만 2개의 큰 분류는 생각해 볼 수 있다. 물리적 속성(소비자 특성)과 행동적 속성(소비자 반응)에 의한 분류이다.([참조 4-4] 시장 세분화 방법)

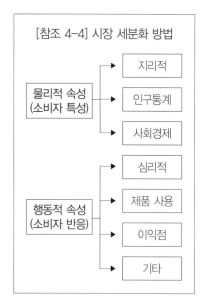

[참조 4-4] 시장 세분화 방법

물리적 속성
(소비자 특성) → 지리적
→ 인구통계
→ 사회경제

행동적 속성
(소비자 반응) → 심리적
→ 제품 사용
→ 이익점
→ 기타

물리적 속성에 의한 세분화 주로 3가지로 나눠지는 데 잠재 고객이 사는 지역의 지리적 변수와 성별이나 연령, 종교 등의 인구통계학적 변수, 그리고 직업, 교육 정도, 수입 등의 사회경제적 변수이다. 이 방법들은 데이터 수집 및 시장의 윤곽을 단 시간 내에 파악할 수 있다는 장점이 있다. 주로 2차 데이터를 사용하므로 조사비용 절감 효과도 기대할 수 있다. 미국의 조사회사 시몬스가 제시한 요구르트 시장 조사 결과를 보면 전형적인 물리적 속성에 의한 시장 세분화 사례를 볼 수 있다. 요구르트 시장은 사용 빈도와 사용량에 있어서 주 사용자는 여자라는 것, 나이는 25~34세, 학력은 대학에 다니거나 졸업자 또는 전문직 직업을 가지고 있고, 거주지역은 주로 서부와 북동지역임이 드러난 것이다.

[지리적 변수] 미국의 맥스웰하우스 커피는 제품을 전국적으로 판매하고 있으나 맛은 지역적으로 다르게 하고 있다. 즉, 강한 커피를 좋아하는 서부지역에는 진한 커피를 팔고, 동부지역에는 그 보다 약한 커피를 판매한다. 또한 카멜담배로 유명한 R.J.레이놀즈 담배회사는 시카고 지역을 세 곳으로 나누어 담배를 팔고 있다. 북쪽지역은 높은 교육 수준으로 건강에 많은 관심을 가지고 있기 때문에 타르가 적은 담배에 주력하고, 남동쪽지역은 공장 근로자들이 많아 보수적이기 때문에 윈스톤을 집중적으로 판매한다. 한편 흑인이 많이 사는 남쪽지역은 흑인용 신문 등에 살렘을 광고하고 있다.

[인구통계학적 변수] 대형 할인점의 대명사 월마트가 세계 최고의 유통업체로 성공하게 된 배경 중의 하나가 바로 창업자의 뛰어난 세분화 전략이었다고 한다. 샘 월튼(Sam Walton)은 인구 5,000~2만 5,000명 수준의 소도시와 10만 명 이상의 중대형도시 중에, 일반인들의 생각과는 달리, 전자를 소구 대상으로 삼았다. 그는 '인구 1만 명 소도시에서의 100% 시장 장악이, 인구 10만 명 도시에서의 10% 시장 장악보다 훨씬 이익이 많다'고 판단한 것이다. 그는 이미 '경쟁이 없는 것'도 이익을 극대화하는 데 중요한 변수임을 간파한 것이다. 이러한 배경으로 월마트

는 경쟁 회오리를 피하면서 경험과 자기만의 시스템을 구축할 수 있는 여유를 얻게 된다. 이러한 월마트의 성공 사례는 시장 세분화가 단지 생존을 위해 마지못해 하는 선택이 아니라 큰 시장을 공략하기 위한 전략의 일환이 될 수도 있음을 보여준다. 국내에는 인구통계학적 변수 중에 성별을 강조하여 성공한 사례도 있다. '여성의학을 선도한다'는 슬로건을 내세우고 있는 이대여성암전문병원이다. 여기서는 맞춤형 여성전문 건강진단프로그램을 운영하는 '여성검진센터', 국내 최초 '여성암전용 레이디병동' 운영 등으로 여성암에 대한 연구와 진료 분야에서 쌓아온 강점을 살려 철저하게 여성암치료대표병원임을 강조함으로써 그 분야에 독보적인 입지를 굳혔다. 이외에도 연령에 맞춰 세분화에 성공한 사례도 많다. 20대에 국한하여 소구한 화장품 엔프라니, 레세 등이 그것이다.

[사회경제적 변수] 사회경제적 변수로는 수입, 직업(학생, 전문기술직, 공무원, 경영자, 주부 등), 학력, 주택 소유, 주거 형태, 사회 계층(하, 중하, 중, 중상, 상, 최상) 등이 있다. 그중에서도 수입은 구매력을 나타낼 수 있기 때문에 확실한 세분화 변수가 될 수 있다. 특히나, 고가품의 경우에는 기업이 시장성의 유무를 분명히 판단할 수 있는 척도로 작용한다. 즉 수입 의류나 가방, 자동차 등을 판매하는 기업으로서는 일정 수입 이상의 소비자만을 잠재 고객으로 삼을 수밖에 없다.

행동적 속성에 의한 세분화 1960년대 후반~1970년대 초반부터 미국에서 성행했던 세분화의 방법이다. 시장의 발달과 함께 제품 간의 유사성, 다양화로 인하여 단순 요소에 의한 시장 세분화에서 소비자의 심리 세분화 단계로 발전한 것이다. 그 대표적 방법은 크게 3가지로 압축된다. 심리도식적 변수에 의한 세분화, 구매 또는 사용 상황 변수에 의

한 세분화, 그리고 소비자 편익 변수에 의한 세분화가 그것이다.

[심리도식적 변수] '사회적 계층', '라이프스타일', '성격' 등이 있다. 이 세분화가 중요한 것은 동일한 인구통계학적 집단에 속한 사람들이 서로 다른 심리도식적 집단을 형성할 수도 있기 때문이다. 예컨대 한때 광고로 큰 화제를 불렀던 남성용 내의 '제임스딘'은 일상적인 것에 반항하고 싶은 숨은 욕구를 지닌 남성 소비자에게 호소하여 성공했던 상품이라 할 수 있다.

[구매 또는 사용 상황 변수] 소비자는 언제 제품에 대한 생각을 떠올리며, 언제 구매를 하고, 구입한 제품은 언제 사용하는지에 따라 소비자를 구분 짓는 것이다. 오렌지주스는 보통 아침식사로 빵과 함께 마시는 음료이다. 그러나 만약 오렌지주스의 판매를 확대하려 한다면, 하루 중 아침 이외의 다른 시간대에, 식사의 일부로서가 아닌, 갈증해소와 재충전을 위한 음료로 소구할 수도 있다. 'Coffee & Donut'이라는 콘셉트로 커피를 마실 때면 도넛을 곁들여 먹으라고 제안하고 있는 던킨 도넛, "아침에 코크를!"이라는 광고 캠페인을 통해 이른 아침에 콜라를 음료수로 마실 것을 권하는 코카콜라, 언제부터인가 밸런타인데이와 화이트데이의 선물이 되어버린 초콜릿이나 사탕 등 사용 상황에 따라 소비자를 세분화하여 표적으로 삼는 예는 많다. 건강보험공단으로부터 건강검진 안내지를 받는 검진 대상자에게 종합검진을 설명한다거나 위내시경검사를 받기 위한 수면상태에서 대장내시경도 함께 받도록 안내하는 것 등도 같은 맥락이다. 앞서 브랜드진단에서 잠시 언급되었던 '경희동서

신의학병원'(지금은 강동경희대학교병원) 역시 병원 이용 상황에 따른 세분화의 한 예가 된다. 개원 당시 이 병원은 '현대의학과 한의학을 비롯해 모든 의학 계열을 망라한 협진으로 의료계에 새 바람을 일으킬 것'을 강조하면서 탄생했다. 양방과 한방 각각의 장점은 부각시키고 단점은 서로 보완하는 '신 의학' 창조를 목표로 한·양방협진대학병원이라는 혁신적인 키워드였다. 소비자 입장에서 '한·양방협진+신 의학'은 여러 진료과목이 한 장소에 모여 동시에 여러 치료를 받을 수 있을 뿐만 아니라 여러 전문의의 의견을 동시에 들을 수 있다는 장점을 가진다.

[소비자 편익 변수] 같은 제품이라 하더라도 그로부터 소비자가 얻는 편익은 제각각이다. 즉, 특정 제품이 가지고 있는 여러 편익에 대해 소비자 개개인이 생각하는 중요도는 서로 많은 차이가 있다는 뜻이다. 따라서 이 세분화는 소비자들이 제품을 구입할 때 고려하는 주요 편익의 차이에 따라 몇 개의 차별적 집단으로 나누는 방법이다. '라면'의 경우, 시장은 매운 맛 선호 시장(신라면류), 담백한 맛 선호 시장(안성탕면), 건강 고관여 시장(생생면류)으로 나뉜다. 또한, 같은 치약이라 할지라도 어떤 소비자들은 충치 예방을 중요하게 생각하고, 어떤 소비자들은 치아의 미백 효과를 더 중요하게 생각한다. 치약의 맛을 중시할 수도 있으며, 치약은 기본적으로 모두 같은 상품이므로 가격만 싸면 된다고 생각하는 소비자들도 있을 수 있다.([참조 4-5] 치약 시장의 편익 세분화) 이처럼 소비자들이 어떤 상품에서 추구하는 편익이

[참조 4-5] 치약 시장의 편익 세분화

	감수성 시장	사교적 시장	비관론자	독립적 시장
이익	미백 기능	고운 치아	충치 예방	가격
경제적 변수	2·30대 남, 여	30대 여성	중·장년층	극빈층
개성	자기주장	사교적	우울증	자율적
라이프스타일	쾌락적	활동적	보수적	가격 위주

다르다는 점에 착안하여 시장을 나누고, 그중 하나 또는 그 이상의 세분 시장을 표적 시장으로 삼아 그에 맞는 마케팅 믹스를 제공하는 것이 편익 세분화의 기본적 취지이다.

시장 세분화를 통한 표적 고객 찾기는 병원도 예외일 수 없다. 그만큼 병원을 찾는 소비자들의 욕구나 이용행태가 다양해지고 있기 때문이다. 다음은 서울 시내 모 병원에서의 시장 세분화 실제 사례이다. 이 병원에서는 내시경 시장의 확대를 위해 지금껏 이 병원 이용자들 중에서 내시경을 받지 않은 고객들을 대상으로 세분화 작업을 실시하였다. 우선 고객들의 행동적 속성으로 내시경에 대한 관심도, 병원 이용 경험 정도, 다른 진료과목 이용 정도, 내시경과 보다 밀접한 관련성이 있는 내과 방문 정도 등을 중요 속성 변수로 삼았다. 그리고 검사에 영향을 미치는 물리적 속성으로는 병원으로부터 고객의 거주지까지의 거리에 따른 권역, 성별, 연령, 직업 등이 세분화를 위한 주요 변수가 되었다. 지금까지 이상의 변수를 토대로 작성된 그 병원의 시장 세분화를 통한 고객 분류 차트이다.([참조 4-6] 내시경 시장 세분화의 주요 변수와 분류)

시장 세분화는 결코 틈새 시장을 찾는다거나 하는 경쟁 회피를 위한 수동적 전략을 의미하지 않는다. 시장 세분화는 정확한 표적 찾기이다. 병원의 경쟁력도 결국은 정밀한 시장 세분화에서 시작된다.

[참조 4-6]
내시경 시장 세분화의 주요 변수와 분류

		남성			여성		
물리적 속성	연령별	30(대)	40	50	30(대)	40	50
	지역별	1(차)권역	2	3	1(차)권역	2	3
	직업별	직장	사업	무직	전업주부	직장	사업
형태적 속성	관심도	高	中	低	高	中	低
	병원 경험	多	中	小	多	中	小
	타 질환 이용 정도	多	中	小	多	中	小
	내과 방문 정도	多	中	小	多	中	小

3. 표적 선정(Targeting)

소비자의 욕구는 매우 다양화되고 세련되어 가는 반면, 이러한 소비자의 욕구를 모두 충족시켜 줄 수 있을 만큼 인적·물적자원이 충분한 기업은 없다. 때문에 기업은 시장을 세분하고 그 세분된 개별 시장 중에 가장 효과적이라고 판단되는 자기만의 표적 시장을 선정하여 집중적인 마케팅 활동을 전개하지 않으면 안 된다. 그럼으로써 서로 다른 개성과 취미 그리고 생활조건을 가진 소비자들에게 개별 취향에 근접하는 차별적 마케팅과 서비스 그리고 극대화된 만족을 제공할 수 있다.

표적 시장의 결정에 첫 단추는 구체적이어야 한다는 것이다. 가령 '여자' 보다는 '엄마' 가 더 구체적이며. '엄마' 보다는 '고등학생 자녀를 둔 주부' 가, 다시 '수험생 자녀를 둔 주부' 가 소비자에 대해 보다 분명하게 형상화할 수 있다. 맥주의 경우도 '맥주 음용자' 보다는 '자사 맥주 음용자', '자사 맥주의 헤비 유저', '자사 맥주의 헤비 유저인 20대 후반 직장인' 으로 갈수록 표적 시장의 이미지가 명확해진다.

1) 표적 시장 선정 전략

표적 시장을 선정하기 위해서는 기업의 규모와 성장률, 경쟁우위, 자사와의 적합성 등이 고려되어야 한다. 구체적인 선정 전략은 다음과 같이 3가지로 나눠진다.([참조 4-7] 시장 세분화의 3가지 전략)

비차별화 전략(시장대중화 전략) 기업이 하나의 제품(서비스)을 갖고 시장 전체에 집중하여 가능한 다수의 소비자를 유치하려는 전략을 말한다. 이런 상황 하에서는 시장을 세분화할 필요가 없다. 이는 소비자의 욕구가 동일하다고 보기 때문이며, 판매는 대량 유통 경로와 대량 광고 매체에 의존하게 되고 자기 제품이 우수하다는 '이미지'를 심어 주는 것이 광고의 최대 목표가 된다.

집중화 전략 하버드대학의 마이클 포터(Michael E. Porter) 교수가 제시한 원가우위 전략, 차별화 전략과 더불어 3가지 본원적 전략 중 하나이다. 이 전략은 전체 시장을 세분화하여 하나의 세부 시장이나 틈새 시장, 즉 특정 소비자 집단, 일부 품목, 특정 지역 등에만 집중하는 전략이다. 그러다보니 전체 시장을 대상으로 하는 차별화 전략과 차이를 보인다. 한정된 자원으로 제한된 영역에서나마 효율성을 극대화하는 '넘버 원' 전략이라 볼 수 있다.

다원(차별)화 전략 시장을 세분화된 다수의 시장으로 나누어 세분화된 각 시장의 특성에 맞는 각각 다른 마케팅 믹스를 가지고 다수의 시장에 각각 접근하여 시장 점유율을 높이고자 하는 전략으로 보다 소비자지향적인 전략이다. 시장지배력이 높은 기업에서 사용된다. 이는 많은 기업들이 채택하고 있는 전략으로 소비자 욕구의 다양성 증가에 비추어 당연한 추세라 할 것이다.

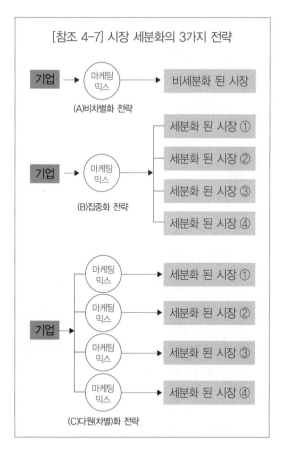

[참조 4-7] 시장 세분화의 3가지 전략

기업 → 마케팅 믹스 → 비세분화 된 시장
(A)비차별화 전략

기업 → 마케팅 믹스 → 세분화 된 시장 ①
세분화 된 시장 ②
세분화 된 시장 ③
세분화 된 시장 ④
(B)집중화 전략

기업 → 마케팅 믹스 → 세분화 된 시장 ①
마케팅 믹스 → 세분화 된 시장 ②
마케팅 믹스 → 세분화 된 시장 ③
마케팅 믹스 → 세분화 된 시장 ④
(C)다원(차별)화 전략

2) 표적 시장 선정 전략의 예

비차별화 전략의 예 'KFC'는 1977년만 해도 미국 전역에 6,400개의 전문튀김통닭 경쟁사가 1981년에는 약 7,800개로 경쟁 상황이 복잡해졌다. 게다가 버거킹과 맥도날드가 치킨 샌드위치를 판매하는 등 경쟁 메뉴가 점차 증가하는 상황이 전개되었다. 그럼에도 불구하고 KFC는 신제품(즉 새로운 메뉴)을 만들지 않고 KFC만을 강조함으로써 결국 성공을 거두었다. 60만 달러나 들었던 장기적인 캠페인의 주제는 'We do chicken right. 우리는 치킨을 제대로 만듭니다'였다. 단일 제품만으로 시장 통합 전략을 강하게 고수함으로 오히려 성공한 케이스다.

"가만히 앉아서 고객(환자)을 기다리는 시대는 오래 전에 끝났다. 밖으로 뛰어나가 고객을 모셔 와야 살 수 있다." 오사카의 히가시스미요시모리모토(東住吉森本 · 통칭 모리모토)병원이라는 다소 긴 이름의 병원은 무차별적인 공격적 영업 전략으로 유명하다. 이 병원을 찾는 고객의 80%는 부근에 사는 지역주민들이다. 반경 2km의 지역을 사방 500m 단위의 지역으로 구분하여 지역별 이용을 조사한 뒤 전체 평균보다 3% 포인트 이상 낮은, 이른바 취약지역에 대해서는 적극적인 영업 공세를 펼쳤다. 군대의 작전지도를 방불케 하는 영업 전략 지도를 작성하고 치밀한 작전을 통해 고객을 유치하고 있다. 병원은 이를 '고객 획득'이라고 표현한다. 이 작업은 우선 병원 홍보에서 출발, 각종 이벤트에 적극 참여하거나 때로는 직접 이벤트를 열어 지역주민들에게 병원의 존재를 어필한다. 봄이면 벚꽃놀이, 여름이면 건강축제 등 정기적인 이벤트 주관 등이다. 행사장에는 건강 및 영양 상담 코너를 마련해 간호사 및 영양사를 배치, 혈압 측정 등 간단한 건강 체크도 해준다. 또 병원 내 대기실은 지역주민의 작품전시장으로 늘 이용된다. 기업으로 말하면 지역밀착형 영업 전략인 셈이다. 이 덕분에 병원의 인지도가 매우 높아졌다. 병원은 특히 고객 이용률이 낮은 취약지역을 돌면서 주부들에게 건강요리교실에 참가할 것을 권유하고, 병원이 직접 월간 건강 잡지인 '마이셀프'를 발행, 지역주민이나 고객들에게 무료로 배포하였다. 철저한 경영체질 개선과 관련해서는 가장 먼저 취한 것이 365일 연중무휴 진료제. 휴일도 평일과 마찬가지로 진료를 했으며 휴일 특별요금을 받지도 않았다.

집중화 전략의 예 미국 피자 시장은 피자헛이 장악하다보니 후발업체들은 거의 경쟁을 벌일 수 없었다. 그래서 2위 회사인 리틀 시저는 전면전 대신 집중화 전략을 펼치게 된다. 그것은 고객이 피자를 직접 '사서 가져가는' 테이크아웃만을 전문적으로 취급한 것이다. 즉 테이블도, 종업원도, 배달용 트럭도, 운전기사도 없기 때문에 피자 판매 방식으로는 가장 비용이 적게 드는 사업이었다. 리틀 시저는 이 시장을 공략하면서 "1개 값으로 2개의 피자를"이라는 캐치프레이즈를 내걸었다. 그 결과 리틀 시저는 즉석식품체인에서 가장 성장이 빠른 회사 중 하나이면서 세계 최대 포장전문 피자체인점이라는 타이틀까지도 거머쥐게 되었다. '오로지 가정배달'을 내세우는 도미노피자의 전략도 같은 맥락이다.

앞서 제시된 어느 병원의 내시경 관련한 고객 분류 세분화도 특정 목표를 겨냥한 집중화 전략의 좋은 본보기가 된다.([참조 4-8]

[참조 4-8] 표적 시장 선정

		남성			여성		
물리적속성	연령별	30(대)	40	50	30(대)	40	50
	지역별	1(차)권역	2	3	1(차)권역	2	3
	직업별	직장	사업	무직	전업주부	직장	사업
형태적속성	관심도	高	中	低	高	中	低
	병원 경험	多	中	小	多	中	小
	타 질환 이용 정도	多	中	小	多	中	小
	내과 방문 정도	多	中	小	多	中	小

표적 시장 선정) 이 병원은 그동안 내시경 이용자들을 대상으로 한 통계 자료를 심층 분석한 결과 여성들의 위·대장암 발생 증가 추세도 남성 못지않다는 자체 판단아래, 이들 여성을 주요(Primary) 표적 타깃으로 삼는다. 물리적 속성으로는 여성이면서 40대 중년, 병원 인근(1차 권역)에 거주하는 30대 전업주부와 40대 직장인이며, 행동적 속성으로는 내과 이용 빈도가 높은 층으로 삼았다. 다음은 남성들 또한 그 못지않게 확대된다는 판단아래 1,2차 권역의 40대 남성 중 병원 경험이 많으며 내과 방문 정도가 평균치 이상인 남성을 두 번째(Secondary) 표적 시장으로 선정하였다.

다원(차별)화 전략의 예 신용카드업계에서 시장 추종자의 지위에 있던 현대카드는 기존의 현대 'M' 카드의 문제점 분석을 토대로 하여 '현대카드M' 을 재출범하면서 라이프스타일을 토대로 한 시장 세분화 및 차별적 마케팅 전략을 세웠다. '현대카드M' 은 '자동차생활을 즐기는 당신은, 현대카드M' 이라는 상품 콘셉트로 어디서나 쌓이는 높은 적립율의 M포인트 혜택, 자동차를 살 때 포인트로 최고 200만 원 할인 혜택, 50만 원선 할인을 제공하는 SAVE포인트 혜택, 주유 시 스페셜 포인트 적립 혜택, 항공마일리지 전환 혜택, 마음대로 현금처럼 쓸 수 있는 M포인트 스와핑 혜택을 제공한다. '현대카드A' 는 '아시아나의 모든 혜택' 이라는 콘셉트로 카드 이용금액 1,000원당 1마일의 아시아나 항공 마일리지 적립 혜택, 국내선 및 국제선 항공권 할인 혜택, 인천공항 다이너스라운지 무료이용 혜택, 아시아나클럽 할인 서비스 혜택, 스타얼라이언스의 모든 혜택을 제공한다. '현대카드K' 는 '대한항공의 모든 혜택' 이라는 콘셉트로 카드 이용금액 1,500원 당 1마일의 대한항공 마일리지 적립 혜택, 국내선 및 국제선 항공권 할인, 인천공항 다이너스라운지 무료이용 혜택, 스카이패스 회원 할인 서비스 혜택, 스카이 팀의 모든 혜택을 제공한다. '현대카드T'는 '매달 통화료 캐쉬백'이라는 콘셉트로 카드를 이용할 때마다 1,000원당 최대 15포인트 T포인트 적립 혜택, 적립 포인트로 매월 통신사의 통화요금 Cash-Back 혜택을 제공한다. '현대카드U'는 '인터넷 마니아 대학생만의 특권'이라는 콘셉트로 카드를 이용할 때마다 적립되는 U포인트로 다양한 인터넷 콘텐츠는 물론, 온라인 쇼핑까지 할 수 있는 혜택을 제공한다. '현대카드S'는 '쇼핑을 즐기는 당신은, 현대카드S'라는 콘셉트로 카드를 이용할 때마다 1,000원당 최대 10포인트의 S포인트 적립 혜택, 뷰티, 헤어, 스파, 면세점에서 10~20% 할인 혜택, 놀이공원, 영화, 항공권 할인 혜택을 제공한다.

4. 제자리 찾기(Positioning)

포지셔닝이란 용어를 최초로 제시했던 미국의 잭 트라우트(Jack Trout)와 그의 파트너, 알 리스(Al Ries)는 그 개념을 '차별화되고 간결하게 정리된 상품에 대한 한마디를 소비자의 인식 속에 심는 작업' 또는 '소비자의 머릿속에 제품의 정확한 위치를 인식시키는 것'이라고 정리하였다. 또, 필립 코틀러(Philip Kotler)는 '소비자들의 마음속에 어느 위치를 차지하기 위하여 제품과 마케팅 전략을 계획·고찰하는 기업의 활동'이라 보았다.

이러한 정의 속에 내포된 핵심은, 특정 제품이 타 제품과 맺어진 '관계' 속에서 어느 위치에 있으며 어떻게 다른가 하는 것이다. 즉, 다른 경쟁 제품들과의 관련성을 놓치지 말아야 한다는 것이다. 결국, 포지셔닝 전략이란 '누구를 대상으로 하며', '어떤 이익을 주고', '왜 그것이 가능한지'를 소비자의 심중에 명확하게 심어 새로운 제품 카테고리를 창조해 내는 전략을 말한다.

1) 포지셔닝의 유형

포지셔닝의 분류에는 '소비자의 마음 읽기'와 '타 제품과의 차별화'라는 핵심 포인트를 놓쳐서는 안 된다. 이러한 관점에서 몇 가지 전략적 유형을 유추해 낼 수 있다.

경쟁 위치에 따른 포지셔닝

[선발자의 포지셔닝] 마케팅에서 좀처럼 깨지지 않는 법칙 중에 '선발자 우위 효과'라는 것이 있다. 이는 시장에 가장 먼저 진입한 기업은 후발자에게는 주어지지 않는 여러 가지 혜택에 힘입어 1등의 지위를 지속할 가능성이 크다는 의미를 담고 있다. 즉, 선발자는 후발자보다 좀 더 쉽게 소비자의 잠재의식에 자리 잡을 수 있을 뿐 아니라 별다른 노력 없이도 오랫동안 이 자리를 유지할 수 있다는 것이다. 그러므로 선발자는 시장 점유율의 지속과 자신의 약점 보완에 초점을 두고 다음과 같은 몇 가지 전략으로 1위의 자리를 지키는 데 주력해야 한다.

반복 주입하라 코카콜라의 고전적 광고 캠페인 '오직 그것뿐'은 모든 선두주자들에게 효과적인 전략이 될 수 있다. 최초의 콘셉트를 반복하고 강화하는 것이다. 단 그것이 대다수의 소비자가 인정하는 내용이어야 한다.

신속하라 경쟁자에 의해 급진적이고 새로운 콘셉트가 출현했을 때 선발자가 빠지기 쉬운 오류 중의 하나는 '어찌하나 두고 보자'다. 발생된 문제에 대한 효과적인 대응으로는 시간만큼 핵심적인 요소도 없다. 그만큼 선두주자는 경쟁사의 움직임에 민감해야 한다는 것이다. 2위였던 브리스틀-마이어스가 대트리의 가격을 인하하며 타이레놀에 공세를 시작하자, 존슨앤존슨은 즉각 타이레놀의 가격을 인하하여 상대방의 공세에 대비했다. 그 결과 존슨사는 2위의 추격을 뿌리칠 수 있었다.

멀티 브랜드로 대응하라 새로운 브랜드로 경쟁사의 공세에 대응하라는 것이다. 이 방법은 프록터앤갬블사가 전통적으로 사용해 온 '멀티 브랜드' 전략이기도 하다.([참조 4-9] 프록터앤갬블 브랜드 확장 전략) 프록터앤갬블의 성공적 브랜드들은 모두 독립된 아이덴티티를 갖고 있다. 크레스트치약, 헤드앤숄더스(샴푸), 팸퍼스종이기저귀 등 프록터앤갬블은 결코 다른 경쟁자들처럼 기존 제품의 이름에 Plus나 Ultra, Super 같은 단어를 덧붙이지 않았다. 아이보리는 화장비누를 가리킨다. 만약 아이보리의 브랜드 파워에 의지하여 후에 출시된 세제의 이름을 '아이보리 세제'라 했다면 화장비누로서의 아이보리는 지금의 자리를 지킬 수 없었을 것이다. 선두주자가 경쟁 제품의 추격에 대응하는 멀티 브랜드

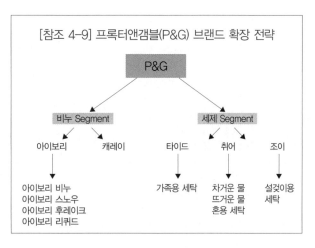

[참조 4-9] 프록터앤갬블(P&G) 브랜드 확장 전략

전략의 핵심은 변함없는 하나의 포지션이다.

[후발자의 포지셔닝] 선발자에 의해 이미 선점된 시장으로 뒤늦게 뛰어든 후발자가 1등이 되는 방법은 정녕 없는 걸까? 동국대학교 경영학과 여준상 교수의 '후발 기업의 선두 탈환 전략'이란 보고서에 따르면 선발자의 우위 효과처럼 후발자에게도 우위 효과가 있을 수 있다는 주장을 소개하고 있다. 선발자가 누릴 수 있는 혜택은 단지 선발이라는 이유만으로 얻을 수 있는 것이 아니라는 데에 후발자로서의 기회가 있는 것이다. 물론 늘 슬기로운 선발자와 대면하고 있는 후발자라면 상황은 좀 더 어두울 수 있겠지만 다음에 소개하는 후발자들의 경우를 보면 희망을 가질 만하다.

이들은 시장에 늦게 진입하여 선발자를 물리치거나 대등한 성과를 이룩한 기업들이다. 코카콜라는 무 카페인 탄산음료, 과즙 첨가 탄산음료, 체리 맛 탄산음료 시장에 모두 늦게 진입했지만 시장이 존재한다는 것을 확인한 후 재빠른 진입을 하여 3개의 시장에서 모두 선두의 위치를 차지할 수 있었다. IBM의 경우도 마찬가지인데 메인 프레임 시장에서는 스페리, 개인용 컴퓨터 시장에서는 애플보다 늦게 진입했지만 2개 시장에서 모두 선두를 탈환했다. 마찬가지로 Toyota(소형 자동차), UPS(급송 화물 운송), 도미노(피자), 마쓰시타(VCR) 등도 모두 후발자였다.

▌프록터앤갬블 상표 확장 전략

상표 확장의 대명사 격인 프록터앤갬블의 전략은 주의 깊게 관찰해볼 필요가 있다. 시장에서 전체 50% 이상의 마켓쉐어와 각 부문별 중 19개 부분에서 1위를 차지하고 있는 세계적인 생활용품 기업인 프록터앤갬블의 성공 케이스는 막연한 시장 확장 정책에 주의를 주고 있다. 프록터앤갬블이 다양한 군의 상품 포트폴리오에 세분화된 수많은 브랜드를 갖고 있으면서도 브랜드 체계와 개별 브랜드의 타깃이 명확하게 구분되면서 상호 간의 충돌을 일으키지 않는 이유는 바로 이러한 씨줄과 날줄이 체계적이고 명확하게 엮여있기 때문이라고 할 수 있다. 체계적인 브랜드 포트폴리오를 통하여 개별 브랜드의 역할을 규정하고 이를 통한 브랜드 관리 전략의 효과적인 전개가 성공적인 기업의 브랜드 관리 전략의 핵심인 것이다.

이들 기업이 후발자로서의 불리함을 극복하고 선발자를 넘어선 비결은 무엇일까? 대략 5가지 정도로 요약된다.

선발자를 정면으로 공격하라 이 전략은 실패의 위험도 따른다. 그 예는 우리가 평소 즐겨먹는 패스트푸드 시장에서 볼 수 있다. 이 시장에서의 가장 중요한 구매 준거는, 선두업체 맥도널드가 소비자 인식상에 만들어 놓고 이미 선점한, 속도이다. 그럼에도 많은 곳에서 '더 빠르다'를 내세우다가 번번이 실패한다. '선두보다 우리 것이 더 좋다'라는 메시지로 선두의 강점을 공격하여 소비자의 동의를 얻기란 쉽지 않은 까닭이다. 반면에 버거킹은 '우리는 느리다. 왜? 불로 굽기 때문에'를 내세워 속도를 포기하고 '맛'이라는 새로운 포지셔닝으로 선발자의 자리에 정면 도전했고 효과를 보았다.

선발자를 모방하라 이 방법이 후발자에게 효과적으로 사용되려면 선두주자가 자신의 위치를 제대로 구축하지 못하고 있을 때에 한

▌빈틈을 찾아 성공한 사례

편익의 빈틈 포지셔닝 전략을 위해서는 어떤 제품이든 포지셔닝 표명서 (Positioning Statement)가 있어야 한다. 만약 포지셔닝 표명서가 없다면 그 제품은 타깃 마케팅이 아니라 매스 마케팅을 하고 있는 것이다. 도미노피자의 포지셔닝 표명서를 보면, 표적 고객 (Who)은 '편익'을 추구하는 피자 애호자다. 흔히들 표적으로 삼는 10~20대에 비하면 상당히 모호해 보인다. 그러나 '편익'에 주목해야 한다. 왜(Why) 사는가? 그들이 원하는 편익은 신속한 배달과 좋

도미노피자
Positioning Statement

□ 표적 고객(who)
　편익을 추구하는 피자 애호가
□ 편익(why)
　신속한 배달과 좋은 품질
□ 가치제안(what)
　합리적인 가격으로 30분 만에
　고객의 문 앞에 배달되는
　따뜻하고 맛있는 피자

은 품질이다. 신속한 배달만을 강조하다보면, 맛에 대한 의문이 생길 수 있어 좋은 품질이라는 말이 추가 되었다. 가치 제안은 무엇(What)인가? '합리적인 가격(15% 프리미엄)으로 30분 만에 고객의 문 앞에 배달되는 따뜻하고 맛있는 피자'였다. 이러한 가치 제안이 소비자들의 눈과 귀에 걸렸다. 이때 피자헛의 반응은 '가정배달체인은 우리 전략에 맞지 않아! 우리는 식당업을 하고 있거든'이었다. 결과적으로 도미노는 행운을 잡았고, 피자헛은 놓쳤다. 가정배달은 이미 그때에도 많이 있었지만, 어느 피자점도 소비자의 마음속에 뚜렷한 위치를 확보하고 있는 피자점은 없었던 것이다.

한다. 대개의 모방 전략들이 실패하는 주요 원인은 '스피드'보다는 '우수하다'는 점에 중점을 두기 때문이다. 그래서 후발자들은 선발 제품보다 우수하기만 하면 된다고 생각한다. 그러나 실제로는 이것만으로 절대 부족하다. 그보다는 상황이 유동적인 '적시에 공격한다'는 것이 더

중요하다. 이는 대대적인 광고와 프로모션 활동, 그리고 좋은 브랜드 네임을 활용한 공격 등이다. 그러나 대개의 후발자들이 품질 향상에 시간과 돈을 투자한다. 이것이야말로 자멸의 함정으로 가는 지름길이 되기 쉽다.

차별화의 기회를 포착하라 선발자는 1위로서의 위치에서 타성에 젖는다든가 덩치가 커지다보면 새로운 트렌드나 혁신기술 대응에 순발력이 떨어져 새로운 포지셔닝 기회나 마케팅 프로그램 실행 기회를 놓쳐 버릴 수 있다. 이때 후발 기업이, 소비자가 납득할 만한, 분명하고 강력한 차별점을 가진 제품 콘셉트를 개발해 낸다면 시장의 흐름을 바꿀 수도 있다.

시장의 흐름과 변화에 민감하라 하인즈는 다이어트를 원하는 여성을 대상으로 하여 웨이트 와처라는 브랜드로 저칼로리 음식을 출시하였다. 하지만 후발주자인 네슬러는 시장의 흐름이 변화하고 있음을 감지하였다. 즉, 일반인들의 건강에 대한 관심이 높아지고 있으며, 저칼로리 음식의 주된 사용자가 자신의 식사를 조절하여 궁극적으로는 전반적인 개인의 행복을 도모하는 사람들로 바뀌어 가고 있다는 것을 발견한 것이다. 결국 네슬러는 냉동식품 린 퀴진이라는 제품 출시로 이러한 시장의 흐름을 십분 반영함으로써 선두의 위

크기의 빈틈 디트로이트의 자동차업체들이 신형차를 내놓을 때마다 모형은 점점 유선형이 되어갔고, 모양도 보기 좋게 변해가고 있을 때였다. 그런 중에 폭스바겐 비틀이 미국에 상륙했다. 한마디로 짧고, 뚱뚱하며 못생긴 차였다. 일반적인 경우라면 차의 모양을 보기 좋게 보이기 위한 전략을 썼을 것이다. 그러나 폭스바겐이 선택한 구멍은 '크기'였다. 폭스바겐 광고 역사상 가장 효과적이었던 '작은 것을 생각하라(Think small)'가 이때 탄생되었다. 간단한 두 단어로 폭스바겐의 포지션을 나타냈을 뿐 아니라 '큰 것이 무조건 더 좋다'라는 소비자의 잠재의식에도 도전한 것이다.

고가의 빈틈 시바스 리갈 스카치위스키다. 시바스 리갈이 출시된 당시에도 이미 헤이그앤헤이그 핀치 바틀 같은 고가의 스카치위스키가 있었다. 그러나 이들은 2차 대전 후 자신의 고가 포지션이 무너지는 것을 방관만 했다. 그 후 시바스 리갈은 '우리가 고가 브랜드입니다'라는 명백하고 분명한 메시지를 전달함으로써 성공할 수 있었다.

시간의 빈틈 미국 빅스 제약회사는 목이 따끔거리고 눈이 쏟아지는 것 같은 것을 말끔히 낫게 하는 감기약을 만들었다. 그런데 그 약을 먹으면 졸음이 오는 것이 흠이었다. 그러다보니 근무나 운전하는 경우에는 커다란 문제가 되었다. 포기할까? 하는 데 누군가가 기발한 아이디어를 생각해냈다. 이 약이 졸음을 오게 한다면 야간감기약으로

254

치를 차지하게 되었다.

구멍을 찾아라 선발자가 시장의 요구를 딱 떨어지게 맞추지 못하는 경우 후발자가 틈새를 파고들어 소비자의 욕구를 더 충족시킬 수 있다. 일명 '니치(Niche)' 시장이다. Niche란 '틈새'를 의미하는 말로서 '남이 모르는 좋은 낚시터'라는 은유적인 뜻을 가지고 있다. 미국 소형차 시장에 뒤늦게 뛰어든 도요타는 폭스바겐의 선두 자리를 탈취하기 위해 소비자 조사를 실시하였다. 조사 결과 소비자들은 폭스바겐의 소형차에 대체로 만족하지만, 히팅이 늦고, 뒷자리의 공간이 부족하며 빈약한 인테리어에 일부 불만이 있다는 것을 알게 되었다. 결국 도요타는 이러한 사실을 바탕으로 기존 폭스바겐의 조사에서 밝혀진 약점을 보강하여 선두의 위치를 탈환할 수 있었다. 또한 프레지라는 가구용 왁스는 가구의 먼지를 없애주는 것으로 포지셔닝 함으로써 크게 성공한 케이스이다.

포지셔닝하자는 것이었다. '최초의 야간 감기약'은 매우 효과적인 광고 전략이었던 것이다. 왜냐하면 그것은 '최초'라는 이미 증명된 원칙에 근거하고 있기 때문이다. 결과는 대성공으로 최초의 밤 시간용 감기약 나이퀼은 시간의 빈틈을 찾았던 것이다.

카테고리의 빈틈 한때 조미료 전쟁으로까지 불리어지던 미원과 미풍 얘기다. 조미료하면 미원만이 기억되던 당시에 제일제당은 수많은 실패 끝에 미풍이라는 브랜드를 버리고, 미원이 자리 잡고 있는 곳과는 전혀 다른 땅, 천연조미료라는 빈 곳을 찾아 '다시다'를 내놓는다. 기존의 화학물질로 만든 화학조미료가 아닌 자연물질로 만든 자연조미료라는 카테고리를 소비자들의 마음속에 새롭게 만든 것이다. '소고기 국물 맛, 소고기 다시다', '고향의 맛' 등의 천연조미료 캠페인을 통해 미원이 독점하고 있던 조미료 시장 진입에 성공한 제일제당의 사례는 카테고리의 빈틈, 새로운 카테고리의 창출이었다.

그 밖의 효과적인 구멍 성별도 효과적인 구멍이 될 수 있다. 담배 중 말보로가 남성을 상대로 하여 포지션을 구축했다면, 버지니아슬림스는 여성을 겨냥해 성공한 경우다. 연령도 또 다른 기회가 될 수 있다. 제리톨 강장제는 나이든 연령층에 소구하여 성공한 제품이며, 에임치약은 어린이 제품의 좋은 본보기이다. 이 밖에도 하루 중의 시간, 유통 경로, 심지어는 '두 사람 이상 있을 때 꼭 있어야 할 맥주'로 소구한 쉐퍼맥주처럼 소비자의 숫자에서 기회를 찾은 제품도 있다.

결론적으로 후발자가 고민해야 할 것은 '어떻게 소비자의 머릿속에 있는 빈자리를 찾아낼 것인가?' 이다. 그것은 시장 후발자는 룰을 깨고 선발자보다 우월한 포지션을 발견해나가는 데 그 전략을 찾을 수 있다. 결국 후발 진입자의 경우 마케팅 조사 등을 통해 선발자의 약점과 갭을 파악하여 이를 바탕으로 자사가 보다 나은 혜택을 제시할 수 있는지 계속 점검해야 한다는 사실이다.

리포지셔닝(Repositioning)

소비자 기호의 변화, 강력한 경쟁 제품 진입 등으로 기존의 포지셔닝이 경쟁우위를 잃거나 그 밖의 이유로 기존의 포지셔닝이 원하는 대로 되지 않는 상황에 처할 수 있다. 이러한 경우, 모색할 수 있는 가장 기본적인 마케팅 전략이 리포지셔닝이다. 즉 자신의 위치를 다시 설정하거나 경쟁자를 재포지션 되도록 함으로써 전에 없던 '틈새'를 만들어내어 새로운 마케팅 기회로 삼는 것이다. 단, 이러한 리포지셔닝 전략은 시장 선도자와의 경쟁을 해야 하는 이유로 마케팅 비용이 지나치게 많이 들 수 있다는 간과할 수 없는 단점도 있다.

말보로 이전의 여성용 담배로서의 자리를 버리고 카우보이 이미지로 남성용 담배로 탈바꿈한 말보로의 전략은 리포지셔닝의 백미라고 할 수 있다.

밀러맥주 1903년부터 판매되기 시작한 이 브랜드는 70년대 들어서는 소득수준이 높은 소량 음주자 세분 시장을 겨냥하고 있었는데, 이미 기존에 자리 잡고 있던 여러 브랜드들과의 경쟁에서 밀려 미미한 시장 점유율에 머무르고 있었다. 하지만, 필립모리스에 합병된 후, 타깃 시장을 바꾸어 대량 음주자, 육체 노동자 세분 시장에 소구하는 리포지셔닝을 시도한다. 즉, 일과 후 밀러를 즐기는 노동자들을 부각시킨 'Miller Time' 캠페인은 시장 점유율을 3.4%에서 21.9%까지 상승시키는 성과를 거둔다.

베이킹소다 암앤해머사는 쇠퇴에 접어든 베이킹소다를 다용도 상품으로 리포지셔닝하여 냉장고 탈취제로도 사용할 수 있음을 설득함으로써 10배로 매출을 늘리는 데 성공하였다. 광고 캠페인을 시작한지 14개월 만에 베이킹소다의 탈취제 사용 비율을 1%에서 무려 57%까지 치솟게 했다. 베이킹소다가 1년 만에 미국 전역에 있는 냉장고의 절반에 탈취제로 사용되게 되었다. 죽어가던 제품을 살려낸 리포지셔닝의 기적이다.

타이레놀 두통약으로 세계 시장을 휩쓸고 있는 타이레놀의 반(反)아스피린 캠페인도 리포지셔닝 전략의 좋은 본보기이다. 캠페인을 시작할 당시, 두통약의 리딩 브랜드이던 아스피린에 대해 거부감을 가진 사람들이 복용할 수 있는 두통약은 타이레놀 이외에도 많았다. 그러나 타이레놀만이 Anti Aspirin 캠페인을 벌임으로서 아스피린이 아니면 타이레놀로 귀결되도록 한 것이다. 시장 쉐어 면에서 지금은 타이레놀이 오히려 아스피린보다 앞서고 있다. 이러한 방법이 바로 '경쟁자 리포지셔닝'이다.

Danskin 1882년경, 뉴욕에 거주하는 무용가들을 대상으로 타이트한 무용복과 간단한 액세서리를 만들어 판매하는 가족 소유의 조그마한 상점이었던 Danskin은 타깃을 무용가로 제한하다 보니 매출 증가를 기대하기에는 한계가 있었다. 이후 새로운 여성 운동복을 출시하였으나, 기존의 무용복 이미지를 벗지 못해 70년대 이후부터는 경쟁 시장에서 조금씩 도태되기 시작했다. 그러나 브랜드의 부흥을 꾀하던 경영진은 미국 여성들의 여가활동에서 에어로빅이나 조깅과 같은 운동의 비중이 증가함을 발견하고, 'Danskin-not just for dancing'이라는 캠페인을 전개하였다. 새로 전개한 이 캠페인에서는 Danskin이 단지 무용복이나 무용 액세서리뿐만 아니라 각종 여성 휘트니스복을 만들고 있음을 강조하였고, 이와 함께 신제품들을 시장에 연속적으로 출시하였다. 새로운 Danskin의 이 캠페인은 건강에 대한 많은 관심과 이로 인해 좀 더 많은 시간을 운동에 할애하게 된 미국 여성들의 중요한 니즈 변화를 만족시킴으로써 성공을 거두게 되었고, 이후 2000년에 8,500만 달러의 매출을 기록하며, 여성 운동복 시장에서 가장 강력한 브랜드로 자리 잡게 되었다.

소비자 이점에 따른 포지셔닝

소비자가 요구하는 이점에 초점을 두는 것이다. 그 포지셔닝의 근거는 다음의 5가지로 요약된다.

제품 속성 가장 흔히 사용되는 방법이다. 이것은 경쟁 제품에 비해 차별적 속성을 지니고 있는 자사 제품이 소비자에게 그만큼 우월한 이익을 제공한다는 것을 인식시켜주는 전략이다. 볼보는 안전하고 튼튼하다는 인식을, 애플은 디자인이 탁월하다는 인식을 만들어 왔다.

이미지 이미지는 그 자체가 곧 소비자의 상표 구매 단서가 될 수 있으므로 이미지를 개선하기 위한 포지셔닝도 한 가지 유형이라고 볼 수 있다. 지난 날 연극인 윤석화를 등장시켜 '저도 알고 보면 부드러운 여자예요'라는 메시지로 부드러운 맛의 커피로 이미지 포지셔닝을 시도한 동서식품의 맥심모카골드가 그 한 예가 될 수 있다.

사용 상황 소구하고자 하는 제품의 적절한 사용 상황을 묘사하는 전략이다. 리복이 만든 구두 '락포트'는 마라톤을 완주하는 모습을 묘사함으로써 마라톤을 완주할 만큼 편안한 구두임을 내세웠다. 바쁜 아침에는 켈로그를 먹고, 목이 마를 때는 게토레이를 마시며, 빨래엔 피죤을 사용한다는 상황 묘사들이다.

문제 해결 소비자는 어떤 브랜드의 제품이든 자신의 문제를 해결해주는 것을 구입하게 된다. 즉, 실제적이든 심리적이든 이점을 제공하고 있음을 알리는 것이 이 포지셔닝 방법의 주요 포인트다. 치약 시장만을 보더라도 충치 예방과 치아 미백, 구취 제거, 안티플라그, 잇몸 건강 등 소비자가 찾고 있는 여러 가지 이점으로 시장이 세분화되어 각각의 시장에서 제각각의 제품이 포지션되어 있다. 미국의 국영철도회사 앰트랙도 소비자가 겪고 있는 문제점을 찾아내 포지셔닝에 성공한 좋은 예이다. 1980년 이전까지 소비자들이 앰트랙에서 얻고자 한 편익은 '빠르고 편한 것' 이었다. 그러나 항공 산업의 부상으로 인해 빠른 것에 대한 소비자 필요는 비행기로, 편한(스케줄 등) 것에 대한 필요는 자동차로 채울 수 있다 보니 특별히 앰트랙을 이용해야 할 필요를 못 느끼게 된다. 여기에 앰트랙이 내놓은 새로운 포지셔닝은 소비자의 상황적 필요에 부합되는 매우 특별한 것이었다. 그것은 '즐거운 여행' 이었다. 다른 수단보다 안락하고, 자기 자동차를 싣고 떠날 수 있어 더욱 즐겁다는 것이었다.

소비자 구분 소비자의 인구통계학적 요소뿐 아니라 심리적 요소에 의해서도 브랜드의 개성을 달리 포지셔닝할 수 있다. 즉 제품을 사용자의 계층이나 특성과 연계하여 포지셔닝하는 전략이다. 차를 타는 사람의 성향을 구분지어 '대한민국 1%가 타는 차' 로 포지셔닝 한 렉스턴, A~Z까지 알파벳에 따라 카드를 구분하고 '보라색은 오직 왕과 귀족만이 소유할 수 있었다' 는 콘셉트로 특정 소비자에게 소구한 현대카드의 'The Purple' 도 마찬가지다. 또, 밀러는 노동자(블루칼라)를 위한 맥주였다.

2) 세계 병원의 포지셔닝 사례

메모리얼 슬로언 케터링 암 센터 전 세계 암 진단을 받은 자들이 마지막 희망을 안고 찾는 병원이다. 1884년에 설립하여 해마다 수십만 명을 치료하며, 수천 명의 외국인도 이곳으로 몰려든다. 이 병원은 암 조기발견과 불필요한 수술을 최대한 줄이는 '보존 치료'(암이란 워낙 치명적인 만큼 성급한 진단으로 불필요한 수술이 많다는 데 우리 병원의 기본 인식)로 유명하다. 이 병원의 명성은 첨단의술만으로 얻어진 것이 아니다. 병원장 폴 마크 박사는 "모든 암 환자는 통증으로부터 해방돼야 한다. 죽는 순간까지 통증을 느끼지 않게 배려하며, 입원 고객과 가족들의 투병생활을 돕는 여러 가지 프로그램을 시행한다"고 말한다. 또한 입원했던 사람들의 대표기구를 제도화, 퇴원 후도 이 기구를 통해 여러 가지 지원을 하고 있다. 본관 2층에는 치료를 받다 숨진 이들을 기리는 200여 명의 명판이 걸려있다. 사랑하는 가족을 떠나보냈지만 생전 이 병원이 베푼 '참 의술'에 감사하며 유족들이 기부금을 내고 내건 명판이다. '보존 치료'라는 이 병원 특유의 포지셔닝이 가진 힘이다.

메이요클리닉 이 병원은 세계 최고의 의료 서비스 '원스톱 쇼핑'으로 통한다. 세계 최고의 갑부들과 저명인사들이 소위 '메이요 체크 업'이라 불리는 정기 건강진단을 받기 위해 이곳을 찾는다. 홍보 담당자 로쉘 플루토프스키는 "모든 과(科)가 세계 정상급이기 때문에 다른 병원에 가지 않고 한 곳에서 세계 최고의 의료 서비스를 받을 수 있는 원스톱 쇼핑이 가능하다"고 말한다. 세계 최고의 의사들이 협진을 통해 한 치의 실수도 용납하지 않는 완벽한 의술을 펼친다는 것이 이 병원이 내세우는 자랑이다.

존스홉킨스병원 미국 최고의 브랜드로 평가 받고 있는 이 병원은 미국에서 근무하고 있는 의사들에게 '당신 가족이 아플 때 어느 병원으로 보내겠느냐?'라는 설문에 대한 답으로 단연 으뜸이다. 미국 의사들로부터 가장 신뢰 받는 병원이라는 뜻이다. 그 이유는 무엇일까? 이 병원 홍보 담당 마린 그레이는 "존스홉킨스의 명성과 이 같은 신뢰는 우수한 교수와 의료진으로 구성된 진료 팀들이 새로운 연구업적과 새로운 치료방법을 개발하고 병원 구성원 모두가 완벽한 협력체계 안에서 최고를 지향하기 위해 끊임없이 노력한다는 점에서 온다"고 자신 있게 말한다. 이 병원은 '잠재 고객에 심어주는 신뢰'를 가장 강력한 포지셔닝 콘셉트로 삼고 있는 것이다.

3) 실패한 포지셔닝 전략, 그 원인

실패한 포지셔닝의 원인은 대부분 소비자의 생각과 동떨어지면 모든 것이 허사라는 기본을 망각하는 데에 있다. 기업들이 범하기 쉬운 포지셔닝 함정들 다음의 몇 가지로 유형화해 본다.

혼란스러운 포지셔닝 이는 단기성과에 집착해서 타깃 시장과 포지셔닝 전략을 자주 바꾸는 기업들에게서 볼 수 있는 가장 흔한 사례이다. 소비자들은 어떤 브랜드에 대해 뒤죽박죽된 생각을 하는 경우가 있는데, 이러한 혼란은 너무나 많은 것을 주장하거나 또는 너무나 빈번하게 브랜드의 포지셔닝을 변경한 결과 발생한다. 대표적인 예로 스티브 잡스(Steve Jobs)의 Next Desktop 컴퓨터를 들 수 있다. 이 브랜드는 처음에는 학생들을 대상으로 했으나, 나중에는 엔지니어를, 그 후에는 비즈니스맨을 대상으로 포지셔닝을 하였다. 그 결과 어떤 타깃에게도 성공하지 못하였다.(Marketing Management, Kotler, 1999) 미국 달라드백화점체인도 마찬가지다. 1983년 이후 10년 사이 매출이 6배나 뛰면서 미국에서 다섯 번째로 큰 백화점체인이 된 달라드는 1994년부터 이익이 급감하게 되는데, 월마트 등 할인점에 위협을 느껴 '매일 저렴한 가격' 이라는 전략으로 나갔던 것이 문제였다. 백화점으로서는 적절치 못한 전략이었던 것이다. 월마트와 같은 저가 양판점도 아니고, 노드스트롬과 같이 고급 백화점도 되지 못한 채 '저렴함' 과 '백화점' 이라는 두 마리 토끼를 다 좇으려다 어중간한 상태에 빠지고 만 것이다.

의심스러운 포지셔닝 소비자들이 그 브랜드가 주장하는 것을 믿기 어렵다고 느끼는 경우에 해당한다. GM의 캐딜락 사업부가 시마론을 시장에 도입하였을 때, 해당 사업부는 그 자동차를 BMW, 벤츠 및 아우디와 같은 최고급 차량에 포지셔닝시켰다. 시마론은 가죽의자, 작은 가방을 놓을 수 있는 선반, 크롬도금을 입히고 섀시에는 캐딜락의 로고로 특성화하였지만, 소비자들은 시마론을 단지 쉐비사의 Cavalier나 올드스모빌사의 파이렌자를 좀 더 고급스럽게 모양을 꾸민 변형품 정도로 인식하였다. 그 결과 고소득층을 겨냥한 시마론은 타깃 고객들에게 외면을 당해서 곧 시장에서 사라지는 운명에 처하고 말았다.(Marketing Myths, Clancy&Schulman, 1994)

과소 포지셔닝 이는 주로 브랜드를 확장하는 과정에서 자주 발생한다. 즉, 모 브랜드에 지나치게 의존해서 스스로 포지셔닝 포인트를 불명확하게 만드는 경우이다. 제록스하면 누가 뭐래도 복사기의 대명사이다. '복사 한다' 가 아니고 '제록스 한다' 고 할 정도로 확고한 자리를 차지했던 그러던 제록스가 컴퓨터회사를 인수, 어떤 브랜드를 붙일까하고 고민하다가 결국 제록스컴퓨터라고 명명했다. 결과는 실패였다. 제록스가 고객의 뇌리 속에 제록스컴퓨터로 자리 잡을 수는 없었던 것이다.

잘못 찾아간 포지셔닝 목표 시장을 잘못 설정해도 브랜드 포지셔닝은 실패한다. 닥터페퍼의 사례다. 코카, 펩시 등과의 치열한 경쟁에서 닥터페퍼의 매출은 지속적으로 감소하였다. 이러한 매출 감소를 분석한 경영진은 그 원인이 광고 부족에 있다고 판단하고 "Be a Pepper too(Pepper에 동참합시다)"라는 슬로건을 가지고 대대적인 캠페인을 펼쳤다. 이 광고는 히트하여 가장 기억에 남는 광고였으나 매출은 증가하지 않았다. 결국 여러 시행착오 끝에 닥터페퍼는 원인이 표적 시장을 잘못 겨냥한 데에 있다는 사실을 알게 되었다. 닥터페퍼 고객은 자기 가치관이 뚜렷하며 독립성이 강한 꽤 독특한 사람들이라는 사실이었다. 반면 코크나 펩시 고객들은 유행을 따르려 하며 생활태도에 동료 등의 동의를 얻으려는 태도가 강했다. 결국 "Be a Pepper too"라는 광고 캠페인 슬로건은 이들을 식상하게 하는 것이었음을 파악하게 된 것이다.

시장 분석의 오류에 의한 포지셔닝 잘못된 시장 세분화와 그에 따른 오류에서 비롯된 실패 사례가 코카콜라의 뉴 코크다. 펩시콜라에게 시장 점유율을 지속적으로 잠식당한 코카콜라는 이를 만회하기 위하여 새로운 맛의 뉴 코크를 개발하여 시장에 출시하였다. 그리고 소비자의 반응을 보기 위해 약 20만 건에 달하는 블라인드 테스트(Blind Test)를 실시하였다. 그 결과 맛에 있어서 뉴 코크가 기존 코카콜라보다 월등하게 좋지만 펩시보다는 떨어진다는 사실을 알고는 기존 콜라의 생산을 중단하고 새로운 콜라를 생산, 출시하였다. 그러나 시애틀의 한 소비자단체에서는 옛날 콜라 맛을 되돌려 달라는 운동까지 벌이자, 기존의 콜라는 코크 클래식, 새 맛의 콜라를 뉴 코크라 하여 동시에 판매하였다. 그 결과, 예상과 달리 Coke Classic이 New Coke 보다 더 잘 팔렸으며, 맛이 우월하다는 펩시보다도 더 많은 매상을 올렸다. 즉 단순히 맛이라는 한 가지 요소에 집착해서 시장을 정한 뉴 코크는 실패하고 만 것이다.

4) 병원 포지셔닝 전략계획의 수립과 집행

포지셔닝 전략의 추진을 위해서는 사전에 점검해 보아야 할 몇 가지 원칙을 전제로 한다. 그것은 앞을 내다보라는 것이며, 장기적인 목표로 하는 소비자의 마음속에 하나의 위치를 가져야 한다는 것이고, 그 위치는 단 하나의 목적만을 지향하는 단순하면서도 일관된 메시지여야 한다는 것이다. 이와 같은 원칙들이 적용된다면 포지셔닝 전략의 계획과 수립은 다음 5단계 과정에 따라 수행된다.([참조 4-10] Positioning Flow)

표적 고객의 성향과 욕구 분석 첫 단계에서는 목표로 하는 세분화 시장의 소비자 분석을 통해 표적 고객의 성향과 욕구를 분석한다. 가장 중요한 것은 '지표 선정'이다. 마케터 생각이 아닌 충분한 조사를 통해 발견된 것이어야 한다. 일례로 자동차 구매 시 가장 고려하는 구매 요소 변수로 서비스와 디자인을 생각하는데, 가격과 안정성을 양축으로 놓고 작성했다면 결과는 다르게 나타난다. 그러므로 소비자를 대상으로 병원 선택 시 중요하게 고려하는 요인을 통해 그중에서도 가장 의미 있는 속성을 찾아내야 한다. 스마트폰의 경우 가로축은 Premium-Economy, 세로축은 Trendy-Classic으로, 라면의 경우는 가로축을 자극적인-순한, 세로축은 기름진-담백한으로 표기할 수 있다. 병원과 관련해서 소비자들은 의술과 서비스를 가장 중시하고 있음을 알 수 있다.([참조4-11] 선택 시 주 고려 요인)

비어 있는 시장 확인 두 번째 단계는 표적

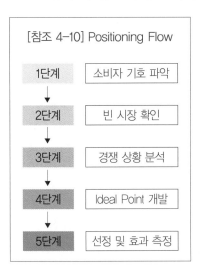

[참조 4-10] Positioning Flow

1단계	소비자 기호 파악
2단계	빈 시장 확인
3단계	경쟁 상황 분석
4단계	Ideal Point 개발
5단계	선정 및 효과 측정

시장 고객들이 중요하게 생각(시장성 충분)하면서 현재 충족되지 않은 욕구를 찾아내는 단계이다. 맵을 보면 오른쪽 하단 분면에는 활동하고 있는 '선수'가 없다는 것을 알 수 있는 데 그 이유는 시장성이 없거나 아직 개척하지 못한 시장의 영역이기 때문일 수도 있다. 따라서 마케터는 시장성에 대한 세밀한 검토를 통하여 해당 영역의 침투 여부를 결정해야 한다.([참조 4-12] 세분 시장 별 주요 특징)

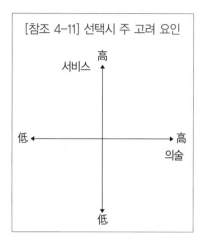

[참조 4-11] 선택시 주 고려 요인

경쟁 상황 분석 세 번째 단계는 표적 시장에 나와 있는 자사와 경쟁사의 포지션을 확인, 자사와 경쟁사 상품이 목표 고객에게 어떻게 인식되고 평가받는지를 파악하는 것이다. 이를 위해서는 도식적인 방법의 지각도가 요구된다. 포지션 맵은 현재 포지션을 표시한 지도이며, 포지셔닝 맵은 소비자 마음속에 인식되어 있는 경쟁사와 자사의 위치를 현재 포지션에서 앞으로 지향할 포지션까지 포함하는 지도이다. 소비자 중심의 지도를 그리는 이유는 명확하고 단순하며 이해하기 쉽기 때문이다. 곧 자신이 어디에 있는지 파악하고(현상 파악) 자신이 가고자 하는 이상점은 어디에 있는지를 점검(목표 포지션 확정)하여 어떻게 가는 것이 가장 좋은 방법(마케팅 전략)인지 결정하기 위해서다.

Perceptual Map을 그려 나가는 절차에는 첫 번째가 차원의 수 결정이다. 맵은 3가지 종류로 그릴 수 있는 데 1개의 축(선)으로 이루어진 1차원, 2개의 축(면)으로 이루어진 2차원(1차원 맵에 기준 1개가 추가), 3개의 축(공간)으로 이루어진 3차원(2차원 맵에 기준 1개가 추가)이다. 가장 일반적인 것은 앞서 의술과 서비스를 축으로 해서 보았던 그리기 쉽

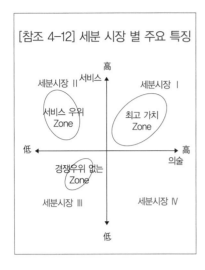

[참조 4-12] 세분 시장 별 주요 특징

세분시장 II 서비스 우위 Zone / 세분시장 I 최고 가치 Zone

세분시장 III 경쟁우위 없는 Zone / 세분시장 IV

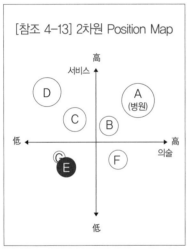

[참조 4-13] 2차원 Position Map

고 이해하기 쉬운 2차원이다.([참조 4-13] 2차원 Position Map) 원의 크기는 현 시장 규모를 나타낸다. 분석 기법과 관련해서는 여러 기법 중에서도 다차원척도법이 주로 사용된다. 이미지를 비롯하여 상품이 가진 속성이나 소비자의 이상점과 같은 복잡한 다차원관계를 2차원 평면이나 3차원 공간상에 단순한 구도로 시각화하여 나타내는 기법이다. 그럼으로써 소비자가 상표를 인지할 때 사용하는 평가 차원의 수와 속성의 종류를 파악할 수 있고, 평가 차원에서 자신의 상표 위치와 경쟁관계를 파악할 수 있고, Position Map상에 상표와 속성 또는 소비자의 이상점들을 함께 나타냄으로써 복잡한 분석 결과를 시각적으로 보다 효과적으로 전달할 수 있다는 장점 때문이다. 다음에서는 소비자가 병원을 이용할 때 갖는 주요 속성 10가지를 토대로 현재 각 병원들(A~G)의 현 Position을 한눈에 볼 수 있다.([참조 4-14] 속성에 의한 MDS Position Map)

이상점(Ideal Point)의 개발 네 번째 단계는 이상점과 병원 포지션을 이용한 시장의 기회 발견 및 마케팅 전략 수립이다.([참조4-15] Perceptual Map에 따른 Ideal Point) B병원 경우 이상점의 위치에는 포지셔닝되어 있지만 경쟁 병원 A가 있어 차별화된 마케팅 믹스 전략을 세워야 한다. D병원은 C병원에 비해서는 이상점과 많이 떨어져 있어 전

략이 요구된다. 특히 독자의 병원을 E라 가정했을 때는 경쟁우위의 이
상점을 찾아 포지셔닝을 해야 한다. F병원은 주차를 제외하고는 이상점
과 멀리 떨어져 있으므로 리포지셔닝을 해야 한다. 이러한 위치의 선정
은 실제 시장과 포지셔닝 대상에 대해서 가장 잘 파악하고 있는 마케터
의 직관이 가장 중요한 요소라 할 수 있다. 현재의 E병원은 Ideal Point
①이나 Ideal Point②를 놓고 Perceptual Map 전략을 기획하게 된다.

표적 시장을 어떻게 설정하느냐에 따라 경쟁
자가 달라질 수 있기 때문에 경쟁 병원과 독
자 병원에 대한 인식의 차이를 염두에 두고
소비자의 욕구를 더 잘 충족시킬 수 있는 이
상점 위치를 개발하게 된다.

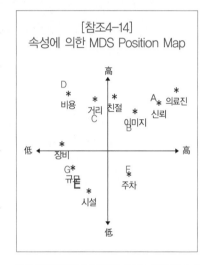

[참조4-14]
속성에 의한 MDS Position Map

포지셔닝 전략의 실행 다섯 번째 단계는
선택된 포지셔닝 전략의 실행 단계다. 선정된
제품 차별점 또는 제품 포지션을 표적 고객들
에게 실제로 전달하는 과정이다. 광고 외에
제품, 가격, 유통, 판촉 등의 다른 마케팅 믹
스 요소들도 통합적으로 활용되어야 한다. 핵
심은 마케팅 활동을 실행한 뒤 표적 위치에
마케팅 전략이 제대로 먹혀들고 있는지 점검
절차가 요구된다. 이를 위해 소비자를 통해
트래킹 조사(Tracking Survey)하면서
Perceptual Map을 그려봄으로써 의도한 바
대로 포지셔닝 되었는지 확인할 수 있다. 물
론 이 단계는 매출성과로도 효과를 파악할 수

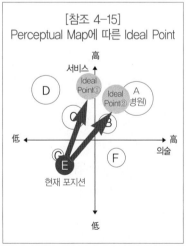

[참조 4-15]
Perceptual Map에 따른 Ideal Point

있겠지만 전문적인 조사를 통해 소비자와 시장에 관한 보다 구체적인 분석이 요구된다.

[용어해설]

시장 세분화(Market Segmentation)

1956년 마케팅이론가 스미스(Wendell R. Smith)에 의해 실용화되고 실제적 마케팅 전략 방법이 된 이후 시장 세분화 전략은 구체화되었다. 사전적 의미는 '사람들을 욕구나 특징, 행동 면에서 상호 동질성인 큰 시장을 작은 단위로 잘라서 공략하는 것'이라고 한다. 이것은 시장 전체를 하나로 묶어보는 것이 아니고 어떤 기준을 세워 사람들을 욕구나 특징, 행동 면에서 상호 동질성이 있게 잘게 나누는 것을 말한다.

트래킹 조사(Tracking Survey)

고객의 흐름을 읽는 데 유용한 조사 방법이다. 조사 혹은 FGI(Focus Group Interview)를 실시하고 프로그램을 일정 기간 동안 수행한 후(6개월 혹은 1년), 같은 조사를 다시 실시하여 실시 이전의 결과와 비교해봄으로써 그 효과를 측정해볼 수 있다.

포지셔닝(Positioning)

1969년 뉴욕의 '리스, 라파엘로, 콜웰'이라는 광고회사의 잭 트라우트(Jack Trout)가 인더스트리얼 마케팅에 발표한 논문에서 처음 사용되었다. 이후 앨 라이즈(Al Ries)와 잭 트라우트(Jack Trout)가 쓴 모든 책(「Positioning」, 「Marketing Warfare」, 「Bottom-up Marketing」, 「The 22 Immutable Laws of Marketing」 등)을 통해 전 세계 광고 산업과 경영계 전반에 전파되었고 마케팅이나 브랜딩의 측면에서 볼 때 어떤 개념보다 중요한 것으로 자리 잡았다.

MDS(Multidimensional Scaling, 다차원척도법)

원래 계량심리학 분야에서 발전, 1970년을 전후로 마케팅 조사자들이 제품 포지셔닝을 목적으로 응답자들의 제품에 대한 심리적 거리를 측정하여 시장 세분화를 위한 도구로 사용하면서 발전되어 왔다. 이는 각 대상에 대한 종합적인 평가를 통하여 얻어진 자료를 이용하여 평가의 기준이 되는 차원을 찾아내고, 각 차원 위에서 평가 대상들의 위치를 규명함으로써 피조사자의 심리적 평가공간을 가시적으로 나타내는 기법이다. 오늘날 이 기법은 마케팅의 포지셔닝 전략에서 포지셔닝 맵의 작성을 통하여 자사 제품의 위치, 경쟁 제품의 위치 및 경쟁강도를 파악하고 이상점을 발견하는 데 유용하게 활용되고 있다.

참고문헌

1. REDISCOVERY OF MARKETING 전략의 의미
2. SWOT 분석을 통해 강점을 살릴 수 있는 비즈니스를 찾아야, 김영한 마케팅MBA대표, 이코노미스트, 2002.6.4
3. 「강점에 집중하라」 마커스 버킹엄(Marcus Buckingham)저 · 한근태역, 21세기북스
4. 「마케팅 상상력」 테오도르 레비트(Theodore Levitt)저 · 옮긴이 새미래연구
5. 시장세분화와 기업의 경쟁력, 기업의 경쟁력을 높이는 세분시장 마케팅(I)(II), 하영원 서강대학교경영학과교수, CHEIL COMMUNICATION, 2001.9
6. 애드포럼 마케팅 전쟁에서 이기는 방법, 나운봉 마케팅전략연구소선임연구원, 대홍보
7. 엘지리포트 표적시장 설정과 시장세분화, 서구원 광고2국기획1팀대리, 사보엘지애드, 1989.11
8. 엘지리포트 표적시장 설정과 시장세분화(II), 서구원 광고2국기획1팀대리, 사보엘지애드, 1989.11
9. 시장세분화의 광고포지셔닝, 이창모 조사부부장, 사보 대홍
10. "앉아서 환자받는 시대 갔다", 남윤호 중앙일보 도쿄특파원, 이코노미스트 553호, 2000.9.12
11. 「포커스 경영」 알리스 저 · 홍수원 역, 세종서적
12. 효과적인 마케팅 전략, Oricom Brand Journal, 1991.10
13. 포지셔닝-오리콤 신서 1
14. 브랜드 포트폴리오, 개별브랜드의 씨줄과 날줄 엮기, 이연선, ORICOM BRAND JOURNAL, 2005.7
15. 1등 추월, 품질 경쟁만으론 안 된다, 김재곤 주간조선기자, 2006.4.29
16. 경영 전략, 시장 진입 언제 하는 것이 좋은가, 이혁수 LG주간경제, 1999.2.3
17. 마케팅 연구, 상향식 마케팅 전략, 조병량 한양대광고홍보학과교수, 코레드, 1990.4/6
18. 효과적인 포지셔닝 전략하나, 빈틈을 찾아라, 다이아몬드애드
19. 애드포럼 마케팅 전략 중 포지셔닝의 중요성은 점점 높아지고 있다, 나운봉 마케팅전략연구소선임연구원, 대홍보, 1996.1/2
20. 연간캠페인 '브랜드 대탐험' 브랜드 아이덴티티 & 포지셔닝-3 브랜드 STP가 브랜드 포지셔닝 전략의 성패를 좌우한다, 허원무 LG경제연구원, LG AD, 2002.3/4
21. 「기업 이미지와 아이덴티티전략」 Nicholas Ind 저 · 최재현역 이미지관리연구소

Hospital Marketing Dock Flow

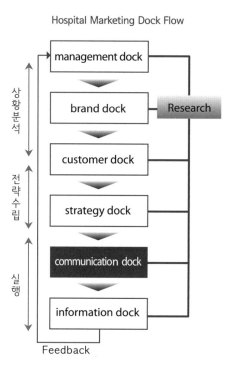

무한(無恨)과 통하는 기술입니다.
소통도 무한의 기술입니다.
Hospital Communication Dock

1. 효율적인 소통, IMC(Integrated Marketing Communication)
  1) 개념과 배경
    대중광고의 쇠락
    IMC의 등장
  2) 전략
    수립 과정
  3) 기회와 한계
    IMC의 현실적인 한계
    IMC의 한계 극복을 위한 제언
  4) IMC 성공 사례

2. 소통을 위한 트리플 미디어
  1) 페이드 미디어(판매 미디어, Paid Media)
    오프라인 미디어 / 병원의 오프라인 광고
    온라인 미디어 / 병원의 온라인 광고
  2) 온드 미디어(자사 미디어, Owned Media)
    웹사이트 / 병원의 웹사이트
    SNS(Social Network Service) / 병원과 SNS
  3) 언드 미디어(평가 미디어, Earned Media)
    PR(Public Relation) / 병원에서의 PR
    홍보(Publicity) / 병원에서의 홍보
    구전 / 병원에서의 구전
    스토리텔링(Storytelling) / 병원에서의 스토리텔링

3. 소통의 평가
  1) 매체 분석
    총 노출량(GRP, Gross Rating Point) / 도달률(Reach) 또는 도달 범위
    빈도(Frequency) / 상호작용
  2) 효과 측정
    유효 빈도(Effective Frequency) / 측정 방법

4. 예산 수립
  1) 비용과 효과
  2) 수립 방법
    데이터베이스 구축

"

상대방의 속마음으로 들어가라.

그리고

그로 하여금

당신의 속마음으로 들어오도록 하라.

"

스토아학파의 철학자이며 로마 황제
마르쿠스 아우렐리우스(Marcus Aurellius)

V. 무한(無恨)과 통하는 기술입니다.
소통도 무한의 기술입니다.
Hospital Communication Dock

커뮤니케이션은, 큰 의미로 이해하면, '발신자와 수신자 사이의 의미 공유 과정' 또는 '발신자와 수신자 간에 공유된 의미의 내용'이다. 여기서 말하는 발신자와 수신자는 별개의 개체일 수도 있지만 동일 인물일 수도 있고, 일 대 다수, 다수 대 다수, 조직과 조직 사이에 일어나는 다양한 형태의 의미 공유와 흐름도 생각할 수 있다.

이 커뮤니케이션을 마케팅 영역으로 국한하여 정리하면 '생산자(발신자)와 소비자(수신자) 사이에 일어나는 마케팅 정보의 흐름과 공유'가 될 것이다. 얼마 전까지만 해도 이러한 마케팅 커뮤니케이션은, 대중매체를 매개로 하는, 불특정 다수의 소비자를 향한 일방적 정보 전달, 즉 매스 커뮤니케이션이 주류를 이루어 왔다. 그러나 이제는 인터넷과 디지털기기의 발달로, 트위터, 카카오톡, 페이스북 등과 같은 소셜네트워크서비스(Social Network Service)가 새로운 매개 수단으로 등장, 커뮤니케이션 환경을 급격히 변화시키면서 마케팅 분야에서의 커뮤니케이션 역시 새로운 패러다임으로의 보다 신속한 전환을 요구하고 있다.

새로운 패러다임이라고는 하지만 커뮤니케이션의 핵심만큼은 예나 지금이나 변함이 없다. '상대방과 통해서 원하는 바를 얻거나 나누는 것', 곧 소통이다. 차이가 있다면 이제는 생산자와 소비자들 사이에 쌍방향 소통이 훨씬 더 원활해졌다는 것일 것이다. 이를 위해 소비자와 시장은 세분화될 대로 세분화되어 특정의 한 사람으로까지 좁혀지고 있으며, 각각의 타깃에 가장 효과적으로 접근할 수 있는 다양한 커뮤니케이션 수단이 모색되고 등장하기에 이르렀다.

실제로 이미 많은 기업들이 SNS 마케팅이나 온라인, 인터넷을 활용한 프로모션 활동을 벌이고 있다. 웹사이트상에 올라가 있는 인터넷 광고는 그 자체로서 새로운 시장의 역할을 수행할 뿐만 아니라, 수용자의 동기와 욕구에 적합하게 만들어지면서 누가 광고를 보는가에 대한 정보도 제공한다. 따라서 인터넷 광고는 기존의 인쇄 광고나 전파 매체와는 달리 얼마나 많은 사람이 광고를 보았는지 알 수 있으며, 파악된 유저의 프로파일을 가지고 특정 타깃에 대한 광고도 구성할 수 있게 되었다.

새로운 매체가 등장하면 그것은 단순히 독립적으로 영향을 미치는 것이 아니라 다른 매체들과 상호작용을 통해 효과를 발휘하면서 인간의 모든 감각 질서들을 재정립한다. 캐나다의 커뮤니케이션 학자 허버트 마셜 매클루언(Herbert Marshall McLuhan)은 인간의 감각이 새로운 매체의 등장과 함께 변화한다고 말한다. 인간은 미디어를 통해 세계를 해석하고 변화시켜나가지만, 그 반대로 미디어에 의해 인간의 감각 역시 변화를 겪게 되는 것이다.

이제 우리는 궁금한 것이 있으면 웹을 통해 즉각적으로 검색하며, 포털사이트의 백과사전은 거의 우리 지식의 외부기억장치처럼 돼버렸다. 이에 더하여 SNS는 무한의 참여를 가능케 한다. 가상공간인 사이버스페이스는 어느 새 '증강된 현실 세계' 처럼 되어가고 있으며, 페이스북의 세상은 익명의 온라인 네트워크가 아니라 내 현실의 인간관계이다.

무한의 기억장치를 가지고 무한으로 참여할 수 있는 존재. 무한의 활동반경 안에서 무한으로 인간관계를 넓혀가고 있는 존재. 그가 오늘의 소비자이며 나의 고객이다. 그들과 어떻게 소통할 것인가가 지금부터의 커뮤니케이션 과제이다.

1. 효율적인 소통, IMC (Integrated Marketing Communication)

1) 개념과 배경

대중광고의 쇠락

타임지 선정, 20세기 최고의 광고인인 서지오 지먼(Sergio Zyman)은 그의 저서, 「마케팅 종말」에서 다음과 같이 주장하고 있다. "광고라는 개념이 TV 광고뿐만 아니라 모든 종류의 커뮤니케이션 행위를 포괄하고 있다는 것을 이해하는 사람은 아직 그리 많지 않다. 때문에 우리는 그동안 우리가 알고 있던 광고는 이미 죽었다고 주장하지 않을 수 없게 된다. 전통적 방식의 광고는 이제 더 이상 통하지 않는다. 그런 광고는 엄청난 비용만 초래할 뿐이다. 제대로 하지 않으면 회사의 브랜드는 물론이고 심지어는 회사 전체까지도 파멸로 몰아넣을 수 있다 … 광고는 TV 광고 이상의 것이다. 브랜딩, 포장디자인, 협찬, 언론홍보, 고객 서비스, 심지어 비서들의 전화응대 방법도 모두 광고의 개념에 포함되어야 한다"는 것이다. 또한「마케팅 불변의 법칙」,「마케팅 전쟁」등의 책으로 널리 알려진 알 리스(Al Ries)는 그의 다른 저서,「마케팅반란」에서 "이제 사람들이 광고를 신뢰하지 않게 되었기 때문에 광고를 이용하여 새로운 브랜드를 시장에 내놓을 수 없게 되었다. 광고란 제품을 소비자에게 판매하고자 안달이 난 기업이 스스로 위안을 삼기 위해 혼자 내는 목소리에 불과하다. 새로운 브랜드를 출시하려면 퍼블리시티를 포함하는 종합적인 PR 활동, 즉 대 언론관계는 물론 다양한 대중과의 관계를 통해 조직과 대중 사이에 상호 이해의 폭을 넓혀 나가는 종합적인 커뮤니케이션 활동을 전개해야 한다"고 주장하고 있다.

이들의 주장은 정확히 한 지점에서 만난다. 이른바, '통합마케팅커뮤니케이션' 이다. 여기서 우리가 '통합' 의 개념을 보다 명확히 이해하기 위해서는 먼저 커뮤니케이션의 도구가 되는 개별 분야의 상호 보완적인 성격을 살펴볼 필요가 있다. 우선 광고(Advertising)의 경우 대중을 상대로 하여 브랜드의 인지도와 이미지에 관여하고, SP(Sales Promotion)는 광고와 마찬가지로 대중을 대상으로 하나, 보다 즉각적인 판매 증진을 목적으로 한다. DM(Direct Marketing)은 광고나 SP에 비해 좀 더 특정한 타깃을 대상으로 하여 더 복잡한 메시지를 전달하면서 광고와는 달리 쌍방 커뮤니케이션이 가능하다. PR(Public Relations)도 DM처럼 복잡한 메시지를 전달하나 브랜드의 이미지에 영향을 미친다는 면에서는 광고와 같은 특성을 지닌다고 할 수 있다. 요컨대, 통합 커뮤니케이션이란 이렇게 각각의 특성을 가진 개별적 커뮤니케이션 도구가 하나의 커뮤니케이션 콘셉트로 묶여서 한 목소리를 내는 것이다.

이러한 개념이 완전히 새로운 것이라고는 볼 수 없다. 비록 '통합적 마케팅'이라는 단어를 사용하지는 않았을지라도 이미 오래전부터 존재해 온 개념이다. 일례로 클라우드 홉킨스(Claude Hopkins)는 1923년에 「Scientific Advertising」이라는 저서에서 "문의자에게 가는 한 통의 편지는 상품에 관심을 갖고 구매 가능성을 보이는 고객에게 세일즈맨을 보내는 것과 같다. 당신은 무엇이 관심을 자아내는지 안다. 그렇다면 전혀 새로운 것이 아니라 관심을 자아내는 바로 그것을 계속 추구하라. 이미 형성되어 있는 인상을 완성하고 단지 추측만으로 다른 것을 시작하지는 말라"고 했다. 다시 말해 그는 이미 1923년에 소비자에게 행해지는 모든 커뮤니케이션은 같은 메시지를 전달해야 한다고 말하고 있었던 것이다.

IMC의 등장

1980년대 중반 이후부터 시장에서는 눈에 띠는 변화가 일어나기 시작했다. 브랜드 간의 경쟁이 심화되고 마케팅 활동이 세계화되면서 시장을 지배하는 힘이 제조업자로부터 유통업자에게로 넘어가게 된 것이다. 이와 함께 더욱 현명해진 소비자들에게 매스 마케팅과 매스 커뮤니케이션은 더 이상 위력적이지 못하게 되고, 결국 지금까지 프로모션 활동 중에 거의 80%를 차지하던 광고도 그 비용을 어떻게 새로이 부각되고 있는 SP, 이벤트, PR, DM, POP 등의 커뮤니케이션 수단에 분화(分化)하여 활용할 것인가가 중요한 문제로 대두되기에 이른다.

IMC는 미국 노스웨스턴대학 돈 E. 슐츠(Don E. Schultz) 교수가 정보기술의 잠재 가능성을 감지하고 제창한 개념으로서 80년대 말에서 90년대 초반에 나타나기 시작했고 90년대 중반에 이르러서는 많은 대행사와 기업체가 관심을 가지게 된다. 과거에는 광고와 판매 촉진, 공중 관계, 행사, 구매 시점 전시, 인적 판매 등과 같은 촉진 수단들이 별개의 활동으로 수행되었지만 IMC를 통해 이들의 조정, 통합이 이루어지면서, 표적 청중에게 가장 효과적으로 도달할 수 있는 매체와 수단을 선정, 일관된 메시지를 차별적인 방법으로 전달할 수 있게 되었다. 즉, IMC는 다양한 커뮤니케이션의 전략적인 역할을 비교, 검토하고 명료성과 일관성을 높여 브랜드 자산을 높이는 데 중요한 역할을 수행하며, 제품 매출에까지 기여를 할 수 있도록 다방면에서 그 기능들을 수행하고 시너지 효과를 발휘할 수 있게 하는 마케팅 전략이다.

　　IMC는 크게 다음의 3가지 시너지 효과를 준다는 이유에서 그 필요성이 강조되고 있다. 첫째는 메시지의 시너지 효과이다. 이는 일관된 커뮤니케이션 콘셉트를 광고물뿐 아니라 Sales Promotion, 영업사원들의 Sales Talk 등 모든 마케팅 활동 과정 속에 일관되게 적용한다는 IMC 특유의 개념에 의해 발생한다. 둘째는 기능의 시너지 효과이다. 이는 커뮤니케이션과 관련된 의사결정의 단계가 기존보다는 대폭 축소됨으로서 대다수의 의견 수렴이란 명분으로 창의적 아이디어들이 도태되거나 변질되는 일 없이 효율성과 효과성을 높이는 결과로 이어진다. 셋째는 데이터베이스의 통합에 의한 시너지이다. 대부분의 경우, 매출의 80%는 20% 고정 고객의 재구매에 의해 발생한다. 때문에 이러한 Loyal Customer를 향한 커뮤니케이션 내용은 Price Buyer나 Brand Switcher에게 하는 그것과는 달라야 한다. 즉 매출 기여도에 따라 소비자를 구분하여 맞춤 커뮤니케이션을 함으로써 한정된 예산 안에서 보다 큰 결과를 얻어낼 수 있다. 바로 고객 데이터베이스의 통합으로 나타나는 시너지 효과이다.

2) 전략

브랜드 마케팅 연구가로서 「브랜드 마케팅 커뮤니케이션」의 저자 래리 퍼시(Larry Percy)는 IMC의 전략 과정과 관련해 "기획 과정은 목표 시장을 파악하는 것에서 시작한다"고 강조한다. 고객에 대한 이해는 어느 커뮤니케이션 프로그램에 있어서나 핵심적인 것이지만 IMC에서는 그 중요성이 더욱 크다. 일단 마케팅 기획에서 목표 시장이 정해지면 제품에 대한 긍정적인 반응에 영향을 미칠 모든 요인들을 가능한 한 많이 파악할 필요가 있다.

수립 과정

표적의 선정 표적 선정은 고객 정보들이 모인 데이터베이스에서 출발해야 한다. 축적된 데이터는 수많은 잠재 고객과 판매 기회를 제공한다. 그 한 예로 델몬트사는 신제품 과일통조림을 시장에 런칭하기 위해 기존의 유통채널을 통해 단순히 제품을 진열하도록 하던 과거의 방식에서 벗어나, 최적의 고객과 상점을 파악하고 이에 따른 제품 관리와 관련한 IMC 프로그램을 시행하였다. 다시 말해 대중매체 광고, 쿠폰, POP, 상점에 대한 판매보상 인센티브 제도 등의 시행뿐만 아니라, 데이터베이스를 통해 지리학적 위치에 따른 고객의 구매습관을 파악하고, 제품을 세분화하여 고객의 수입 정도에 따라 잠재 고객을 선정하는가 하면, 약 5만 5,000개의 상점, 체인화 된 약국과 각 도매업자마다의 구매 패턴과 주 고객에 대한 추가적인 프로파일을 파악해 내었다. 목표 시장을 구체적으로 설정하기 이전에 시행된 이러한 데이터베이스의 분석은 과일통조림을 가장 많이 소비하는 구매층을 새롭게 발견할 수 있게 해주었고 그렇게 발견된 구매자들을 주 고객으로 하여 집중적인 프로모션 활동을 벌일 수 있는 근거를 마련해 주었다. 뿐만 아니라 구축된 데이터베이스를 소매점 같은 유통채널과 공유함으로써 그들로 하여금 보다 폭넓게 소비자를 이해할 수 있도록 도와줌과 동시에 유통채널과의 긴밀한 관계를 유지 강화할 수 있게 되었다.

표적 모으기 데이터베이스를 통해 고객을 정확히 평가하고 구분함으로써 마케팅 커뮤니케이션의 타깃 고객을 모으는 것이다. 이는 시장을 나누고 쪼개어 세분화하는 지리적, 인구통계학적, 사회경제적 등의 일반적인 기준과는 다른 기준에 의해 고객을 긁어모으는 것이다. 즉, 고객 정보로부터 고객을 분석해 비슷한 '행동 변인'을 갖춘 마케팅 커뮤니케이션 타깃을 모으고, 그런 타깃의 브랜드 접촉점을 통해 가장 적합한 마케팅 커뮤니케이션 목표와 전략을 세우는 것이다. 때문에 표적 모으기를 하려면 먼저 데이터베이스를 바탕으로 고객을 나누는 밑그림과 기준을 가져야 한다. 일방적으로 시장을 나누는 것이 아니라 한 사람 한 사람의 상황과 필요에 맞게 접근하는 것이다. 상표 충성도, RFM(고객등급분석) 등 사용할 수 있는 밑그림들은 많다. 이것은 잠재 고객을 신규 고객으로 만드는 '획득'과 단골 고객으로 만드는 '유지'로 분류된다.

커뮤니케이션 메시지 개발 및 크리에이티브 브리프 작성 선정된 소비자들을 향한 커뮤니케이션 메시지를 개발하고 그에 적합한 커뮤니케이션 전술을 선택하고 실행하는 것이다. 크리에이티브 브리프는 메시지를 개발하고 실행하는 가이드라인인 동시에 전체 캠페인과의 일관성을 놓치지 말아야 한다. 이때 중요한 것은 One Sight, One Voice를 만드는 것이다. 그것은 소비자의 수많은 상표 접촉점을 찾아 구매 과정을 평가함으로써 얻어낼 수 있는, 통찰력을 요하는 작업이다.

매체 선정 전략과 예산을 고려한 최선의 선택이 요구된다. 예를 들어 자녀들이 즐겨 먹는 과자라고 한다면 표적은 둘. 실소비자인 자녀들과 구매자인 주부들이 된다. 이러한 경우, 주부와 자녀 모두에게 브랜드를 인지시키기 위하여 광고를 하지만 사용하는 매체는 다르다. 자녀를 대상으로 TV의 어린이 프로그램을 선택하고, 주부를 대상으로 여성지를 선택한다. 때로는 브랜드에 대한 태도를 형성하기 위해서 같은 매체에 같은 광고물을 사용할 수도 있다. 그러나 그것으로 충분할까? 어린이들에게는 선물을 끼워주어 관심을 높일 수도 있고(경쟁이 심한 상황에서는 이 방법이 보다 효과적일 것이다), 주부에게는 슈퍼마켓 매대 앞에서의 판촉이나 커뮤니케이션 장치들이 필요할 수도 있다. 이렇게 단순한 예를 보더라도 광고와 프로모션을 동시에 사용하면서 여러 가지 대안들을 제시할 수 있다. 결국에는, 어쩌면, 선정된 초저녁의 가족프로그램 시간에 1개의 TV 광고물이 방송될지도 모른다. 그러나 이러한 결론이 IMC 전략에 의한 것이라면, 그것은 그 한 목소리가 소비자의 스위트 스폿(Sweet Spot)을 쳐서 소비자를 움직이게 하는 커뮤니케이션 전략이 된다. 즉, 전략적인 IMC 기획은 전략과 예산의 제한 범위 내에서 최적의 해결책에 도달하기 위한 것이다.

결과의 축적 지금까지의 모든 것이 소비자에 대해 더 많은 것을 배울 수 있도록 하는 체계적인 프로그램에 연결이 되어 있어야 한다. 소비자 반응을 또다시 데이터베이스에 재배치하면서 다음 차례의 IMC를 위한 소비자 정보로 이용한다.

3) 기회와 한계

그렇다면 왜 '통합'이 그렇게 중요하며 그 경향이 점점 증가해가고 있는가? 이에 대해서는 4가지 요인을 들 수 있을 것이다. 우선은 기술의 발전이다. 그동안 진화를 거듭해온 디지털 환경이 다양한 매체 운영의 효율적인 통합과 조화를 가능케 하고 있다. 두 번째 요인은 브랜드의 건강에 대한 관심이다. 광고주들이 단지 광고만이 아니라, 그 너머에 있는 브랜드 자체의 건강에 대해 생각하기 시작한 것이다. 세 번째 요인은 커뮤니케이션에 드는 비용 절감의 모색이다. 다양한 신생 매체의 등장으로 전통적인 커뮤니케이션 매체에 비해 적은 비용 투입이 가능한 새로운 매체를 찾게 되었다는 것이다. 네 번째 요인은 After Market에 대한 인식이다. 즉 일단 확보된 고객에 대한 관리의 중요성이 대두되면서 통합적 관리의 필요성이 커졌다고 볼 수 있다.

IMC로 가능해진 기회를 간추려 보면 다음과 같다.
① 메시지의 일관성
② 객관적인 마케팅 커뮤니케이션의 추천
③ 다양한 매체의 보다 나은 활용
④ 크리에이티브의 통합
⑤ 보다 정확한 마케팅
⑥ 운영상의 효율성 제고

⑦ 비용 절감
⑧ 예산 절감
⑨ 시간 절약
⑩ 판매 증가

IMC의 현실적인 한계

이러한 여러 기회에도 불구하고, 커뮤니케이션 수단들이 통합적으로 보다는 부분적으로 기획되고 집행됨으로써 효율적인 IMC를 어렵게 하고 있는데, 몇 가지 현실적인 한계를 짚어보면 다음과 같다.

조직체계의 문제 대부분의 광고주는 광고, SP, PR 부문 등이 서로 별개의 보고체계를 가지고 있다. 따라서 마케팅 커뮤니케이션의 여러 요소들이 서로 조정 없이 운영되고 있고 각 마케팅 커뮤니케이션 툴의 예산도 각 부문 간의 상호 이해 없이 내부적인 경쟁에 의해서 책정되고 있는 것이 현실이다. 그 결과, 대행사들이 통합된 캠페인을 펼치려면 광고주 내부에서의 조정이 선행되어야 한다는 어려움이 따른다.

시너지 효과에 대한 이해 부족 또 다른 한계는 'Integration'이 가져오는 시너지 효과에 대한 이해 부족이다. 이를 위해서는 먼저, 'Contact Management'에 대한 이해가 필요한데, 이는 소비자의 구매 의사결정에 영향을 미치는 광고, PR, 패키지 등에 대한 소비자 반응과 점주 의견 등 커뮤니케이션 활동과 관련된 모든 정보를 수집 관리함으로써 커뮤니케이션 수단들을 조정하고 통제하여 비용과 효과 면에서 최대의 시너지를 가져오도록 한다는 개념이다. 이러한 관점에서 보면, 가장 효율적인 커뮤니케이션 수단이 광고일 수도 있지만 경우에 따라서는 SP, PR, 혹은 DM일 수도 있으며, 몇 개의 다른 보조 수단이 함께할 때 생기는 시너지일 수도 있다는 것이다.

광고주와 대행사의 관계 광고주는 대행사가 대중매체 광고만을 마케팅 커뮤니케이션의 유일한 수단으로 생각한다고 믿고 있고 또한 대행사에서 IMC의 제반 여건을 갖추었다 하더라도 전체적인 마케팅 커뮤니케이션 프로그램의 조정 및 통합 작업을 대행사에 맡기기보다는 자기들이 갖고 싶어 한다는 것이다.

대행사 내부의 문제 대행사 내부에서는 기본적으로 대중매체 광고 이외에 SP나 DM 등, 여타의 커뮤니케이션 수단을 보다 덜 중요하게 여기는 경향이 없지 않고, 특히 크리에이티브 관련 인력들은 광고 이외의 일에 대해서는 관심을 덜 보인다는 것이 부인할 수 없는 현실이기 때문이다.

수익성에 따른 문제 예컨대, 광고대행사가 DM 등과 같은 대중광고 이외의 커뮤니케이션 수단 대행만으로는 기존의 광고에서 올리던 만큼의 수익을 기대하기가 불가능한 것이 엄연한 현실이다. 때문에 대행사로서는 광고를 중요도 우선순위의 앞자리에 두지 않을 수 없다.

IMC의 한계 극복을 위한 제언

통합마케팅커뮤니케이션이 직면하고 있는 한계를 극복하려면 몇 가지 필수적인 전제가 요구된다.

최고경영자에서 출발 조직이나 조직의 구조 혹은 사업의 형태에 관계없이 통합마케팅커뮤니케이션 프로그램이 성공하려면 IMC가 경영진에서부터 시작되어 조직의 하부로 내려가야 한다. IMC가 중간층 혹은 하부층에서 시작되어 위로 향할 수는 없다. 최고경영진은 적극적으로 IMC를 지원하고, 또 그것이 조직원들의 사고의 문제이건 혹은 조직의 문제이건 IMC에 방해되는 많은 장애물을 제거하여야 한다. IMC가 성공하려면 조직원들에게 IMC가 경영진의 지지를 받고 있다는 것을 명확히 해 줄 필요가 있다.

고객지향적 마케팅 체제 IMC가 성공하려면 조직은 전적으로 소비자에게 전념하여야 한다. 조직은 항상 모든 계층에서 소비자가 누구인지를 규명하고 그들에 대해서 알고, 그들과 함께 일하고, 그들에 대하여 관심을 가져야만 한다. 또한 조직은 단지 상품을 생산하거나 서비스를 제공하는 데서 그치는 것이 아니라 소비자를 찾고 만족시키는 데 조직의 에너지를 재분배하려고 노력해야 하며, 마케팅 프로그램을 조정하여 그러한 프로그램들이 소비자에게 친절하고 소비자에게 능동적이 되게 하여야 한다. 그중에서도 가장 중요한 것은 '회사는 소비자를 만들고 만족하게 하는 사업을 하는 것이다' 는 피터 드러커(Peter Drucker)의 원칙에 전념하는 것이다. 그것은 IMC의 성공에 필수적인 것이다.

커뮤니케이션에 대한 인식 커뮤니케이션의 통합이 잘 이루어지지 않는 이유 중의 하나는 많은 조직이 커뮤니케이션을 그들의 성공의 중요한 요체로 간주하지 않기 때문이다. IMC가 성공하려면 전체 조직이 커뮤니케이션이야말로 가장 중요한 경쟁 무기의 하나라는 것을 인식하여야만 한다. 상품, 가격, 유통이 차별화되지 않고 높은 수준의 소비자 서비스가 일반적인 경우에 마케터가 유일하게 의존할 수 있는 경쟁관계는 바로 소비자와의 커뮤니케이션이다.

마케팅 프로세스의 통합 오늘날의 시장에서 기업이 경쟁력을 키우기 위해서는 부서별 기능의 전문화와 분산이 매우 강조되나 커뮤니케이션 분야의 경우에는 제반 기능의 조정과 통합이 필수적이다. 기업이 자신의 브랜드를 구축하고 보호하기 위해서는 폭넓은 시각을 바탕으로 한 커뮤니케이션 전략이 요구되기 때문이다. 이를 위해서는, 커뮤니케이션에 관한 한, 중앙 집중화가 이루어져야 한다. 그럼으로써 커뮤니케이션 매니저가 클라이언트의 조직 내 모든 커뮤니케이션 프로그램의 조정 및 승인을 책임질 수 있어야 하고, 대행사 내의 어카운트 디렉터에 대한 조정자 역할도 수행할 수 있어야 한다. 그래야 일관된 커뮤니케이션 활동도 가능해진다.

4) IMC 성공 사례

에너자이저(Energizer) 미국에서 가장 성공한 캠페인 중의 하나로 꼽히는 에버레디사의 에너자이너 배터리 캠페인은 북치는 핑크색 토끼로 유명하다. '89년 처음 시작된 이 캠페인은 '토끼를 어떤 어려운 상황도 극복하고 끝없이 북을 치며 계속해서 앞으로 나가게 할 정도로 수명이 길다'는 콘셉트를 이용한 TV 광고로부터 시작되었다. 이 광고는 '갑니다. 계속 갑니다(Keep going and going)'라는 마지막 멘트와 북치는 핑크색 토끼로 인해 가장 인기 있는 TV 광고로 크게 부상했고, 수많은 광고상도 받았다. 이에 에버레디사는 IMC를 도입, 에너자이저 광고의 콘셉트와 북치는 핑크색 토끼를 모든 커뮤니케이션 활동에 활용했다. 소매점의 에너자이저 배터리 진열대, 판촉 디스플레이, 판촉물, 경품 제공, 매장 내 판촉행사, 할인쿠폰 제공에서도 TV 광고와 같은 콘셉트로 북치는 핑크색 토끼를 이용함으로써 브랜드 인지도와 이미지를 크게 높였다. 더 나아가 에버레디사는 스포츠 마케팅에도 같은 콘셉트를 활용했다. 예를 들면 1992년 스폰서를 통해 NBA 상위 24개 농구 팀의 첫 홈경기마다 첫 시구를 계속 에너자이저의 핑크색 토끼가 하게 한 것이다. 이후에도 에너자이너의 모든 커뮤니케이션 활동은 같은 콘셉트를 지속적으로 집행함으로써 인지도와 호의도를 대폭 신장시켜 성장에 성장을 이어가고 있다.

스타벅스(Starbucks) 미국의 시애틀에서 시작해서 불과 1~2년 만에 전국적인 커피체인점을 확보한 매우 성공적인 브랜드인 '스타벅스' 커피 전문점은 TV 광고를 전혀 하지 않고서도 성공한 매우 이례적인 성과를 낳았다. 그 비결은 모든 마케팅 프로세스 자체가 통합적이고 유기적으로 결합되었다는 것이다. 즉 스타벅스는 소비자가 '스타벅스'라는 브랜드를 접하는 모든 시점에서 커뮤니케이션이 이루어진다고 생각하기 때문에 별도의 광고를 필요로 하지 않는다. 소비자가 스타벅스라는 매장 간판을 보는 순간을 시작으로 매장의 인테리어와 각종 디자인 등이 스타벅스커피를 느끼게 해주며, 직원은 커피를 파는 점원이 아니라 스타벅스전문가의 태도로 스타벅스의 성분, 제조 방법 등을 설명해주는 가 하면, 고객이 스타벅스커피라는 브랜드명이 새겨진 커피잔을 갖고 직장이나 학교로 가는 순간 그 잔 자체가 하나의 광고물이 되기도 하고, 주위에서 스타벅스커피를 모르는 사람이 물어올 경우에는 오피니언 리더가 되어 스타벅스커피전문점의 위치, 커피 맛에 대해서 자세하게 설명을 해준다. 여기서는 제품, 가격, 프로모션, 유통 모두가 소비자와 커뮤니케이션하는 모든 통로이다. 어떻게 제품 따로, 가격 따로, 프로모션 따로, 유통 따로 구분될 수 있겠는가? 스타벅스커피는 이러한 모든 소비자와의 자연스러운 접점을 최대한 이용해 소비자 커뮤니케이션 통로로 일관된 메시지를 전달했을 뿐이다.

미국암협회(ACS) 자외선차단제 IMC는 일반 업체뿐만 아니라 공공 서비스 분야에도 적용될 수 있다. 그중 미국암협회의 캠페인은 당면한 문제들이 어떻게 IMC에 의해 성공적으로 해결될 수 있는가를 보여주는 좋은 사례이다. 미국인들의 암 발생을 예방하고 줄이기 위해 노력하고 있는 미국의 대표적인 자선 공공기관, 미국암협회는 의료, 연구, 교육, 서비스, 예방, 조기검진 등 여러 부문으로 나누어져 있고, 제각기 다른 타깃에게 각기 다른 메시지를 전달하고 있었다. 그만큼 이 협회의 커뮤니케이션 활동은 각 부문별로 뿔뿔이 분산되어 비효율적이었던 것이다. 이에 ACS협회는 1992년 DDB Need ham을 새로운 대행사로 선정하고 IMC 활동을 전개하기에 이른다.

당시 미국에서는 '80년대 후반부터 피부암이 급속도로 증가하고 있었다. 그중 대부분이 청소년 시절 선탠으로 과다하게 햇빛에 노출되었던 사람들이었다. 이에 대한 해결책은 선탠 전에 자외선차단제 SPF 도수 15 이상을 사용하게끔 유도하는 것이었다.

DDB Needham의 IMC 팀은 첫 단계는 표적을 선정하여 분류하고 정의하는 일이었다. IMC 팀은 타깃을 5개의 그룹으로 나누었다. 첫 번째 그룹은 선탠 제품 제조업자들과 도소매업자들로 이들은 선탠 제품이 더욱 사용될수록 더 많은 수익을 올릴 수 있는 타깃이다. 두 번째 그룹은 피부 관련 의사, 간호원, 약사들이고 세 번째 그룹은 수영장 및 헬스클럽 코치, 테니스 코치 등으로 두 번째와 세 번째 그룹 공히 그들의 고객들이 안전하게 햇빛에서 즐길 수 있도록 하는 데 관심이 많다. 네 번째 그룹은 잠재적 사용자들의 부모들로 자녀들의 건강에 관심이 높다. 다섯 번째 그룹은 잠재 사용자들로 햇빛 아래서 오랫동안 안전하게 이성에게 매력적으로 보이고 싶어 하는 욕구가 강한 12~20세 사이의 청소년들이었다.

이렇게 5개 그룹으로 타깃을 선정한 IMC 팀은 다음 단계로 각 그룹들에게 가장 효과적인 커뮤니케이션 테마를 개발했다. 'Definitely 15(분명히 15입니다)' 였다. 이는 SPF 15 이상을 사용하면 통상 최고의 아름다움을 지칭하는 숫자인 '10' 을 넘어선 '15' 의 아름다움을 태양아래서 안전하게 뽐낼 수 있다는 아이디어였다. ACS 홍보 팀은 '제품을 사용하세요, 그러면 당신의 생명을 구합니다' 라는 콘셉트를 원했으나 DDB Needham의 IMC 팀의 생각은 달랐다. 그 콘셉트가 소비자의 니즈에 근거한 것이 아니라, 협회와 제조업자들의 생각에 근거한 것이라는 이유에서였다. 이는 실제로 IMC 팀이 잠재 사용자인 18~20세 사이의 남녀 청소년을 대상으로 실시한 조사의 결과와도 일치했다. 그들에게 '당신의 생명을 구합니다' 라는 콘셉트는 전혀 어필되지 못한다는 것, 그들이 찾고 있는 것은 이성에게 매력적으로 보이도록 해주는 그 무엇이라는 것이었다. 그들은 햇빛 속에서도 오랫동안 이성에게 매력을 뽐낼 수 있는 안전한 제품을 원하고 있었다.

다음 단계는 매체 선정. 각 그룹들의 선탠 제품 구입 경로, 선탠 제품 사용 방법, 평일이나 주말 그리고 휴가 기간 동안에 접촉하는 매체, 선탠 제품들에 관해 가장 관심이 높은 타이밍 등에 관해 조사했다. 이 결과 첫 번째 그룹에게는 협회원의 방문 설득이 가장 효과적으로 밝혀졌다. 또 그들의 SPF 15 이상 제품 판매에 도움을 주기 위해 제품과 POP에 사용될 SPF 15 확인 마크실과 초기 프로모션용 제품 샘플 등을 제공키로 했다. IMC 팀이 가장 중요하게 여긴 잠재적 사용자인 다섯 번째 그룹을 상대로는 포스터, MTV 등 청소년 대상 TV 프로그램, FM 라디오, 청소년 대상 잡지, 비행선 광고, T셔츠, 브로슈어 등이 효과적임을 알게 되었다. 그리고 나머지 그룹의 타깃에게는 브로슈어, 비디오테이프, 포스터, 정보 팸플릿, 뉴스 프로그램과 쇼 프로그램을 통한 PR 등이 선정되었다.

마지막 단계는 캠페인 결과의 축적. IMC에 의한 ACS 캠페인을 계속하면서 실시된 조사에 따르면, SPF 15 이상의 선탠로션의 판매 증가는 물론, 청소년과 타깃그룹들로부터의 포스터와 브로슈어, 정보 팸플릿 주문이 계속 늘어났고, 선탠 제품 제조업자, 의료계와 학교로부터의 캠페인 후원 또한 증가되었다. 뿐만 아니라, 향후의 조사 결과를 보면 잠재적 사용자였던 청소년층이 실제 애용자가 되었고, 성장과 함께 이 제품의 혜택을 굳게 믿는 신봉자가 되었음을 알 수 있었다.

이상의 ACS의 캠페인은 SPF 15 이상의 선탠로션이라는 새로운 제품 카테고리를 활성화시키는 데 성공했고, 이로 인해 선탠으로 야기되었던 피부암의 증가율을 감소시켜 많은 생명을 구하는 효과를 거둠으로써 가장 성공한 IMC 캠페인 사례 중의 하나로 평가되고 있다.

2. 소통을 위한 트리플 미디어

인터넷과 통신기기의 발달에 따른 정보 환경의 급속한 변화로 우리는 이전에 전혀 경험하지 못했던 새로운 시대에 들어섰다. 이른바 소셜 미디어의 시대다. 온라인 속으로 깊숙이 파고든 사회적 개념은 사람들에게, 거의 무한대라 할 만큼 드넓은, 새로운 사회적 공간이 제공된 것이다. 이는 곧, TV나 지면에 게재되는 오프라인 광고만으로는 효율적인 마케팅이 불가능해졌음을 의미한다. 이제 사람들은 감당하기 어려울 만큼 쏟아져 들어오는 많은 양의 정보를 자신의 취향에 따라 취사 선택하기 시작한 것이다. 그들은 제각각 저 나름의 적합한 정보 출처를 정해놓고 그 외의 정보는 모두 차단시켜버린다. 때문에 공감, 참여, 커뮤니티 등의 개념을 수용하지 못하는 광고는 더 이상 상품 정보 전달 수단으로서의 효과적인 기능을 수행할 수 없게 되었다. 따라서 기업 마케터들에게는 데이터 분석을 통한 소비자 인사이트

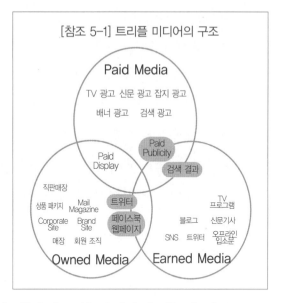

의 도출 역량이 더욱 중요해졌으며, 확산된 소셜 미디어의 기능과 기존 미디어와 연계된 트리플 미디어 전략의 융합과 활용으로 장기적 커뮤니케이션이 필요한 시대가 되었다.

트리플 미디어란 요코야마 류지(橫山 隆治)가 새롭게 규정하여 그룹핑(Grouping)한 것으로, 판매 미디어(Paid Media)와 자사 미디어(Owned Media), 그리고 평가 미디어(Earned Media)로 나뉜다. 전통 매체와 소셜 매체의 유기적인 연계로, 이상적인 마케팅 효과를 창출하기 위한 근본이라 할 수 있다.([참조 5-1] 트리플 미디어의 구조)

1) 페이드 미디어(판매 미디어, Paid Media)

과거 우리가 알고 있는 미디어의 개념과 매우 유사하다. 비용을 지급하는 매체로서 오프라인 미디어와 온라인 미디어로 구분된다.

오프라인 미디어

4대 매체 外

　TV, 라디오, 신문, 잡지를 말한다. 세부적으로 인쇄 매체는 신문, 잡지, DM, 포스터 등이고, 전파 매체는 TV, 라디오 등이다. 그 외, 입체 광고 매체로 옥외 광고, 교통 광고, POP 광고 등이 있다. 이러한 매체를 이용하여 광고 메시지 도달률을 극대화하려면 각 매체의 단점을 상호 보완하여 줄 수 있는 여러 가지 매체 유형을 동시에 사용하는 것이 바람직하다.

　TV는 거의 모든 가정에 보급되어 있는 까닭에 광고비가 많이 드는 만큼 효율성이 높아 여타의 매체에 비해 강력한 영향력을 발휘할 수 있다. 그러나 지역 케이블이 아닌 공중파의 경우 시간적인 제약으로 제품에 대한 자세한 정보의 제공은 불가능하다는 단점이 따르고, 정해진 시간대에 다수의 광고가 집중 방영되는 까닭에 광고 혼잡 현상이 매우 높다. 또한 TV 광고는 다른 매체에 비해 규제가 심해 제품의 성격에 따라 메시지 표현에 제한되며, 다른 매체에 비해 광고 제작비가 많이 든다.

　라디오는 다른 매체에 비해 소비자들이 가장 장시간에 걸쳐 접촉할 수 있는 매체로서 개인에게 직접적으로 다가갈 수 있는 매체이다. 청각에만 의존한다는 매체 특성 때문에 청취자의 상상력을 자극할 수 있다. 융통성이 좋으며 기동력이 뛰어나다. TV에 비해 광고 제작비가 적게 들기는 하지만 청취자들이 내용에 집중하기보다는 다른 일을 하면서 라디오를 청취하는 경향이 있어, 광고 메시지의 도달률이 낮다. 이를 극복하기 위해서는 반복 노출이 요구된다.

　신문은 광고를 게재하기까지의 소요시간이 다른 매체에 비해 짧아서 돌발적인 마케팅 상황에 신속히 대처할 수 있다. 때문에, 신제품을 시장에 도입하려 할 때 시의 적절하게 활용할 수 있는 매체이다. 그리고 주요 일간지들이 발행하는 지방판은 광고주에게 지역의 선택이라는 강점을 제공하고 있다. 반면에 아직은 신문마다 인쇄기술의 수준이 다르기 때문에 각 신문이 전달하는 광고물의 효과가 서로 다를 수 있다는 단점이 따른다. 또한 잡지에 비해 회람률이 낮고 수명이 하루에 불과하다.

잡지는 다른 매체들에 비해 소수의 문제를 집중적으로 다루기 때문에, 그 제한된 몇 개의 문제에 관심이 많은 사람들에게만 읽힐 가능성이 크다. 때문에 제한적이며 정확하게 표적에 접근할 수 있다는 이점을 가진다. 또한 잡지 광고는 회람되어 반복적으로 읽히기도 하므로 그 수명이 비교적 긴 편이다. 반면에 발행 주기가 대부분 주 단위 이상이기 때문에 시의성이 떨어진다는 단점이 따른다.

그 외

사보, 팸플릿, 카탈로그, 브로슈어, 서신, 무료 간행물 등, 고객과 노출 빈도를 임의로 조절할 수 있는 DM(Direct Mail) 광고가 있고, 버스, 지하철, 광고탑, 역내 간판, 애드벌룬, 네온사인, 자동차 외면 등과 같이 고정된 면을 이용하는 옥외 광고가 있다.

오프라인 광고

작금의 정보 환경 변화는, 지금까지의 커뮤니케이션 채널을 통한 정보 전달을 갈수록 어렵게 하고 있다. 타깃 소비자에게 다가가려면 그를 둘러싸고 있는 헤아릴 수 없이 많은 정보들을 헤집고 들어가야 하기 때문이다. 어느 조사기관의 자료에 의하면 1명의 소비자가 4대 매체를 포함한 모든 매체를 통해 하루에 접하는 상업 정보가 무려 7,000여 개에 달한다고 한다. 그러나 소비자에게 얼마나 많은 메시지가 송신될 수 있는가는 별로 중요하지 않다. 커뮤니케이션의 관점에서 주시해야 할 점은 소비자가 수용하는 메시지의 양은 극히 한정되어 있다는 것이다. 이러한 사실은 GE의 허버트 크룩만(Herbert Krugman) 박사의 조사 결과에서도 나타나는데, 광고물을 극히 일부분이라도 읽은 독자의 수가 그 광고물이 전달된 대상의 35% 정도였고, 광고물의 글을 최소한 반, 혹은 그 이상 읽은 사람은 8.2%에 불과했다. TV의 경우에는 단지 12%의 시청자만이 해당 프로그램에 나갔던 광고물을 기억하는 것으로 나타났다. 이러한 상황에서 페이드 미디어로서 더욱 더 강조되는 것은, 문자 그대로 목표를 향해 지불되는(Paid) 비용과 그 비용에 대비되는 성과일 것이다.

오프라인 광고의 목표 크게 매출 목표와 커뮤니케이션 목표로 나누어진다.

매출 목표(Sales Objectives)는 광고비에의 투자가 매출량의 증가나 시장 점유율의 확대와 같은 측정 가능한 결과로 나타나야 한다는 관점에서 정해지는 목표이다. 그러나 광고와 매출은 다음의 몇 가지 이유로 직접적인 상관관계를 찾는 데 무리가 있다. 첫째, 광고는 매출액에 영향을 미치는 여러 마케팅 믹스 변수들 중의 하나일 뿐이기 때문이다. 매출에서 광고에 의한 순수 효과를 분리시킨다는 것은 매우 난해한 작업이다. 둘째, 광고가 매출에 미치는 효과는 상당 기간이 지난 후에야 발생하기 때문이다. 성숙기에 들어선 일상생활용품의 경우에는 광고가 중지된 후 9개월까지 매출에 영향을 미치는 것으로 나타났다. 셋째, 매출 목표만으로는 제품 구매에 도달하기까지 광고가 소비자의 인지 반응에 미치는 효과를 알 수 없다. 그러므로 매출 목표는 광고 메시지 작성, 표적 청중의 결정, 광고 캠페인으로부터 기대되는 구체적 고객 반응의 결정에 유용한 지침을 제시하지 못한다. 그러나 소매점에서 실시하는 소매 광고(Retail Advertising)나 직접 반응 광고(Direct Response Advertising), 판매 촉진 광고, 산업재 광고 등에서는 매출 목표가 적절한 광고 목표가 될 수 있다.

커뮤니케이션 목표(Communication Objectives) 광고 목표는 즉각적인 구매 행동의 유발보다는 브랜드 인지도(브랜드 지식과 관심)의 증가와 호의적 태도 형성, 그리고 구매 의도 등과 같은 커뮤니케이션 효과를 창출하는 데 두어야 한다는 관점으로써 계층적 효과 모형에 토대를 두고 있다. 계층적 효과 모형(Hierarchy of Effects)이란 사람들이 사다리의 계단을 하나하나 밟아 마지막 계단까지 오르듯이, 광고가 성공을 거두기 위해서는 광고를 통해 소비자들을 기업이 원하는 하나의 목표에서 다음의 목표로 단계적으로 움직이도록 하여 최종적인 목표가 달성되도록 만들어야 한다는 이론이다. 이러한 커뮤니케이션 측면에서의 목표 설정에 관한 연구 중에는 러셀 콜리(R. H. Colley)가 주창한 '광고목표 관리이론'이 있다. 1961년 발표한 "광고효과측정을 위한 광고 목표의 명확화"라는 주제의 첫 머리글자를 따서 명명된 다그마 이론(DAGMAR Theory)이 그것이다. 그는 광고 목표를 4가지 단계로 나누어 설명하고 있다.

광고 목표 중의 하나인 동시에 목표 설정 단계의 첫 번째는 [인지]이다. 이는 소비자들에게 브랜드나 기업의 존재를 알리는 것이다. 광고의 목표가 될 수 있는 두 번째 단계는 [이해]이다. 소비자가 어느 제품을 구매하려면 먼저 그 제품이 어떠한 것이며 자신들에게 어떠한 이익을 줄 것인가를 이해해야 한다는 것이다. 광고 목표의 세 번째 단계는 [확신]이다. 즉, 해당 제품이 소비자 자신에게 필요한 것이라는 믿음이다. 그 믿음 위에서 소비자는 비로소 제품을 구매하는 단계, [행동]을 하게 된다. 러셀 콜리의 이 이론은 광고 목표를 단지 마케팅 과제로서의 판매가 아니라 커뮤니케이션의 과제를 기준으로 잡아야 한다는 것을 강조하고 있다. 따라서 광고 캠페인의 성패 여부도 단지 판매 효과만이 아니라, 커뮤니케이션 효과 역시 함께 판단해야 한다는 것이다. 그러면서 그는 명확한 광고의 목표가 되기 위해 충족되어야 할 5가지 조건을 다음과 같이 제시하고 있다. 첫째, 측정 가능할 것. 둘째, 비교의 기준치가 명확할 것. 셋째, 표적이 명시될 것. 넷째, 달성 기간이 구체적으로 제시될 것. 다섯째, 문서화하여 일관성을 유지할 것 등이다.

오프라인 광고 목표의 실 사례

리복 다음은 운동화를 새로 개발한 후 첫째 연도에 세웠던 리복의 단계별 광고 목표이다. ①캐주얼 운동화를 필요로 하는 2,000만 여성 소비자 중, 20%가 리복에 패션 운동화가 있다는 사실을 알게 한다. 대상은 15~49세 여성으로 45달러의 운동화를 구입하는 데 부담이 없는 여성들이다. ②리복신발을 알고 있는 여성들의 50%에게 리복신발은 비싸지만 고급 품질의 신발이며, 신발 윗부분은 부드러운 가죽으로 되어 있고, 신발 색상이 다양하며 특정 소매점에서만 구입할 수 있다는 사실을 인지시킨다. ③리복을 알고 있는 여성들의 50%에게, 리복은 아주 품질이 좋고 편안하며, 스타일이 뛰어나고 값어치가 있다는 것을 확신시킨다. ④리복을 확신하고 있는 50%의 여성들에게, 리복운동화를 한번 신어봤으면 하는 욕구를 생기게 한다. ⑤리복을 신어봤으면 하는 욕구를 가진 주부 가운데 50% 여성들이, 실제로 매장에 가서 신발을 구입하도록 한다.

잔주름 제거용 화장품 이상의 리복 광고 목표를 보면, 마케팅 목표와는 달리 제품의 매출 증대에만 있는 것이 아님을 알 수 있다. 만약, 잔주름 제거용 화장품이라면, 잔주름으로 고민하는 여성 타깃으로 하여금, "3개월간의 광고 집행 이후에 '신제품이 잔주름을 없애준다' 라는 메시지 '기억도'를 현 30%에서 50%까지 높인다"가 광고 목표가 될 수 있다. 여성 샴푸를 예로 본다면, 마케팅 목표가 3년 동안 300억 판매고 달성이라면 광고 목표는 '1년 이내 타깃 여성의 브랜드 인지도 30% 달성'으로 삼을 수 있다.

오프라인 광고의 성과

그렇다면 이러한 광고 목표의 달성 여부, 즉, 광고의 성과는 어떻게 판단할 수 있을까?

침투율과 구매 빈도 광고는 브랜드의 침투율을 높일 수 있다. 이것은 비사용자에게 그 브랜드의 이점을 보여주어 이들이 최소한 시험 구매를 할 수 있게 자극함으로써 가능해진다. 광고는 또한 브랜드의 구매 빈도(즉, 일정 기간 동안 구매자들이 얼마나 자주 구매하는가)를 늘려 준다. 이것은 기존 구매자들이 그 브랜드를 더 자주 사용하도록 아이디어와 자극을 주는 것으로 가능하다. 예를 들어, 식품 브랜드는 요리법을, 주유소 브랜드는 관광지의 모습을, 고소득층을 대상으로 하는 신용카드는 고급스런 쇼핑 장면을 광고에서 보여주는 것이다. 이러한 광고의 노출을 통한 구매 빈도의 증가는 수많은 상품 카테고리 내에서 대형 브랜드들의 매우 중요한 목표가 된다.

브랜드의 침투율 증가와 시장 점유율 증가에는 직접적인 연관성이 있다. 그러나 침투율은 언젠가 그 증가가 멈추게 마련이고 더 이상 브랜드 침투가 일어나지 않는 그 시점에 도달하면 잠재 사용자는 존재하지 않는다. 이는 곧 모든 사람이 그 브랜드에 대해 알고 있음을 뜻하고 그 시점에서 그 브랜드를 좋아하지 않는 사람들은 앞으로도 그 브랜드를 이용하지 않을 것이기 때문이다. 이런 상황에서 구매 빈도는 최소한 몇 가지 보상을 제공한다. 어떤 카테고리 전체에서 하위 4/5에 해당하는 브랜드들의 사용률은 상대적으로 동일해진다. 따라서 침투율만으로 따져봤을 때 대형 브랜드는 소형 브랜드와 뚜렷한 차이를 보인다. 그러나 브랜드가 상위 20%(즉, 대형 브랜드 중의 1/5)에 포함될 만큼 충분히 성장하면, 그 브랜드의 구매 빈도는 늘어난다. 이 상위 20%는 침투율의 성장이 완만함에도 불구하고 구매 빈도는 계속 높아진다. 이것은 제조업자가 기존 소비자에게 특별한 것을 제공하고 있다는 의미로서, 광고 기간 동안 저렴한 비용으로 많은 것을 이루어낼 수 있게 된다(신규 소비자를 끌어오는 것은 그 브랜드의 규모와 상관없이 매우 어려운 일이다).

한 예로 도브가 출시되었을 때, 처음 3년간 전국 시장에서 달성한 평균 연간 매출 성장률은 이후 3년 동안의 거의 2배였다. 처음 3년 동안 도브는 침투율로 성장했고, 다른 3년 동안은 구매 빈도로 성장했다. 이것이 성공적인 신규 브랜드에서 나타나는 전형적인 패턴이다. 도브는 이제 미국의 비누 카테고리에서 최고 가치를 갖는 리딩 브랜드이고 국제적으로도 매우 중요한 위치를 차지하고 있다. 대형 브랜드가 소형 브랜드보다 단위당 수익이 높은 유일한 이유는 높은 구매 빈도(이것은 판매량을 증대시키므로) 때문이며, 구매 빈도로 이루어낸 수익의 상당 부분은 소비자 광고에서 비롯된 것이다.

가격탄력성 브랜드에 대한 부가가치는 소비자의 마음속에서 매겨지고 성장하기 때문에, 한 브랜드의 부가가치를 인정한 소비자가 그 브랜드의 구매를 중단하고 다른 대체물을 구매하는 것을 별로 달가워하지 않는다. 따라서 기업은 브랜드의 가격을 인상할 수 있다. 경제학적 용어로 말하면, 브랜드의 가격탄력성이 낮아지는 것이다. 광고는 이러한 현상에 분명히 기여한다. 제조업자가 가격을 인상했을 때 일어날 수 있는 손실은 가격탄력성으로 방어되기 때문에, 성공한 대형 브랜드(모든 카테고리에서 전체의 15% 정도)가 카테고리 평균보다 최소 10% 정도 높은 가격을 유지할 수 있게 된다.

광고탄력성 광고예산을 일정량 늘일 때 매출이 얼마나 증가하는가에 대한 측정은 용이한 작업이 아니다. 매출에 영향을 준 다른 요인들을 배제하고 오직 광고만의 효과로 제한해야 하기 때문이다. 광고탄력성은 낮은 편으로, 130여 개 브랜드 샘플을 기초로 한 조사 결과 광고와 매출 간에 5대1의 관계를 보여 주는 것으로 나타났다. 즉, 광고를 5% 늘리면 매출은 1% 정도의 증가를 보이는 것이다. 이것은 1년 동안에 걸쳐서 일어나는 중기 효과(Medium-Term Effect)이다. 어느 정도 수준의 광고탄력성이 있으면 캠페인은 성공한 것으로 보는데, 비효과적인 캠페인의 광고탄력성은 물론 0이다. 즉 광고를 늘려도 매출에 전혀 변화가 없는 것이다. 보통의 브랜드의 경우, 광고를 늘려도 중기 간의 수익성은 높아지지 않는데, 일반적으로 추가적인 매출로 얻는 수익이 추가 광고비용보다 적기 때문이다. 그러나 중기 효과에 장기 효과가 추가되면 상황은 더 나아질 수 있다. 일반적으로 낮은 수준의 광고탄력성은 브랜드 부가가치의 성장, 광고의 장기 효과로 약간 높아질 수 있다. 즉, 광고를 늘리면 매출은 점진적으로 늘어난다. 광고탄력성이 평균보다 약간 높아졌을 때의 추가 매출은 추가 광고가 수익을 일으킨 것으로 볼 수 있다. 다시 말해, 장기 효과가 추가되면 상황은 더 좋아진다.

병원의 오프라인 광고

최근, 고령화 사회로의 진입과 함께 만성질환 관련 의료 시장이 확대되고, 소득수준 향상에 따른 라이프스타일의 변화와 바이오테크기술의 진화 등으로 의료수요가 크게 늘어나면서, 라이프스타일의 질적 향상에 대한 소비자들의 욕구도 점차 높아지고 있는 추세다. 이와 더불어 병원 평가공개제도도입, 의료 시장 개방, 일부 의료 광고의 허용 등이 새롭게 추진되면서 본격적인 의료 광고 시대 개막이 예고되고 있다.

병원과 같은 서비스업종의 광고는 서비스업 특유의 무형성과 인간 참여의 특징을 활용하는 데 역점을 두어야 한다. 그러나 너무 추상적이 되지 않도록 주의해야 한다. 이미 추상적인 것을 더욱 추상화시키면 소비자가 광고 메시지에 대한 감(感)을 잡기가 너무 힘들어질 수 있다. 때문에 심벌이나 모델, 슬로건 등을 활용하기도 하는데, 서비스업의 본질적 이익을 정확하고 강하게 전달하는 데 유용한 방법이 될 수 있다.

병원 광고의 효용성

병원 광고의 효용성에 대해서는 서로 상반된 두 갈래의 주장들이 있다. 미국의 마케팅 학자 안다리브(Andaleeb)는 일반적으로 소비자들이 병원 광고가 고객에게 비용을 가중시키고, 조작된 허위사실을 유포할 수 있다는 우려감을 갖고 있어 병원 광고를 선호하지 않는다는 사실을 들어 부정적인 견해를 보이는 반면, Jack A. Bell과 Charles R.

Vitaska의 연구에서는 소비자들이 병원 서비스에 대한 정보, 의료 프로그램, 의사들에 대한 다양한 정보를 얻을 수 있기 때문에 일반적으로 병원 광고에 대한 호의적인 태도를 형성하고 있다는 긍정적인 결과가 나타나고 있다.

이러한 이견은 결국 병원 광고에 대한 '신뢰'의 문제로 집약된다. 신뢰란 광고가 '얼마나 잘 광고주(의사 및 의료기관)의 정보를 전달할 것인가' 하는 문제와 '정보를 왜곡하거나 과장하여 혼란을 야기하지 않는 범위 안에서 어떻게 소비자들에게 믿음을 부여해 줄 것인가?' 하는 것이다.

이 점이 광고업계에 시사를 하는 바는 의사 또는 광고주가 느끼는 광고의 불확실성을 제거하고 신뢰감을 회복시켜주는 것이 의료 광고의 당면 과제라는 사실이다. 이를 위해서는 병원 광고의 합리적인 평가를 위한 지표가 마련되어야 한다. 뿐만 아니라, 일반 광고에 대한 의사들의 태도와 의사들이 고객에 미치는 영향력이 의료 광고에 미치는 영향력 등을 분석해 십분 활용해야 할 것으로 보인다. 또한 위법 광고에 관한 심사 기준의 적용, 향후 감독 관리, 법적 제제, 광고주와 광고 경영자에 대한 엄격한 처벌 관련 대안 등을 마련해 향후 논쟁이 야기될 수 있는 부문을 미리 점검해야 할 필요가 있다.

병원 광고 법규

국내 의료법 시행령에 따른 의료 광고의 금지 기준과 관련해 몇 가지 주요 사항을 보자면 신의료기술 평가를 받지 아니한 경우의 광고이다. 또한 특정 의료기관이나 의료인의 기능 또는 진료 방법이 다른 의료기관과 의료인의 것과 비교하여 우수하거나 효과가 있다는 광고, 객관적인 근거가 없는 내용의 광고 등도 금지 기준에 포함된다. 다음으로 의료 광고심의절차와 관련해서, 신청인은 의료광고심의업무를 위탁받은 기관의 심의를 거쳐야 한다.

미국 70년대까지는 의사협회와 병원협회가 광고를 금지시켰으나, 70년대 후반 공정거래위원회가 제기한 '미국의학협회(American Medical Association)가 회원들의 발언을 규제할 수 있는 권한을 갖고 있지 못한다'는 내용의 소송에서의 승소와 80년대의 급격한 의료비 상승으로 야기된 사회적 문제가 부각되면서 의료 시장에서의 경쟁을 유도하고, 수가 인상을 억제하기 위한 방안으로 의료 광고가 전면 허용되었다.

싱가포르 의료 광고의 게재는 전화번호부와 의학 잡지에 한정되어 있고 행정부의 사전 허가를 받지 않고는 잡지, 라디오, TV, 영화 등의 대중매체에는 물론이고 현수막에도 게재할 수 없다. 특히 의사가 언론기관 등에서 인터뷰를 할 경우, 자신의 의료기관을 내세우려는 목적이 아닌 경우에만 응할 수 있으며, 인터뷰 도중 공개할 수 있는 정보 내용도 규정에 따라 구체적으로 정해져 있다.

일본 우리나라와 유사한 흐름을 보이고 있다. 오랜 기간 의료 광고가 제한되어 오다가 의료법 개정으로 의료광고허용범위가 대폭

▌오프라인 광고에서의 함정

오프라인 광고의 성공과 실패에 대해서는 다소 엇갈리는 평가가 공존한다. 해마다 국내외에서 행해지는 다양한 광고대회의 작품성 평가와 실제 시장에서 소비자 구매로 나타나는 광고의 실효 평가가 그것이다. 세계적인 광고 전문잡지 애드 에이지는 1999년 12월호에서 "5년 전 칸 국제광고제에서 기립박수를 받고 광고상을 수상했던 브랜드의 70%가 시장에서 사라졌거나 고전하고 있다"고 했다. 이러한 현상은 어떻게 해석해야 할까? 소위, 광고상을 받은 '훌륭한' 광고에도 불구하고 브랜드가 시장에서 사라졌다면 그상의 의미는 무엇일까?

'What to say'와 'How to say'의 성공적인 결합을 위해서는 그 연결이 잘 이루어져야 한다. 또한 광고의 히트와 제품의 히트로 연결되는 것이 아니라는 사실을 통해 광고의 올바른 역할을 다시 한 번 생각하게 한다.

이제 여러 광고대회에서 많은 상을 받았지만 실제 매출 증대에는 별로 도움을 주지 못한 광고들을 통해 오프라인 광고가 빠지기 쉬운 함정, 즉 광고 본연의 목표에서 멀어진 경우를 살펴본다.

파워크린 우리나라 최초의 고농축 합성세제는 동양화학의 '파워크린'이다. 비트도 한스푼도 아니었다. '옥시', '물먹는 하마' 등으로 잘 알려진 동양화학은 1988년 2월 환경 친화형 고농축 합성세제인 파워크린 개발에 성공하여

늘어났다. 1999년 12월 의사의 개인적인 자료, 의료기관이 보유하고 있는 의료기기 및 전문 영역 등에 대한 광고가 일부 허용되었고, 2002년 4월 1일부터는 의료광고허용범위가 전문의 광고 허용, 수술 건수, 치료 방법, 분만 건수, 평균 재원일수, 병상 이용률, 의사·간호사 등 스태프의 내원객 수에 대한 배치 비율 및 인원 수, 내원객 수(입원, 외래별, 질환별, 광고도 가능) 등을 게재할 수 있도록 대폭 완화됐다.

프랑스 전화번호부에 게재하는 의료인의 학력과 경력 정도만을 허용하고 있다.

외국의 병원 오프라인 광고 유형

외국 의료 광고의 소구점을 분석해 보면 다음과 같은 몇 가지 유형으로 나타난다.

안전 두려움과 경각심을 일으켜 소비자가 스스로 답을 찾도록 유도하는 광고다. 공익 광고의 형식을 띄면서, 메슬로우(Maslow)의 욕구 5단계 중 2단계인 안전의 욕구를 자극하는 콘셉트이다. 치명적인 위협으로부터 생명을 지키고자 하는 본능적 욕구에 소구한다. 소비자에게 충분한 인지도가 형성된 대형 의료기관에게 널리 활용되고 있는 유형이다.

편리함 영국이나 미국 등 의료 광고가 개방된 나라의 선진 의료기관

다른 회사들보다 먼저 시장에 뛰어들었다. 파워크린은 적은 양(기존 세제의 1/3)으로도 훨씬 우수한 세탁 효과를 내는 혁신적인 제품이었다. 광고도 '한 스푼 혁신세제, 파워크린'이라는 콘셉트로 40억에 가까운 물량을 쏟아 부었다. 제품 아이디어도 혁신적이었고 광고 내용도 훌륭했으며, 광고 물량도 당시로서는 엄청났다. 한마디로 파워크린은 훌륭한 아이디어였다. 그런데 결과는? 실패였다. 주부들이 파워크린을 구매하지 않았다. "세제를 많이 넣을수록 빨래가 잘 된다"는 고정관념을 가진 주부들이 '한스푼 혁신세제'를 받아들이지 않은 것이다. 파워크린은 제품도 광고도 아이디어가 혁신적이고 독특했지만, 주부들을 설득하지 못해 시장 진입에 실패했다. 반면에 뒤에 출시된 비트와 한스푼은 환경오염이라는 사회적 이슈와 맞물리면서 주부들을 설득하는 데 성공하여 시장에 안착했다.

버드와이저 2000년에 만들어져 칸느와 클리오, 뉴욕 페스티발 등 세계의 주요 광고제에서 대상을 거머쥔 버드와이저 광고는 4명의 흑인 청소년들이 서로 주고받는 인사말, '왓스업(What's up)?'을 주제로 하여 몇 가지로 변형된 모습을 보여주었다. 이 광고는 당시 광고를 본 사람들이 너도나도 인사말을 "Wassup?"이라고 따라 할 만큼 엄청난 인기를 끌었다. 그러나 이 맥주의 시장 점유율은 1.5%~2.5%까지 뚝 떨어졌으며, 매출은 8.3%나 감소했다. 이는 1994년 이래 최대의 감소였다.

에서 많이 사용하는 소구점으로, 서비스에 초점을 맞춰 소비자가 누릴 수 있는 편리함과 구체적인 편익을 제시하고 있다.

친근함 최근 의료 광고가 개방된 몇몇 아시아 국가에서 나타나는 유형으로 주로 감성적인 소구점을 찾아 정서적으로 설득하는 구조를 이루고 있다. 소비자의 라이프스타일 속에서 친근감을 강조한다. 중국 중맥 과학기술의 경우, '가정건강전문가'라는 콘셉트로 전문의료기관으로서의 신뢰성을 표방하고 있다.

기술력 정서적 설득에서 한 단계 업그레이드된 형태로 '바이오 테크놀리지'를 강조하여 앞선 기술력을 보여주는 사례다. 주로 공급자 중심의 무겁거나 어려운 톤으로 기술력을 전달하는 것이 아니라 소비자를 중심에 두고 가볍고 밝은 톤으로 생활 속의 앞선 기술력을 보여주는 방식이다. 건강에 대해 관심이 높은 고학력 계층의 타깃에게 소구할 때 보다 효과적인 콘셉트로 보인다.

온라인 미디어

가장 뒤늦게 광고 매체에 합류한 인터넷은 소비자 중심의 추세를 반영한 대표적인 커뮤니케이션 매체로서 검색엔진에 넣기만 하면 유저들이 찾고자 하는 정보를 쉽게 찾을 수 있을 뿐만 아니라, 광고 노출 정도도 소비자

델몬트와 썬키스트 각각 브라질산 오렌지 100%와 캘리포니아산 오렌지 100%라는 제품 콘셉트에서 100% 오렌지주스라는 광고 콘셉트 즉 'What to say'를 추출하게 된다. 하지만 그들의 크리에이티브 콘셉트는 달랐다. 델몬트는 브라질산 오렌지 100%를 잘 말하기 위해 브라질에서 촬영, 현지민의 '따봉'이란 말을 유행시켰다. 썬키스트는 '오렌지 외에는 아무것도 넣지 않았습니다'라는 메시지로 소구했다. 소비자는 '따봉'을 유행처럼 즐기고 마켓에선 썬키스트를 구매했다. 100% 오렌지주스의 메시지를 썬키스트에서 더욱 진하게 느꼈던 것일까? 소비자들은 광고에서 따봉만 기억할 뿐 그 광고가 델몬트 광고인지 썬키스트 광고인지 구별하지 못했기 때문이다. 소비자들이 따봉을 기억한다는 것 때문에 델몬트를 그대로 두고, 희석과즙음료인 따봉쥬스를 내놓았다.

애플 1997년 9월에 시작된 애플의 광고 캠페인은 알베르트 아인슈타인, 아멜리아 이어하트, 무하마드 알리, 파블로 피카소 등과 같이 자기 분야에서 과거의 틀을 깬 사람들을 모델로 삼았다. TV에서는 왜 그런 인물들이 위대한 개척자 인지를 설명하면서 "Think different"라는 주제를 던졌다. 이 광고는 1998년 에미 광고대상, 클리오 은상, 칸느 은사자상을 받는다. 그러나 애플의 매출은 그 이후 3분기 동안 연속해서 하락했다. 이런 사태는 아이맥 모델을 출시할 때까지 계속되었다.(실제

가 원하는 수준에 따라 융통성 있게 조정할 수 있는 새로운 미디어이다.

2012년 소비자 500명을 대상으로 한 대한상공회의소의 설문 조사 결과, 온라인 광고는 방송 광고 다음으로 소비자의 마음을 움직이는 가장 효과적인 마케팅 커뮤니케이션 수단인 것으로 나타났다.

이처럼 온라인 미디어가 늦은 등장에도 불구하고 다른 어떤 광고 매체보다도 발 빠른 성장을 하고 있는 것은 기존의 미디어와 구분되는 다음과 같은 차이점을 가지고 있기 때문이다.

판매량은 같은 기간 약간 증가했지만, 이는 광고 효과라기보다는 가격인하 효과로 보인다) "Think different"는 애플에게 있어 아주 유용한 포지셔닝이었다. 그러나 이 슬로건은 애플이 아이맥이라는 신 모델로 그동안 광고를 통해 말했던 약속을 지키기 전까지는 소비자들로부터 어떤 공감도 불러일으키지 못함으로써 광고와 판매 사이의 상관관계를 보여주는 좋은 본보기가 되었다. 즉, 광고로 어떤 약속을 했다면 반드시 지켜야 한다는 것이다. "Think different"라는 슬로건을 내놓은 애플은 정말 새로운, 이전과는 전혀 다른 뭔가를 보여주어야 했다. 애플은 그리지 못했고 결국은 아무런 일도 일어나지 않았다.

온라인 미디어의 특징

양방향 커뮤니케이션 메시지를 일방적으로 전달하는 기존의 매스 미디어와는 달리 양방향 커뮤니케이션이 가능한 매체이므로 정보의 전달뿐 아니라 사용자들과의 대화를 통한 의견 수렴도 할 수 있고, 더 나아가 소비자의 불만이나 문의까지도 실시간으로 해결할 수 있게 해준다.

특정 다수의 타깃 기존의 매스 미디어처럼 불특정 다수가 아니라 광고주가 타깃으로 선정한 특정 다수 소비자에게 광고를 노출할 수 있고 실시간으로 효과를 측정할 수 있다.

적은 비용, 충분한 정보 다른 매체에 비해 광고비가 저렴하며, 시공간에 따른 제약 없이 제품 정보를 충분히 전달할 수 있을 뿐 아니라 다양한 형태의 동적 광고도 가능하다.

미래지향적 이미지 온라인 광고에 적극적일수록 인터넷 이용자들에게 선진적이고 미래지향적인 기업 이미지를 심어줄 수 있다.

효과 측정 용이 광고를 게재한 사이트에서 자사의 광고에 누가 관심을 가지고 있는지를 실시간으로 파악할 수 있다. 때문에 광고 효과의 정량화가 가능하고, 합리적인 광고비를 산정할 수 있다.

소구 방식의 변화 기존의 매스 미디어 광고가 제한된 시간에 제한된 정보량으로 광고 효과를 극대화해야 하는 한계 때문에 주로 이미지 중심의 소구가 될 수밖에 없었던 데 반해, 온라인 광고는 시간이나 정보량에 제한이 없어 소비자에게 충분한 제품 정보 전달이 가능하므로 합리적이고 이성적인 판단에 소구할 수 있다. 또한, 광고 노출에 그쳤던 기존 매스 미디어 광고와 달리 온라인 광고는 구매로까지 연결이 가능하다.

온라인 광고의 종류

새로운 수단들이 속속 개발되면서 온라인 광고도 그 종류가 다양해지고 있다. 특히 전자상거래와 온라인 커뮤니티가 활성화되면서 광고의 기회가 그만큼 많아진 때문이다. 온라인 광고는 광고비 산정과 광고 노출 방식에 따라 다양하게 나눠진다. 우선 유료 광고와 무료 광고이다. 유료 광고에는 CPC(클릭 수에 따라 비용을 지불하는 광고), CPM(1,000명 또는 1,000가구에 광고메시지를 전달하는 데 소요되는 비용), 배너, 이메일 마케팅 등이 있고 무료 광고로는 블로그, 지식인, 게시판 홍보, 카페 운영, 미니홈피, 댓글 등이 있다. 노출 방식에 따라 분류하면 검색 광고와 배너 광고 등이 있다.

CPC(Click Per Click) 노출 횟수가 아닌, 해당 광고에 대한 소비자의 클릭 수에 따라 광고비가 산정되는 종량제 방식으로 합리적이고 광고 효과를 구체적으로 확인할 수 있다는 장점이 있는 반면, 스팸클릭(부정클릭)에 의한 부당요금 부과의 우려와 함께 지속적인 운영 전략과 관리가 필요하다는 단점이 있다.

CPM(Cost Per Millenium) 광고비 지불 시, 사전에 해당 키워드에 매겨진 일정 금액만 지불하고 광고를 노출시키는 방식이다. 일종의 정액제 방식이라 할 수 있다. 클릭 수에 따른 추가비용이 없어 광고비용 부담이 적고, 이용이 간편하며 별도의 관리가 필요 없다는 장점이 있는 대신, 키워드의 임의변경이나 광고 효과에 따른 탄력적 집행이 불가능하다는 단점이 따른다.

검색 광고 검색엔진에서 사용자가 특정 키워드로 검색했을 때, 검색 결과물의 특정 위치(보통 상단)에 광고주의 사이트가 나타나는 방식이다. 광고의 노출 대상이 불특정 다수가 아니라, 광고주가 원하는 잠재 고객이라는 점에서 매우 효율적인 광고 방식이다. 검색 키워드는 '대표 키워드'와 '세부 키워드'로 나눠진다. '대표 키워드(Head Keyword)'는 포괄적인 의미를 담고 있는 가장 생각하기 쉽고 일반적인 단어로서 조회 수가 많고, 그 때문에 경쟁 또한 치열한 인기 키워드이다. 그러나 인기가 많다고 반드시 전환율 높은 것은 아니기 때문에 무분별한 대표 키워드의 선택은 무리한 광고비 지출의 원인이 될 수 있어 세심한 분석과 치밀한 전략이 요구된다. '세부 키워드(Tail Keyword)'는 틈새 키워드 또는 서브 키워드라고도 부르며 조회 수는 낮지만 보다 구체적인 의미를 포함하여 CTR(Click Through Rate)이 좀 더 높은 키워드이다. 즉, 단순히 '김치냉장고'를 검색하는 사람보다 '딤채' 등 좀 더 자세한 검색을 하는 사람들은 구매 의사가 크다고 봐야 한다. 가령 치과의 경우 '스케일링 가격', '임플란트 시술', '임플란트 가격' 등과 같이 세분화된 검색어가 이에 해당된다. 이러한 틈새 키워드를 잘 찾아내는 것이 적은 비용으로 높은 광고 효과를 보는 방법이다.

배너 광고 인터넷에서 가장 많이 사용되는 형태로 인터넷 사이트 내 특정 위치에 사각형의 띠 형태로 자리하는 광고를 말하며 소비자가 이를 클릭할 경우 해당 광고 메시지와 연결되는 형식을 취한다. 정해진 규격 안에 동영상파일 등으로 광고를 내보내고 소정의 광고료를 지불하는 형태다. 표현형식에 따라 고정형 배너와 애니메이션 배너로, 소비자와의 의사교환 기능 여부에 따라 단방향 배너와 쌍방향 배너로 나눌 수 있다. 노출만으로도 어느 정도의 광고 효과가 있음이 인정되어 디스플레이 광고 시장을 형성하여 왔으나 그만큼 고비용이 든다는 단점을 갖고 있다. 사용자가 배너 광고를 클릭하여 자사를 방문, 회원가입을 하거나 상품을 구매하도록 유인할 수 있는 데 방문 고객의 확대, 상품에 관한 상세 정보 제공, 구매 고객 확보 등으로 수익과 직접적으로 연동될 수 있다. 이러한 경우, 좀 더 많은 클릭을 유도하기 위한 경품이나 이벤트를 기획하면 보다 효과적이다.

온라인 광고의 효과

형태에 따른 효과 미국 하버드대에서 가상 상점(Simulation Test Market)을 통해 실시한 소비자 행동 연구에 의하면 소비자는 글(텍스트)보다는 이미지에, 이미지보다는 동영상에 강한 구매 욕구를 일으키는 것으로 나타났다. 또한, 제품 정보보다는 다양하게 제공되는 경품이 네티즌의 눈길을 끌어 구전 효과도 일으키는 것으로 조사됐다. 그러나 그 반면에, 경품을 활용한 배너 광고는 소비자에게 광고 내용의 이해나 신뢰를 높이는 데는 별 도움을 주지 못했고, 기억 유도 효과와 브랜드

인지 효과가 낮아 제품 구매로까지 연결되지는 못한다는 한계도 드러났다. 이외에, 유머형 광고를 좋아하는 사람은 문자 위주로 구성된 정보 제공형 광고에 대해 부정적인 반면, 정감 있는 광고를 좋아하는 사람은 그림 위주의 정보 제공형 광고를 선호했다.

클릭수 온라인 광고의 효과지표로는 클릭수가 있는 데 그 수치가 얼마나 유효한지에 대해서는 다양한 분석이 가능하다. 2008년 ComScore에서 발표한 자료에 따르면 "6%의 Heavy Clicker가 전체 인터넷 배너 클릭수의 50%를 점유하고 있다"고 한다.([참조 5-2] 미국 Clickers&Clicks) 즉, 특정 소수가 양산해 내는 클릭을 전체 캠페인에 대한 효과지표로 적용하는 것은 적합하지 않다는 결론이다. 물론 미국의 인터넷 이용자를 대상으로 한 조사 결과인 만큼, 국내 환경에서도 그대로 적용될 수 있을지는 재검토가 필요하다.

전환율 클릭수가 가진 이러한 한계 때문에 전환율이라는 수치로 효과를 측정하기도 한다. 이는 방문자로 하여금 광고주가 유도한 행위를 하게하고 그 요구에 응한 방문자들의 수를 산정하는 방식이다. 광고 방문자 중 실 응답자의 비율을 백분율로 나타낸 수치라는 점에서 좀 더 구체적인 광고 효과지표가 된다. 예를 들어, 회원가입을 유도할 목적으로 온라인 광고를 집행했다고 가정했을 때 그 광고를 본 사람이 100명, 그 중 10명이 해당 광고를 클릭하여 웹사이트를 방문했다면 CTR(Click Through Rate, 온라인상에서 노출된 광고의 노출 수 대비 실제 클릭수를 계산해보았을 때 나오는 수치)은

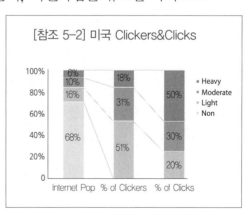

[참조 5-2] 미국 Clickers&Clicks

10%이고, 그렇게 클릭한 10명 중 실제 그 사이트에 회원으로 2명이 가입했다면 이때의 전환율은 20%(2명 가입/10명 방문)가 된다. 이는 단순히 온라인 광고를 클릭하여 광고 페이지로 이동하도록 하는 것이 아니라 제품 구매, 회원가입, 뉴스레터 구독 신청 등, 실제로 일어난 행위를 통해 광고의 효과를 측정한 것이다. 때문에 전환율이 높다는 것은 그 접속 페이지(일명 Landing Page)가 잘 구성되었음을 의미할 수도 있고, 그 웹페이지가 제공하는 고품질의 서비스에 대한 바이럴 효과의 결과일 수도 있다. 그러나 키워드 광고에서 상위 1~2위로 노출되는 광고라 하더라도 전환율은 1%가 채 되지 않는다. 일반 쇼핑몰의 전환율은 보통 0.3~0.4% 정도로 본다.

온라인 광고의 과제

높은 CPM(Cost Per Millenium) 온라인 광고 시장이 지니고 있는 문제점을 간추려 보면, 높은 CPM(미국 인터넷 광고의 CPM은 50달러 수준 이상인 것으로 분석되고 있다. 이는 TV, 라디오, 잡지의 CPM이 10~20달러 수준인 것에 비해 3배 정도 비싼 것이다), 광고 효과에 대한 전반적 이해 부족, 그리고 나날이 변화하고 있는 기술에 대한 부담 등이다. 인터넷이 효과적인 광고 매체로 자리잡기 위해서는 이러한 문제들의 해결이 우선되어야 한다. 국내 H자동차는 한 때, 인터넷 광고를 전면 중단하겠다고 발표한 적이 있다. 당시의 이 발표는 단지 한 기업의 마케팅 전략 이상의 의미를 지닌다. 어느 광고주라도 아직 효과가 검증되지 않은 매체에 적지 않은 광고비를 투자하려 하지 않을 것이기 때문이다. 온라인 광고는, 무차별적인 브랜드 광고가 아니라면, 해당 사이트에 자신의 제품을 소비할 사람들이 모여 있는지를 잘 확인한 후 수행되어야 한다. 타깃팅에 대한 이러한 고려 없이 단지 인기 있는 사이트라는 이유로 광고를 게재한다면, CTR이나 구매전환 비율이 기대에 크게 못 미치기 쉽다. 실제 웹사이트를 통해 판매를 유발하기란 결코 쉬운 일이 아니다. 사용자들을 효과적으로 설득해 가면서, 사용자의 니즈나 욕구를 적절한 시점에 재빨리 확인하여 대응하는 체계가 마련되어야 효과적인 판매가 이루어질 수 있는 것이다.

오프라인과의 연계성과 일관성 온라인 광고를 통해 보다 효과를 보려면 오프라인 광고와의 연계성과 일관성이 확립되어야 한다. 가장 이상적인 연계 시나리오라면 오프라인을 통해 기업의 이미지를 소비자들의 잠재의식 속에 각인시켜놓고, 온라인에서는 결정적인 순간에 그 이미지를 재구성해 상기시킬 수 있도록 하는 것이다. 그렇게 되었을 때 가장 효과적인 접근이 되었다고 할 수 있다. 그러나 경우에 따라서는 오프라인과 연계성을 가지는 것만이 최선이 아닐 수도 있다. 즉 오프라인에서의 브랜딩 파워에 힘입어 온라인에서도 동일한 정책을 실시해야 더 효과적일지 아니면 독립적인 브랜딩으로 별도의 아이덴티티를 가지는 것이 효과적인지에 대한 파악과 판단이 선행되어야 한다.

웹 아이덴티티의 효과

웹사이트에서의 CI 온라인에서의 브랜딩 효과는 크게 두 곳에서 나타나는 데 그중 하나가 '인터넷 광고'이고 또 다른 하나는 '웹사이트'이다. 특히 인터넷 광고는 약 65% 이상이 브랜딩에 집중되어 있다. 이는 웹사이트 방문자의 약 70% 정도가 브랜드로 인해 웹사이트를 방문한다는 조사 결과를 통해서도 알 수 있다. 이 때문에 많은 기업에서는 소비자와의 접점을 이루는 웹사이트에서 자사의 브랜드를 보다 강력하게 인식시키기 위해 일관된 정책 수립이 요구되곤 한다. 바로 웹사이트에서 CI(Corporate Identity)가 강조되는 이유이다.

기업이 수많은 사이트 속에서 자사의 사이트를 돋보이게 하여 자사의 이미지를 높이기 위해서는 최적의 웹 아이덴티티 개발이 필수적이다. 그렇다면 온라인에서의 아이덴티티란 무엇일까? 오프라인에서 기업들이 가지고 있는, 일관된 표현으로서의 CI의 개념은 온라인에서도 크게 다르지 않다. 즉, 기업이나 개인 등이 가지고 있는 관련 웹사이트들의 일관성 있는 표현이다. 중요한 것은 그 적용 부분이다. 온라인에서 아이덴티티가 적용될 수 있는 요소는 여러 가지가 있을 수 있지만 그 핵심 부분에 정확히 적용되어야만 아이덴티티를 지켜 나갈 수 있다. 그 핵심이 되는 주요 3개의 요소를 꼽는다면 콘텐츠, 디자인, 테크놀로지이고, 이 중에서도 특히 디자인은 가시적으로 확인될 수 있는, 아이덴티티의 가장 중심적인 역할을 한다.

웹 아이덴티티의 목적 일반적인 CI에 비해 온라인 웹 아이덴티티의 목적은 조금 다르다. 우선 온·오프라인 브랜드 아이덴티티의 통합을 통한 강력한 브랜드 이미지 확립이 그 첫 번째 목적이 될 수 있다. 또 다른 목적은 관련된 모든 사이트들의 분산된 아이덴티티를 통합하고 고객 데이터베이스 통합의 기반을 마련함으로써 향후 기업의 강력한 마케팅 수단을 확보하는 것이다. 그리고 산발적으로 생겨나는 사이트와 주기적으로 업데이트를 해야 하는 사이트 제작 시, 그 질적(Quality) 수준을 일정 수준 이상으로 유지할 수 있게 해주는 최소한의 가이드 마련도 웹 CI를 하는 목적이 될 수 있다. 이 밖에 웹 아이덴티티가 정립되면 별도의 전략이나 디자인 기획이 요구되지 않아 여러 가지 비용의 절감 효과를 얻을 수 있다. 그리고 무엇보다 중요한 웹 아이덴티티의 목적은 이렇게 여러 가지 방법으로 진행되고 규정지어진 웹 아이덴티티로 인해 소비자에게 일관된 기업 이미지를 제공함으로써 수준급의 Look&Feel(아이콘이나 메뉴를 보고 어떤 명령을 내릴 것인가를 선택할 수 있게 하는 사용자 환경)을 조성하여 고객의 신뢰와 호감을 획득하는 것이다.

기업의 웹 아이덴티티 작업은 사전에 여러 가지 준비 요소가 필요하다. 우선 환경 조사로 현재 클라이언트사가 가진 오프라인에서의 위치 및 인지도 수위 파악이 우선적으로 실시되어야 한다. 또한 온라인에서는 몇 개의 사이트가 오픈되어 운영되고 있으며 어떠한 형태 및 환경에서 유저와의 접점을 가지는지에 대한 조사와 그들 사이트들이 가지는 아이덴티티 정책은 있는지, 그 효과는 어느 정도인지에 대해 파악해야 한다. 이를 위해서는 현재 온라인에서 성공적으로 웹 아이덴티티를 실시하고 있는 기업을 벤치마킹하고 충분한 자료를 확보하여 참고할 수 있어야 한다.

병원의 온라인 광고

온라인 광고를 계획하는 병원에게는 몇 가지 검토 과제가 요구된다. 즉, 병원의 현 위상, 광고의 필요성과 당위성, 클릭수와 도달률 등의 광고 목표, 비용 대비 효율성, 질환별 Seasonality, Time 탄력성, 가용예산 등이 그것이다. 그리고 이러한 과제의 파악을 위해서는 자신의 병원과 경쟁 병원의 웹사이트를 찾는 고객들의 행태에 관해 전반적인 분석을 해 보아야 한다. 일명 로그파일 분석(Log File Analysis)이라고 하는 이러한 분석은 유입 경로와 체류시간 등의 파악을 통해 인터넷 수익모델로서의 광고 효과를 유추할 수 있다. 그 분석 자료로는 대행사 로그파일, 병원 로그파일, 이용 고객 행태파일 등 3가지가 있다.([참조 5-3] 효

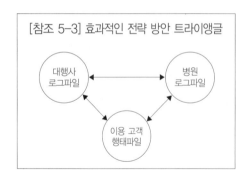

[참조 5-3] 효과적인 전략 방안 트라이앵글

대행사
로그파일

병원
로그파일

이용 고객
행태파일

과적인 전략 방안 트라이앵글)

각 파일의 주요 사항들을 살펴보면,

대행사 로그파일 대행사는 광고에 태그(TAG)를 삽입하거나 애드 서버의 소비자 로그 데이터를 분석하여 광고에 대한 효과 측정의 근거자료로 활용한다. 이는 네티즌들의 실제 이용행태 전반을 총망라한 분석 자료라 할 수 있는 데 경쟁 병원 대비 광고비 집행현황, 클릭 당 광고 단가(키워드, 배너), 클릭률, 주요 경쟁사 사이트 트래픽 비교, 검색 키워드와 연관 검색어 체크 수 등을 확인할 수 있다. 가령 키워드 광고와 관련해 '백내장' 이라 했을 때 연관 키워드는 '백내장', '수술', '안과' 등이 된다. 이들 키워드는 검색 빈도수에 있어 연관 타 키워드, '눈', '라식' 등에 비해 2배 이상으로 나타난다.

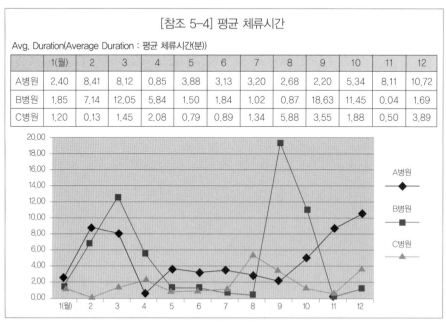

[참조 5-4] 평균 체류시간

Avg. Duration(Average Duration : 평균 체류시간(분))

	1(월)	2	3	4	5	6	7	8	9	10	11	12
A병원	2.40	8.41	8.12	0.85	3.88	3.13	3.20	2.68	2.20	5.34	8.11	10.72
B병원	1.85	7.14	12.05	5.84	1.50	1.84	1.02	0.87	18.63	11.45	0.04	1.69
C병원	1.20	0.13	1.45	2.08	0.79	0.89	1.34	5.88	3.55	1.88	0.50	3.89

병원 로그파일 병원 웹사이트를 방문한 인터넷 이용자를 심층 분석한 자료로는 유입 경로, 순 방문자, 랜딩 페이지, 페이지뷰 및 평균 체류 시간, 유입 인구(성별, 연령별)가 나타난다. 이 자료로는 방문자들 중 순 방문자의 비율, 그들이 체류하는 시간 등을 살펴볼 수 있다.([참조 5-4] 평균 체류시간)

이용 고객 행태파일 실제 병원 이용자들을 비교 분석한 자료로서 인터넷 사용 여부(성별, 연령별, 진료과목 등), 주요 검색 사이트, 키워드 관련사항(직접 유입과 검색 유입 여부, 사용 검색어, 광고 연동 여부), 정보 검색에 따른 만족도 평가 등이 나타난다. ([참조 5-5] 주요 경쟁 병원 간 사이트 트래픽 비교) 인터넷 광고비용과 관련해 실제 병원 이용자들의 유입 경로를 확인할 수 있는 유용한 자료이다.([참조 5-6] 직접 유입과 검색 유입)

이상과 같은 활동을 통해 로그파일자료와 실제 행동간 자료가 모아

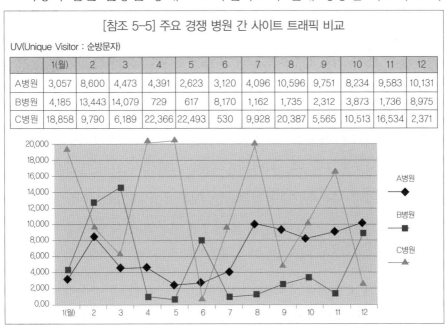

[참조 5-5] 주요 경쟁 병원 간 사이트 트래픽 비교

UV(Unique Visitor : 순방문자)

	1(월)	2	3	4	5	6	7	8	9	10	11	12
A병원	3,057	8,600	4,473	4,391	2,623	3,120	4,096	10,596	9,751	8,234	9,583	10,131
B병원	4,185	13,443	14,079	729	617	8,170	1,162	1,735	2,312	3,873	1,736	8,975
C병원	18,858	9,790	6,189	22,366	22,493	530	9,928	20,387	5,565	10,513	16,534	2,371

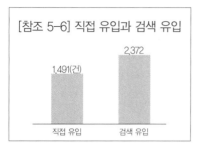
[참조 5-6] 직접 유입과 검색 유입

졌다면 면밀한 비교 분석을 통해 향후 전략을 위한 정기적인 미팅을 가져야 한다. 검색 키워드 광고와 관련된 그 미팅에서의 주요 점검 사항은 동종업계 검색 광고 동향, 채널에 최적화된 검색 광고 포지션, 구매 전환율을 높이는 나만의 전략적 T&D 등이 있다.

병원 광고의 온·오프라인 시너지 효과

인터넷 시대의 병원으로서 웹사이트가 중시되는 것은 당연한 현상이다. 그러나 그러다 보면 자칫, 기존의 오프라인 광고를 무시하는 우(愚)를 범하기 쉽다. 이는 최고의 브랜딩 효과 파워를 가지려면 온라인 브랜딩 힘만으로는 부족하다는 사실을 간과한 결과이다.

병원의 웹사이트는 오프라인에서의 병원 브랜드 파워로부터 지대한 영향을 받는다. 때문에 온·오프라인의 시너지 효과를 위해서는 쌍방의 연계와 일관성이 무엇보다 중요하다. 가장 이상적인 것은 오프라인에서 소비자의 잠재의식 속에 병원의 이미지를 각인시켜놓고 온라인에서는 방문자들의 그 이미지를 결정적인 순간에 상기시킬 수 있도록 구성하는 것이다. 그 좋은 예가 TV와 웹의 결합을 시도한 나이키의 'Air cross trainer' 라는 운동화 광고이다. 이 광고는 TV에서 첫 스토리를 전개하고 나머지 결과 부분은 '나이키의 웹사이트에서 계속됩니다(continued at whatever nike.com)' 라는 광고 끝부분에서의 메시지로 소비자가 스스로 인터넷에서 찾아보도록 유도했다. 이러한 방법은 온·오프라인에서 동시에 이미지 광고와 제품의 상세한 설명을 효과적으로 소구할 수 있도록 해준다. 그런 측면에서 병원은 신문과 웹 간의 효과적인 결합으로 나이키와 유사한 시너지 효과를 기대해 볼 수 있다.

지금 이 시간에 검색창에 입력되고 있는 병원 관련 키워드 몇 개나될까? 이미 수년 전 어느 기관에서 발표된 자료에 따르면 병원 관련 키워드는 매월 7,000만 회 이상 검색되며, 이에 대응하는 병원 관련 키워드는 5,000여 개를 상회한다고 한다. 이는 곧 키워드나 배너 광고 집행에 있어 각종 분석 및 조사를 통해 획득한 각 병원들 간의 경쟁 상황과 소비자들의 정보습득행태 등에 따라 어떤 검색 광고를 활용하고 어떤 내용으로 정보를 전달함으로써 최소비용으로 최적의 효과를 거둘 수 있을지에 대한 연구가 선행되어야 한다.

결론적으로 키워드 광고든 검색 광고든 병원이 온라인 광고에서 기대하는 성과를 거두기 위해서는 이용 전환율이 높아야 한다. 때문에 끊임없는 실시간 관리가 요구될 뿐 아니라 랜딩 페이지(병원 경우라면 웹사이트)가 독특하고 남들과 달라야 한다는 것은 다시 한 번 강조하지 않을 수 없는 점이다.

인터넷 광고는 '소비자를 움직이는 마력의 결정체'라는 말이 있다. 그럼에도 불구하고 소비자들의 최종 선택의 정착지인 웹사이트가 일방적 전달 이미지거나 텍스트에 머물러 있다면, 이는 소비자들에게 당장떠나라는 막말과 다름없다.

2) 온드 미디어(자사 미디어, Owned Media)

뉴스, TV, 라디오 등의 미디어만이 아니라, 기업 자체가 보유하고 있는 다양한 커뮤니케이션 채널도 미디어의 역할을 한다. 온라인에는 페이스북, 트위터, 유튜브, 웹사이트, 블로그, 모바일 사이트, 뉴스레터 등이 있고, 오프라인에는 상품 패키지, 카탈로그, 매장 POP 등이 있으며 자사 사원, 판매 직원까지도 오프라인 미디어의 범주에 포함시킬 수 있다.

웹사이트

전 세계 웹사이트의 수는 이미 수억 개. 지금 이 순간에도 수많은 웹사이트들이 생겨나고 있고 서로 이어지고 모이면서 더욱 깊고 넓은 '정보의 바다'를 이루어 가고 있다. 산업사회에서 정보 시대로의 문을 연 세계 최초의 웹사이트는 1990년 월드와이드웹(www)의 창시자이며 컴퓨터 과학자인 팀 버너스 리(Tim Berners Lee)의 http://info.cern.ch 이다. 리는 웹을 '장애에 구애 없이 모든 사람이 동일한 정보를 제공받을 수 있는 공간'이라 정의하고 있다.

웹사이트는 이제 단지 정보를 제공하고 확산하는 도구를 넘어 인간의 사고방식에까지 영향을 미치는 막강한 힘을 가지게 되었다. 이는 미국 컬럼비아대학 베치 스패로(Betsy Sparrow) 교수가 과학 학술지 사이언스에 대표 저술한 '기억에 대한 구글 효과'라는 연구 결과에서도 찾아볼 수 있다. 168명의 하버드·컬럼비아대학 학생을 상대로 한 실험에서, "타조의 눈은 뇌보다 큰가?"라는 익숙하지 않은 질문을 받은 실험 대상자들이 구글이나 야후 같은 인터넷 검색엔진부터 먼저 떠올리더라는 것이다. 또 몇몇 문장을 컴퓨터에 입력하게 했을 때도 이 문장들이 "컴퓨터에 남아 있을 것"이라고 들은 사람들은 "컴퓨터에서 삭제될 것"이라고 들은 이들보다 문장들을 훨씬 기억해내지 못했다. 또 다른 실험에선 문장들이 컴퓨터의 어느 폴더에 있는지를 문장 자체보다 잘 기억했다. 이상의 일련의 실험들을 통해 스패로 교수는 "사람들은 이제 인터넷을 '외부기억은행'으로 간주하며 우리의 기억체계는 '무엇' 보다는 '어디에 있는지'를 우선 기억하는 방식으로 바뀌었다"고 결론 내렸다. 물론 전에도 우리는 집집마다 있던 수기(手記) 전화번호부처럼 종종 외부에 기억을 의존하곤 했던 것이 사실이다. 그러나 클릭 몇 번이면 언제든 사실을 확인할 수 있는 스마트폰 시대에 접어들면서 우리의 외부기억장치 의존도는 더욱 깊어진 것이 사실이다.

웹사이트의 구성

[메인 페이지] 웹사이트에서의 승부수는 '메인 페이지'에 있다. 방문자에게 주어지는 첫인상이 그곳에 있기 때문이다. 그 첫인상에 대한 호감 정도에 따라 서브 페이지로 들어갈지 말지가 결정된다. 그러한 결정의 시간은 길어야 5초. 누군가는 0.1초. Click 한 번으로 끝나는 승부라고 말한다. 구매를 하려는 예상 고객이 눈으로 확신을 얻고자 방문한 웹사이트라면 메인 페이지는 더더욱이나 성과 패의 갈림길이 된다. 그를 위한 제작 가이드라인으로 제프 블랙먼(Jeff Blackman)의 「365일 매일 읽는 마케팅전략 100」에는 스스로 영향력 있는 엘리베이터 연설을 작성하는 데 도움이 될 17가지 고려사항들이 나열되어 있다. 이를 웹사이트 구성에 도움이 될 만한 내용들을 간추려 보기로 한다.

①짧을 것
  (사람들은 지극히 개인적이고 장황한 설명에 흥미를 갖지 못한다)
②간단명료하고 이해하기 쉬울 것
  (화려한 말로 꾸미지 않는다. 목표는 의사 전달이다)
③창의적일 것
  (방문자 자신에게 도움이 되는 내용이어야 한다)
④의미 있고 기억하기 쉬울 것
  (평범하고 상식적이며 잊혀 지기 쉬운 내용은 배제한다)

⑤이야기를 나눌만한 자연스러운 소재일 것
  (제작자의 의도가 지나치게 드러나지 않도록 한다)
⑥질문을 유발할 것
  (질문이 있어야 대화가 이어지며 대화는 상호 협조와 발견 속에 유지된다)
⑦보편적 가치를 지향할 것
  (사람들은 성과, 이익, 가치 등을 판단하여 이용 여부를 결정한다)
⑧감성을 자극할 것
⑨지나친 과장과 일방적인 주장을 지양할 것
⑩뉴스 성 소재를 활용할 것

[서브 페이지] 서브 페이지는 사다리에 비유할 수 있겠다. 사다리가 우리에게 손이 닿지 않는 높은 곳에 오를 수 있게 하여 주고, 떨어지지 않게 뒤를 받쳐주는가 하면, 새로운 높이에서 색다른 시야와 관점을 갖게 해주듯이, 서브 페이지도 메인 페이지를 거쳐 한발 더 들어온 방문자들에게 사다리와 같은 역할을 해줄 수 있어야 한다.

웹사이트의 가치(일본의 예)

일본의 브랜드전략연구소에서는 정기적으로 웹사이트의 가치를 평가해 발표한다. 2008년의 발표 결과에 따르면, 가장 높은 가치를 가진 랭킹 1위의 웹사이트는 도요타자동차였다. 2위는 전일본공수, 3위는 혼다기연공업, 4위는 일본항공이 올랐다. 최고의 가치로 선정된 도요타자동차의 가치는 무려 1,420억 엔이다. 다음으로 전일본공수 1,090억 엔, 혼다기연공업 865억 엔을 차지했다. 웹사이트가 가진 정보 매체로서의 높은 가치를 알 수 있다.

웹사이트의 가치와 관련해 이 연구소는 '기업가치를 높이는 웹사이트 만들기'를 소개하면서 FAQ 페이지를 강조한다. 조사 결과 웹사이트

방문 고객 중 FAQ 열람 비율 1위는 마이크로소프트였다. MS는 방문 및 전화로 대답하는 유료지원과는 별도로 웹에서 스스로 해결법을 찾을 수 있는 무료 '자기진단'에 제품마다 방대한 수의 FAQ를 준비해 놓았다. 또한 별도의 초보자용 FAQ로 난처한 상황에 직면했을 때 직접 다른 소비자에게 배울 수 있도록 모임방 '가르쳐주세요'가 있는데, 한 방문자가 질문을 남기면 그 답을 아는 다른 방문자가 알려주는 구조이다. FAQ에 대한 평가는 묻는 사람의 원하는 답을 얼마나 간단하고 정확하게 표시할 수 있는가에 달려있다. 그러기 위해서는 검색 기능과 조작성 향상과 동시에 방문자의 입장에 선 Q&A를 생각해내고 그것에 충실하고자 하는 노력이 중요할 것이다.

병원의 웹사이트

웹사이트는 국민의 건강에 대한 관심에 적지 않은 영향을 미치고 있다. 그 영향력의 크기는 국내 약 5,000여 개(보건사회연구원 발표)가 넘는 건강 정보 웹사이트 숫자만을 보더라도 어렵지 않게 짐작할 수 있다. 심지어 어느 조사 결과에 따르면, 향후 10년 안에 의료·의학 정보에 미칠 인터넷의 영향력에 대해 70%가 넘는 사람이 긍정적인 응답을 보였다. 이는 결국, 병원의 선택도 웹사이트를 통한 확인 절차와 정보습득 과정을 거쳐 이루어진다는 뜻이 된다. 곧, 병원이 웹사이트의 제작에 공을 들여야 하는 이유이다.

병원 웹사이트 제작의 체크 포인트는

1.주도하라 웹사이트 운영에는 사이트 실무업체의 기획자와 엔지니어, 디자이너 등 다양한 영역의 사람들이 관여한다. 때문에 각기 다른 이

해 수준과 기능, 역할에 따른 의사소통의 문제가 야기될 수 있다. 이런 경우, 병원 내 담당자가 자신의 의도를 관련자들에게 정확히 전달하고 이해시키는 일은 쉽지 않은 일이며, 그 과정에서 웹사이트의 운영 주도권이 업체에게 주어지는 경우가 다반사다. 때문에 병원은 충분한 웹사이트 운영 경험과 체계화된 지식을 가진 프로젝트 매니저(Project Manager)가 실무업체와의 공감대를 바탕으로 업무를 주도할 수 있도록 하여야 한다.

2.비용을 들여라 웹사이트 구성의 전문성에 대한 인식이 없으면 제작비용에 대해 민감해지기 쉽다. 그러나 잊지 말아야 할 것 중의 하나는 웹사이트도 여타의 분야와 매 한 가지로 치열한 경쟁 속에 있다는 사실이며 그 속에서의 경쟁력은 창의력에 의해 좌우된다는 사실이다. 경쟁력 있는 아이디어는 그만한 값을 요구한다.

3.실시간 마케팅을 하라 웹사이트는 방문자의 필요와 욕구에 부응해야 하는, 어디까지나 방문자를 위한 매체임을 잊어서는 안 된다. 때문에 일방적인 정보 전달에서 벗어나 雙方으로의 원활한 소통 방법을 찾는 데 모든 노력을 기울여야 한다. 곧, 1990년대 후반 미국의 컨설턴트, 레지스 맥케나(Regis McKenna)가 제창한 리얼타임 마케팅이다.

▌성공한 웹, 아마존과 네이버

개인화 서비스의 시발점, 아마존 웹사이트를 말할 때면 아마존 사례를 빼놓을 수 없다. 아마존닷컴(amazon.com)은 '책'이란 일반적인 제품을 인터넷이란 새로운 채널을 통해 판매한 첫 회사이지만, 새로운 것이 판매채널만은 아니었다. 초창기 이 회사는 웹사이트를 통해 개인 정보를 획득하고 고객 정보를 바탕으로 쌍방향적인 대화 및 일대일 맞춤 서비스를 제공함으로써 전혀 새로운 가치를 창조했다. 이 사이트는 내가 고른 책을 산 고객들의 다른 도서 구매 목록을 제공할 뿐 아니라, 나의 구매이력이나 취향 등을 바탕으로 서평과 함께 '나만을 위한 추천도서'를 제시해 준다. 아마존은 이러한 개인화 서비스로 고객 로열티를 획기적으로 향상시킬 수 있었는데, 1998년 당시, 아마존 매출의 64%는 고객의 반복 주문에 의한 것이었다.

No.1 검색 포털, 네이버 2003년 3월 세계적인 검색 서비스 야후는 대한민국 검색 포털사이트 No.1의 자리를 내주고 말았다. 새롭게 등극한 No.1 검색 사이트는 바로 토종 검색 포털사이트인 네이버다. 2002년 네이버는 대표 서비스인 검색에 대해 이용자들의 만족도는 높지만 인지도 저조로 이용률이 정체되어 있다고 판단, 검색에 대한 인지도를 올리고 나아가 서비스의 장점을 소비자가 체감할 수 있는 체험 마케팅 전략을 세우게 되었다. 마침 당시 새로운 개념의 검색 서비스인 '지식 검색(지식iN)' 서비스를 런칭하는 시점이었던 바 소비자들에게 생소한 서비스를 소재로 하여 그는 '쌍방향 커뮤니케이션에 의해 고객이 무엇을 바라고 있는지를 파악하고 그것을 토대로 최적의 서비스를 항상 제공하는 것이 최상의 마케팅'이라고 적시하고 있다. 병원 웹 사이트의 지향점이다.

SNS(Social Network Service)

사회적 관계를 네트워크화 한 최초의 서비스는 1995년에 만들어진 클래스메이트(classmates.com)다. 언뜻, 1999년에 개설됐었던 아이러브스쿨이 벤치마크 한 느낌이 들기도 한다. 2년 뒤인 1997년에는 사회적 관계망에 대한 여러 논문이 발표되면서 그 유명한 식스디그리즈(sixdegrees.com)가 등장한다. 지인의 지인과 관계를 맺을 수 있다는 개념을 처음 도입한, 지금의 SNS 원조 격이라고 할 수 있다. 2002년은 미국에서 프렌드스터(friendster.com)가 선풍적인 인기를 끌던 시기였고 SNS라는 분야 역시 주목을 받기 시작했다. 이후 마이스페이스(myspace.com)가 설립되고 이후 2004년부터 페이스북 등 서비스가 등장해 본격적인 SNS 트렌드가 이어졌다.

브랜드 광고 캠페인을 시작하게 되었다. 그로부터 4개월. 네이버를 검색 포털 1위로 만들 수 있었던 데에는 치밀하게 준비한 성공 캠페인 전략이 있었다. 그 성공 전략의 핵심은,

[하나에 집중] 네이버는 '검색 사이트'라는 근본 서비스에 소구점을 집중해서 광고 커뮤니케이션을 했다. 이는 사이트 전체를 즉각적으로 체험하기 어려운 인터넷 브랜드의 한계 극복을 위한 전략으로써 검색이라는 한 가지 서비스의 체험을 하도록 한 후, 확산되도록 하려는 전략이다.

[사용자의 행동 프로세스에 따른 전략] 인터넷 사용자의 브랜드 선정은 '인지→행동→태도'의 행동 프로세스를 보인다는 점에 유의하여 광고 전략을 수립하였다. 즉, 이미지 형성 및 태도보다는 우선적으로 '검색 시도'라는 행동을 유발하고자한 것이다. 이를 근거로 네이버는 철저히 행동 유발형 광고로서 소비자들로 하여금 우선 브랜드에 대한 '경험'을 이끌어내도록 했다. 그리고 이 '경험'을 통해서 해당 서비스는 물론 브랜드 전체에 대한 인지와 긍정적인 태도를 형성시킴으로써 궁극적으로는 재방문을 유도했다.

[정확한 타깃] 새로운 서비스에 대한 욕구가 큰 10~20대를 전략적 타깃으로 설정하였다. 이들은 인터넷 이용시간 및 검색 빈도가 가장 높은 층이기도 하고 또한 오피니언 리더로서의 역할을 수행하기 때문에 구전의 효과를 볼 수 있다고 판단한 것이다.

이상과 같은 주요 캠페인 전략들을 통해서 2003년 당시 네이버는 지난 5개월간의 커뮤니케이션 활동으로 캠페인 이전 대비 약 50% 이상의 이용률 향상 및 인지도 향상의 성과를 달성할 수 있었다. 그것은 전적으로 소비자들의 적극적인 행동, 즉 검색행위를 유발하도록 한 효과적인 전략의 결과이다.

케빈 베이컨(Kevin Bacon)의 법칙

기존 커뮤니티의 중앙 집중식 패러다임을 근본적으로 바꾸어 가고 있는 이 SNS의 특징은 무엇일까. SNS는 누가 어떤 주제로 어떤 사이트를 만들어주는 것이 아니라 인터넷에 내 영역을 만들어 놓고 1차적으로 가까운 내 친구들을 끌어 모은다. 개인이 중심으로 된 서비스이기 때문에 내 영역에는 내가 가진 사상이나 생각, 일상 등을 솔직하게 기술할 수도 있고 이를 가까운 친구들에게 전파시킬 수 있다. 여기서 내 친구들도 따로, 나와는 별도의 가까운 친구들이 있다는 것이 핵심이다. 즉 A와 B가 알고 B와 C가 서로 알지만 A와 C가 서로 모를 때 B가 A와 C를 서로 소개시켜줄 수 있고 A가 B를 거쳐 우연하게 C까지 도달해 친구를 맺을 수 있게 된다. 이렇게 되면 A, B, C는 서로 친구가 될 수 있다. 이런 방식이 확대되면 몇 단계만 건너뛰어도 자기가 만나고 싶은 지인과 교류할 수 있는 연결통로가 생긴다. 이른바 '케빈 베이컨(Kevin Bacon)의 법칙'이다. 지구상에 흩어진 사람들이 몇 다리만 건너면 서로 아는 사이가 된다는 법칙으로 마이크로소프트 연구 팀이 디지털자료 분석을 통해 뒷받침해 내었다. 이 연구 팀은 전 세계 MSN 메신저 사용자들의 연결망을 조사한 결과, 메신저 사용자들은 평균 6.6명을 거치면 연결되는 것으로 나타났다. 메신저에서 두 사람이 서로 대화한 경우를 지인으로 간주하고, 2006년 6월 1달 동안 메신저 사용자 1억 8,000만 명이 주고받은 300억 건의 대화기록을 분석했다. 분석 결과 사용자들이 모두 연결되는 데는 평균 6.6단계가 필요했고, 사용자의 78%는 7단계 이하에서 서로 연결되는 것으로 조사됐다. '6단계 분리 법칙'을 입증하게 된 것이다. 2004년, 국내의 한 대학연구소가 여론조사전문기관에 의뢰해 나온 조사 결과는 3.6이었다. 한국에서는 전혀 모르는 사이라도 서너 다리만 거치면 다 알게 된다는 뜻이다.

하버드법대 요차이 벤클러(Yochai Benkler) 교수는 산업혁명 시대에 소개되었던 아담스미스의 국부론 이후에 인터넷 혁명이 가져온 근본적인 변화에 대해서 2006년에 발간된 그의 책 「네트워크의 부」에서 자세히 소개하고 있다. 디지털카메라, 캠코더, PC 등

▌웹사이트와 홈페이지
우리는 웹사이트(Web site)와 홈페이지(Home page)라는 용어를 놓고 종종 혼동을 한다. 홈페이지는 특정 웹사이트를 방문할 때 가장 처음 나오는 문서만을 지칭하지만 웹사이트는 홈페이지와 함께 웹페이지 전체(글, 그림, 음악, 자료 등을 포함)를 의미하는 말이다. 웹사이트가 홈페이지보다 큰 의미를 가지고 있지만 근래에는 거의 동일한 말로 사용된다.

의 가격 하락과 인터넷 네트워크의 기술발달에 따른 소셜 미디어의 등장으로 사회 구성원으로서 개인의 역할과 사회에 미치는 영향이 유례없이 커질 것이라고 주장한다.

이러한 변화는 정보의 유통과 생산을 더욱 쉽고 빠르게 만들었으며 세계를 점점 작게 만들어 가고 있다. 바야흐로 SNS 시대의 도래이다.

SNS의 미디어

SNS의 미디어로는 페이스북(Facebook)과 트위터(Twitter), 블로그(Blog), UCC(User Creadted Contents) 등이 우선으로 손꼽히지만 이들 외에도 검색 포털사이트나, 지식iN, 게시판, 카페, 동영상 등을 통한 활발한 정보 공유 활동도 그 범주에 포함되어야 마땅하다.

페이스북(Facebook) 페이스북은 2011년 9월 기준, 전 세계 8억 명이상의 활발한 이용자가 있는 세계 최대의 SNS이다. 이 서비스는 사람들이 친구들과 대화하고 정보를 교환할 수 있도록 도와준다. 참고로, 뒤이어 논할 트위터가, 단방향 브로드캐스팅 미디어로, 관심사가 비슷하면 쉽게 친구가 될 수 있는 매우 빠른 정보의 흐름을 갖는다면, 페이스북은, 주로 실제로 알고 있는 사람 사이의 쌍방향 관계를 기반으로 하

여, 느리지만 지속적인 소통을 한다는 차이점이 있다. 예를 들어, 3,700만 명의 팬을 가지고 있는. 전체 페이스북 팬 페이지 중 16위, 기업 페이지 중 1위인 코카콜라 페이스북은 코카콜라와는 전혀 연관 없는 두 청년이 개설한 것으로 알려져 있다. 코카콜라는 직접 새로운 페이지를 개설하는 대신, 그 두 청년에게 관리를 맡겨 오늘에 이르고 있다. 2011년 현재 12년 연속으로 세계 기업 브랜드 가치 순위 1위를 지키고 있는 코카콜라이기에 이들의 SNS 성공은 더욱 주목할 만하다. 코카콜라 인터액티브 마케팅 디렉터 마이클 도널리(Michael Donnelly)가 그동안의 노하우를 바탕으로 전하는 기업 SNS 운영의 팁을 보면 다음과 같다.

[칭찬의 기회는 공격적으로 잡아라] SNS를 통해 고객의 불만에 답을 하는 것도 물론 중요하지만 고객의 긍정적인 피드백을 증폭시켜 홍보하는 것이 보다 효과적이라는 것이다. 실시간으로 고객의 의견을 들을 수 있다는 SNS의 장점을 이용해 한 고객이 보내는 칭찬에 다른 고객들도 함께 집중하도록 만든다.

[세상사에 집중하라] SNS에 게시한 콘텐츠가 주목을 받으려면 꼭 기업과 관련된 내용뿐만이 아니라, 방문자가 처음 접하는 세상 모든 소식이 되어야 한다. 그러기 위해서 운영자는 세상 돌아가는 일에 밝아야 한다. 계획된 내용만 게시하면 주목을 받을 수 없다.

[메시지는 짧게 하라] 140글자밖에 남기지 못하는 트위터가 처음 등장했을 때 반응은 폭발적이었다. 코카콜라는 글자 수에 제한이 없는 페이스북에도 메시지를 짧게 남긴다. 방문자가 메시지를 읽는 시간이 길어질수록 기업과 고객 간의 유대감은 약해진다. 메시지가 짧을수록 큰 효과를 누릴 수 있다.

[행복한 스토리텔링을 하라] 코카콜라 '행복 프로젝트' 캠페인의 동

영상이 큰 관심을 받았다. 수년간 가족을 떠나 일해 온 필리핀 노동자들에게 고향 왕복 비행기 티켓을 끊어줬다. 11년 전 낳아놓기만 하고 떠나버린 이후 처음으로 아들을 만난 아빠. 시력을 잃기 직전인 아버지에게 얼굴을 보여준 아들. 아무것도 해주지 못하고 멀리서 돈만 부쳐준 아내에게 뒤늦게 결혼반지를 건넨 남편. 동영상은 스스로 퍼져나갔다. 부정적인 뉴스가 넘쳐나는 요즘 세상에서 사람들은 행복한 이야기에 반응한다. 기업의 SNS를 방문함으로써 행복함을 느끼는 고객이라면 기업에 대한 이미지도 당연히 좋아질 것이다.

[직원 누구나 기업의 SNS를 관리할 수 있게 하라] 기업의 SNS가 성공적으로 운영되려면 모든 직원이 '조직적으로' 함께 해야 한다. 코카콜라는 직원을 위한 SNS 트레이닝 프로그램을 가동하고, 기업 고유의 소셜 미디어 정책을 모두에게 공개함으로써 고객의 정보를 보호하고 SNS를 투명하게 운영한다.

결론적으로 페이스북은 친구 및 팬들과의 친밀한 관계에서 발생하게 되는 높은 신뢰도를 바탕으로 빠른 소통과 피드백이 가능하고, 전 세계적으로 소통할 수 있는 SNS 공간을 제공한다는 장점이 있는 반면, 방문자 누구나 사용자의 정보와 친구들이 남긴 글과 사진을 볼 수 있기 때문에 개인 정보유출 위험이 높다는 단점이 있다.

트위터(Twitter) 트위터는 블로그의 인터페이스와 미니홈페이지의 '친구 맺기' 기능, 메신저 기능을 한데 모아놓은 SNS로서 '지저귀다' 라는 트위터의 말뜻 그대로 재잘거리듯이, 140글자 이내로 자신의 생각과 상태를 '팔로어(follower)' 들과 공유하는 서비스이다. 이 트위터는 블로그와 모바일의 장점을 모두 지니고 있다. 트위터는 "What are you doing?"이라는 문장에 대해 간단히 답변하는 식으로 짧은 단문을 인터넷 사이트에 올리고 휴대폰 문자로도 날린다. 따라서 이용자들은 그다지 어렵거나 무겁지 않게 "지금 일어났어. 아직 졸려.""이제부터 밥 먹어야 해." 등과 같은 평범한 일상들을 아주 쉽게 하루에도 여러 번 기록할 수 있다. 이는 트위터를 조금 무거운 블로그와 구별 짓게 하는 근본적 형식이다. 즉, 트위터는 짧고 간단한 단문 메시지와, 서로 간의 정보를 연쇄적으로 퍼뜨릴 수 있는 RT(리트윗) 기능을 기반으로 하는 단방향(1:N)의 브로드캐스팅 미디어적인 서비스라 할 수 있다. 이는 서로 간의 관계를 맺는 방식이 팔로잉이라는 단순한 방법으로 이루어지기 때문에 관계가 거미줄처럼 엮여 있으며, 언제 어디서나 정보를 실시간으로 빠르게 교류하는 세계적 뉴스채널, CNN을 앞지를 정도로 신속한 '정보 유통망' 이 되어 있다.

트위터의 장점을 간추려 보면, 첫째, 시간과 정성을 들여 작성할 필요 없이 머릿속에 떠오른 생각과 느낌을 한두 줄의 간단한 덧글 형태로 올리면 되는 간편 서비스라는 것. 둘째, 1촌 혹은 초청장에 의해 상호관계를 맺을 필요 없이 내가 원하는 사람을 따르면(following) 되므로 관계 맺기가 쉽다는 것. 셋째, 서비스가 간편하고 오픈 플랫폼을 사용하고 있기 때문에, 여타의 다른 서비스들과 연계하여 확장된 서비스를 만들기가 용이하다는 것이다.

블로그(Blog) 1997년 12월 존 바거(Barger)라는 미국인은 자신의 웹 사이트를 시작하며 "매일 최고의 자료들을 웹페이지(webpage)에 기록(log)하겠다"고 선언했다. 웹로그(weblog)의 줄임말, 블로그(blog)의 시작이었다. 우리말로 옮기면 '인터넷에 쓰는 항해일지' 정도로 번역된다. 일반인들이 자신의 관심사에 따라 일기, 칼럼, 기사 등을 자유롭게 올릴 수 있을 뿐 아니라 개인 출판, 개인 방송, 커뮤니티까지 다양한 형태를 취하는 일종의 1인 마케팅 미디어다. 블로그는 탄생 10주년이 된 지금, 전 세계에서 이미 1억 개를 넘어섰고, 언론 등이 놓친 테러, 참사현장, 놀라운 소식 등 다양하고 생생한 내용들에 대해 중계와 소개를 해오고 있다. 1998년, 빌 클린턴(Bill Clinton) 전 대통령의 섹스 스캔들과 2004년 미 CBS의 간판앵커 댄 래더(Dan Rather)의 거짓보도 폭로, 2001년 9·11테러, 2004년 인도양 쓰나미, 2005년 허리케인 카트리나 참사, 미얀마의 민주화 시위 유혈진압 등의 현장에서 주류 언론들이 놓친 장면과 사연들이 알려진 것이 모두 블로그를 통해서였다.

UCC(User Created Contents) 전 세계 네티즌의 관심은 사용 편리성이 높은 서비스(혹은 사이트)를 선호하는 경향이 뚜렷하다. 즉, 간단한 조작으로 남녀노소 누구나 손쉽게 사용할 수 있는 서비스가 인기를 끌고 있다. 이런 측면에서 전문지식이 없는 사람도 손쉽게 UCC에 접근할 수 있는 환경을 제공한 유튜브나 유사 동영상 사이트가 네티즌의 폭발적인 호응을 얻게 된 것은 어쩌면 당연한 결과라 할 수 있다. 특히, 동영상 UCC는 더욱 적극적으로 자신을 표현하고자 하는 디지털 세대로부터 폭발적인 인기를 얻고 있다. 최근 'UCC 스타' 라는 신조어가 탄생할 만큼 일반

█ 트위터를 활용한 마케팅 성공 사례

고기바베큐(GOGI BBQ) 실직한 LA 한인 요리사가 시작한 이동점포로서, 오늘 어느 지역에서 판매가 이루어질지 미리 알리기 힘든 이동점포의 단점을 트위터를 통해 극복했는데, 트위터에 다음 행선지를 올리고 이동함으로써 단골 고객들이 해당 장소에 미리 줄을 서서 기다릴 수 있게 한 것이다. 이렇게 줄을 선 모습 자체가 또 다른 마케팅 효과를 가지고 오는 바람에 고기바베큐의 follower는 6만여 명에 이르렀고, 하루 판매액이 200만 원을 넘을 정도로 명물이 되었다.

네이키드피자 미국 뉴올리언스에서 2006년에 문을 연 네이키드피자는 마케팅 비용 절감을 위해 2009년 3월 트위터 계정을 개설하고 간판을 트위터 주소를 넣은 간판으로 교체하였다. 또한 매장 내 키오스크를 설치하여 손님들이 피자를 기다리는 시간에 트위터 계정을 개설하고 following 신청을 할 수 있도록 유도했다. 4개월 만에 네이키드피자의 follower는 5,000명을 넘어섰고, 트위터를 통한 매출이, 전체 매출액의 68.6%에 달했다

BBQ 우리나라 기업들도 SNS를 활용한 마케팅을 시도하는 사례가 늘고 있다. 그중 BBQ와 소설가 이외수 트위터의 연계 마케팅이 새로운 시도로 화제가 되었다. 이외수씨가 1달에 4회 본인의 트위터에 BBQ 치킨을 언급하면 광고비로 1,000만 원을 받는데, 이 금액은 모두 농촌 청소년들에게 기부하는 사회공헌 성격의 마케팅이었다.

인이 자신의 동영상으로 인터넷 스타가 된 수많은 사례가 나오고 있다.

동영상 UCC의 성장 요인은 인프라의 발달뿐 아니라 문화 등의 다음 4가지 요소를 들 수 있다. 첫째, 인프라 측면에서 볼 때, 제작과 영상 재생이 간편하다는 것이다. 사용자는 디카, 폰카, 캠코더 등 간편한 동영상 촬영장비를 통해 촬영한 후, 윈도우 무비 메이커(WMM)등 무료 저작 툴을 이용하여 UCC를 제작할 수 있다. 제작된 UCC는 유튜브, 다음 tv 팟, 네이버 플레이 등 무료 동영상 사이트에 올려질 수 있고, 이렇게 올려진 동영상은 초고속 인터넷망을 통해 언제 어디서나 빠른 속도로 시청할 수 있다. 둘째, 문화 측면에서 보면, 급부상한 영상 세대는 자신이나 기업을 디카나 폰카 등으로 촬영한 동영상으로 전 세계인에 홍보하는 데 전에 없이 적극적이라는 것이다. 셋째, 매체 속성 측면에서 보면 동영상은 텍스트나 이미지와 달리 이성보다는 감성에 어필하고, 어떤 사실을 단편적이라기보다는 연속적으로 보여줄 수 있을 뿐만 아니라, 간단한 조작으로 남녀노소 누구나 따로 배울 필요 없이 손쉽게 동영상 시청을 할 수 있다는 것이다. 넷째는 비즈니스적 측면에서의 요인으로, 동영상을 통한 광고가 새로운 수익모델로 급부상했다는 것이다. 온라인 광고의 경우 얼마 전까지는 사이트 내 배너 광고가 주요 수익원이었으나, 네이버, 다음 등의 검색엔진을 통한 키워드 광고가 유력한 광고 수단이 되면서 동영상이 DMB, 케이블TV, 휴대폰, 공중파 등 다양한 미디어에 사용되는 원소스 멀티유저(One Source Multi Use)용 콘텐츠로 주목받게 된 것이다.

SNS가 우리 사회와 기업에 미치는 영향력은 갈수록 커지고 있다. 미국에서 결혼한 신혼커플 8쌍 중 1쌍은 배우자를 SNS를 통해 만났고, 미국 회사의 80%는 새로운 직원을 채용하는 데 SNS를 이용하고 있다.

SNS가 불러온 커뮤니케이션의 변화는 기존의 미디어뿐 아니라 기업 경영과 마케팅에도 영향을 주고 있다. 여러 형태의 조사에 따르면, 기업들은 지금까지 자사의 새로운 제품과 서비스를 홍보하기 위해 활용했던 4대 매체의 이용시간은 갈수록 줄어들고 있을 뿐 아니라, 그러한 대중매체에 등장하는 광고를 신뢰하는 소비자 비율은 14%에 불과한 반면, 소셜 미디어에 올라 있는 이용자들의 사용 소감을 신뢰하는 비율은 78%에 달한다고 한다. 상품 정보에 대한 소비자들의 영향력과 통제력이 높아졌다는 이야기다. 필립 코틀러(Philip Kotler)도 그의 저서 「마켓 3.0」을 통해서 "소비자의 협력 트렌드는 비즈니스에 지대한 영향을 미친다. 기업은 소비자의 집단적 힘과 경쟁을 벌여야 하기 때문에 더 이상 자신들의 브랜드를 완전하게 통제할 수 없다"고 주장했다. 따라서 기업은 이제, 매스 미디어를 통한 일방적인 커뮤니케이션이 아니라 SNS를 통한 소셜 커뮤니케이션에 관심을 가져야 한다.

▮ 사례로 본 블로그의 영향력

델컴퓨터 2006년 미국의 델컴퓨터는 소비자의 목소리를 간과했다가 수익이 30%나 하락하는 것을 경험했다. 델의 소비자 서비스에 대한 악평이 있는 상황에서 파워블로그 제프 자비스(Jeff Jarvis)가 그의 개인 블로그인 'BuzzMachine'에 델컴퓨터 고객 서비스의 문제점을 지적한 이후에 벌어진 일이다. 결국 델은 자사의 고객 서비스를 강화하기 위해 1억 5,000만 달러를 추가적으로 투자하고 콜센터의 전화통화 대기시간을 9분에서 3분으로 단축했다. 뿐만 아니라 2006년 여름, 공식 델 고객 서비스 블로그 Direct2Dell을 런칭하고, 2개의 소셜 미디어 사이트인 StudioDell과 IdeaStorm을 추가적으로 런칭하면서 소비자와의 대화에 나섰다. **책, 「살아있는 동안 꼭 해야 할 49가지」** 2005년, 전 세계 서점가를 휩쓴 베스트셀러 「다빈치코드」, 종교 논쟁을 유발하고 헐리웃에서 영화화하는 등 각국 독자들의 관심을 유발하며 2,500만 부 이상의 판매량을 기록했지만 한국에서만큼 그 열풍이 오래가지 못했다. 어느 중국 무명작가의 작품 때문이었다. 탄줘잉이 쓴 「살아있는 동안 꼭 해야 할 49가지」가 별다른 홍보도 없이 블로그를 통한 마케팅으로 「다빈치코드」를 누르고 베스트셀러 1위에 오른 것이다. 이 책을 출판한 위즈덤하우스는 책 출간과 동시에 네이버에 블로그를 개설했고, 블로그에 소개된 책의 내용들이 빠르게 전파되면서 결국 판매부수 1위라는 성과를 얻을 수 있었다. 온라인 미디어적 파급력을 활용한 블로그 마케팅 사례라 할 수 있다.

SNS 활용 전략

그러나 기업이 SNS를 기업 경영과 소비자 커뮤니케이션에 활용했다고 해서 그 기업들 모두에게 탐스런 열매가 돌아가는 것은 아니다. 오히려 잘못 던진 말 한마디는 기업에게 치명적인 독(毒)이 되어 돌아올 수도 있다. 효과적인 SNS 활용 전략을 살펴본다.

소비자와의 자발적인 소통 대부분의 기업들이 웹사이트, 블로그, 트위터, 페이스북 등을 고객과 소통하는 창구보다는 자사의 정보를 전달하는 수단 정도로 활용하고 있다. 전통적인 매스 미디어와 별반 다를 것이 없는 정도라 할 수 있다. 그것은 대부분의 경우 외부의 도움을 받아 콘텐츠 마케팅을 진행하는 방식이거나 마케팅 팀보다는 정보를 주로 전달하는 PR 팀이 운영하기 때문이다. SNS에는 마케팅 의도가 노출된 광고가 들어설 자리는 없다. SNS의 이용자들은 광고 메시지를 거부하거나 기업보다 기업의 직원들과 대화를 원하는 경향이 높다. 따라서 직원들이 SNS에 대해 호감을 갖게 하고, 직원들의 참여를 유도하는 것이 중요하다. 구성원이 함께 참여하는 SNS는 지속적으로 정보와 아이디어를 공유하게 하므로 창조 경영의 기반이 된다.

경영자의 주도적 참여 SNS는 기업 내에서 영향력을 행사할 수 있는 사람이 주도할 경우 더욱 활성화된다. 특히 CEO의 주도적 참여 여부가 활성화를 좌우한다. CEO가 SNS를 활용해 직원들과 직접적으로 커뮤니케이션함으로써 소비자와 직원들의 호감과 유대감을 더욱 공고히 할 수 있다. 그 한 예로, 온라인 쇼핑몰 자포스의 대표인 토니 시에(Tony Hsieh)는 직접 트위터 계정을 만들어 고객 및 직원들과 소통한다. 1,680만 명이 넘는 폴로어를 보유할 정도로 인기가 대단하다. 맥도날드는 기업 이미지 관리를 위해 SNS 담당 임원(CSO)을 임명했는데, CSO

의 첫 업무는 주부 블로그 관리였다.

기동성과 지속성 기업의 긍정적 혹은 부정적 이슈들이 소셜 미디어를 통해 빠르게 전파되는 사례가 점점 증가하고 있다. 이런 환경에서 기업이 기회를 잡을 것인지 위기에 빠질 것인지는 기업의 실시간 커뮤니케이션 역량에 달려있다. 그러나 SNS는 짧은 시간 안에 마술처럼 성과를 가져오는 도구가 아니다. 기업들은 제품이나 서비스의 판매 극대화를 위해서라기보다는 다양한 이해 관계자들과의 적극적이고 쌍방적인 대화 커뮤니케이션을 위해 SNS를 활용해야 한다. 이를 위해서는 고객을 비롯한 이해 관계자들의 의견을 실시간으로 청취할 수 있는 SNS 모니터링 시스템을 구축하고, 그들과의 대화에 적극 참여할 수 있도록 SNS 커뮤니케이션 역량을 키워야 한다. SNS 전략은 하나의 '가치'를 일관되게 전달하고 소비자, 직원과 공유하는 것이다. SNS의 모든 툴은 소비자와의 대화창구이다. 대화가 중단되면 관계 형성은 약해질 수밖에 없다.

정보의 신뢰도 제고와 유출 주의 소비자들에게 제공되는 정보는 제한 받지 않아야 하지만, 객관적이며 정확해야 한다. 정보가 사실과 다르면 신뢰는 하루아침에 무너진다. 왜곡된 정보나 잘못된 루머를 적극 개선하기 위해 정기적으로 내용을 체크하는 것도 필요하다. SNS는 지나친 기업 정보의 노출이 기업에게 불리하게 이용될 수 있는 위험성도 안고 있다. 그것은 개인도 마찬가지다. SNS에 올린 자신의 정보가 채권자에게 노출되거나 취업준비생의 경우 면접담당관에 의해 이용될 수도 있다. 실제로 미국 구인업체의 약 20%가 직원을 채용할 때 페이스북을 참고하고 있다. 기업들은 SNS에 대한 가이드라인이 필요하고 그것을 직원들과 교육 등을 통해 공유해야 한다.

SNS 만능주의 경계 베스트바이, 펩시, 델컴퓨터가 SNS만으로 좋은 성과를 거둔 것이 아니다. 이들은 TV, 잡지 등의 매스 미디어와 PR 등, 그 밖의 커뮤니케이션 수단을 조화롭게 활용한 통합 마케팅을 전개했다. SNS의 중요성이 증가하고 있는 것은 사실이지만, 그렇다고 해서 SNS가 모든 것을 풀어내는 만능열쇠는 아니다. SNS 역시, IMC 관점에서 활용되어야 한다. 버거킹은 신제품 와일드 웨스트 와퍼를 출시하면서 지상파 TV 광고를 재개했는데 소비자의 반응은 폭발적이었다. 소비자의 반응은 트위터, 블로그 등을 통해 빠르게 확산되었다. SNS는 캠페인을 확산시키는 도구라기보다는 확산된 캠페인의 결과적 도구이다. 새로운 미디어는 지금껏 계속해서 등장해 왔고 앞으로도 보다 폭발적인 SNS가 등장할 것이다. 중요한 것은 플랫폼이 중요한 것이 아니라 콘텐츠와 아이디어다. 소비자들은 좋은 콘텐츠와 아이디어에 대해서 언제든 확산시킬 준비를 하고 있다. 섣불리 SNS를 통해 전달했다가 소비자의 귀에 거슬리기라도 하면 문제는 통제 불능의 상태로까지 커질 수 있다. 부정적이거나 비판적인 메시지는 더 빠르게 확산되기 때문이다.

"만족한 고객은 친구 3명에게, 성난 고객은 3,000명에게 이야기한다."

소셜 커뮤니케이션 시대를 맞이하기 전에 피트 블랙쇼(Pete Blackshaw)가 했다는 이 말은 지금 이 SNS 시대에 절묘하게 들어맞는 명언이 되었다.

SNS 루머와 위기 관리

SNS가 효과적인 마케팅과 판매의 기회로 잘 활용되기도 하지만 어두운 그림자도 있다. 공들여 쌓은 기업 평판이 1명의 'SNS 저격수'에 의해 일순간 무너질 수 있기 때문이다. 글로벌 홍보컨설팅기업 웨버샌드위크의 수석전략가 레슬리 게인즈-로스(Gaines-Ross)는 하버드 비즈니스 리뷰에 실은 '평판 전쟁(Reputation Warfare)'이란 글에서 동영상이나 글 하나로 기업을 위기에 빠뜨리는 사람을 'SNS 저격수'라고 했다. 초등학생도 SNS를 능숙하게 다루는 한국에선 회사 직원이든 불만 고객이든 누구나 SNS 저격수가 될 수 있다. 그렇다면 어떻게 이 SNS 시대에서의 위기에 대처할까.

완전함보다 속도가 중요하다 SNS는 이슈가 세상에 전파되는 속도를 크게 단축시켰다. 최소 하루 단위로 측정했던 뉴스 주기도 시간 단위로 짧아졌다. 기업의 평판을 위협하는 이슈가 SNS에 퍼진다면, 해명이든 사과든 신속한 1차 대응이 필수적이다. 하지만 많은 기업은 공격을 받고도 '1명이 올린 동영상인데 곧 잊히겠지', '추이를 보고 완벽한 대책을 세워 대응하자'는 생각에서 대응이 늦어지기 일쑤다. 2012년 3월 5일, 한 케이블방송은 'L사의 C소주를 만들 때 쓰는 알칼리 환원수가 건강에 해로울 수 있다'는 내용을 방영했고, SNS로 확산됐다. L사는 방송 1주일 뒤 동일 프로그램을 통해 반론보도를 냈지만, 그 사이 소셜 미디어 이용자들은 방송 내용을 사실로 받아들여 버렸다. 그 사이 C소주의 매출은 떨어졌고 경쟁 기업의 주가가 올라갔다. 뒤늦게 적극 해명기사를 내보냈지만 손해를 되돌릴 수는 없었다. 설사 충분치 못하다 하더라도 빠른 1차 대응이 중요하다는 사실을 보여주는 사례이다. 2010년 2월, 미국의 SNS에는 인구조사국에 대한 비판이 이어졌다. 광고료가 비싼 슈퍼볼 경기 중계에 인구조사 광고를 내보내기로 한 결정

▌GE의 악성 루머 대응책

GE는 아예 소문에 대해 얘기하는 공간으로 'Facts&Fiction'이란 사이트를 운영했다. 이 사이트에서 소비자가 궁금해 하는 루머를 공개적으로 신청 받고 이에 대한 GE의 입장과 사실을 밝혔다. 해외 유수 기업은 M&A, 파산 등의 루머에 휩싸일 때 일시적으로라도 이런 사이트를 운영한다. 루머를 공식화해 잠재우는 대응책이다.

때문이다. 인구조사국은 모니터링을 통해 이 상황을 즉각 파악하고 다음 날 "인구조사 응답률이 1% 증가하면 8,000만~9,000만 달러의 예산이 절약된다"는 반박문을 퍼트렸다. 이틀 후에는 인구조사 국장의 블로그에 상세 내용을 올렸고, 사흘 후 광고가 방송될 때는 페이스북 등을 통해 광고의 가치를 알렸다. 여러 채널을 통한 빠른 대응으로 비난을 잠재우고 자신들의 목적까지 효과적으로 알린 것이다.

힘을 과시하기보다 인간적으로 대응하라

2010년 3월, 과자에서 나온 오랑우탄 손가락을 먹은 한 남자의 입 주위가 피로 물드는 동영상이 퍼졌다. 환경단체 그린피스가 '네슬러가 인도네시아 원시림을 벌목해 오랑우탄이 죽어간다'는 것을 알리려고 만든 것이었다. 네슬러는 신속하게 총력 대응했다. 동영상이 유포된 당일, 네슬러는 가처분 명령을 받아 유튜브에서 문제의 동영상을 삭제하고, 다음 날은 비난이 들끓는 네슬러 페이스북 계정도 삭제했다. 그러나 소셜 미디어 이용자들은 더 반발했다. 기존 네슬러 페이스북의 75만 명 팬은 안티로 돌변해 미리 다운받았던 동영상을 더 퍼뜨렸다.

기업의 규모가 클수록 영향력을 행사해 SNS상의 위기를 피해보려는 경향이 크지만 이런 행동은 역풍을 맞기 쉽다. SNS에선 약

▌SNS 위기 관리의 성공과 실패 사례

레고 장난감으로 전 세계적으로 유명한 레고의 사례는 제품 개발 단계뿐 아니라, 제품 출시 후 문제 해결 역시 고객에게서 답을 찾아야 하는 경우가 많다는 것을 보여준다. 레고는 1998년 CPU가 내장된 전자조립식 완구인 '마인드 스톰'을 출시하였으나 3주 후 심각한 브랜드 가치 훼손 문제가 발생했다. 일부 사용자들이 마인드 스톰의 프로그램을 해킹하고, 센서와 모터 그리고 제어장치를 분해해서 전혀 엉뚱한 제품으로 개조한 것이다. 레고는 개발해 놓은 프로그램의 비밀이 공개되고 회사의 의지와 무관하게 출시한 제품이 변형된 것에 소송을 걸겠다고 위협하며 이들 해커 집단과 대립했다. 그러나 레고는 입장을 바꾸어 소송을 제기하는 대신 오히려 마인드 스톰의 프로그램 소스를 모든 사용자들에게 공개하고 그들이 공개된 소스를 활용하여 마음껏 변형시키도록 유도했다. 이는 전혀 예상치 못한 놀라운 결과를 가져왔다. 기존에는 앞으로 가거나 뒤로 가는 등 단순 동작만 수행할 수 있던 '마인드 스톰'이 물건 집기, 계단 오르기 등 복잡한 동작을 수행할 정도로 크게 진화한 것이다. 네티즌들이 더 나은 동작을 만든 후 이를 공개하자 또 다른 네티즌들이 더 나은 동작을 개발하여 이를 지속해서 발전시켜 나간 것이다.

레고는 'mindstormslego.com'을 통해 사용자들이 소프트웨어를 맘껏 '가지고 놀도록' 장려하고 있다. 이외에도 전문

자를 동정하는 심리가 강하기 때문이다. 기업과 SNS 저격수 사이에 충돌이 일어날 때도 기업보다는 개인이 동정표를 얻는다. 따라서 기업은 자기 방어의 순간조차 힘을 빼고 인간적으로 행동해야 한다. 'GGIM(Good Guy in Misfortune)', 즉 '원래 좋은 회사인데 운이 없었다'는 인식을 얻는 게 중요하다.

악성 루머의 존재를 인정하고 공개적으로 반박하라 악성 루머가 퍼지는 경우, 많은 기업은 사실무근이라고 잡아떼거나 아예 언급 자체를 회피한다. 그러나 SNS에서는 직접 대응을 두려워해서는 안 된다. 당사자인 기업들이 루머를 먼저 언급한 후 이를 공개 해명하는 것이 소문을 잠재우는 데 훨씬 효과적이다. 'A라는 루머가 있는데, 이는 루머에 불과하다. 진실은 B다'라고 반박해야 하는 것이다. 국내 최대 기업인 S사는 '영업이익의 대부분이 국내에서 발생한다'는 어느 트위터의 글 때문에 순식간에 루머에 휩싸이며 지탄을 받았다. 이에 S사는 당일 트위터에 '영업이익의 70% 이상이 내수에서 발생한다는 것은 사업보고서를 잘못 해석한 틀린 주장'이라고 반박했다. 또 다음 날 S사 공식 블로그를 통해 해당 루머가 어떻게 사실과 다른지 구체적으로 설명했다. 결국 소문의 최초 유포자가 사과를 하는 것으로 사건은 일단락되었다.

가를 능가할 정도의 식견과 제품을 소비하는 데 그치지 않고 문제점을 찾아 개량하는 데 관심이 많은 네티즌들을 상품 기획과 설계 단계에 활용해 좋은 성과를 보이고 있는 기업들이 늘어나고 있다. 이들 사례는 스마트 소비자들을 잘 활용해서 진화된 상품이나 혁신적 서비스를 창조할 수 있으며, 이들 전문가 집단을 능가하는 스마트 소비자의 전문지식을 어떻게 활용할 것인가의 여부에 기업 전체의 경쟁력이 좌우될 수 있음을 보여준다.

도미노피자 도미노피자에 근무하는 남녀 직원 2명이 장난삼아 피자 제조 과정을 희화화해서 담은 동영상을 '역겨운 도미노 사람들'이라는 제목으로 유튜브에 올렸다. 관련 동영상을 보고 역겨움을 느낀 소비자들은 짧은 시간에 각종 소셜 미디어를 통해 이를 확산, 전파하여 급속히 핫이슈로 발전하면서 순식간에 도미노피자의 기업 브랜드 가치가 큰 타격을 입게 되었다. 결국 문제의 동영상을 올린 직원들은 해고되어 법적 책임을 지게 되었고, 도미노피자의 최고경영자인 패트릭 도일(Patrick Doyle) 사장은 도미노피자를 만드는 직원의 실수를 사과하는 동영상을 직접 만들어 배포하고 트위터 계정을 개설하여 자사의 솔직한 입장을 전달하고 소비자를 안심시키려 노력했다. 그러나 이러한 노력에도 불구하고, 당시의 NBC의 뉴스보도에 따르면, 관련 동영상이 여전히 소비자들에게 아주 부정적인 인식을 심어주었고 도미노 측의 대응이 큰 효과가 보지 못한 것으로 나타났다.

결론적으로 SNS의 특징과 사용자들의 성향을 고려한 '최대한 빠르게, 하지만 인간적으로, 루머일수록 공개적으로!' 란 원칙을 견지할 때, SNS 저격수로부터의 피해를 최소화할 수 있다.

SNS와 대중매체의 결합

코카콜라는 앞서 소개된 행복한 스토리텔링, '행복 프로젝트' 캠페인에서 한 걸음 더 나아가 행복 자판기(Happiness Machine)' 라는 기발한 이벤트로 또 다른 행복감을 선사했다. 콜라 1병 마시려고 자판기에 동전을 넣은 학생에게 2초마다 1병씩 계속해서 공짜 콜라가 쏟아져 나와 친구들과 나누게 하는가 하면, 꽃다발도 나오고, 피자가 나오더니 2ℓ 짜리 큰 병도 등장한다. 결국엔 혼자서는 도저히 꺼낼 수도 없는 초대형 햄버거까지 나타나면서, 순식간에 학생식당은 수십 명이 햄버거를 나눠 먹는 행복한 파티장으로 변했다. 그 장면은 동영상으로 찍히고 편집되어 유튜브와 페이스북 등 SNS를 타고 전해졌다. 하루 만에 수만 명이 접속하더니 1주일 사이 200만을 훌쩍 넘어버렸다. 현재 유튜브에 올라 있는 오리지널 동영상 조회수만 540만 건이 넘는다. 그러나 이것으로 끝난 게 아니었다. 방송과 신문이 코카콜라의 이 이벤트를 관심 있는 뉴스로 다루면서 비슷한 이벤트가 영국, 일본, 인도, 멕시코 등으로 퍼져나간 것이다. 380만 달러를 들여 슈퍼볼에 30초짜리 광고를 하는 코카콜라로서, 불과 6만 달러를 들여 벌인 2009년의 이 '행복 자판기' 이벤트는, 돈을 거의 들이지 않고 수천만 명에게 매우 효과적인 마케팅 행사가 되었고, SNS가 대중매체와 결합되면서 거둔 엄청난 마케팅 효과의 좋은 예가 되고 있다.

최근 애드콜로니와 닐슨이 공동 조사한 바에 따르면 TV 광고만 했을 때 브랜드 기억도는 55%에 불과했지만 이를 스마트기기와 동시에 했을 때는 무려 93%까지 올라가는 것으로 나타났다. 전통의 대중매체와 더불어 SNS는 이미 기업이 빼 놓을 수 없는 효과적인 마케팅 믹스의 한 축이 되었다.

병원과 SNS

SNS의 발달이 일반 기업으로 하여금 매스 미디어를 통해 소비자에게 일방적인 메시지를 전하고 시장에서만 소비자를 만나던 종전의 방식을 끝내지 않을 수 없게 했듯이 병원에서의 소비자 커뮤니케이션 방식도 근본적인 변화가 일어나고 있다. 먼저 SNS와 관련해 보다 심도 있게 분석 결과를 보고한 미국 의료기관에서의 SNS 이용행태 전반에 대해 살펴본다.

계정 병원 수 및 도구 미국의 Power DMS는 'Social Media in Healthcare Infographic'을 발표했다. 그 통계에 따르면, SNS 계정을 가지고 이용하는 병원의 수는 1,229개로 나타났다. 그 병원 중에서 가장 많이 이용하는 SNS로는 페이스북으로 1,068곳에서 이용하고 있었다.

뒤이어 포스퀘어(946), 트위터(814), 유튜브(579), 링크드인(566), 블로그(149) 순으로 모두, 총 4,118개의 SNS가 운영되고 있다. 또한 침상 수에 의한 결과에서는 399개 침상 수를 초

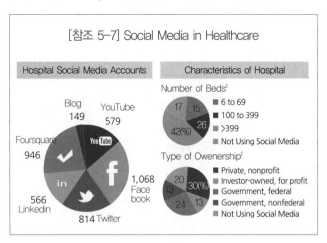

[참조 5-7] Social Media in Healthcare

과하는 병원에서는 42%가 SNS를 운영하고 있었다. 다음으로 100~399개 침상 수를 가진 병원에서는 26%, 6~69개에서는 15% 순이었다. SNS를 운영하지 않는 병원도 17%로 조사됐다.([참조 5-7] Social Media in Healthcare)

의료 종사자들의 사용 용도 및 내용 의료 종사자들이 소셜 미디어를 어떻게 사용하는지에 대해서는 개인적인 용도라고 응답한 비율 87%, 직업적인 용도 경우는 67%의 비율을 보였다. 조사 중에 1/3의 의료 종사자들이 말하기를 병원 고객들이 페이스북을 통해 친구 맺기를 한다고 응답했다. 또한 1/5의 의사들은 그들의 친구 맺기를 수락하지 않지만 나머지는 수락을 한다고 한다.

'어떻게 소셜 미디어를 사용하는가?' 라는 질문에 대한 의료기관의 주요 응답 결과는 다음과 같다.

- 마케팅
- 직원모집
- 브랜드 경영
- 병원 공신력, 인지도 관리·고객 관리
- 고객, 입원 고객과의 전문지식 교육
- 커뮤니티 만들기
- 건강
- 주민 및 입원 고객 모니터링
- 건강 관리·건강 관리 협조
- 클리닉 임상실험
- 의약 제품 사용 임상실험 참여 및 분석 등

의료기관에서의 리스크 SNS가 가져다주는 리스크 또한 만만치 않다. 그것은 SNS에는 항상 부정적인 답글, 병원의 사적이고, 비도덕적인 의료행위 등이 대중에게 노출될 수 있다는 점과 직원이 부적절하게 병원과 입원 고객의 정보를 노출시킬 수도 있고, 입원 고객과 병원관계에서 윤리적인 쟁점이 부각될 수도 있다.

SNS에 대한 병원들의 조치 SNS에 대해 병원들이 어떤 조치를 취했는가 하는 질문에 별 다른 조치가 없었다는 응답이 45%로 가장 높았다. 다음으로 특별한 조치를 취했다는 31%로 그 뒤를, 일반적인 조치 수준이라고 응답은 21%, 마지막으로 모르겠다는 비율이 3%를 차지했다.([참조 5-8] Types of Policies Used By Organizations To Manage Social Media)

병원에게 SNS는 고객과의 소통에서 단연 돋보이는 미디어라 할 수 있다. 미국의 경우에는 www.patientslikeme.com과 같은 웹사이트를 통해 그들끼리 병원, 의사, 약품 등의 평가를 통해 구매를 시도한다. 메시지를 쉽고 빠르게 전달할 수 있고 다른 매체에 비해 비용이 저렴하다는 점과 또 스마트폰 사용자라면 어디에 있든지 의료 정보를 주고받을 수 있다는 사실 또한 매력적이다. 그러나 이 SNS를 단순하게 값싼 홍보 채널로만 보면 안 된다. 유익하거나 이득이 되는 콘텐츠가 없다면 소비자는 좀처럼 움직이지 않는다. 또한, 병원은 고객이 SNS로 느낀 감정을 오프라인에서 더욱 강화할 수 있도록 해야 한다. 그러기 위해서는 병원

방문 고객들이 온라인에서 홍보된 내용들을 실제로 체감할 수 있도록 고객을 대면하는 의사와 직원들이 모든 접점에서 방문 고객들을 관리해야

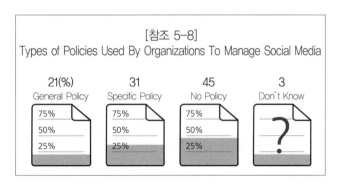

[참조 5-8]
Types of Policies Used By Organizations To Manage Social Media

21(%)	31	45	3
General Policy	Specific Policy	No Policy	Don't Know

한다. SNS 시대에 병원은 그 어느 때보다도 고객의 체계적인 관리가 절대적으로 필요하다. 하물며 이미 병원을 방문한 뒤 불만족스러운 경험을 가지게 된 고객은 더 말할 나위 없다.

결국, 정교하게 구성된 통합 캠페인 내에서 역할이 부여된 SNS라야 비로소 빛을 볼 수 있다. 때문에 SNS를 통해 관심과 친분을 기반으로 신뢰를 얻고 새로운 잠재 고객을 확보하려면 SNS 전담 인력 팀 구성이 요구된다.

어쩌면 병원은 SNS를 아직 먼 바다의 파도쯤으로 생각할 수도 있다. 그러나 SNS의 성장 속도를 보면 조만간 쓰나미가 되어 다가올 가능성이 크다. 향후 병원은 과연 이 거대한 변화의 물결을 재앙으로 여길 것인가, 아니면 짜릿함을 주는 파도타기의 기회로 기꺼이 받아들일 것인가? 성공 사례에 주목하고 생각을 전환해야 할 시점이다.

3) 언드 미디어
(평가 미디어, Earned Media)

평가 미디어로 해석되는 이 언드 미디어는 제3자를 통해 획득할 수 있다는 개념이다. 즉 지금까지 바이럴 마케팅이라고 불려왔던 구전

▌병원에서의 SNS 활용 사례

메이요클리닉 트위터를 통해 이미 수십 만이 넘는 팔로어들에게 혁신적인 홍보 활동을 펼치고 있다. 그러다보니 SNS 전담 인력 팀을 구성, 연간 예산을 별도로 책정하는 등 투자를 확대하고 있다. 수술 결과를 공유하거나 투약 상담을 하는 한편, 입원 고객의 불만을 수렴하며 적극적으로 대처한다. 또한 지역사회와 연계해 기금모금을 하기도 하고 실종자를 찾기도 한다. 트위터 경험을 소개하는 컨퍼런스와 이벤트도 꾸준히 진행하고 있다. 나아가 SNS를 활용한 온라인강좌 등을 통해 헬스 케어 종사자들을 대상으로 교육을 실시하거나 다른 의료기관들의 SNS 전략 컨설팅을 하기도 한다. 이러한 트위터 활동에 고무되어 미국의 825개 병원이 SNS를 개설했는데, 이는 전 미국 병원의 16%에 해당하는 숫자다. 내부적으로는 회의시간 공지나 근무시간을 공유하는 등 업무지원 활동에도 트위터를 적극 활용하는 메이요클리닉은 수많은 병원들의 벤치마킹 대상이 되고 있다.

삼성서울병원 페이스북, 유튜브, 블로그 등 SNS 매체를 통해 질병에 대한 상세정보, 진료과목 및 의사 정보, 병원 이용 정보, 건강 관련 정보, 이용 관련 질의응답, 병원행사 및 소식 등 병원 이용자는 물론 보호자와 일반인이 궁금해하는 다양한 정보를 제공하고 있다. 또한 소소한 재미를 더해주는 이벤트를 통해 '매일 보고 싶은 SNS'를 만들어 가고 있다. 가령 "SNS 댓글 남기면 불

342

효과가 하나의 미디어 개념으로 확대된 것이다. 페이스북, 트위터, 블로그, 신문기사 등에 보이는 고객의 반응들, 소비자의 입소문, 전문가의 평가 등이 모두 이 범주에 포함된다.

PR(Public Relation)

소비자가 '구매를 결정했다' 는 말은 '제품과 기업 이미지, 2가지를 동시에 구입하기로 했다' 는 뜻과 다름없다. 때문에 기업이 생존하기 위해서는 소비자에게 그들이 찾는 제품을 제공할 수 있어야 함은 물론이고 그 기업을 둘러싸고 있는 다양한 공중들과도 우호적인 관계를 맺어야 한다. 소비자는 대체로 신뢰가 가는 기업과 거래를 하고 싶어 하기 때문이다. 소비자의 신뢰, 즉 소비자와의 좋은 관계는 소비자 가까이에서 재빠르고 우호적인 대응을 함으로써, 그리고 소비자의 이익을 이해하고 그의 활동을 지원함으로써 얻어진다.

PR(Public Relation)이란 문자 그대로 '공중(公衆, Public)과 관계(Relation)를 맺는 것' 이라 할 수 있다. 기업의 경우 이해관계에 있는 개인이나 단체에게 자신의 비전이나 목표 등을 전하고 기억하게 함으로써 서로 우호적인 관계를 형성하는 것이다. 때문에 큰 의미로는 광고나 퍼블리시티(Publicity) 등도 PR 활동의 일부라 볼 수 있다. 이 PR은 상업적 속셈이 없는 제3자의 추천을 통해 메시지를 전달하므로, 좋은 이미지를 확립하고 우호적인 판매 환경을 조성하여, 마케팅 활동 중에 취약해지기 쉬

우 환아 1,000원 후원"이라는 캠페인으로 불우 환아를 위한 자선기금을 마련하는 이벤트가 그 한 예다.

세브란스병원 국내 의료기관중 SNS 활동이 활발한 병원 중의 하나로 손꼽힌다. 건강강좌를 비롯해 입원 고객을 대상으로 하는 행사안내, 건강 정보 제공, 사회공헌 활동, 교육, 의료비지원모금, 혈액과 장기기증 등을 주로 홍보한다. 가령 "입맛을 살려주는 향긋한 대장암 예방 밥상인 케일깻잎쌈밥을 소개합니다. 간단한 레시피 보시고 오늘 저녁 맛있게 드셔보시는 건 어떨까요?" 라든가, "5월은 휴일도 많고, 가족행사, 야외행사가 많은데 활동하다가 접질린 발목, 계속 운동을 해도 될까요?" 같은 메시지를 보내, 베스트닥터 Q&A 라는 트윗과 유튜브로 연결되도록 하는 것이다. 이 병원은 트위터, 블로그, 페이스북, 유튜브 등을 운영하면서 각 미디어의 특성에 따라 콘텐츠를 구성하고 유기적으로 연계해 홍보하고 있다.

운 '고객으로부터의 신뢰'라는 빈틈을 메우는 데 매우 효과적이다.

마케팅 차원에서 볼 때 마케팅이 상품이나 서비스의 판매라면, PR은 기업 전반에 대한 판매 시도라고 볼 수 있다. PR은 기업과 소비자, 지역 주민, 정부, 언론, 사원 등과 같은 공중 사이의 상호관계를 증진시키는 기능을 발휘하기 때문에 기업의 마케팅 전략 및 그 결과에 직간접으로 영향을 미치게 되어 있다.

PR은 CPR(Corporate PR)과 MPR(Marketing PR) 2가지로 나누어 생각할 수 있다. CPR이 기업의 전사적인 PR 활동으로 보통 기업의 이미지 통합, PR을 활용한 위기 관리, 브랜드 가치 관리 등의 목적으로 하는 데 비해 MPR은 상품이나 서비스의 매출에 공헌하는 PR로서 마케팅의 일부가 되는 활동이다. 1980년대의 경우 홍보 담당자의 주요 업무가 CPR이었다면 지금은 MPR이다. MPR은 미국에서 PR대행사 업무의 50% 이상을 차지하고 있을 정도이고 한국에서도 그 중요성이 점점 커져가고 있는 추세다. 이는 새로운 개념이라기보다는 이미 많은 기업에서 의식적 또는 우연적으로 시행해온 기업의 전략적, 마케팅적 PR인데, 현대의 기업 환경에서는 기존의 마케팅 커뮤니케이션에서 벗어나 소비자와 다양한 관계를 형성할 수 있게 하는 도구로 활용되고 있다.

MPR이 주목받는 이유

분중화 시대 오늘의 소비자는 대중이 아니다. 오늘의 소비자는 공통적인 개성을 가진 소수의 사람들이 모여 만들어진 다수 분중화 집단의 집합체이다. 따라서 시장에는 온갖 틈새 시장이 생겨났고, 소비자들은 하나의 브랜드에 충성을 보이지 않고 새로운 브랜드로 변덕스럽게 옮겨 가고 있다. 소비자들은 더욱 적극적이며 영악해졌으며, 자신에게 딱 맞는 브랜드가 아니면 소비를 거부한다. 이러한 상황에서 과거의 대중광고로는 소수의 소비자들을 붙잡을 수 없으며, 소수를 위한 광고라도 그 비용이 만만치 않다. 따라서 이제는 비슷한 사람들이 모이는 공간에 그들이 좋아하는 이벤트나 커뮤니케이션 방법을 통해 접근하는 것이 보다 효과적이다.

매체와 채널의 다양화 소비자들만 분중화 된 것이 아니다. 소비자가 이용할 수 있는 매체와 채널 또한 소비자들의 기호와 개성에 맞추어 변화되고 다양화되었다. 케이블만을 보더라도 이미 영화, 음악, 만화, 코미디, 뉴스 등으로 채널이 세분화되었고 앞으로도 더 작게 쪼개져 갈 것이다. 신문이나 잡지, 라디오도 마찬가지다. 더 나아가 인터넷에서는 공통적인 취미를 가진 소비자들이 커뮤니티를 개설하여 함께 활동한다. 뿐만 아니라 이제는 소비자들이 인터넷 커뮤니티를 통해 자신이 원하는 TV, 신문, 라디오를 마음껏 선별하여 이용할 수 있게 됨으로써 자신의 관심 분야에만 집중할 수 있게 되었다. 이러한 현상은 MPR을 펼치기에 더없이 좋은 환경이 된 셈이다.

전통적 광고의 문제 광고는 요즘 그 양이 너무 많아져 혼잡 현상이 일어나고 있고, 소비자들에게는 광고에 대한 부정적인 인식이 갈수록 강화되고 있다. 즉 광고를 '물건을 팔기 위한 얄팍한 상술' 정도로 생각하는 경향이 짙어졌다. 이러한 상황에서 소비자들과 일대일 마케팅으로 돌아가 직접적인 관계를 맺는 MPR은 불신을 극복하고 신뢰를 얻을 수 있는 효과적인 방법이 될 수 있다.

성공적인 MPR의 예

'Window 95' 1995년, 미국 시민들의 99%는, 단 한 편의 광고도 없이, 마이크로소프트사의 소프트웨어 제품, 'Window 95'를 이미 알고 있었으며, '더욱 손쉽고, 신속하며 흥미로운 컴퓨팅계의 이정표이며, 반드시 업그레이드시켜야 하는 소프트웨어 제품'이라는 이미지와 여론을 형성하고 있었다. 이렇게 되기까지 MS의 프로모션은 각국의 미디어를 총망라하는 글로벌한 전략을 구축해갔다. CNN이 뉴질랜드의 윈도우 95 발매 첫날 모습을 보도하고 있을 때 날짜 변경선 서쪽에서는 'D-Day' 이벤트의 막이 올려졌다. 뉴욕에서는 엠파이어스테이트빌딩이 윈도우 95 로고 모양의 적, 황, 녹색으로 장식되고 런던에서는 MS가 당일의 런던타임즈 광고면을 점유하고 가두에서 무료 배포하여 일대 센세이션을 불러일으켰다. 그리하여 8월 24일 심야 0시에 발매가 개시되자마자 많은 사용자들이 이 소프트웨어를 구입하기 위하여 줄을 섰고 미국과 다른 많은 국가들의 뉴스 프로그램에서는 모두 이 '한밤중의 광란'을 뉴스로 취급했다. 빌 게이츠(Bill Gates)는 세계의 방송 네트워크를 통해서 '윈도우 95'라고 하는 하나의 뉴스 프로그램을 내보낸 것이다. 이러한 PR 프로그램과 그것에 의해 생겨난 구전 효과 덕분에 윈도우 95는 MS의 광고 캠페인이 도입되기 전까지 4일간에 100만 케이스가 판매되었고, 출시 2달 만에 1억 달러를 훨씬 웃도는 경이로운 매출을 기록했으며, 1년 후까지도 '최고 판매 소프트웨어'라는 명예를 유지했다.

양배추 인형 주어진 마케팅 예산으로 자신의 제품인 양배추 인형의 효과적인 TV 광고가 불가능하다고 판단한 미국의 콜레코사는 다른 마케팅을 모색하였다. 우선 PR 컨설팅회사인 리차드 와이너를 고용하였고, 이 리차드 와이너사는 양배추 인형과 아이들이 인형을 돌본다는 콘셉트가 잘 맞아 떨어진다는 점에 착안, '양배추 인형 돌보는 법'이라는 지침서와 함께 인형의 판매를 시작하였다. 다른 한편으로는 TV 프로그램인 '투데이 쇼'에 이 인형을 약 5분 30초 동안 노출함으로써 매체를 통한 신뢰도 제고 전략을 구사하였다. 그 후에도 미국의 주요 도시 순회, 각종 매체 출연, 인형 무료 제공행사 개최, 제품 프레스 킷의 전국 주요 언론매체 배포 등의 활발한 홍보활동으로 기록적인 판매성과를 이루었다.

피자헛 피자헛은 배달 서비스를 개시하면서 미국 전역에 걸쳐 살고 있는 수천 명의 도미노(Domino)라는 성을 가진 사람들을 찾아내어 이들에게 피자를 무료로 배달하며 "피자헛, 도미노에 배달하다"라는 캐치프레이즈를 내걸었다. 이는 인간의 유머 감각을 자극하여 소비자의 흥미를 자아내고 언론들이 이를 집중 보도함으로써 피자헛의 배달 서비스를 대외적으로 널리 알릴 수 있었다. 이 PR 캠페인만으로 피자헛은 판매를 24% 증가시켰다.

아스피린 타이레놀과 같은 비피린계 해열진통제의 유행으로 거의 쇠퇴기에 접어들었던 아스피린은 심장마비와 뇌졸중 등에 효과가 있다는 조사 연구가 홍보되면서 다시 화려하게 재기한다. 아스피린을 다양한 새로운 용도를 지닌 놀라운 약으로 재탄생시킨 AFA(Aspirine Foundation of America. 미국 아스피린 재단)의 PR 캠페인은 1981년에 시작되었는데, 81mg 아스피린을 날마다 한 번씩 복용할 경우 얻는 효능에 대해 묻는 복용자에게 의사들은 심장 질병, 뇌졸중, 암에 걸릴 위험성을 줄여주는 작용을 할 수 있다고 언론에 보도된 AFA 연구의 결과를 언급하면서 아스피린을 '놀라운 약'이라고 부른다. 이 캠페인은 아스피린에 관한 연구 결과를 과학자나 의학, 건강 관련 단체들에게 전달하는 것뿐만 아니라, 그에 대한 지지와 보증을 이끌어내 일반 소비자를 대상으로 하는 PR 캠페인에 활용함으로써 놀라운 성과를 거둘 수 있었다.

'한경희' 스팀청소기 한경희의 스팀청소기는 '주부의 마음은 주부인 한경희가 잘 안다'는 슬로건을 내세우며 몸을 숙이고 무릎을 바닥에 댄 채 물걸레 청소를 해야 하는 여성들의 고충을 해결하려고 만들어진 제품이다. 일어선 채로 걸레질까지 할 수 있는 이 스틱 스팀청소기의 제품 개발의 취지는 주부들을 관절염으로부터 보호하고 싶다는 것이었다. 그리고 판매 촉진을 위해 무릎 관절염의 심각성을 알리는 '한경희, 주부 무릎사랑' 캠페인이라는 전략적인 PR 활동을 시작했다. 주부들의 관여도가 높아 화제가 되었던 이 MPR은 세계 관절의 날(10월 12일)에 맞추어 세계 기네스북에 도전하는 행사를 벌였는데, 서울 올림픽공원에서 2,291명의 주부와 아이들이 동시에 훌라후프를 돌리는 광경이 세인들의 주목을 받음으로써 각 언론사의 자발적인 보도로까지 이어졌다.

필즈버리(Pillsbury)사의 '베이크 오프(Bake Off)' 캠페인 빵굽기대회의 일종인 '베이크 오프(Bake Off)' 캠페인도 효과적인 PR을 통해 고객과의 관계를 잘 유지해 가는 좋은 예가 될 수 있다. 이 이벤트는 오랜 기간 소비자의 로열티를 획득하는 효과를 발휘해 왔는데, 100만 달러의 현상금을 기대하는 솜씨 좋은 주부들이 수만 종류의 조리법을 가지고 응모해 온 결과이다. 이것을 뒤집어 생각해 보면 최고의 조리법으로 겨루기 위해 수십만 개의 필즈버리 제품이 판매되었다는 것일 뿐만 아니라, 이 이벤트가 각종 미디어를 통해 대대적으로 홍보됨으로써 매년 그랑프리를 차지한 조리법에 사용된 제품은 매출이 급증하는 결과를 가져오곤 한다. 이 캠페인은 전국의 주부들과 미디어로부터 큰 관심을 받으면서 매스컴에서도 주목하는 이벤트가 되었고, 사상 최초로 남성이 100만 달러의 그랑프리를 거머쥐어 더욱 높은 퍼블리시티 효과를 올리는 결과를 낳기도 했다.

베이컨 비치넛 패킹 컴퍼니(Beechnut Packing Company)는 자사가 생산하는 베이컨의 판매 촉진을 위해 고민하고 있었다. 그러나 아침식사를 의례 토스트와 커피 정도로 인식하고 있던 대부분의 미국인들에게 베이컨은 관심 밖이었다. 이에, 회사의 PR 담당, 에드워드 버네이스(Edward Bernays)는 미국인들의 식습관을 바꾸어야겠다고 마음먹고, '아침식사가 중요하며 베이컨의 단백질이 도움이 된다' 는 PR을 시작한다. 베이컨이 든든한 아침식사가 될 수 있다는 정보는 식품영양학과 의학으로 무장한 전문가들을 통해 알려졌고 의사들의 조언이 덧붙여지면서 미국인의 식탁은 빠르게 변해갔다. 결국 베이컨은 미국의 아침 식탁에 올려지는 대표적인 음식으로 자리 잡게 된다. 단순한 제품과 서비스 판매가 아닌 생활습관을 바꿈으로서 베이컨 소비를 호소한 이 전략은 새로운 생활습관을 만들어 판매로 연결한 사례로 MPR의 시초가 되었다.

위 몇 가지 사례들의 공통점은 무엇일까? 분명한 것은 위 제품 모두가 광고보다 더 전략적이고 효과적인 방법으로 빅 히트를 거두었다는 점이다. 바로 MPR이다.

효과적인 위기 관리, CPR

예고 없이 발생하는 대형사고, 기업의 존립을 흔드는 악성 루머, 식품이나 제약회사를 상대로 한 악의적인 제품 형질변경(Tampering) 등, 기업의 입장에서는 사느냐, 죽느냐의 '위기' 라고밖에 할 수 없는 일들이 수시로 일어난다. 또, 해외 비즈니스를 하면서 우리가 존중하는 가치가 당연히 상대국에서도 존중받을 것이라는 착각으로 서로 다른 문화들 사이의 커뮤니케이션(Intercultural Communications)에 오류가 생길 경우, 어지간한 사건이나 사고에 버금가는, 어쩌면 더 심각한 위기 상황에 직면하기도 한다. 이외에도, 근간에 사회적 관심이 높아진 환경 문제와 관련된 이슈에 휘말릴 경우, 기업은 또 다른 위기로 내몰릴 수도 있다.

이렇게 언제 어느 기업이 맞닥뜨릴지 알 수 없는 수많은 경우의 위기 상황에 어떻게 대처하는 것이 옳으냐하는 위기 관리(Crisis Management)의 문제는 최근 들어 경영자들이 가장 관심을 가져야 할 분야로 급부상하고 있는데, 일반적으로 위기가 발생한 후에 대응하는 사후 대응(Reactive) 전략보다 미리 예측 가능한 위기를 찾아내서 대비하는 사전 대응(Proactive) 전략 수립에 더 초점이 맞추어져 있다.

위기 관리의 핵심은 Prepared(준비된), Proactive(사전 대응) 그리고 Practice(모의 훈련 실시)의 3P로 요약된다. 이 내용들이 가장 잘 함축된 것이 위기 관리 매뉴얼(Crisis Management Manual)이며 이 매뉴얼을 가지고 정기적인 모의 훈련(Simulation)을 할 때 가장 완벽한 준비 상태를 갖추게 되는 것이다. 이제 각 기업들이 위기 관리 매뉴얼을 준비하여 'Known Unknowns'에 철저히 대비해야 한다. 'Known Unknowns'란 언제, 어떻게 닥칠지는 모르지만 위기의 내용이 알려져 있어 어느 정도 예측이 가능한 위기를 말한다. 성수대교 붕괴, 삼풍백화점 붕괴, 대구 지하철 폭파사고 등의 대형 건조물 사고는 안전의식의 결여와 적당히 넘어가는 건설업계의 관행을 고려하면 충분히 예견 가능한 사고였을지도 모른다. 반면에 'Unknown Unknowns'는 예상도 할 수 없고 그 시기는 더더욱 알 수 없는 돌발성 위기이다. 대한항공 여객기가 오래 전 구소련에 의해 격추된 사건은 'Unknown Unknowns'의 하나의 전형적인 사례이다. 하지만 'Known Unknowns'는 신이 아닌 인간의 영역이기에 준비가 가능한 것이다.

CPR의 예

참치 통조림회사 스타키스트 참치 어획 과정에서 수많은 돌고래들이 죽거나 다치자 환경보호단체들은 무분별한 어획을 중지하도록 요구했다. 또한 각 참치 통조림회사에 압력을 가하기 시작했으며, 때마침 1988년 지구섬연구소(Earth Island Institute)라는 환경단체의 해양 생물학자인 사무엘 루버디(Samuel Lubudde)가 참치 선박의 요리사로 가장하여 참치 어획 과정에서 수백 마리의 돌고래가 죽어가는 생생한 모습을 촬영하였다. 이 루버디의 비디오는 많은 대학 및 협회 등에서 상영되었고, 돌고래 보호에 대한 공중의 지지와 여론을 불러일으켰다. 그 후 이 사건은 점차 확대되어 국회에서까지 논의되었고, 연예인을 포함한 많은 사람들이 참치 보이콧 운동에 참여했다. 학교급식에서 참치가 빠지기 시작했고, 불매운동이 곳곳에서 일어났으며 국민의 60% 이상이 이 사건을 알게 되었다. 이에 따라 스타키스트사의 매출액이 급속도로 떨어졌고, 회사 이미지도 손상되었다. 이에 스타키스트사는 모 회사인 하인즈와 긴밀한 내부 협조와 조정을 거친 후 '돌고래안전정책제안서'를 마련하고 커뮤니케이션 및 품질 담당자인 불루멘달(Bloemindaal)을 대변인으로 정해서 회사의 입장 및 의견을 일관되고 통일성 있게 내보냈다. 또한 목표 공중을 총 8개로 나누고 각각에 맞는 핵심 메시지(Key Message)를 개발해 전달했다. 그리고 새로운 돌고래 안전 정책을 지속적으로 실행해 나감으로써 소비자의 신뢰와 믿음을 회복해냈다.

병원에서의 PR

병원의 PR이라면 신문 광고와 기사를 통한 퍼블리시티가 주된 활동이라 할 수 있고, 고객들과의 접촉을 위해 원보를 발행하거나 갖가지 검사와 클리닉 개설 등을 알리기 위한 DM의 제작과 발송이 있다. 최근 국내에서는 특정 질환 병원들이 앞 다퉈 공격적인 PR 활동을 벌이고 있다.

스타 마케팅 자생한방병원이 축구선수 박지성, 프로골퍼 최경주, 피겨선수 김연아 등을 내세워 스포츠 스타 마케팅을 펼친 이후로 여러 병원에서 이만기, 박지성과 장미란(튼튼병원), 산악인 엄홍길(연세사랑병원), 축구대표 곽태휘(솔병원)를 홍보대사로 활동하고 있다. 이는 스포츠 스타와 병원이 튼튼하고 건강하다는 이미지로 잘 어울린다는 판단에 따른 것이다.

인기 스포츠 활용 모델을 기용하는 대신 인기 스포츠의 경기장시설을 이용한다거나 프로구단과 맺는 주치의 협약 등을 통한 PR이 그것이다. 가령 야구장에서 홈런이 특정 위치를 넘어가거나 맞추면 그 숫자만큼 심장병 수술 예정자에게 무료수술을 해주는 '세종병원 하트 존', 외야석 3,000석을 통째로 빌려 행사도 가졌던 '나누리병원 관중석 광고', 어깨와 팔꿈치 부상 선수들을 위한 주치의 병원으로 선정된 '이대목동병원'과 '펜스 광고(여성암)' 등이 그 예다. 이렇게 스포츠와 연관 짓는 병원의 PR은 스포츠가 건강과 맞물리는 이미지를 가지고 있기 때문에 효과도 뛰어나고 직원 사기도 높일 수 있어 일석이조라는 것이 대체적인 평가이다.

유명 연예인 홍보대사 가수 김장훈 초청 '사랑 나눔 음악회'(한길안과병원), 가수 노사연·이무송 부부의 소아암 아이들을 위한 자선 콘서트(원자력병원), 중년 배우 임현식의 암 퇴치사업성금기탁(화순전남대병원), 배우 최수종(연세바른병원) 등, 다수의 병원에서 유명 연예인을 활용한 홍보 전략을 펴고 있다.

PR은 기업이나 조직을 행복하게 할 수 있는 경영 수단이며, 지속적인 발전을 가능케 하는 원동력이다. 그것은 PR이 돈으로는 살 수 없고 오랜 시간을 두고 구축되어야 하는 소비자의 신뢰를 쌓아가는 작업이기 때문이다. 이러한 PR 활동이 바람직한 결과를 보기 위해서는 무엇보다 경영진의 각별한 관심과 노력이 필요하다. 그러나 아직까지 국내 많은 수의 기업인들이 가진 PR에 대한 인식은 초기 단계에 머물러 있는 것으로 보인다. 그것은 적지 않은 수의 기업인들이 PR의 중요성을 말하면서도 정작 투자에는 인색하다는 현재의 상황을 보면 쉽게 짐작할 수 있다. 하지만 이제는 MPR이 더 이상 미루거나 피하고 넘어갈 수 있는 대상이 아닐 뿐만 아니라, 이미 많은 사람들이 인정하는 엄연한 마케팅 수단 중의 하나가 되어버렸다. 이는 전략적인 MPR이 기업의 힘을 증대시켜주는 동시에 다른 어느 분야보다도 투자 대비 이익을 더 가져다준다는 세계 곳곳에서의 사례가 증명하고 있다.

지금까지 병원 PR은 대체적으로 퍼블리시티 수준에 머무르고 있는 것이 사실이다. 그러나 이제는 병원 PR도 조직과 소비자 간의 정보 흐름을 관리하는 전사적인 활동으로 확고한 자리를 차지함으로써 이미지 통합, 위기 관리, 브랜드 가치 관리 등을 담당해내야 한다. 아니, 오히려 거기서 한 걸음 더 나아가 의료 서비스의 매출에 공헌하는 병원 마케팅으로서의 PR 활동, 즉 MPR로의 성장을 바라볼 때가 지금이다.

홍보(Publicity)

"내가 어떤 프로젝트를 공식화하고자 뉴욕타임스에 전면 광고를 내려면, 4만 달러의 비용이 든다. 그런데도 어떤 사람들은 그 광고를 믿지 않는다. 그러나 그 프로젝트가 뉴욕타임스에 긍정적인 기사로 실린다면 나는 비용 한 푼 들이지 않고도 4만 달러보다 더 큰 가치를 얻을 수 있다." 부동산 재벌 도널드 트럼프(Donald J. Trump)의 말이다.

기업은 대내외적으로 기업 운영과 활동에 영향을 미치는 수많은 공중과의 관계 속에서 존재한다. 때문에 기업은 그 공중과 우호적인 관계를 유지하지 않으면 안 된다. 이를 위해 기업이 하는 여러 가지 커뮤니케이션 활동 중 홍보는 앞서 트럼프가 한 말처럼, 비용이 들지 않고 신뢰성이 높아 기업이 선호하는 수단이지만 보도 여부가 전적으로 언론의 독자적인 결정에 달려 있다는 단점이 있다.

기업 정보의 뉴스적 가치 평가에 있어서도 언론은 기업과 관점이 다르다. 기업은 자사의 제품이나 정책, 행사 프로그램 등이 가능한 한 널리 보도되길 원하고, 언론은 일반 대중에게 중요하고 많은 사람들이 흥미 있어 하는 기사를 찾는다. 뿐만 아니라 기업은 언론홍보활동으로 자신에게 부정적인 영향을 미칠 수 있는 보도를 여과함으로써 오보나 추측, 확대 해석, 왜곡, 앞지르기보도, 의혹 등을 방지할 수 있다.

하나의 기업으로서의 병원에게도 홍보는 대외 이미지와 공신력을 높이고 새로운 수익을 창출하는 수단으로서 중요한 역할을 한다. 병원 소식과 건강 정보, 임상교원연구자료 등 소비자와 긴밀하고 우호적인 관계를 유지하고 발전시킬 수 있는 다양한 정보를 제공하는 것이다.

홍보 업무 프로세스

아이디어 개발 홍보와 관련해 오늘날의 병원 소비자들이 달라진 것이 있다면, 주어지는 정보를 이제는 소비자 스스로가 선별하여 받아들인다는 것이다. 경쟁적 정보가 넘쳐나는 요즘의 정보 환경에서는 당연한 귀결일 수밖에 없다. 때문에 병원 홍보도 어느새, 단순한 정보 제공의 단계에서 벗어나, 소비자로부터 선택받는 정보가 되기 위한 치열한 아이디어 경쟁의 국면에 접어들고 말았다.

경쟁우위의 아이디어는 필경 고객에게 있다. 평소의 고객 행태 관찰과 정보화로 축적된 정보, 즉 데이터를 통해 소비자 관점에서의 아이디어를 찾아내야 한다는 것이다. 데이터는 객관적 사실로서 정보에 힘을 더하고, 예상 고객의 관심을 유발하는 동시에 자료에 대한 신뢰도를 높일 수 있다. 츠바키 이사오가 「마케팅은 숫자싸움이다」라는 저서에서 말한 바도 있지만, 필자 역시 '보도를 통한 마케팅 역시 숫자에 달렸다'는 생각이다. 그동안 필자가 기사화한 약 1,000여 건의 보도자료 중 약 95%가 통계에서 나왔다.

기사화 가능성 검토 뉴스가 되려면 문자 그대로 새로운 것이야 한다. '새롭다'는 것은 '일상적이지 않다'는 것이며 일상적이지 않다는 것은 '일반적인 기준에서 벗어났다'는 것이다. 개가 사람을 물면 뉴스가치가 없지만 사람이 개를 물면 뉴스가 되는 것과 같은 이치다. 또, 일상적이 아닌 새로운 내용이라고 하더라도 사람들은 좋은 소식보다는 나쁜 소식에 보다 쉽게 자극 받는 경향이 있다. 그 한 예로, 오랫동안 아무 사고 없이 운행되고 있는 수십, 수백 대의 비행기는 별로 주목받는 뉴스거리가 되지 못하지만 그중 단 한 대가 공중납치되거나 추락하면 큰 뉴스가 된다. 자사의 좋은 소식을 뉴스화해야 하는 홍보 실무자들이 새로운 시각을 가져야 하는 이유가 여기에 있다. 주어진 사실의 재구성이 필요하기 때문이다. 시장 점유율이나 가격, 전략이나 회사 규모, 제품과 관련된 기존의 수치들도, 하기에 따라서는, 자연스럽게 자사의 비교우위점에 초점이 맞춰지는 기사가 될 수 있다.

보도자료 작성 보도자료의 승부처는 '헤드라인(제목)과 리드문장(기사의 첫 문장)에 있다. 이 두 문장에 기사화 성공의 90%가 달려있다 해도 과언이 아니다. 기자나 독자의 눈길을 잡아끄는 후크(Hook 고리, 낚시 바늘)가 있어야 한다. 이는 담당 기자들이 하는 보도자료 1차 선별의 평가 척도이기도 하기 때문이다. 그러므로 헤드라인은 핵심을 찌르는 요약된 단어로, 리드문장은 기사 전체 내용을 파악할 수 있게 하면서도 호기심을 자극하는 간결한 문장이어야 한다. 도입부에서 내용을 분명하고 정확히 하되 첫 구절이나 첫 단락에 모든 사실을 제시할 필요는 없다. 역피라미드 형태로 도입부에서 내용을 요약해주고 그 다음에 중요한 순서대로 기사를 써 내려가면 언론 측에서 편집이 용이하다.([참조 5-9] 역피라미드 형태의 기사) 보도자료 작성 시 유의사항으로 놓칠 수 없는 또 하나는 읽기 쉬워야 한다는 것이다. 그밖에, 최초, 최다 등 표현은 기존과 다른 확연한 차별성을 가진다. 그러나 이러한 최상급의 표현을 사용할 때는 반드시 근거자료를 확인해야 한다. 뚜렷한 근거도 없이 미사여구로 채워진 보도자료는 신뢰도를 떨어뜨려 기자와 독자들로부터 즉각 외면되고 만다.

효과 확인(피드백) 보도된 내용에 대한 소비자의 반응은 즉시 조사되어 결과를 마케팅에 반영하도록 해야 한다. 관심 정도, 소비자 문의 횟수, 직접 이용에 미친 영향 정도 등에 대한 분석이 이에 포함된다. 그 결

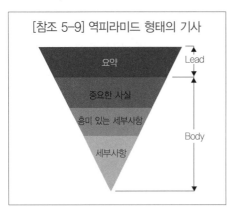

[참조 5-9] 역피라미드 형태의 기사

요약 / Lead
중요한 사실
흥미 있는 세부사항
세부사항 / Body

과들은 향후 보도자료 작성 시에 효율적인 가이드라인을 제공한다. 또한 언론매체와 연결지어 효과를 측정하거나 평가해보는 방법이 있다. 즉, 보도화 활동의 결과로 기업, 상품, 혹은 상표에 대한 기사가 어떤 매체에, 어느 지면이나 시간대에, 얼마만한 크기나 시간으

로 노출되었는가 하는 것들을 측정하여 정리한 뉴스 클리핑, 기사가 나간 매체의 구독률이나 방송 프로그램의 시청률에 따른 계산으로 기사화된 것들의 면, 크기, 헤드라인에 브랜드나 회사명의 언급 여부, 경쟁 브랜드와 함께 다루어졌을 경우 브랜드가 언급된 순서, 논조의 긍정성 여부, 사진 게재 여부 등, 뉴스의 구성 요소들을 각각 점수화하여 완벽한 뉴스 형태를 100으로 보았을 때 몇 점을 받았는가를 계산해보는 방법, 그리고 기사화된 매체의 지면과 크기 혹은 시간대와 길이 등을 동일한 크기의 광고지면으로 따져 환산해 보는 광고비 대비 효과 분석 등이다.

병원에서의 홍보

병원의 홍보기사는 소재에 따라 몇 가지로 분류해 생각해 볼 수 있다. 그 분류와 각각의 분류에 따른 실제 홍보기사의 사례를 찾아보면 다음과 같다.

가. 라이프스타일 관련(대중의 관심을 끌 수 있는, '나'의 생활 속에서 이야기 소재를 찾는다)

사례1. 연세대학교 의과대학의 보고에 따르면, 20~40대 남자 20명을 조사한 결과 뇌에서 심장으로 내려오는 경정맥 피의 속도가, 넥타이를 맨 경우 40% 이상 떨어졌다고 한다. 이뿐만이 아니다. 넥타이를 매면 목뿐만 아니라 허리에까지 그 긴장이 전해지게 된다. 넥타이와 허리띠를 꽉 조여 놓은 상태에서, 불편한 자세가 유발될 경우 경추와 허리의 압박을 초래하여 디스크 질환이 발생할 확률은 매우 높아지게 된다.

사례2. 관절전문 힘찬병원 조사 결과, 성인 여성 10명 중 7명이 평소 하이힐을 즐겨 신고 있으며, 이들 하이힐 여성 3명 중 1명은 편해야 할 운동화를 신으면 오히려 뒤꿈치 통증이나 당김 등 불편함이 나타나는 것으로 조사

돼 발 건강에 주의를 요하고 있다. 역설적이게도 편한 신발인 운동화보다 불편한 신발 하이힐이 더 편하게 느껴지게 발이 적응된 셈이다.

나. 질환 관련(해당 병원의 전문 진료과목에서 정보를 찾는다. 객관성을 놓치지 않는 것이 중요하다)

사례1. 1세 미만 영아화상이 지난 10년간 3배 이상 증가한 것으로 조사됐다. 화상의 주요 원인은 뜨거운 용매에 의한 열탕화상이었다. 한림대학교한강성심병원화상센터는 지난 2000년부터 지난해까지 10년간 화상으로 센터에서 치료를 받았던 1만 8,909명을 대상으로 조사한 결과 이 같이 나타났다고 밝혔다. 이 중 1세 미만 영아화상환자는 13% 정도인 2,489명이었다. 이들의 추이를 분석한 결과 지난 2000년 110명이었던 1세 미만 영아화상 환자가 지난해에는 347명으로 3배 이상 증가한 것으로 확인됐다. 가장 많은 화상 원인은 '열탕화상'으로 2000년 77%(85명)와 비교할 때 10년 후인 2009년에 90.2%(313명)로 그 비율이 20% 가까이 크게 증가한 점도 주목해 유의해야 할 점이다. 주 용매는 2000년에는 가열된 용액이 50.5%(43명)로 대부분이었던 반면 2009년도에는 음식이나 기름이 44.6%(155명)로 가장 많았다.

사례2. 치질환자의 절반가량이 10년 정도 앓다가 병원을 찾는 것으로 조사됐다. 서울외과클리닉이 98년부터 최근까지 이 병원을 찾은 치질환자 260명에게 '발병 후 병원에 오기까지 걸린 시간'을 조사한 결과 10년 이상이 42.7%로 가장 많았다. 4~9년이 뒤를 이었다. 또 10년 이상 치질을 앓고 있는 경우는 여성(55.8%)이 남성(34%)보다 많았다. 치질에 대한 대처법도 '그냥 참는다'가 55.8%로 가장 많았다. 병원을 찾는 경우는 18.8%였다.

사례3. 건강검진 차원에서 처음 대장내시경을 받는 사람 10명 중 4명에게서 대장질환이 발견되는 것으로 나타났다. 이는 식생활이 서구화되면서 나타나는 현상으로 특히 30대에서 대장질환이 크게 늘어나는 것으로 조사됐다.

대항병원은 내시경센터 개설 이후 이 병원에서 대장내시경을 받은 7만 5,760명을 대상으로 분석한 결과 대장암과 용종 등을 포함한 대장질환자가 42.5%에 달했다고 밝혔다.

다. 첨단 장비 관련(대중들로 하여금 기술을 선도하는 리더로서 인식하게 하며, 타 병원과의 우월적 차별화에 효과적이다)

사례1. 국립암센터가 양성자치료기를 도입, 본격 가동에 돌입함에 따라 우리나라 '꿈의 암 치료' 역사의 획기적인 장이 열렸다. 국내 최초로 도입된 양성자치료기는 암 조직만을 정확하게 공격, 기존 X−선 치료에 비해 부작용이 적고 치료 효과도 뛰어나 이들의 삶의 질을 높이고, 생존율을 향상시킬 것으로 예상하고 있다.

사례2. 한양대학교병원이 다빈치 로봇을 이용한 첫 비뇨기수술 후 약 9개월 만에 100회를 돌파했다. 로봇수술은 이비인후과, 비뇨기과, 산부인과 등 다양한 질환에서 시술됐다. 다빈치 로봇수술은 의사의 육안보다 10~15배 확대된 3차원 입체영상으로 수술 시야를 관찰하면서 사람의 손처럼 자유롭게 움직이는 수술도구를 통해 조종하며 시행한다.

라. 신기술 관련(관련 분야의 보편적 지식과 정보에서 자신만의 특화된 새로운 기술과 치료실적을 알린다)

사례1. 서울대학교병원은 인공와우 이식수술에 압도적이다. 이 병원은 지난 1988년부터 시작한지 23년만인 지난해 3월 기준 1,000명을 넘어섰다. 이 수술은 손상된 달팽이관의 기능을 대신할 전기적장치인 '인공와우'를 귓속에 이식해 청신경에 전기적 자극을 직접 가해 청력을 회복시키는 방법이다.

사례2. 국내에서 가장 작은 25주/380g의 초극소미숙아로 태어난 아기가 정상적으로 잘 자라 화제가 되고 있다. 이 생존기록은 국내에 보고된 사례 중 가장 작은 아기이며 세계적으로도 생존 사례가 매우 드물다. 성균관의과대학

교삼성서울병원은 9개월이 지난 현재, 3.5kg까지 건강하게 잘 자라 곧 퇴원을 앞두고 있다고 밝혔다.

사례3. 대구는 모발이식의 성지다. 지금은 많은 병·의원에서 대머리를 위한 모발이식을 하고 있지만 대구는 수준과 권위에서 확실한 차별화를 이뤘다. 그 중심이 경북대병원 모발이식센터다. 이 센터에서는 20년 동안 털 연구를 통해 독보적인 경쟁력을 갖추고 모발이식에 관한 한 국내외를 통틀어 최고 권위 병원으로 꼽힌다.

마. 업적, 수상, 봉사 관련(병원에 대한 신뢰도를 높이는 가장 효과적인 홍보 방법이다)

사례1. 서울아산병원 장기이식센터 심장이식 팀은 지난 1992년 국내 처음으로 심장이식 수술에 성공한 이래 누적수술 300건을 돌파했다. 2010년까지 국내에서 이루어진 전체 547건의 심장이식 수술 중 55%가 넘는 302건이 서울아산병원에서 시행된 것으로 집계됐다.

사례2. 단국대학교병원이 중부권상급종합병원으로는 처음으로 의료기관평가로는 가장 신뢰도가 높은 국제의료기관평가위원회(JCI)인증을 획득했다. 이 병원은 보건복지부가 실시한 국내의료기관인증평가에서도 충남에서는 처음으로 인증을 획득하는 등 국내는 물론 국제인증까지 받아 명실 공히 세계적인 병원임을 공인받은 것이다.

사례3. 서울송도병원(이사장 이종균)은 2007년 몽골로부터 최고의 훈장인 Altan Gadas(북극성)를 받았다. 이 상이 외국인에게 수여된 것은 매우 이례적인 일로, 100% 단독 출자로 울란바타르에 설립한 몽골 송도병원(UBS병원)에 대한 감사의 표현이었다. 이 병원은 우수한 의료진과 첨단의 장비, 선진 경영 시스템을 갖춘 병원으로 발전, 현재 몽골 울란바타르시 최고의 병원으로 국민적 지지를 받으면서 몽골 1차 병원과 협력해 빈곤층 시민 무료

진료, 몽골의과대학 컴퓨터 연구실 개설, 매년 장학금 전달 등을 다양하게 시행하고 있다.

구전

구전이란 특정 제품이나 서비스에 관하여 소비자들 간에 개인적인 직·간접 경험에 대해 긍정적 혹은 부정적인 정보를 비공식적으로 교환하는 자발적인 의사소통행위 또는 과정을 말한다. 애커와 마이어스(Aaker&Myers)는 구전을 '광고의 수신자가 친구나 동료에게 이야기함으로써 때때로 정보의 원천이 되는 형태의 커뮤니케이션'이라 했고, 미국의 시사주간지 뉴스위크는 구전을 뜻하는 입소문을 '전염성 있는 수다. 강렬하고 새로운 사람, 장소, 물건에 관한 사람들의 현실적인 흥분'이라고 정의하기도 했다.

구전의 순환 논리

수천 개의 탁구공을 여기 저기 방안 가득 놓아 둔 방이 있다고 가정할 때, 탁구공 하나가 튀면서 서로 부딪히기 시작되면 그 방 안의 거의 모든 탁구공이 순식간에 연쇄적으로 서로 부딪히는 상황을 상상할 수 있다. 소문도 이와 유사하다. 불특정의 어느 두 사람 사이의 구전이 그 탁구공의 움직임처럼 핵분열과 유사한 연쇄 반응의 방아쇠가 될 수도 있다는 것이다. "이거 일급비밀인데 절대로 남에게 말하면 안 돼. 너 혼자만 알고 있어야 돼. 절대로! 알았지? 절대로!" 가까운 사이에서 쉽게 일어날 수 있는 대화 내용이다. 그러나 '절대로 비밀'은 '절대로' 지켜지지 않는다. 한정된 정보일수록 자기만은 알고 있다는 과시 욕구가 강해져서 더욱 말하고 싶어지기 때문이다. 이렇게 정보를 받은 사람이 또 다시 다른 사람에게 그 정보를 전하고 싶어 하는 구전의 순환 논리가 소문을 확산시키는 원동력이 된다. 항상 1:1도 아니다. 1:2도 되고 1:3도 된다. 구전이 일단 순환을 시작하면 엄청난 폭발력을 갖게 되는 이유이다.

이러한 구전의 시작과 확산 논리는 소위 말하는 '나비 효과(Butterfly Effect)'로도 설명된다. 미국의 기상학자 에드워드 로렌츠(Edward Lorentz)가 1961년 기상관측을 하다가 생각해 낸 이 이론은 '브라질에 있는 작은 나비 날갯짓이 미국 텍사스에 토네이도를 발생시킬 수도 있다'는 가설에서 출발한다. '무엇인가 설명할 수 없는 초기 조건에의 민감한 의존성', 곧 작은 변화가 결과적으로 엄청난 파장과 변화를 초래할 수 있다는 것이다. 구전의 속성 그대로다.

구전의 효과

효과 면에서 구전이 매스 커뮤니케이션보다 우세할 수밖에 없는 데는 몇 가지 이유가 있다. 그것은 상대적으로 매스 커뮤니케이션이 지니는 한계에서 기인한다. 매스 커뮤니케이션은 첫째, 피드백이 어렵거나 느려서 의사소통이 일방적이고 메시지의 즉각적인 수용이 어렵다. 둘째, 메시지가 표적 고객에게 정확하게 전달될 가능성이 낮다. 셋째, 수신자는 메시지의 수용능력에 한계가 있고, 이에 따른 광고의 혼재 현상(Clutter)이 발생한다. 이 결과 소비자들은 선택적인 정보 처리를 하는 경향이 발생되는 것이다. 넷째, 매스 커뮤니케이션은 이질적인 소비자들에게 동질적인 메시지를 전달함으로써 수신자인 소비자 입장에서는 알고자 하는 문제점에 대한 정확한 이해가 어려운 경우가 발생할 수 있다.([참조 5-10] 구전과 매스 커뮤니케이션 비교)

실제, 2004년 당시만 해도 영국의 한 컨설팅회사가 1만 명을 대상으로 실시한 '구매 결정에 중요한 영향을 미치는 매체 조사'에서 전통 광고(아마도 4대 매체)라고 응답한 비율은 15%인 반면, 입소문은 76%에 달했다. 또한 미국의 여론 조사기관, NOP에 따르면 미국인의 92%가 구매 정보 소스로 입소문을 선호한다고 한다.

[참조 5-10] 구전과 매스 커뮤니케이션 비교

특징	구전 커뮤니케이션	매스 커뮤니케이션
메시지의 흐름	쌍방적	일방적
커뮤니케이션 접촉	쌍방적	중간
즉각적인 피드백 양	많음	적음
선택적 과정 극복 능력	크다	적다
대중에 전달되는 속도	비교적 낮음	비교적 빠름
가장 효과적인 단계	태도의 형성, 변화	지식의 변화

구전은 소비자의 행동을 변화시키는 힘을 가지고 있다. 카츠(Katz)와 라자스펠드(Lazarfeld)의 연구에 따르면 식품 및 가구 구매 시 구전이 상표 전환에 미치는 효과는 라디오의 2배, 인적 판매의 4배, 신문이나 잡지 광고의 7배로 나타났다. 또한 구전 시에는 감정적인 요소가 쉽게 개입되므로 기업이나 브랜드의 호의도를 향상하는 데에도 유리하다. 이와 같이 구전은 적은 비용으로 신제품을 히트 상품으로 만들거나 기존의 제품 소비자를 감동시켜 충성도를 높일 수 있다.([참조 5-11] 구전 마케팅의 기대 효과)

구전의 역할

구전 마케팅은 아직, 나름의 이론이 구축되어 있다거나 정리된 마케

[참조 5-11] 구전 마케팅의 기대 효과

신제품	긍정구전 창출→구매 의욕 자극 (매스 미디어→인지도 제고)	→	단골 고객화 고객의 판매원화 브랜드 이미지 관리 호의적 태도 형성	→ 히트 상품화
기존 제품	긍정구전 창출→고객감동 (서비스 강화)			→ Loyalty 강화
	부정구전 감소→설득, 이해 (불만 해소)	→	위기 관리 불만 고객 충성화	

▮구전 마케팅의 성패

성공 사례 구전 마케팅의 효과적인 활용으로 만들어낸 성공 사례의 하나로 딤채 김치냉장고가 있다. 김치냉장고라는 개념 자체가 없던 시절, 대다수 주부들은 '김치냉장고가 뭐 필요해?' 란 반응이었다. 이러한 광고로는 설득할 수 없는 인식의 장벽을 넘어설 수 있게 해준 것이 구전이었다. 우선 서울 강남의 100여 명의 주부들로 하여금 무상으로 제품을 사용해 보도록 하고 반응을 보았다. 하나같이 '김치 맛이 훨씬 좋아지고 그 맛이 오래 지속된다' 는 긍정적인 것이었다. 결국 무상 사용 기간이 지난 뒤 사용 고객들의 구매율이 90%를 넘어섰고, 이 긍정적인 반응을 주부들의 입소문(산업용 에어컨을 전문으로 만든 기업이 김치냉장고를 최초로 만들었다는 내용)을 통해 퍼져나가게 하였다. 결국 딤채는 많은 경비가 소요되는 대중광고를 하지 않고도 높은 제품 정보 전달 효과를 얻음으로써 지금까지도 김치냉장고 부문의 선두 자리를 지키고 있다.

팅 기법이나 정확한 측정 방법이 확보된 것도 아니지만 분명한 것은 그 안에도 인위적이든, 자연적이든 어떤 법칙과 전략이 존재한다는 것이다. 구전은 특히, 브랜드 전환을 유도하여 신제품 사용을 해보게 하는 데에 일반 광고보다 더 강력한 힘을 발휘한다. 그렇다고 해서 구전 마케팅이 모든 신제품을 성공시키는 것은 물론 아니다. 구전을 이용한다 하더라도 신제품 성공 요소는 일반 광고 제품의 경우와 크게 다르지 않다. 기본적으로 경쟁 제품에 비해 경쟁우위점이 있어야 하고 제품이 소비자의 가치나 욕구에 부합해야 한다. 뿐만 아니라 사용 방법이나 개요와 혜택이 간단하고 단순해서 설명과 전달이 쉬워야 한다. 이외에도 제품 구입 전에 실 체험을 할 수 있다면 더욱 효과적일 수 있다.

구전은 또, 제품의 확산에 중요한 역할을 한다. '제품확산이론' 은 원래 의학에서의 감염모델 연구로부터 비롯되었다. 즉, 질병에 걸리는 원인을 스스로 보균을 하는 내부적인 경우와 타인으로부터 감염되는 외부적인 경우, 두 분류로 나누어 생각할 수 있는 것처럼, 신제품의 구매도 같은 구조로 생각할 수 있다고 본 것이다.

요컨대, 신제품 수용도 외부적인 영향(혁신 효과)과 내부적인 영향(모방 효과) 2가지로 생각해 볼 수 있는데, 구전은 바로 소비자들의 모방 효과에 크게 영향을 미치는 것으로 나타난다. 따라서 신제품의 확산에는 초기에 혁신 효과도 중요하지만, 모방을 위한 구전 효과 역시 중요한 역할을 하므로 매스 미디어를 통한 광고뿐만 아니라 구전을 위한 활동 역시 마케팅의 촉진 전략으로 중요한 역할을 하게 됨을 알 수 있다.

구전의 운영 방법

구전 커뮤니케이션을 보다 효율적으로 활용하려면 전체적인 틀에 대한 이해가 필요하다.

전파자 고용 보수를 제공하며 구전 전파자를 고용하는 경우이다. 미국 크라이슬러사는 1963년 신제품 플리마우스에 관한 구전을 일으키기 위해 미국 내 택시기사를 활용하였고, 헤네시 코냑은 멋쟁이 20대들을 동원해 술집에서 헤네시 코냑을 시켜 마시게 함으로써 40%의 판매 증가를 기록했다.

오피니언 리더 활용 타깃을 가능한 한 좁혀서 오피니언 리더(Opinion Leader)에 의해 구전되도록 하는 방법이다. 이를 위해서는 효과를 극대화할 수 있는 영향력 있는 OL을 찾는 작업이 선행되어야 한다. 선정된 OL에게는 정보를 독점적으로 제공한다. 그것은 OL이 독점 정보라는 인식을 가질 때라야 구전이 유발되기 때문이다. 이는 고가의 제품이나 규

실패 사례 2000년 6월 영국에서 포도주를 온라인으로 판매하는 한 닷컴 기업은 구전 마케팅 전략을 추진했다. 신규 회원과 그가 추천한 4명의 친구에게 무료로 여행권을 지급하는 사은행사였다. 신규 회원이 무료여행 참가 단에 선정되었다는 메시지를 4명의 친구에게 보내고 난 후, 4명 중 단 한 사람이라도 해당 사이트에 가입하지 않으면 무료여행 경품을 지급받지 못하는 캠페인이었다. 캠페인 결과는 비참했다. 4명의 친구가 모두 가입해야 여행 경품을 주는 이 캠페인은 수많은 친구들을 서먹해지게 만들었다. 친구를 실망시키지 않기 위해 억지로 가입하거나, 자신이 가입을 안 해 공짜여행을 원하는 친구들로부터 원망을 들었기 때문이다. 결국 사람들은 그 닷컴 기업을 싫어하게 되었으며, 심지어 공짜여행을 즐겼던 사람들마저도 그 닷컴 기업을 적대시한 것으로 나타났다.

▌버즈 마케팅과 바이럴 마케팅

벌이나 기계 등의 윙윙거리는 소리에서 따온 것으로 버즈 마케팅은 온·오프라인을 가리지 않고 벌이는 특이한 광고나 이벤트를 지칭하는 반면에 구전 마케팅은 주로 주부나 동호회 등의 오프라인에서 진행되는 사람과 사람 사이의 정보 전달행위를 말한다. 또한 바이럴 마케팅은 컴퓨터의 바이러스처럼 온라인상에서의 정보 확산이라는 점에서 다르다. 이렇게 볼 때 버즈 마케팅은 구전 마케팅이나 바이럴 마케팅을 포함하고 있는 개념이라고 볼 수 있다. 관심 유발이라는 측면에서 노이즈 마케팅과 유사한 점이 있으나, 버즈 마케팅은 방향이 항상 긍정적이라는 점에서 노이즈 마케팅과도 차이가 있다.

모가 작은 시장 공략에 적합하다. 구체적인 방법은 다음과 같다.

- 리스트를 파악하고 작성한다.
  - 구전을 해주는 OL 리스트를 만들어서 관리한다.(평소 좋은 관계를 유지한다)
  - 다양한 방법을 통해 다양한 계층의 OL 리스트를 만들고 지속적으로 보완한다.
- 정보를 제공한다.
  - 경쟁사와의 비교자료를 제공한다.
  - 고객과 거래 후 1주일 이내에 추가 정보를 제공한다.
  - 일반 소비자들보다 먼저 정보를 가질 수 있도록 해준다.
- 감사를 표시한다.
  - 긍정구전을 해준 고객에게 감사를 표하는 방법을 찾는다.
  - 분야별 구전을 전하는 전문가를 특별히 관리하여 선물을 증정한다.
  - 고객들이 직접적이고 개인적인 친밀감을 갖도록 해준다.
- 새로운 고객을 유도하게 한다.
  - 예상 고객들에게 해당 제품과 서비스에 대한 정보를 제공하도록 권유한다.
  - 새로운 고객이 생기면 추천한 OL에게는 감사의 메일을 보낸다.

구전 자극 티저 광고 캠페인 등을 사용하여 구전의 발생을 유도하는 것이다. 이는 정보원을 대상으로 할 때와 수신자를 대상으로 할 때의 카피가 서로 상이하다. 정보원 대상으로는 새로운 구매를 할 때 발생하는 인지부조화를 이용하여, '친구에게 물어라' 라는 주제로 개발된 카피가 유용하다. 수신자 대상으로는 각자의 정보원으로부터 정보를 찾도록 격려할 때 적절하다. 그 이외에 구전을 자극하는 효과적인 방법으로 PR이 있다. 예를 들어 언론에서 절찬한 논평이 구전의 동기를 제공함으로써 무명업체를 하룻밤 사이에 유명 기업으로 만드는 센세이션을 일으키기도 한다. 구체적인 방법은 다음과 같다.

- OL과 직접 접촉이 어려운 경우 OL이 정보를 수집하는 매체에 광고한다.

□특정 제품에 관한 정보나 의견을 구하는 사람들이 있으면

   – '친구에게 물어라' 혹은 '전문가에게 물어라' 라는 광고를 제안한다.

□대화거리가 있는 광고를 만든다. 실화 극적인 실연, 흥미 있고

   –인간적인 이야기가 좋다.

□소비자들이 쉽게 반복할 수 있는 헤드라인이나 슬로건을 사용한다.

□오락적 가치가 있는 광고를 제안한다. 보통 패러디나 유머를 보여주는 실생활의

   –풍자만화를 보여주되 성차별, 종교와 같은 민감한 이슈는 가능한 피한다.

□실제로 의도한 구전 메시지가 잘 전달되는지 모니터한다.

구전의 유형

기존 제품의 구전은 크게 긍정구전과 부정구전, 둘로 나뉜다.([참조 5–12] 구전의 영향도)

[긍정구전] 고객의 충성도를 제고시키고 호감과 평판을 얻기 위한 것으로 제품보다는 부가적인 서비스로 감동을 유발하는 것이 효과적이다. 구체적인 실행 방법은 다음과 같다.

□만족도가 높은 고객의 리스트를 만들어 새로운 고객의 구전 경로를 파악한다.

□일단 리스트에 올려진 고객은 가족의 정보도 함께 수집하여 관리한다.

□제품 정보 이외에 다양한 정보를 제공하여 고객들에게 유용한 정보

  원천이라는 인식을 갖게 한다.

□신규 고객에게는 기념품과 함께 도움이 될 만한 정보를 제공한다.

□거래 후 1주일 내에 추가 정보를 제공하고 고객만족도를 체크한다.

□제품 구매 전에 그 제품에 대해 누구와 대화를 나누었는지 파악한다.

□고객 접점에서 고품질의 서비스를 제공한다.

□고객이 칭찬에 감사를 표시, 긍정적인 감정 상황을 강화한다.

□고객의 의미 있는 기념일에 메일이나 전화로 축하 메시지를 전한다.

[참조 5-12] 구전의 영향도			
	전이 빈도	전이 속도	내용
긍정 경험의 전이	A 〉 B 〉 C (약 3명)	비교적 느림	있는 그대로
부정 경험의 전이	A 〉 B 〉 C (약 33명)	빠름	과장 및 왜곡

[부정구전(고객 불만 처리)]
평균적으로 만족 고객은 평균 3명에게 자신의 긍정적 경험을, 불만 고객은 평균 33명에게 부정적 경험을 전한다고 한다. 그만큼 부정구전의 확산 속도는 긍정구전에 비해 폭발적인 차이를 보임을 알 수 있다. 또한, 일단 제시된 불만이 제대로 처리되지 않았을 때 가장 큰 불쾌감을 보이는 고객은 대부분 단골 고객이며 그 불만이 만족스럽게 해결되었을 때는 오히려 불만이 없었던 단골 고객보다도 상표 충성도가 더 높아진다는 사실이 나타났다. 부정구전에 대한 대응과 해결이 중요한 이유가 바로 여기에 있다. 그 방법을 몇 가지로 요약하면 다음과 같다.

□부정구전이 발생하면 널리 전파되기 전에 미리 적극적으로 대처한다.
□불만을 가진 고객에게 부정적인 반응을 보이지 않는다.
□고객 응답카드를 작성케 하여 구체적인 불만 요소를 파악한다.
□고객이 마음 놓고 불만을 털어 놓을 수 있는 창구를 상설한다.
□구체적인 불만 표현이 없는 고객의 반응도 함께 파악한다.

병원에서의 구전

제품이나 서비스의 선택을 위한 의사결정에 병원만큼 구전의 영향을 크게 받는 분야도 드물 것이다. 가령 타인의 조언을 통한 선택의 비율이 여행 관련 43%, 자동차 대리점 57%, 영화 53%일 때, 병원은 70% 이상인 것으로 나타났다. 실제, 서울의 어느 한 병원에서 내원객을 대상으로 한 조사에서도 이를 뒷받침하는 결과를 보였다. 이용 경로에 '구전'이라는 응답이 72%였다.([참조 5-13] 이용 경로) 이는 병원이 뭐니 뭐니 해도 입소문으로 먹고 사는 대표적인 서비스 산업 중의 하나라는 사실을 부인할 수 없게 한다.

소문은 바이러스와 같다. 특히 사회적 관심이 높거나 공중의 이익과 직결되는 내용은 전염력이 아폴로 눈병 이상으로 강하다. 전국에서 고객이 골고루 오는 병원들은 대부분 입소문으로 성공한 곳이다. 만족할 만한 치료와 서비스를 받은 고객은 충성 고객이 되어 꾸준히 병원을 소개하고 고객을 보내준다. 무릎인공관절로 이름 난 A원장의 경우가 바로 그러한 구전이 만들어준 수많은 성공 사례 중의 하나이다. 그는 개원 당시, 인지도를 높이기 위해 지역별로 한두 명 씩 고객을 선정, 무료시술을 감행한다. 수술을 받은 그 몇 명의 고객들은 A원장의 충성 고객이 됐고, 자청하여 자신들의 지역 내에서 고객들을 소개하는 PR맨의 역할을 꾸준히 수행하고 있다. 그들 몇 명의 고객들에 의해 A원장을 위한 구전의 생산과 확산이 진행되고 있는 셈이다.

이제 우리는 이러한 사례에 비추어 병원의 구전을 위한 몇 가지 가이드라인을 추려낼 수 있다.

네트워크 허브를 찾아라 네트워크 허브란 특정한 제품에 대해 일반인보다 더 많은 사람들에게 얘기를 퍼뜨리는 소문의 진원지를 말한다. 일반적으로 오피니언 리더로 불리는 그룹이며, 대인관계가 활발하고 영향력이 높은 사람들이다. 병원을 알리는 데는 이러한 허브의 활용이 매우 효과적이다. 병원의 운영자는 허브에 따라 개인적인 친분을 쌓아두어야 할 사람, 차별화된 서비스를 통해 고객의 만족도를 높여야 할 사람을 분류해 충성 고객을 만들어야 한다. 실제 VIP 고객에 대한 별도 관리로, 원장이

[참조 5-13] 이용 경로	
(대상자 : 이용 고객 250명)	
─구전	72(%)
─인터넷	12
─지나가다	10
─방송이나 신문	3
─아는 사람 소개	2

직접 진료를 한다거나 진료 대기시간을 감축, 심지어 진료비의 할인까지를 병원 내규로 정하고 다양한 서비스를 제공하는 병원도 있다.

충성 고객을 묶어라 척추전문 자생한방병원에는 자사모라는 모임이 있다. 이른바 자생한방병원을 사랑하는 모임. 이 병원에서 완치를 한 충성도 높은 고객들의 친목단체로서 회원들의 건강을 도모하는 등반대회, 병원을 위한 봉사활동, 주변의 고객권유 등을 한다. 뿐만 아니라 이들은 병원에 대해 불만 또는 갈등을 느끼는 고객들을 상대로 병원을 이해시키는 역할까지도 수행한다. 이처럼 모임을 운영하는 병원이나 의사들이 심심치 않게 있다. 유방암, 공황장애 등 특정 질환군 고객들의 정기모임을 지원하며 구전의 핵심 허브로 활용하는 것이다.

여성을 적극 활용하라 병원의 경우에도 서비스 모니터 요원을 채용한다거나, 또는 여성을 위한 건강강좌, 병원 투어 등을 통해 여성을 적극 끌어드림으로써 여성 특유의 구전력을 활용하는 방법이다.

체험하게 하라 서비스는 상품과 달리 체험하기 어려운 면이 있고, 고객이라는 특수한 상황이 의도적으로 체험하기 어려운 점도 있다. 하지만 곰곰이 생각하면 불가능한 것만도 아니다. 예컨대 임상자원자모집은 또 다른 면에서의 고객 체험이라고 볼 수 있다. 또 고객이 되어 진료 프로세스를 경험하는 '일일 입원 체험' 프로그램도 좋은 방법이 될 것이다. 병원이 규모가 있다면 정기적으로 지역민을 초청하여 진료과목별로 의술을 소개하고 질환에 대한 계몽을 벌이는 것도 한 방법이 될 것이다.

결국 '구전'은 병원의 가장 매력적인 커뮤니케이션 수단일 뿐만 아니라, 보다 적극적으로 대응해야 할 미디어 중의 하나이다. 그것은 비용이 저렴할 뿐만 아니라, 마케팅 채널로 도달하기 어려운 고객들에게까지도 접근할 수 있는 아주 유효한 수단이기 때문이다. 이제는, 보다 적극적으로, 데이터베이스를 통해 내원객 중에서 오피니언 리더를 추출해내고, 병원에 대한 긍정적인 정보를 유입시킴으로써 그들을 보다 결속된 집단으로 확산시키는 방안에 대한 연구가 요구되는 시점이다.

스토리텔링(Storytelling)

일찍이 미래학자 롤프 옌센(Rolf Jensen)은 그의 책, 「드림 소사이어티」에서 "정보화 시대가 지나면 소비자에게 꿈과 감성을 제공하는 '드림 소사이어티' 가 도래할 것이며 스토리가 이 시대의 중요한 원재료가 될 것"이라고 주장했다. 그의 이 주장은 앞으로 스토리가 하나의 사업이 될 것이라는 것을 의미한다. 그리고 그의 주장은 이미 오늘의 현실 속에서 사실로 입증되고 있다. 있는 그대로의 수많은 정보보다 감성적인 이야기 한 토막이 사람의 마음을 움직이는 '스토리텔링' 이 우리 사회의 흥행 키워드로 등장한 것이다.

스토리텔링의 힘

'스토리텔링' 은 말뜻 그대로 이야기(Story)+나누기(Telling)의 합성어로 '이야기를 가지고 전달하고 소통하기' 이다. 이는 상품에 담겨 있는 의미나 개인적인 이야기를 제시해 몰입과 재미를 불러일으키는 주관적이고 감성적인 의사소통 방법이다.

인간의 뇌는 중요한 사실에 대한 기억을 스토리 형태로 저장한다. 이렇게 저장된 스토리는 이름이나 단어 같은 '맥락 없는 기억' 들 보다 훨씬 오래간다. 스토리는 머리가 아니라 가슴 속으로 스며들기 때문이다. 이해하기 쉽게 외국인에게 창덕궁의 문정전을 설명하고 있는 2명의 가이드를 실제의 예로 떠올려 볼 수 있다. 한 가이드는 그 건물이 조선 성종 때 지어졌고, 임진왜란 때 불탔으며 광해군 때 다시 재건됐다는 역사적인 사실들을 상세히 알려주고, 전문 용어를 써가며 건축양식까지 설명한다. 반면 다른 1명의 가이드는 그곳이 개혁을 꿈꾸던 한 왕세자가 최후를 맞이한 곳이고, 정파 간 분쟁에 휩쓸려 쌀뒤주 속에 갇혀 17일간을 버티다 굶어 죽었으며, 그렇게 굶어 죽도록 명령을 내린 왕이 바로 왕세자의 아버지였다는 충격적인 내용을 소개한다. 과연 어느 가이드의 이야기가 문정전이라는 건물을 관광객들의 기억에 오래 남는 인상적인 설명이 될 것인가? 이외에도 예는 많다. 독일의 로렐라이 언덕, 덴마크의 인어공주 동상, 벨기에의 오줌싸개 동상 등은 그 보잘 것 없는 모습에 명성을 좇아 찾아온 관광객들에게 적지 않은 실망을 준다. 그럼에도 불구하고 이곳은 세계 최고의 관광지로 각광을 받고 있는 이유는 그 하나하나가 가지고 있는 스토리, 강한 스토리텔링의 흡인력 때문이다.

스토리가 주는 효과는 이미 여러 실험에 의해 과학적으로도 증명되고 있다. 2009년 카네기멜론대학교에서 실시한 '사실과 스토리가 사람의 행동에 미치는 영향의 비교 연구' 결과가 그중 하나이다. 연구 팀은 학생들에게 가전제품에 대한 설문지 작성의 대가로 5달러를 주고, 국제자선단체에 기부를 부탁하는 두 종류의 편지를 전달했다. 한 편지에

■「입소문으로 팔아라」저자 엠마뉴엘 로젠(Emmanuel Rosen)이 분류하는 4가지 네트워크 허브

일반적인 허브 특정한 제품의 카테고리 안에서 영향력을 행사하고, 정보의 원천으로 작용하는 일반 시민이다. 일들은 몇몇 사람이나 몇 십 명의 사람에게만 영향력을 발휘한다.

대규모 허브 폭발적인 전파력을 가진 사람들이다. 예컨대 매스컴에 종사하는 사람이나 연예인, 스포츠맨과 같은 유명인, 정치인 등이 여기에 속한다.

전문가 허브 특정 분야에 대해 상당한 전문성을 가진 사람들이다. 예컨대 영화평론가는 영화를 소개하고 홍보하는 데에, 요리전문가는 음식이나 식품과 관련한 상품에 대해 막강한 호소력을 지닌다.

사회적 허브 어느 그룹이든 남들을 이끌어 가는 사람들이다. 동료들이 신뢰하고, 지도력이 있으며, 강력한 리더십을 가지고 있어 일거수일투족이 그룹의 지침이고 잣대가 된다. 크게는 종교인이나 사회지도층 인사일 수 있고, 작게는 동네에서 존경받는 부녀회장이나 동장일 수 있다.

는 말라위의 식량 부족에 관한 현실과 심각한 가뭄이 농작물 부족으로 이어지고 있다는 통계치가, 다른 편지에는 말라위의 가난한 소녀 로키아에 관한 안타까운 사연이 적혀 있었다. 그 결과, 통계치로 가득한 편지를 받은 학생들은 평균 1.14달러를, 로키아의 사연을 읽은 학생들은 평균 2.38달러를 기부했다. 세 번째 그룹의 학생들에게는 두 종류의 편지가 모두 주어졌는데 이들은 로키아의 사연만 읽은 학생들보다 약 1달러 적게 기부했다.

어느 방송사가 스토리의 힘을 말해주는 또 하나의 재미난 실험 결과가 있었다. 서울 한 가운데에서 2개의 사과 판매대를 꾸렸다. B 판매대에서는 "값도 싸고 맛도 좋은 명품 사과가 단돈 1,000원입니다"라고 사과의 맛과 가격을 강조하며 판매를 한 반면 A판매대에서는 "오늘은 2월 14일 밸런타인데이, 사랑 노래만 듣고 자란 사과를 선물해 주세요"라고 했다. 실험 결과 A는 B보다 무려 6배나 많은 판매를 올렸다. 사람들은 사과를 산 것이 아니라, 사랑이야기를 산 것이다.

20세기가 객관적인 정보를 중시하는 이성 사회였다면, 21세기는 경험을 중시하는 감성 사회다. 기능이나 가격에 의한 제품 차별화는 소비자를 움직이는 힘을 잃어가고 있다. 이제는 소비자와 교감할 수 있는 스토리를 창출해

▌스토리텔링의 성공 사례

에비앙 1789년 알프스 산맥의 작은 마을 에비앙에 신장결석을 앓던 한 귀족이 요양하면서 마을의 우물을 마신 후 신기하게도 병이 나았다. 그 물의 정체를 탐구한 결과 알프스의 눈과 비가 여러 해에 걸쳐 녹고 어는 과정을 통해 매우 깨끗할 뿐만 아니라 인체에 좋은 성분이 다량 함유돼 있다는 것을 알게 됐다. 이후 1878년 프랑스 정부의 공식 승인을 받아 상업화한 물이 바로 에비앙이다. 원래 신장결석은 어떤 물이나 많이 마시면 돌이 빠져 나가 낫는 병이라고들 하기도 하지만 이러한 스토리 덕분에 에비앙이 오늘날 세계적인 생수 브랜드로 성장할 수 있었다.

애플 애플은 오늘날의 대표적인 스토리 경영으로 꼽는다. 아이팟에 이은 아이폰과 아이패드의 대성공은 제품의 효용성과 디자인, 애플의 브랜드 가치 때문이기도 하지만, CEO인 스티브 잡스(Steve Jobs)의 드라마틱한 인생 스토리도 큰 몫을 했다. 양부모 밑에서 자라 대학을 중퇴하고 창업한 회사에서 쫓겨났으며 암이라는 극한 상황까지 극복한 그의 스토리가 고객의 마음을 사로잡은 것이다.

페라가모 영화, '7년만의 외출'. 하얀 치마 자락이 지하철 통풍구의 바람에 날리는 매혹적인 장면에서 마릴린 먼로가 신었던 구두가 페라가모이다. 평소 페라가모 마니아였던 그녀가 영화 속에서도 자신의 각선미를 살리기 위해 이탈리아에서 급히 공수해 받았다고 한다. 페라가모는 이 이야기를 지금까지도 광고 메시지에 활용하고 있다.

활명수 지난 112년간 81억 병을 팔면서 국민 브랜드로 자리매김한 동화약품의 소화제 '활명수', 동화약품은 일제 강점기에 이 활명수 판매 대금으로 독립자금을 지원했다는 이야기를 광고 콘셉트로 함으로써 새롭게 주의를 끌어냈다. 이 스토리는 소비자들의 민족주의를 불러일으키고 국가를 대표하는 브랜드로서 포지셔닝하는 데 매우 효과적이었던 사례가 되었다.

정력 맥주 한 때, 맥주의 본고장 독일 바이에른에서 개발된 '세계 최초의 정력 증강 맥주'가 큰 인기였다. 사실 이 맥주로 정력이 증강된다는 과학적인 증거는 없다. 하지만 이 맥주의 제조 과정에 있었던 에피소드가 스토리화 되면서 에로틱 맥주라고 입소문이 나기 시작했다. 독일 시사주간지 슈피겔의 보도에 따르면 "바이에른 쇤브룬 마을의 위르겐 호프는 7년 전 자동화된 맥주공장에서 일했다. 한밤중 기계가 고장 났다는 연락을 받고 공장 바로 길 건너에 살던 그는 짧은 반바지만 걸친 채 공장으로 돌아가 긴 막대기로 걸쭉한 상태의 맥주를 젓기 시작했다. 반나체로 일하면서 이상한 느낌이 들었다"는 것이다. 2개월 후 한 주민이 그날 만들어진 맥주를 마신 뒤 정력이 급격히 좋아졌다고 말하면서 이 맥주는 하루아침에 '변강쇠 맥주'로 마을의 전설이 되었다. 맥주는 일반적으로 정력을 약화시킨다고 인식되고 있는데, 역발상 스토리를 통해서 고정관념을 깬 결과이다.

야 한다. 더 이상은 상품을 팔려하지 말고 스토리를 팔라는 것이다.

스토리에는 사람을 움직이는 강한 힘이 있다.

병원에서의 스토리텔링

지금까지, 병원이 고객을 상대로 자신의 이미지를 높이기 위한 커뮤니케이션 활동의 핵심은 의료기술, 인력, 시설 등의 소위 스펙 알리기였다. 그러나 병원 간의 경쟁이 날로 치열해지고 있는 현 시점에서 그러한 스펙 중심의 커뮤니케이션 메시지는, 어느 병원을 막론하고, 별다르게 차별화된 비교우위점이 되지 못하는 것이 사실이다. 때문에 병원 소비자들의 관심과 시선도 다른 곳으로 옮겨가고 있다. 소비자들이 브랜드나 아이덴티티에 얽힌 사연 등으로 그 병원의 가치를 판단하기 시작한 것이다.

앞서 얘기 된 것처럼 스토리텔링에 의한 커뮤니케이션은 소비자와 감성가치를 나눌 수 있는 기회를 제공한다. 그리고 그 기회는 곧 병원의 차별화 확보를 위한 기회이기도 하다.

병원이 스토리텔링을 이용하여 경쟁적 우위를 확보하기 위해서는 자기만의 차별적 핵심가치 정립이 먼저 요구된다. 그리고 그 핵심가치의 바탕위에서, 소비자에게 연상시키려는 기획된 연상 의미의 집합과 소비

374

자에 의해 이미 형성된 병원에 대한 연상 의미의 집합이 공유되는 부분(공통분모)을 넓혀가야 한다.([참조 5-14] 핵심가치와 이미지 그리고 커뮤니케이션) 이를 위해 필요한 것이 정교하게 개발된 스토리텔링인 것이다.

정보의 취득과 전파가 전에 없이 빠른 오늘의 소비자들이지만 병원에게서 바라는 내용은 크게 변함이 없다. 완벽한 시술, 믿을 수 있는 의료진, 정확한 진료, 질환에 대한 자상한 설명, 친절한 서비스, 최신 의료장비, 사회적인 평판, 청결한 환경 등이 그것이다. 병원의 스토리텔링은 소비자가 원하는 이러한 모든 것의 바탕이 되는, 소비자와 병원, 그리고 의료진 사이에서 변치 않고 지켜내야 할, 그 무엇에서 찾아야 한다. 가령, 이길 수 있다는 의지(나이키), It's difference(애플), 어린이의 안전(레고), 우리는 달에 갈 수 있다(케네디), 예술의 도시(파리), 온천여관(일본 우레시노 강), 음악의 도시(프라하) 등이다. 이것이 바로 핵심가치이며, 스토리 발굴의 원천이다.

병원의 스토리 발굴 프로세스는 그 병원이 지금까지 정성을 기울여 온 진료와 서비스, 새로운 치료기술의 확보 등을 통해 사실적인 볼륨을 만드는 것에서 시작된다. 그리고 간단한 에피소드나 특정 고객과의 갈등, 성공 이야기도 찾아본다. 스토리의 소재가 찾아지고 다듬어지면 소비자와의 커뮤니케이션을 통해서 반응이 큰 것을 '핵심 스토리'로 정리한다.

스토리텔링의 전개 단계는 내부에서 외부로, 작은 미디어에서 큰 미디어로, 작은 실천에서 큰 실천으로, 작은 이야기에서 큰 이야기로 전개함이 바람직하다. 또한 스토리텔링

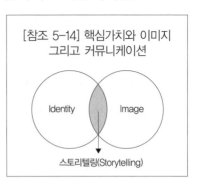

[참조 5-14] 핵심가치와 이미지 그리고 커뮤니케이션

Identity

Image

스토리텔링(Storytelling)

을 더 활성화하기 위한 방법으로는 연중 1~2회 사례발표나 소책자 제작 등도 생각해 볼 수 있겠다.

인간의 공감능력은 다양한 방식으로 활용되고 있다. 어느 기업이나, 성공한 기업에서는 실패와 도전의 이야기가 흐르고 있고, 수많은 스토리들이 상품에 입혀져 소비자들의 마음을 움직이고 있다. 지금 기업들은 어떤 상품을 만들 것인지보다, 어떤 스토리를 어떤 상품에 담아야 할지 고민하고 있다. 병원도 마찬가지다.

3. 소통의 평가

1) 매체 분석

매체 전략이란 광고 목표를 달성하기 위해 어떤 매체의 시간과 공간을 어떻게 효과적으로 활용할 것인가에 대한 일련의 계획을 말한다. 이 계획에는 서로 밀접한 상관관계를 가지고 있어 상호 분리할 수 없는 몇 개의 주요 개념들이 포함된다. 총 노출량과 도달률, 빈도와 유효 빈도가 그것이다.([참조 5-15] 매체 기획 패러다임 변화) 이러한 지표들의 개발과 등장으로 매체 전략은 보다 과학적인 체계를 갖추게 되었다. 결국 매체 전략의 핵심은 목표 수용자에 얼마만큼이나 메시지가 도달되었는가 하는 것이다.

총 노출량(GRP, Gross Rating Point)

일정 기간 동안 매체 운용을 통해 얻어진 각 매체의 시청률(Rating Point)을 합한 것이다. 이 개념은 방송뿐만 아니라 인쇄 매체에도 응용되는 데 모든 시청률 혹은 열독률의 합이라고 할 수 있다. 예를 들어 KBS와 MBC의 각 프로그램 시청률이 각각 25%와 22%고 이들 비이클(Vehicle, 개개의 광고 전달 수단이 되는 매체)에 각각 1개씩의 광고를 게재한다면 GRP는 47%(=25+22)이다. 그리고 만약 이들 비이클에 각각 2개의 광고를 게재한다면 GRP는 94%(=25×2+22×2)이다. 잡지의 경우도 목표 수용자(Target Audience, 이하 T/A로 표기)에 대한 커버리지(Coverage)에 게재 횟수를 곱하여 구한다. 가령 어느 잡지의 주부 구독률이 20%고 1년간 10회 게재하였다면 연간 GRP는 200%가 된다. GRP의 가장 큰 특징은 중복 노출도 계산에 포함하고 있다는 것이다.

다음에서 보듯이 여성지 A와 B의 GRP, 94%는 이들 2개의 프로그램을 모두 시청한 T/A, 5%가 각기 두 번씩 광고 메시지에 노출된 것으로 계산에 포함되어 있다. 즉, GRP 94%는 A만 읽은 T/A(20%)와 B만 읽은 T/A(17%)에 2개의 잡지를 모두 읽은 T/A 5%의 곱을 합한 것이다. GRP의 합 ((20+17+5+5)×2)이다. 이처럼 2개의 잡지를 모두 읽은 T/A는 두 번 계산에 포함되었다는 것을 알 수 있다. 그러므로 GRP가 100%라도 T/A의 100%가 그 프로그램을 본 것을 의미

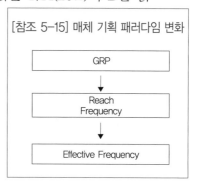

[참조 5-15] 매체 기획 패러다임 변화

```
┌─────────────────────────┐
│          GRP            │
└─────────────────────────┘
            ↓
┌─────────────────────────┐
│         Reach           │
│       Frequency         │
└─────────────────────────┘
            ↓
┌─────────────────────────┐
│   Effective Frequency   │
└─────────────────────────┘
```

하지는 않는 데 GRP는 중복 노출을 감안하지 않고 단순한 시청률의 합계이기 때문이다.

도달률(Reach) 또는 도달 범위

도달률은 병원의 메시지가 일정 기간(통상 4주간을 의미. 광고계획이 월단위로 집행된 데서 유래) 동안 어떤 광고를 통해 최소 한 번, 또는 그 이상 노출된 T/A의 수 혹은 백분율을 말한다. 이것은 광고가 도달되는 사람의 규모를 예측, 계산하는 데 사용된다. 가령 100명의 T/A중 90명이 신문 광고를 보았다면 도달률은 90%이다. 도달률 목표 40이라 하면 4주간에 T/A의 40%에게 광고를 도달시킨다는 뜻이다. 도달률은 시청률, 청취율, 열독률 등의 Rating을 사용하여 계산한다. 예를 들어 중앙지 A와 B의 열독률이 각각 26.6%와 25.4%고, 두 신문에 동시에 노출된 비율이 8.4%라면 도달률은 43.6%가 된다. 즉, 도달률은 2개의 신문 비이클의 열독률의 합, 즉 GRP에서 중복 노출된 사람의 비율을 뺀 것(Reach 43.6%=[26.6+25.4]-8.4)을 나타낸다. 이 도달률 수치가 의미하는 것은 43.6%의 T/A가 중앙지 A나 B, 또는 2개의 신문 모두에 적어

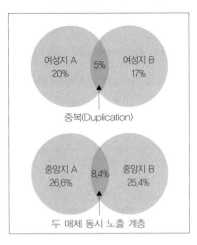

중복(Duplication)

두 매체 동시 노출 계층

도 한 번 이상 노출되었다는 것을 말한다. 이처럼 도달률을 계산하려면 중복 노출된 T/A의 비율을 알아야 한다. 또 다른 예로 4주 동안 광고 메시지에 한 번이라도 노출된 T/A의 수는 10명 중 7명으로서, 비율로 환산하면 70%가 된다.([참조 5-16] 목표 수용자 노출 분포) 도달률은 한 사람이 광고 메시지에 여러 번 노출된 경우라도 한 번으로 계산한다.

따라서 한 사람이 몇 번 보았는가를 나타내는 반복 노출은 계산에 포함하지 않는다. 도달률 100%는 모든 T/A가 광고 메시지를 모두 보았을 경우이다. 반면에 GRP는 광고 메시지에 대한 노출을 기준으로 하여 한 사람이 여러 번 광고 메시지에 노출된 경우도 모두 GRP의 계산에 포함한다. 따라서 GRP는 수치상으로 100%를 넘어갈 수 있으며 상한치가 없다. 참조에서 1~4주까지의 시청률(=도달률)을 모두 더한 값인 140%(=40+30+30+40)가 GRP가 된다.

[참조 5-16] 목표 수용자 노출 분포

표적 오디언스	1주	2주	3주	4주	합계
A	–	–	–	–	–
B	–	–	–	–	–
C	v	v	–	v	v
D	–	–	–	–	–
E	v	–	v	v	v
F	–	v	v	v	v
G	–	–	v	v	v
H	v	–	–	–	v
I	v	v	v	v	v
J	–	–	–	v	v
Rating	40%	30%	30%	40%	70%

〈주〉 – : 광고 미시청, v : 광고 시청

빈도(Frequency)

이 개념은 광고에 노출된 T/A가 단위 기간(일반적으로 4주) 동안 평균적으로 몇 회씩 광고에 접하였는가를 밝히는 것이다. 즉, Frequency는 광고 메시지에 노출된 평균 횟수이다. 가령 총 10명의 T/A 중에서 광고 메시지에 한 번 이상 노출된 사람은 7명이고, 단 한 번 노출된 사람은 2명, 두 번 노출된 사람은 2명, 세 번 노출된 사람 2명, 다섯 번 노출된 사람은 1명이라 할 때, 이들 총 노출 횟수는 14번이고 평균 빈도는 총 노출 횟수인 14를 7명으로 나눈 2회가 된다. 또한 도달률 90%에 빈도 6.0이라 하면 90%의 T/A가 평균 여섯 번 광고에 노출되었음을 의미한다. 여기서 우리가 주목할 점은 이 Frequency가 광고 집행자의 입장에서가 아니라 T/A 입장에서의 노출 횟수라는 것이다. 때문에 어떤 의미에서는 단순히 광고의 도달을 의미하는 Reach 보다 좀 더 중요한 개념이 Frequency다.

상호작용

이제 총 노출량(GRP)과 도달률(Reach), 그리고 빈도(Frequency)가 어떻게 상호작용하는지에 대해 상황을 단순화한 예를 통해 알아본다.([참조 5-17] GRP, Reach, Frequency 간 상호작용) 우선, T/A를 10명으로 하고, 광고는 5개의 프로그램(A~E)에 게재하는 것으로 한다. 이러한 상황에서 개별 수용자와 매체 노출상태를 정리한 것을 보면(X를 각 수용자가 시청한 프로그램을 의미한다고 할 때), 4명의 T/A(1,3,5,6)가 프로그램 A에 노출되어 A의 시청률은 40%이다(10개 중 4개). 또 총 노출량(GRP)은 5개 프로그램 각각의 시청률을 합한 200이 된다. 전체를 보면, 10개 집단 중 8개(4와 7을 제외하고) 집단이 최소한 한 번은 노출되었음을 알 수 있다. 이것으로 도달률은 80%로 산정된다. 평균 빈도는 GRP(200)를 도달치인 80으로 나누어 얻어진다. 즉, 2.5회이다. 도달, 빈도, GRP는 이렇게 상호 관련을 맺고 있다.

[참조 5-17] GRP, Reach, Frequency 간 상호작용

Target Audience	Program					Frequency
	A	B	C	D	E	
1	x	–	x	–	x	3
2	–	–	–	x	–	1
3	x	–	x	–	x	3
4	–	–	–	–	–	0
5	x	x	x	x	x	5
6	x	–	x	–	x	3
7	–	–	–	–	–	0
8	–	–	–	–	x	1
9	–	–	–	x	–	1
10	–	x	x	–	x	3
Rating	40	20	50	30	60	200GRP

다음은 횟수에 따른 도달률과 빈도의 사례이다. 매체별 시청률(A~C)이 A매체 9%, B매체 6%, C매체 9%라 할 때 1회 도달률은 24%이고, 2회는 11%, 3회는 4%며 전체 도달률은 39%, 빈도는 1.4회가 된다.([참조 5-18] 횟수에 따른 도달률과 빈도 분석)

제한된 광고예산에서 도달률의 증가는 보통 낮은 빈도를 가져오며, 반대로 빈도가 높을수록 도달률은 낮아진다. GRP는 또한 도달률과 빈도의 곱으로서 계산된다(GRP=Frequency × Reach). 예를 들어, GRP가 140%라면, 이는 도달률(70%)에 빈도(2회)를 곱한 결과(GRP

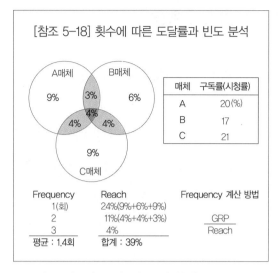

[참조 5-18] 횟수에 따른 도달률과 빈도 분석

매체	구독률(시청률)
A	20 (%)
B	17
C	21

Frequency   Reach   Frequency 계산 방법
1(회)   24%(9%+6%+9%)
2   11%(4%+4%+3%) $\dfrac{GRP}{Reach}$
3   4%
평균 : 1.4회   합계 : 39%

140%=70%×2)와 같다. 즉, GRP는 도달률과 빈도의 함수관계라는 것을 말해준다. 즉, 도달률이 증가하거나 빈도가 증가하면 GRP는 증가하게 된다.

DAGMAR 모형에 의거하여 소비자의 광고 수용 단계에 따라 도달률과 빈도를 적용해 보면 광고 목표가 인지에서 시작하여 이해, 확신, 행동처럼 보다 더 높은 단계로 이동할수록 매체 목표는 도달률보다 빈도를 더 많이 강조하게 된다.([참조 5-19] 광고 목표, 매체 목표, 그리고 매체 선택과의 관계) 즉 목표 수용자들의 반응이 단순한 기억 창출에서 태도 변화 및 행동 변화로 옮겨갈수록 도달률보다 빈도가 더 강조된다고 할 수 있다.

[참조 5-19]
광고 목표, 매체 목표, 그리고 매체 선택과의 관계

광고 목표	매체 목표	매체 선택 전략
(DAGMAR 모형)	도달률 강조	표적 수용자 층이 이질적인 매체 사용
인지/기억 창출		
이해/지식 창출	↓	↓
확신/태도 변화		
행동 강화/변화	빈도 강조	표적 수용자 층이 동질적인 매체 사용

2) 효과 측정

유효 빈도(Effective Frequency)

기업의 1차적인 관심사는 광고 메시지가 얼마나 많은 T/A에게 얼마나 자주 도달되었는지에 대한 것이다. 즉, 가장 최적의 Reach와 Frequency의 조합을 찾는 것이다. Reach가 너무 낮아 기대하는 크기만큼의 T/A에게 도달하지 못하면 높은 인지도를 얻을 수 없듯이 Frequency 또한 너무 낮아서 역치 이하로 노출된다면 어떠한 반응도 불러일으킬 수 없다. 예를 들어 한 컵의 물에 스푼으로 설탕을 넣어가며 맛을 본다고 가정할 때, 만약 세 번째 스푼의 설탕이 넣어졌을 때 비로소 단맛이 느껴졌다면, 이 세 번째의 한 숟갈의 설탕이 바로 역치(Threshold, 자극이 증가함에 따라서 이전에 없던 반응이 나타나는 어느 시점에 대한 계량적 수치)가 되는 셈이다.([참조 5-20] S자 형태 반응함수 곡선)

유효 빈도는 이러한 역치의 개념을 광고에 대한 소비자 반응에 대입하여 반응을 끌어내는 광고 노출 횟수를 산정해 내는 것이다. Naple이 1973년에 발표한 연구 논문(Monograph)에 의하면 특정 제품의 구매 주기 동안 인지도나 호감도 등의 커뮤니케이션 효과를 위해서는 최소 3회의 노출 횟수가 필요한 것으로 나타났다. 즉 광고 메시지에 3회 이상 노출될 때 비로소 T/A들이 반응을 보이기 시작한다는 의미다. 일반적으로 가장 적절한 수준의 노출 횟수 혹은 노출 빈도 범위는 3~10회로

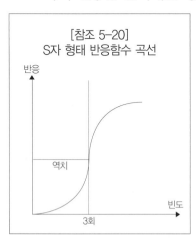

[참조 5-20]
S자 형태 반응함수 곡선

반응

역치

빈도

3회

알려져 있다. 즉, 노출 횟수가 3회 미만이면 도달률을 비효과적 노출, 11회 이상은 과잉 노출, 16회 이상은 부정적 노출이라고 한다.([참조 5-21] 총 노출량과 효과적 노출량) 매체계획에서 노출 빈도

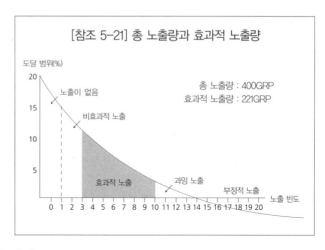

[참조 5-21] 총 노출량과 효과적 노출량

를 중시하는 이유가 여기에 있다.

유효 빈도 이론에 따르면 광고에 투입되는 GRP의 상당 부분이 비효율적으로 사용되고 있음을 알 수 있다. 다음 예에서 유효 빈도 범위 3회에서 10회까지 이 범위 내에서의 도달률의 산술적 합계치를 구하면 221%가 된다. 이를 효과적 노출률(Effective Rating Point)이라 할 수 있다. 그리고 ERP 221%는 총 노출률인 400 GRP의 약 55% 수준이며, 따라서 전체 광고 투입량의 약 55%만이 효과적으로 사용되었다는 사실을 알 수 있다. 따라서 매체계획을 할 때 Effective Frequency 범위 내에서 효과적 노출량(ERP)을 극대화되도록 광고 스케줄을 구성하는 것이 바람직하다. Effective Frequency 개념은 광고주의 90% 이상이 실행할 만큼 중요한 개념으로 자리 잡게 되었다.

매체 비이클의 비용 효율성 평가지표로 CPM과 CPRP/CPP가 있다. CPM(Cost Per Mill/Cost Per Thousand)은 T/A 1,000명에게 도달하는 데 드는 비용으로서 효율을 비교할 수 있는 지표가 되며, CPRP/CPP(Cost Per Rating Point)는 T/A 1%의 시청률을 얻기 위해 투입된 광고비의 규모를 말한다. CPM과 CPRP는 동일한 시청률이나

▌에펠탑 효과

미국의 사회심리학자 로버트 자이언스 (Robert Zajonc)는 '단순 노출 효과'를 주창했는데 어떤 사람을 그저 자주 보기만 해도 그에게 호감을 갖게 된다는 가설이다. 이를 두고 '에펠탑 효과'라고도 한다. 프랑스의 명소인 에펠탑이 유명해지는 과정에서 유래된 마케팅 이론이다. 프랑스 대혁명 100주년을 기념하기 위해 이 탑이 최초 건립될 당시엔 시민들의 반대가 심했다. 그 이유는 철골 괴물의 에펠탑은 고풍스러운 파리의 도시 미관을 해치는 흉물로 생각했기 때문이다. 그래서 20년 후 에펠탑 철거를 약속하고 건립을 이행했는데 시민들로부터 많이 노출되었다. 이렇게 노출됨으로써 에펠탑에 정이 들기 시작했고 지금은 프랑스 연간 관광객이 최대인 명소로 꼽히고 있다. 에펠탑이 천대를 받다가 환대를 받게 된 이유는 바로 시민들과 친숙해진 '반복 노출 효과' 때문이다. 이 이론은 많이 보면 볼수록 친밀감이 상승하고 그 대상에 대해서 우호적으로 바뀜을 의미한다. 우리는 이 에펠탑의 사례에서 '흉물스럽다'던 파리 시민들의 시선이 호감으로 바뀌는 어느 시점을 유추해 볼 수 있다. 얼마나 자주, 얼마나 많이 보게 되면 긍정적이 되는가 하는 것이다. 곧 유효 빈도다.

도달률을 가진 비이클이나 광고 스케줄이 있을 때 사용되다보니 이 두 개념은 매체 비이클 간의 비용 효율성을 상호 비교하여 효율적인 비이클을 선정할 수 있도록 해준다. CPM과 관련해 어떤 프로그램 A와 B에 노출된 T/A가 모두 300만 명이고 A와 B의 광고비가 각각 2,000만 원과 3,000만 원이라면 A의 CPM은 6,666원(2,000만÷300만×1,000), B의 CPM은 1만 원(3,000만÷300만×1,000)이 된다. 그러므로 T/A는 같지만 집행된 광고가 비용 효율적인 측면에서는 A프로그램이 더 효과적이다. 다음은 CPRP 예로 프로그램 C와 D의 시청률이 30%이고 광고 비용이 1,000만 원과 2,000만 원일 때, C의 CPRP는 약 33만 원(1,000만÷30) D는 약 66만 원(2,000만÷30)이다. 따라서 C가 효과적이라 할 수 있다. CPM과 CPRP를 계산하는 공식은 매체마다 약간씩 다르다.

매체 기획 담당자는 매체 집행뿐만 아니라 그 매체에 광고를 집행해야 하는 이유에서부터 예산의 양과 그에 따른 효과에 이르기까지 최종적인 매체 효율성 분석에도 적극적이어야 한다. 우선 신문 매체를 집행하고 난 후 몇 가지 기본 비교원리들이 있다. 가능성 있는 매체 요인들은 질적인 측정치들과 마찬가지로 구성율, 도달 범위 및 효율성의 견지에서 비교되어야 한다. 다음은 이러한 개념들을 설명하고 있다.([참조

5-22] 매체 집행 후 X
신문 평가 분석 예)

T/A는 18세 이상의
남성이고 전체 인구는
8,000만이다. 신문 X는

[참조 5-22] 매체 집행 후 X신문 평가 분석 예

Target Audience-Males 18+
(Population Universe-80.0MM)

Total			Males 18+			
	Audience (MM)	Audience (MM)	Composition (M)	Coverage	Cost	CPM
Newspaper 'X'	15.0	10.0	66.7%	12.5	$50.0	$50.0

1,500만의 독자를 수용자로 확보하고 있으며, 그중에서 1,000만이 성인
남성이다. 여기서 구성율이란, 전체 수용자에서 목표가 되는 예상 수용
자가 차지하는 백분율을 말한다. 그러므로 이 신문은 66.7%의 T/A를
구성하고 있다고 하겠다. 매체를 평가할 때 구성율이 높아질수록 매체
수단은 보통 더욱 적합하게 된다. 이러한 방법의 목표 설정은 예상하지
않는 수용자에게 전달되는 낭비를 감소시켜 준다. 앞서 말했듯이,
1,000만의 성인 남성이 X신문을 평균적으로 읽고 있다고 할 때, 18세
이상의 남성이 8,000만이므로 도달 범위는 12.5가 된다. 매체의 도달
범위가 높으면 높을수록, 도달율도 높아지게 된다. 마지막에 나와 있는
수치 CPM은 대단히 유용한 것이다. CPM은 2~3개의 매체에 드는 상대
적인 비용을 비교할 수 있게 해준다. 따라서 CPM을 통하여 가장 효율
적인 매체를 결정할 수 있다. CPM 공식은 비용을 목표 수용자의 수로
나누어 1천배를 하는 것이다. 신문 X의 경우, CPM은 5달러(5만 달러를
18세 이상의 남성 1,000만으로 나누어 1,000을 곱한다)이다.

측정 방법

어떤 기업은 광고비로만 수백만 달러를 쏟아 붓는다. 이러한 막대한
예산을 쏟아 부을 때는 그만큼의 결과가 나올 것이라는 계산이 있기 때
문일 것이다. 그렇다면 예상했던 결과가 나왔다는 것을 어떻게 측정할

수 있을까? 이 측정은 생각보다 쉽지 않다. 광고의 효율성 측정 방법의 대부분은 판매량의 변화보다는 광고 메시지가 얼마나 잘 전달되고, 인지되고, 또 기억되는지에 초점을 맞춘다. 다시 말해 소비자들의 입에 가장 많이 오르내리는 광고를 최고의 광고로 꼽는 것이다. 그러나 소비자들의 뇌리에 남고 소비자들의 관심을 많이 끈다고 해서 그것이 꼭 판매 증가로 이어지지는 않는다. 그 한 예로 미국의 소화제 알카셀처를 들 수 있다. 1970년에 제작된 알카셀처의 TV 광고 시리즈는 소비자의 눈길을 끄는 데 성공했을 뿐 아니라 그해 광고상들을 휩쓸다시피 한다. 그러나 무려 2,200만 달러의 비용을 퍼부은 이 광고는 판매에 기여하지 못한다. 오히려 판매의 급속한 감소가 나타났다. 물론 판매 하락이 그 유명한 광고 때문이었다고 할 구체적인 증거는 없다. 그렇다면 수백만 달러를 쏟아 부은 광고의 가치를 우리는 과연 어떻게 측정할 수 있을까? 현실적으로 광고 효과에 영향을 주는 변수가 너무 많다보니 정확한 측정은 불가능하다고 하더라도 최소한 어느 정도 액수의 광고비가 적당할지, 어느 정도면 너무 많고, 또 어느 정도면 너무 적은지 정도만이라도 알 수는 없을까?

광고 크리에이티브나 매체 운영계획 같은 광고적 변수들과 상품 특성, 소비자, 경쟁사, 가격, 유통, 시장 경기 등의 예측하기 힘든 광고 외적 변수들이 광고 효과에 미치는 영향의 정도는 보는 관점과 상황에 따라 크게 다르지만 현업에 가장 많이 사용되고 있는 광고 효과 조사 방법으로는 도달 효과, 커뮤니케이션 효과, 매출 효과가 있다.

도달 효과 일반적으로 광고비의 투입은 Reach, Frequency, GRP, Effective Reach 등의 효과 측정 모델을 통해서 효과를 계량화하고 경쟁사의 광고 노출 수준을 감안하여 차기 목표 대비 광고예산과 노출 기간, 시점들을 결정하게 된다.

24~59세의 기혼 여성을 메인 타깃으로 하는 A를 가상의 브랜드로 삼아 목표 도달 효과 달성을 위한 매체비 집행의 예를 서술해보면 다음과 같다. "기본적인 도달 효과를 확보하기 위한 매체로 TV, 신문이 설정되었고, 타깃에 대한 노출 극대화를 위해 보조적으로 CATV, 라디오, 옥외, 인터넷 등을 사용했다. TV의 경우 런칭 시 85%의 T/A에게 도달할 수 있는 수준에서의 예산으로 최소 월 5억 5,000만 원이 도출되었고, 이를 통해 520GRP와 평균 5.7회 정도를 노출할 수 있도록 한다는 가이드가 설정되었다. 약 7개월 동안 TV와 신문을 주력으로 약 100억 원의 광고비가 투입되어 소비자를 설득하였다. 캠페인 진행 중 경쟁사들의 노이즈가 심해지면서 광고비가 초기 계획보다는 많이 투입되었지만 결과적으로는 시장이 그만큼 커졌다는 판단 아래 적절한 투입으로 보인다."

커뮤니케이션 효과 만약 위의 A브랜드가 런칭과 함께 실행한 광고에 대한 1차 조사 결과와 이후의 2차 조사 결과로 제품군의 보유율이 24%에서 30%로 약 6% 정도 올랐고, 향후 제품 구매 의향도 35%에서 52%로 약 20% 가량 상승했다면, 그리고 무엇보다 브랜드의 인지도가 22%에서 57%로 2배 이상의 성장을 보였다면(물론 그러한 지표 상승 요인이 광고에만 있다고 보기는 어렵지만) 광고가 단기간 내 큰 변화를 준 중요 요소로 해석할 수 있다.

매출 효과 광고 노출 기간 동안 자사와 경쟁사의 자료 수집을 통해 매출 및 판매 효과 등의 상관성을 추론하고 이를 바탕으로 다시 계획을 수립하는 방법이다. A브랜드가 만약 연중시기에 민감한 품목이라면 매출 효과의 변동과 광고비 지출 곡선은 매우 민감하게 반응한다.

광고비를 얼마나 더 써야 몇 %의 매출이 오를 것인지, 감성소구가 좋

▌ 듀폰사의 광고 효과 측정

듀폰은 광고의 효과 측정 실험을 했던 최초의 기업으로 알려져 있다. 듀폰회사의 페인트 제조본부에서는 56개 판매지역을 높은 시장 점유율, 평균 시장 점유율, 낮은 시장 점유율을 가진 지역으로 나누었다. 그 후 판매지역을 다시 세 그룹으로 나누어 각 그룹의 광고비를 다르게 하였다. 즉, 제1그룹은 정상적인 광고를 하고, 제2그룹은 정상적인 광고의 2.5배를 더하고, 제3그룹은 정상적인 광고의 4배를 한 후 판매 효과를 측정하였다. 그 결과 가장 광고를 많이 한 제3그룹의 매출은 증가하였지만 투자비용에 비하여 낮은 증가율(수확체감의 이론에 의한)을 나타냈으며 시장 점유율이 높은 지역에서 판매 증가가 아주 낮았다 한다.

을지 이성소구가 좋을지, 신문 어느 면이 좋을지, 주말연속극인지 심야 뉴스 프로그램인지, 3개월 집중 노출이 좋을지 1년 이상의 장기간 노출이 효과적일지 등, 광고 효과를 높이기 위해 고려해야 할 변수는 많고 많다. 그리고 그 수많은 변수들을 종합하고 통제해서 가장 효과적으로 광고를 제작하고 매체에 집행하는 명확한 방법은 영원히 나타나지 않을 것이다. 다만, 제품과 소비자가 처한 상황을 고려하여 보다 객관적이고 이상적인 방법을 찾기 위한 지속적인 노력 속에 바라는 해답의 근사치가 있을 것이다.

요컨대, 매체 기획에 모범답안이란 없다. 과학적이고 치밀한 매체 기획은 충분한 시간과 정보를 토대로 한 자료의 축적과 반복적인 분석을 필요로 하는 작업이다. 결국 매체 기획서의 질은 활용 가능한 정보의 양과 그것들을 다루는 노력에 비례한다.

4. 예산 수립

광고예산의 설정은 광고계획에 있어서 빼놓을 수 없는 중요한 요소 중의 하나이다. 하지만 광고가 상품 매출에 미치는 효과에 대한 정확한 측정치의 부재 등 여러 복합적인 요소들이 광고예산의 결정을 어렵게 하고 있다.

388

1) 비용과 효과

　　광고의 양에는 상품 판매에 비로소 영향을 주기 시작하는 역치라는 하한선이 있고 또 반대로 아무리 더 하여도 더 이상은 판매에 영향을 주지 못하는 상한선이 있다. 따라서 Threshold 이하의 광고는 전혀 하지 않는 것과 마찬가지이며, 상한선 이상의 광고는 쓸데없는 낭비가 된다. 때문에 그 하한선과 상한선 사이, 어느 정도 분량의 광고가 효과와 이윤을 극대화할 수 있는 수준이 되는가를 찾아내는 일이 예산계획의 핵심이 된다. 결국 예산이란 돈을 쓰되 어떻게 써야 가장 효율적인가를 찾아내는 것이다. 이는 우리가 흔히 예산계획이라 불러왔던 개념, 즉 이미 결정되어 있는 일정 양의 광고비를 어느 매체에 어떻게 할당할 것인가 하는 이른바 비용 분할과는 전혀 다른 개념인 것이다.

　　마케팅 비용과 그 효과 간의 상관관계에 대해서는 미국의 보스턴컨설팅그룹이 내놓은 흥미로운 자료가 있다. 소비재 75개 품목을 대상으로 한 분석에 따르면 전체 판매량 중 광고 영향을 받은 비율은 1~50%로 품목에 따라 큰 차이를 보였다. 또한 1달러 마케팅 비용 증가에 따른 매출 증가액도 0.04~2.75달러로 제각각이었다. 그리고 판매량 1% 포인트 증가를 위해 지출한 비용은 최저 10만 달러에서부터 최고 1,800만 달러까지의 다양한 결과가 나왔다. 이와 같이 똑같은 비용을 사용했을 때, 그 효과가 최대 180배 차이가 난다면 경영자로서는 대번에 "도대체 어떻게 쓰는 것이 제대로 쓰는 거야?"라는 의문이 생기지 않을 수 없다. 때문에, 예산계획은 '이 정도가 늘 사용해왔던 비용이므로 이번에는 이만큼 사용한다' 라는 전통적인 인식을 극복하고 '수치화 된 투자와 그에 따른 보상' 이라는 개념에서 수립되어야 한다. 그러나 실제로는 몇 가지 문제들 때문에 명확한 계획 수립에 어려움이 따른다. 그것은 결과에 대한 완벽한 예측이 불가능하다는 것이다. 즉, '이만큼 비용을 들이면 반드시 이런 결과가 나타난다' 라는 일관성이 존재하지 않으므로 경험이나 직관에 의존할 수밖에 없어 예산에 따른 결과 예측이 어느 정도 가능하긴 하지만 늘 오류가 발생할 소지가 있다. 예산계획 수립에서 나타나는 또 하나의 어려움은 비용에 대한 효과가 늘 일정한 기간 뒤에 발생되는 것이 아니라는 것이다. 어떤 광고는 예산을 집행한 뒤 바로 효과가 나타나기도 하지만 어떤 광고의 경우에는 시간이 한참 흐른 뒤에 누적 효과로서 나타나기도 하기 때문이다. 다시 말해 예산은 일정한 회계연도 단위로 명확히 구분되는 반면, 그 예산에 의한 광고 효과는 회계연도 안에 나타나지 않을 수도 있기 때문에 이번 회계연도의 예산을 얼마로 할 것인가를 결정하는 일이 그만큼 까다로울 수밖에 없다.

2) 수립 방법

매출액 비율법 미국 광고계에서 가장 널리 이용되는 광고예산 설정 방법 중의 하나이다. 하와이대학의 시노디노스 교수와 그의 동료들이 미국 현업 광고인들을 대상으로 실시한 조사 결과에 의하면 설문 대상자의 48%가 이 방법을 이용해 본적이 있다고 응답했다. 이 방법은 크게 2가지로 나눠지는 데 전년도 총 매출액의 일정한 비율을 광고에 투자하는 '전년 매출액 비율법'과 내년 예상 매출액의 일정한 비율을 광고에 투자하는 '예상 매출액 비율법'이 그것이다. 여기서 일정한 비율은 각 상품별, 기업별마다 조금씩 차이를 보이지만 일반적으로 상품의 주기에 따라 신상품 광고일 경우 매출액의 15% 안팎, 그리고 기존 상품일 경우 5~10% 정도가 되는 것으로 알려져 있다. 이런 매출액 비율법은 상품을 둘러싸고 있는 여러 가지 시장 환경이 단기간에는 커다란 변화를 초래하지 않는다는 전제 아래 이용되고 있다. 그러나 시장 환경에 큰 변화가 일어나거나 경쟁이 치열한 시장구조 내에서는 매출액이 일정한 비율로 단조롭게 증가되는 것이 아니므로 이 방법이 큰 허점을 보일 수 있다. 뿐만 아니라 매출액 비율법은 광고가 매출을 일으키는 원인 요소로서가 아니라 결과로 고려된다는 단점을 가지고 있다.

여가분 전액 투자법 필수적인 고정비용과 유동비용에 투자하고 남은 금액 전부를 광고에 투자하는 방법이다. 이 예산안 설정 방법은 많이 광고할수록 매출액이 증가한다는 비례적 관계를 전제로 하고 있다. 하지만 광고를 아무리 더해도 상품 매출액이 증가하지 않는 포화 매출 단계가 있음을 고려할 때, 가장 비과학적이고 비경제적인 방법이라 할 수 있다. 뿐만 아니라 광고를 상품 매출액 증가를 위한 유동적 투자라고 생각한다면 '여가 분의 금액'이 가진 개념조차가 불투명하다는 단점이 있다. 실제로 이 방법은 미국 현업 광고주의 12% 정도가 사용해본 적이 있다고 응답했다.

목표 달성법 광고의 목표를 우선적으로 설정하고 이 목표를 달성하기 위한 필수적 비용을 광고예산으로 설정하는 방법을 의미한다. 즉, 목표로 잡은 상품 매출액 달성을 위해 설정한 도달률과 도달 빈도에 맞추어 매체계획을 세우고 그에 필요한 예상비용을 광고예산으로 결정하는 방법이다. 가장 합리적인 것임에도 실제로는 그다지 많이 이용되지 않았으나, 점차 늘어 과반수 이상의 기업들이 선호하는 예산 설정 방법이 되었다. 그러나 이 방법도 상품 매출 목표와 이를 달성하기 위한 커뮤니케이션 목표 사이의 상관관계를 명확히 규정할 수 없는 까닭에 광고 목표치의 정확한 설정이 어렵다는 단점을 안고 있다.

경쟁적 동등법 주요 경쟁사의 광고예산액을 참고하여 그에 상응하는 예산을 설정하는 방법이다. 경쟁적 동등법 또한 여러 가지 형태로 나누어질 수 있는데, 우선 기업의 최대 경쟁사의 광고비용과 유사하게 광고예산을 설정하는 방법과 시장 리더의 광고예산을 따르는 방법, 그리고 모든 경쟁자의 평균 광고비용을 산출하여 이를 광고예산으로 설정하는 방법 등이 있다. AC 닐슨사의 J. O. Peckham에 의해 개발된 경쟁적 광고예산 비율법에 의하면 특정 기업이 10%의 시장 점유율을 획득하기 위해서는 전체 시장 광고비용의 15% 정도를 광고에 투자해야 한다고 알려져 있다. 다시 말해서 시장 점유율과 광고 점유율의 비율은 대체적으로 1.5 정도인 것으로 나타났다. 그러나 이런 비율적 관계는 모든 분야에 해당되는 것이 아니라 식료품이나 의약품과 같이 광고 연동성이 높은 시장에 주로 적용된다.

주관적 판단법 실무 경험과 주관적인 판단을 토대로 한 매니지먼트의 주관적 광고예산 설정 방법이다. 즉, 시장 내에서의 시행착오로부터 얻어진 지식을 토대로 과거에 성공적이었던 방안을 채택하는 것이다. 하지만 이 방법은 치열한 경쟁과 시시각각으로 바뀌는 현대의 시장 환경을 고려할 때 적응력이 떨어지는 방안이 될 수 있다. 실제로는 비교적 많은 미국 광고주들이 이 방법을 채택하고 있다. 조사 대상자의 총 33% 정도가 이 방법을 이용한 적이 있다고 응답하였다.

마진 분석법 추가 광고비용이 추가 수입과 일치하는 시점에서 광고예산을 설정하는 방법이다. 요컨대, 1달러의 추가 광고비용이 1달러의 추가 수입으로 나타나는 시점을 광고비용 설정의 가장 적절한 기준으로 보는 것이다. 추가 광고비용이 더 이상의 수익 증가를 가져오지 않는 시점. 이는 순 이익(Net Profit)이 최대가 되는, 즉 광고비용과 총 수익의 차이가 최대가 되는 위치를 말한다. 이 마진 분석법 역시, 광고비용과 상품 매출의 상관관계, 즉 광고의 판매 기능을 계수적으로 표시할 수 있을 때만 가능하다.

실제에 있어 기업들은 위에 예시된 어느 한 가지 방법을 사용하기보다는 몇 개의 방법을 병행해서 이용하는 것으로 나타났다. 그 선택은 기업의 내부적 상황, 여유자금, 시장 경쟁 상황 등 여러 가지 요소들에 의해서 결정된다.

데이터베이스 구축

보다 정확한 광고 매출 기능의 측정을 위해서는 여러 가지 데이터베이스가 필수적이다. 이런 필수적 데이터베이스로는 시장 실험을 통한 지역별, 브랜드별, 매체별, 데이터 분석 결과, 최근 수십 년 동안의 광고비용과 상품 매출액의 회기별, 장소별 자료, 해당 기업의 시장 점유율 변화 추이, 광고 카피 테스팅 자료 등이 있다. 그러나 광고 역사가 오래된 미국의 많은 광고주들조차도 이런 데이터를 구비하지 못하고 있는 것이 사실이어서 광고 매출 기능의 정확한 산술적 측정은 아직도 일부 국한된 광고주들에게만 가능하다고 보아야 할 것 같다.

결국, 과학적이고 합리적인 광고예산의 설정은 얼마나 지속적으로 마케팅 리서치와 철저한 회기별, 상품별, 지역별, 광고비용과 매출액 분석을 하느냐에 달려있고, 그 자료를 토대로 광고와 상품 매출관계를, 또 얼마나 정확하게 측정해 내느냐에 달려 있다고 할 것이다.

구전(Word of Mouth)

구전이라는 단어는 1954년 포춘지에 소개된 화이트(Whyte.Jr)의 연구에서 사용되기 시작하였다. 화이트는 필라델피아 교외에서 에어컨의 확산에 대한 연구를 통해서 제품에 대하여 소비자들이 서로 주고받는 이웃 네트워크의 존재를 발견하였던 것이다.

도달률(Reach)

도달률의 측정은 1930년대 미국에서 잡지 발행인들이 오디언스의 개념을 개발하면서 시작되었다. 1936년에 LIFE 잡지의 발행인은 발행부수가 실제로 얼마나 많은 사람들에게 읽혀지는지를 밝혀주지 못한다는 것을 깨닫고 통계적 방법을 사용하여 잡지 오디언스라는 잡지 독자의 수를 측정하면서 시작되었다. 이러한 오디언스 개념에서 비롯되어 광고대행사들은 1950년대 초에 본격적으로 도달률 개념을 발전시켰으며 이후 다양한 통계적 방법을 사용하여 도달률을 계산하였다.

로그파일(Log File)

컴퓨터의 모든 사용내역을 기록하고 있는 파일을 말한다. 항공기 운항내역을 기록하는 블랙박스와 비슷한 개념의 역할을 한다. 장애로부터의 복원에 필요한 정보(로그데이터)를 수집하고 기록하는 파일. 즉, 온라인 시스템에서의 메시지 수·발신 상황의 기록과 일괄 처리 등의 회계 정보(처리시간의 비용 산정 데이터)를 기록하고자 할 때도 사용되는 파일이다.

스위트 스폿(Sweet Spot)

야구경기에서 홈런을 때린 배트가 공을 맞춘 그곳, 홈런의 정확한 타점(Sweet Spot)이 있는 것처럼, 광고에서도 소비자의 심리 타점에 정확히 맞출 수 있는 그곳을 찾아야 한다.

메슬로우의 5단계 욕구

1950년경 미국의 심리학자 메슬로우(Abraham H.Maslow)가 인간의 근본 욕구를 5단계로 나누어 설명한 이론이다. 1단계 생리적 욕구, 2단계 안전 욕구, 3단계 소속감과 애정의 욕구, 4단계 존경의 욕구, 5단계 자아실현 욕구이다.

참고문헌

1. 해묵은 논쟁 털고 IMC 전략으로 '앞으로', 이유민 LG애드 기획1팀국장, 월간 광고정보, 2004.5

2. DM을 이용한 통합 마케팅 커뮤니케이션 Miles Young/Chairman, O&M Asia Pacific, 정리 및 번역 국제본부 이은정 Korad Viewpoint, 1996 봄호

3. BRAND&COMMUNICATION One-Voice Communication, IMC 이우열 광고본부전략5팀부장, ORICOM BRAND JOURNAL, 2003.11

4. Special Edition, 통합 마케팅 커뮤니케이션(IMC)-③ IMC의 실천방안과 과제, 소비자와 시장에 대한 이해와 중앙 집중적 전략 기획이 핵심, 문영숙 한신대 광고홍보학과교수 LGAD, (참고자료) 「Strategies for Implementing Integrated Marketing Communication」, Larry Percy, 1997, NTC.

5. 21세기의 광고산업-마케팅 전쟁의 새로운 전략을 주목하라, 강규철 금강기획 Marketing Planner

6. Special Edition, 통합 마케팅 커뮤니케이션(IMC)-②해외업계의 IMC 적용사례, 궁극의 목표 위해 커뮤니케이션 컨셉트와 이미지 하나로 통합, 안종배 IAA국제광고 전문가, LG AD

7. 「트리플 미디어 전략」 요코야마 류지지음 · 제일기획옮김, 흐름출판

8. 광고논단, 광고에 얽힌 여러 가지 비유, 박창우 기획국장, 서울광고, 여름호 1992

9. Physician advertising comes to age, 최숙희 브랜드마케팅연구소대리, Daehong Communications, 2006.1/2

10. 「한 수 위의 기획 창의적 기획법」 김재호지음, 이코복

11. 「마케팅 종말」 서지오 지면외지음 · 이승봉옮김 청림출판

12. 김주호 박사의 '인터넷 마케팅' (6) '커뮤니케이션 툴', 김주호 금강기획 마케팅연구소수석연구원, 한국경제, 2000.5.8

13. comScore, Inc. custom analysis, Total US Online

14. 인터넷 광고의 세계, 최적의 웹 아이덴티티로 파워 브랜드를 만들어라, 김애현 인터넷마케팅팀대리, CHEIL Communication, 2001.2

15. 인터넷 광고의 세계, 강력한 브랜드 파워를 가지려면, CHEIL Communication, 2001.1

16. 태평로, 당신의 뇌는 안녕하십니까, 이철민 디지털뉴스부장, 조선일보, 2011.7.22

17. 日 기업가치 높이는 웹사이트 만들기 유행, 이승수 대한무역투자진흥공사, 일본 나고야무역관주간경제지, 다이아몬드, 2005.4.2

18. No.1 검색포탈, 네이버 성공기, ORICOM BRAND JOURNAL, 2003.7

19. BRAND REPORT 소셜 미디어의 등장과 특징, 명승은 태터앤미디어공동대표, ORICOM BRAND JOURNAL, 2010.10

20. 21세기 소통의 대명사, SNS 김동진 (주)스트라베이스전략사업팀장, Cheil Communication, 2009.11

21. BRAND REPORT 주목할 만한 SNS활용 마케팅사례, 이재민 인터렉티브마케팅팀차장, ORICOM BRAND JOURNAL 2310.11, 「소셜네트워크가 만드는 비즈니스 미래지도」 2010년 한스미디어, 김종태지음

22. BRAND REPORT 기업커뮤니케이션에서 소셜커뮤니케이션 시대로의 전환, 양윤직 미디어컨설팅팀부장, ORICOM BRAND JOURNAL, 2010.11

23. BRAND REPORT 성공적인 블로그 마케팅을 위한 제언, 이종철NHN e-Biz본부e마케팅unit Value, ORICOM BRAND JOURNAL, 2007.5

24. 왜 UCC인가?, 김윤호 엔유미디어이사, Cheil Communication, 2007.6

25. 기업 명성 위협하는 SNS 루머…신속한 1차 대응이 판세 가른다, 김자영 IGM(세계경영연구원)교수 · 최미림 IGM객원연구원, 조선 Weekly BIZ, 2012.10.27

26. 'Social Media 시대에 걸 맞는 기업 브랜드 관리', 장승희 K모바일책임연구원, LG경제연구원, 2009.9.30

27. 소셜마케팅의 힘, 권영설의 경영 업그레이드, 권영설 편집국 미래전략실장, 한국경제 2013.4.18]

28. www.powerdms.com/resources/compliance-management-blog/12-01-16 /Social_Media_in_Healthcare_Infographic.aspx]

    http//ebennett.org/hsnl/data/

    http//www.csc.com/health_services/insights/72849-should_healthcare_organization_use_social_media

    http//www.ama-assn.org/ama/pub/meeting/professionalism-social-media.shtml

    http//hcca-info.org/staticcontert/2011SocialMediaSurvey_reportpdfom/health_services/insightebennett.org/hsnl/data

29. 「성공적인 마케팅 PR 전략」 국내외 마케팅 PR 성공사례 50, 한정호외 지음, 한나래

30.마케팅 PR, 대홍기획, 1996.11/12

31.'MPR 광고보다 더 효과적인 대안', 허종옥의 PR교실, 한겨레 PR아카데미과정 카페

32.WORLDWIDE REPORT 홍보활동을 마케팅 전략에 접목한 마케팅 PR, 허지수(마케팅실)역, 사보 한컴, 1997.7.8

33.BRAND REPORT 효과적인 위기관리 PR, 김경해 커뮤니케이션즈코리아사장, 한국PR연구원장, ORICOM BRAND
    JOURNAL, 2002.11

34.척추관절 병원 매출은 '스타'에 달렸다?, 한국경제 이준혁기자, 2012.7.20

35.야구장에 엠블란스 아닌 병원 간판 등장한 이유?, 이지현기자, 머니투데이, 2012.6.4

36.Sales & Marketing Management(91.1월호에 게재된 'The Power of Positive Press'를 토대로 활용, 광고연구,
    PR 실무자를 위한 제언, 문상숙업무부, 사보오리콤, 1991.4

37.'광고'와 '소문' 간의 시너지 효과를 발휘하라, 최윤식 광주대 광고홍보학과교수, 대홍보, 1997.3/4

38.구전효과의 이해와 활용에 대하여, 손영석 마케팅전략연구소 선임연구원, 대홍보, 1997.3/4

39.버즈마케팅의 사례 위니아 딤채, 일본 아사히 프리미엄 맥주 마케팅리더십3, MARKETING, 2005.7

40.「바이러스마케팅」 리처드 페리 · 엔드류 휘트커공저, 정재윤편역, 청년정신, 2004

41.구전효과의 이해와 활용에 대하여, 손영석 마케팅전략연구소 선임연구원, 대홍보 1997.3~4

42.마케팅 연구 구전효과의 중요성과 활용② 구전마케팅 활용사례 및 방법, 이종성 마케팅연구소부장,
    CHEIL Communication, 1998.10

43.Anatomy of Buzz

44.고종관 기자의 열려라! 마케팅 입소문으로 성공하기 위한 몇 가지 제안, 중앙일보, 2011.2.14

45.관광산업 '스토리텔링'으로 날개 달자, 정명진 여행사대표, 조선일보, 2010.3.3

46.상품을 팔지 말고 스토리를 팔아라 곽숙철의 혁신이야기, 경남매일, 2012.7.2

47.112년간 81억병 팔린 '활명수' 장수비결 있다, 이관우기자, 한국경제, 2009.12.7

48.'변강쇠 맥주'가 뭐길래…, 박명기기자, JOINS뉴스, 2009.9.14

49.MEDIA REPORT 매체기획 패러다임의 변화, 이경렬 한양대광고홍보학과교수, Oricom Brand Journal,2006.6.5

50.「MARKETING is…WAR 피말리는 마케팅 전쟁 이야기」 로버트 F. 하틀리지음 · 김민주외 옮김, 아인앤컴퍼니

51.BRAND REPORT 광고효과 측정의 실무적 활용 방안, 이충한 전략2본부차장, ORICOM BRAND JOURNAL, 2004.9

52.마케팅 비용 효과 최대 180배 차이… '5대 팩트' 찾아 공략하라, 황형준 보스톤컨설팅그룹(BCG)파트너,
    조선 Weekly BIZ, 2011.6.18

53."과학적 광고예산 산출은 가능한가", 조창환 텍사스주립대 광고학과박사과정, 광고정보

Hospital Marketing Dock

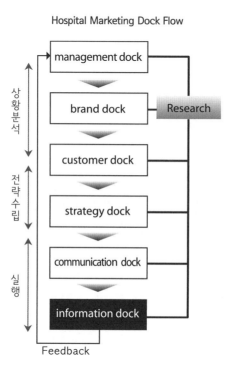

Hospital Marketing Dock Flow

management dock

brand dock — Research

customer dock

strategy dock

communication dock

information dock

상황분석

전략수립

실행

Feedback

VI 경험과 직감일까요?
축적된 정보일까요?
Hospital Information Dock

1. 정보시스템의 활용
　1) 정보는 곧 돈이다
　　정보시스템 사례
　2) 병원의 정보시스템
　　문제점 / 개선 방안

2. 데이터베이스 마케팅(Database Marketing)
　1) 왜, 데이터베이스 마케팅일까?
　　데이터베이스 마케팅의 효용
　2) 데이터베이스 마케팅의 효과를 높이려면
　3) 데이터베이스 마케팅 성공 사례
　4) 병원에서의 데이터베이스 마케팅
　　전개 과정

3. 고객관계관리(Customer Relationship Management)
　1) 고객에게 좀 더 가까이, CRM
　2) CRM을 잘 하려면
　　기억하기와 알아보기 / 단계별 전략 / e-CRM
　3) CRM의 실패 원인
　　전략 수립상의 문제 / 시스템 구축상의 문제 / 실행상의 문제
　4) 성공적인 CRM 적용 사례
　　총각네 야채가게 / 리츠칼튼호텔 / A은행
　5) 병원에서의 CRM
　　병원 CRM의 예

4. 고객경험관리(Customer Experience Management)
　1) 마침내 CEM의 시대
　2) CEM의 성공 프로세스
　　제1단계, 고객의 경험 과정 해부
　　제2단계, 차별화된 경험의 디자인
　　제3단계, 고객 피드백의 반영
　　제4단계, 일관되고 통합된 경험 제공
　3) CEM의 성공 사례
　4) 병원에서의 CEM

"

정보 수집은
모든 경영기술의 기본이다.
그러므로
나는 하루의 대부분을
이를 위해 소비하려 한다.

"

인텔 최고경영자
엔드루 S. 그로브(Andrew S. Grove)

VI. 경험과 직감일까요?
축적된 정보일까요?
Hospital Information Dock

  우리가 모종의 전략을 수립하려 할 때 제일 처음 해야 할 일은 상황 분석이다. 곧, 내가 처해 있는 곳의 주변 상황과 그곳에서의 내 위치 파악이다. 상황 분석이 정확해야 효율적인 전략이 수립될 수 있다. 그리고 그 정확한 상황 분석은 정보력에서 나온다. 그것은 미국의 CIA나 구소련의 KGB처럼 한 나라의 군사력이 상당 부분 그 나라의 정보력에 달려 있다는 사실로도 입증된다. 사업은 물론, 병원에서도 마찬가지다. 소위 '잘나가는' 병원은 무엇보다 정보력에서 앞서 있다. '얼마나 내가 고객의 마음을 차지하고 있는가?' 하는 마인드 쉐어(Mind Share), 마케팅 전략 수립에 가장 중요한 척도자료로 활용되어지는 브랜드지수(Brand Index), 다른 병원과의 관계 속에서 위치나 상태를 일컫는 위상(Status) 등 성공적인 병원 운영을 위해서라면 제 손바닥 들여다보듯이 늘 염두에 두고 있어야 할 정보들은 많다.

주지하다시피 종전의 마케팅은 매스 미디어를 통해 불특정 다수에게 일방적으로 동일한 메시지를 전달하여 대량 판매를 유도하는 소위, 세계 2차 대전 방식(융단 폭격의 무차별적 공세)의 매스 마케팅이었다. 그러나 1990년 중반 이후, 정보기술의 진화와 함께 마케팅의 패러다임이 급격히 변화하면서 시장은 고객 중심으로 탈바꿈된다. 확인된 개별 고객을 대상으로, 개별화된 메시지를, 다양한 채널을 통하여, 대화를 주고받는 모양(Two-Way Communication)으로 진화한 것이다. 이는 개별 고객과 일대일의 관계를 구축함으로써 마케팅 노력을 선별적으로 집중하여 효율성을 강조하는, 걸프전 방식(첨단 신무기에 의한 표적 선별 공략)의 정보를 베이스로 하는 마케팅(Information Base Marketing)이 도래하였음을 의미한다.

이러한 정보베이스 마케팅, 즉 데이터베이스 마케팅은 고객에 대한 여러 가지 정보를 컴퓨터를 이용하여 데이터베이스화하고, 구축된 고객 데이터베이스를 전략적으로 활용하여 고객 개개인과의 개별적인 커뮤니케이션을 통해 직접적인 판매나 반응을 유도하는 마케팅이다. 초보적인 단계는 데이터웨어하우스(Data Warehouse)를 구축하지 않고 원천 자료만으로 마케팅하는 수준이지만 DW를 구축하고 데이터마이닝(Data Mining) 단계를 거치게 되면 흔히 고객관계관리(Customer Relationship Management)로 발전하게 된다.

CRM은 궁극적으로 고객 충성도 향상을 통한 고객의 평생가치(Life Time Value) 증대를 목적으로 한다. 이 단계에서는 Marketing Dock Flow, 전 과정을 토대로 마케팅 활동 전반에 대한 전사적 전략 대응체계 시스템을 구축한다. 고객의 정보를 다양한 채널과 방법으로 수집하고 분류, 해석해서 활용을 극대화함으로써 고객과의 관계를 새롭게 구축하고 발전시켜나가는 단계라 할 수 있다.

여기서 다시 한 단계 더 나아가면, 구축된 고객과의 관계를 바탕으로 획득된 보다 상세한 정보, 즉 고객이 제품과 서비스를 통해 얻은 경험에 대한 관리로 이어진다. 고객의 부정적 경험은 제거하고 긍정적 경험은 강화하는 CEM(Customer Experience Management), 바로 고객경험 관리이다.

"유권자가 좋아하는 후보에게 한 표를 주듯이, 소비자는 자기가 좋아하는 상품에 돈을 던진다." 현대 경제학의 아버지로 불리는 미국의 노벨 경제학상 수상자, 폴 A. 사무엘슨(Paul A. Samuelson)의 말이다. 정치인들은 몇 년에 한 번씩 선거 때 유권자들의 심판을 받지만, 기업은 매 순간마다 소비자의 선택을 받아야 한다. 그러므로 오늘의 무한 경쟁 환경에서 기업이 살아남으려면 기업은 소비자의 두터운 신뢰를 받는 평생 파트너가 되지 않으면 안 된다. 그 길은 소비자 정보 속에 있다.

고객 정보의 획득과 그 정보를 바탕으로 하는 데이터베이스 마케팅. 이는 앉아서 고객을 마냥 기다리고 있을 수만은 없게 된 오늘의 병원, 그 발등에 떨어진 불이다.

1. 정보시스템의 활용

1) 정보는 곧 돈이다

"정보의 정확도가 높으면 높을수록 부(富)의 증식 속도가 빠르다." 이른바 켈리의 법칙(Kelly's Law)이다. 미국의 천재 물리학자 존 켈리의 이름을 딴 이 법칙은 그의 사후 MIT 공과대학 수학 교수 출신의 헤지펀드 매니저 에드 소프(Ed Thorpe)에 의해 그 진실성이 입증됐다. 요컨대, '정보가 곧 돈' 이라는 말이다.

최대의 수익은 최상의 정보에서 나온다. 그리고 그 최상의 정보를 얻으려면 정보를 정확히 선별해 내는 것은 물론, 정보와 정보 사이의 연관성까지도 예리하게 분석해낼 수 있는 안목을 가져야 한다. 한 예로 월마트는 맥주를 기저귀 코너 옆에 진열한다. 언뜻 이해되지 않는 이 진열방식은 철저한 고객 분석에서 비롯되었다. 고객의 장바구니 물건들을 분석한 결과 '기저귀를 사는 젊은 남성 고객은 맥주도 산다' 는 구매 패턴을 발견한 것이다. 또, 예고된 허리케인이 육지에 상륙하기 전에는 사람들이 딸기과자와 맥주를 많이 찾는다는 다소 의외의 사실도 고객의 구매이력에서 발견되었다. 이에 월마트는 허리케인의 진행 방향에 위치한 점포에 해당 제품을 신속히 보충해 놓음으로써 기대 이상의 매출실적을 올렸다. 이처럼 데이터 속에 숨어 있는 규칙을 찾아내는 것. 바로 '데이터마이닝' 이다.

이처럼 자료에서 고객의 구매 패턴을 발견하고 그것으로부터 매출을 올리는 등 마케팅에 활용하려면 먼저 효율적인 정보시스템이 갖춰져 있어야 한다.

정보시스템 구축의 첫 단계는 주소와 전화번호 등의 연락처 정보와 거래 정보의 수집이다. 이를 위해 여러 기업들은 다양한 방식의 정보 수집 활동을 하고 있다. 그중에는 보다 적극적인 방법으로 쿠폰이나 Cash Back처럼 별도의 경비를 들여 소비자 정보를 '사들이는' 방식도 있는데, 보다 양질의 정보 획득을 원하는 기업들 사이에서 갈수록 그 활용 빈도가 높아지고 있다. 이는 '정보가 또 다른 화폐'라는 개념에 대한 '이해'에서 비롯된다. 그런데 여기서의 이해란 단순히 정보 수집에 비용이 수반된다는 점에 대한 이해가 아니라, 정보에 대한 시각을 근본적으로 전환해야 할 필요성에 대한 이해를 의미한다.

정보시스템 구축의 두 번째 단계는 수집된 정보에 인간적 변수를 더하여 마케팅적 요소를 찾아내는 것이다. 요컨대, 해당 제품이나 서비스에 대한 인구통계학적 관련성 여부, 구매 히스토리 등의 이용 경향과 구매심리에 관한 정보의 탐색이다.

세 번째 단계는 앞서 탐색된 정보를 바탕으로 유사성을 갖는 세분된 소비자군으로 나눈 뒤, 그중에서 마케팅 활동에 중점을 두고자 하는 고객 집단을 선정하고, 그들의 특성을 심도 있게 파악하는 것이다.

네 번째 단계는 전략 개발 단계로서, 마케팅 대상으로 선정된 개별 고객이나 소규모 집단과의 접촉 방법과 고객으로의 유도를 위한 효율적 방법을 모색한다. 요

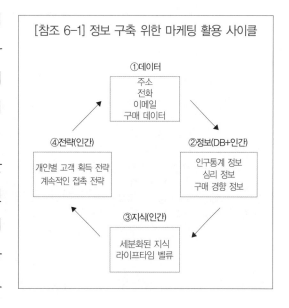

[참조 6-1] 정보 구축 위한 마케팅 활용 사이클

①데이터
주소
전화
이메일
구매 데이터

②정보(DB+인간)
인구통계 정보
심리 정보
구매 경향 정보

③지식(인간)
세분화된 지식
라이프타임 벨류

④전략(인간)
개인별 고객 획득 전략
계속적인 접촉 전략

컨대, 정확한 대상을 찾아내어 그 대상이 필요로 하는 바로 그것을 정확한 시간에 제공할 수 있는 전략을 찾는 단계라고 할 수 있다. 이 단계에서 획득된 보다 정밀한 정보는 피드백되어 다시 데이터베이스를 보완한다.([참조 6-1] 정보 구축 위한 마케팅 활용 사이클)

▌켈리 공식 (The Kelly Criterion)

정보의 정확도가 높을수록 부(富)가 빨리 늘어난다는 법칙. 미국의 물리학자 존 켈리(John Larry Kelly, Jr.)가 정립한 법칙으로 켈리는 1956년 당시 논문을 통해 'Gmax=R'이라는 이른바 '켈리 공식'을 만들어냈다. 이 공식은 투자자의 투자에 대한 수익률을 표시하는데 여기서 G는 부의 크기, max는 최대치, R은 정보의 확실성을 뜻한다. 결국 Gmax는 달성할 수 있는 가장 큰 수익률로 이 공식은 최대의 수익률을 얻고자 한다면 가장 정확한 정보를 획득하면 된다는 것을 의미한다. 결국 정보 확실성 R이 클수록 Gmax로 나타나는 최대 수익률도 커지며 내부 정보가 정확할수록 이기는 내기와 남는 투자를 할 수 있다. 아인슈타인이 제창한 $E=MC^2$가 가장 작은 물질 입자에 엄청난 양의 에너지가 들어 있음을 보여주듯이 켈리 공식은 불과 몇 글자의 정보가 어떤 유명한 포트폴리오 매니저보다 많은 수익을 가져다 줄 수 있다고 주장한다. 그러나 100% 확실한 정보를 얻는 것은 사실상 불가능하고 정보의 애매한 정도를 감안해야 하므로 믿는 만큼 투자하는 것이 수익을 내는 방법이라는 것이다. 이에 대해 경제학자 폴 새뮤얼슨(Paul Samuelson)은 켈리 공식을 탐욕의 공식이라며 장기 수익 극대화와 파산 위험 제로라는 허황된 꿈을 대변하는 공식이라고 비판했다. 반면 MIT 공과대학 수학 교수 출신인 헤지펀드 매니저 에드 소프(Ed Thorpe)

정보시스템 사례

이스즈자동차 미국의 Isuzu Motors는 고객이 자사의 웹사이트를 방문해서 선호하는 차종을 선택하고, 딜러로부터 견적을 받은 후에, 다음 자동차를 언제쯤 구매할 계획인가를 알려줄 경우, 이에 대한 대가로 10달러를 지불한다. 이 돈은 온라인 소매상(예컨대, CDNow, CBS Sportsline, greatfood.com)에서 물품을 사는 데 사용할 수 있다. Isuzu Motors는 고객이 선호하는 차종, 색상, 선택 사양에 대한 정보와 함께 어떤 딜러로부터 언제 차를 구입할 것인가에 관한 정보를 보유함으로서 고객과의 긴밀한 관계를 구축할 수 있다. 뿐만 아니라 이러한 정보를 통해 어떻게 고객을 만족시킬 것이며, 어느 시점에서 마케팅을 해야 할지에 대해 파악할 수 있게 됨으로써 결국, 마케팅 비용을 감소시키는 효과를 얻을 수 있게 된다. 이미 미국의 기업들 중에 상당수가 Isuzu Motors와 같이 대가 지불을 통해 정보를 수집하고 있음은 주지의 사실이다.

페덱스 페덱스는 전 세계 2,000여 서비스 센터를 통해 하루 250여 만 건의 탁송 의뢰를 받아, 48시간 내 목적지에 배달하는 세계 최대의 특수 물류회사다. 페덱스가 그 많은 소포를 착오 없이 배달할 수 있는 원동력은 최첨단의 정보관리시스템에 있다. 매년 10억 달러 가까이를 COSMOS라는 시스템에 투자함으로써, 페덱스는 고객으로 하여금 자신의 물건이 접수에서 배달까지 제대로 가고 있는지를 확인할 수 있게 했다. '급송을 잘하니 그 보다 쉬운 일반 배송은 더 잘할 것 아닌가!' 하는 고객의 자기학습 효과도 크게 작용한 것으로 보인다. 정보화의 파워가 바로 브랜드 파워로 확산되고 있는 것이다.

는 켈리 공식을 바탕으로 헤징 기법을 고안, 주식 시장에서 크게 성공했고 라스베이거스에서는 카드 카운팅이라는 블랙잭 베팅 기법으로 카지노를 휩쓸며 켈리 공식을 입증했다. 켈리도 논문에서 "여기서 채택한 모델은 도박이라는 실제 상황에서 도출된 것이지만, 수익을 재투자하고 투자금액을 통제, 조정할 능력만 있으면 다른 특정한 경제 상황에 적용될 수도 있을 것"이라고 말해 도박에서 도출된 모델이 실제 투자에 적용할 수 있음을 암시했다.

하기스 아기 기저귀로 우리 귀에도 익숙한 하기스사는 치밀한 고객 정보시스템으로 개별 마케팅을 전개하는 것으로 유명하다. 시장과 고객에 관한 정보를 체계적으로 관리함으로써 개별 마케팅 전략 수행에 큰 효과를 보고 있는 것이다. 이는, 적어도 1,000만 달러 이상을 투자하여 구축한 임산부 세부정보시스템의 결과이다. 병원, 의사, 조산원 등으로부터 입수된 임산부에 관한 모든 정보는 데이터베이스에 체계적으로 전산화되어 있다. 하기스사는 이와 같은 고객 데이터베이스 정보를 기초로 하여 잠재 고객의 특성을 명확하게 분석하고 출산을 앞둔 임산부들에게는 육아에 관한 잡지나 편지를 보내는가 하면, 제품 구입 시 긴요하게 사용할 수 있는 할인권 등을 적시에 우송한다. 또한 코드화되어 있는 이러한 할인권은 고객이 그 할인권으로 제품을 구입했는지의 여부도 추적할 수 있도록 하는 정보추적관리시스템이 구축되어 있다. 이 시스템에 의해 얻어지는 자료는 재구매를 유도하고 차별적 판촉활동의 전개를 위해 유용하게 사용되고 있다.

2) 병원의 정보시스템

전산시스템이 도입되기 전에는 병원 고객은 의사가 적어주는 처방전(Doctor's Order)에 따라 간호사로부터 검사나 약 처방의 안내를 받았고 그 동일한 처방전으로 치료비 정산까지 했다. 이후 전산시스템이 갖춰진 뒤에는 별도의 종이 처방전 없이도 의사의 처방전이 각 해당 부서로 전달되고 있다. 이름 하여 OCS(Order Communication System), 또는 OES(Order Entry System)라 불리어지는 지금까지의 병원 내 정보시스템이다.

[참조 6-2] 의료정보시스템 구성도

OCS는 고객에 대한 처방 정보를 효율적이고 정확하게 온라인 형태로 입력, 수정, 취소하고, 사용자의 필요에 따라 조회하고 출력할 수 있게 해준다. 치료의사는 처방을 수행하고, 간호사는 출력된 Work List에 의해서 간호업무를 수행하며, 검사나 약 조제 부서는 전달된 정보에 따라 자신의 업무를 시행하고, 검사 결과를 해당 병동과 필요 부서에 자동 전달된다. OCS에 의한 정보의 즉각적인 활용은 또, 진료비의 자동 정산, 진료재료 사용량의 합산과 재고 관리, EMR(Electronic Medical Record), PACS(Picture Archiving Communication System)까지도 가능하게 해주었다. 이러한 병원의 정보화는 지금도 계속 진화하고 있다.([참조 6-2] 의료정보시스템 구성도)

문제점

　병원이 갈수록 정보화가 되면서 긍정적이고 효율적인 변화들이 도처에서 나타나고 있지만 다음의 몇 가지, 수정되고 보완되어야 할 문제점도 상존하고 있는 것이 현실이다.

　처방 중심 일반적으로 병원의 정보시스템은 너무나 의사의 처방 중심으로 되어 있다. OCS란 용어부터가 그렇지 않은가? 하루가 다르게 변화하는 정보화 시대에 병원도 '처방 전달'에서 벗어나 보다 넓고 깊은 시스템의 구축이 요구된다.

　편협성 정보 활용의 편협성이다. 지금까지도 대부분의 병원에서는 처방이나 청구 등을 제외한 여타 정보의 가치를 경시하는 경향이 있다. 서버에 저장된 데이터는 보험공단청구나 재진, 복지부나 심사평가원, 보건소 등 관련 기관에서의 자료 요청 시에 부분적으로 활용되는 데 그치고 있다. 한마디로 진료나 청구를 위한 정도의 자료일 뿐, 마케팅 측면에서의 정보 활용이 되지 못하고 있다는 것이다. 이는 아마도 그동안 보건당국의 과잉보호 아래 있던 병원으로서 스스로 정보를 찾아 나설 필요가 없다고 여겼거나 병원조직상 최소한의 정보만으로도 경영이 가능했기 때문일 것이다.

　투자 인식의 부족 아직까지도 대부분의 병원이 정보 수집을 위한 투자에 인색하다. 이는 많게는 수십억에 이르는 병원 정보화시스템 구축이 투자 대비 효율성이 낮다고 여기는 병원 경영진의 인식과 판단에서 비롯된다. 그러다보니 프로그램의 개발과 업그레이드를 해야 한다거나, 장비 교체를 원하는 실무 담당자와 경영자 사이에는 때때로 적지 않은 의견 차이가 나타나곤 한다.

낮은 위상 병원 내 정보 담당 부서의 위상에 관한 문제이다. 지금이 정보화 시대라는 데는 너나없이 공감하고 있으면서도 아직 병원 내에서의 정보 담당 부서는 마케팅을 위한 주요 부서라는 인식에서 멀리 떨어져 있는 것으로 보인다. 정보 담당 부서가 상당수의 병원에서 지금도 전산실이라는 명칭에 머물러 있고 위치도 어느 구석진 공간에 내몰려 있는 것이 실정이다. 규모의 크고 작음을 막론하고 개별 병원의 특수성을 무시한 채 데이터 활용에 한계를 갖는 패키지 프로그램을 사용하고 있는 병원이 아직 많은 것도 이와 무관하지 않은 것으로 보인다.

개선 방안

아낌없는 투자 효율적인 병원 정보시스템의 구축에 최우선 과제는 시스템의 안정이다. 이는 예기치 않은 상황에 대한 대비이다. 예를 들면, '태풍으로 정전. OO병원 전산 처리 지연돼 내원객 불편', 'OO병원 전산마비 3시간 만에 복구' 등과 같은 경우이다. 이러한 상황은 비용의 손실은 물론, 병원 이미지나 신뢰도에 심각한 영향을 미친다. 이에 대비하기 위해서는 시스템 안정을 위한 투자가 필연적이지 않을 수 없다. 서버 다운이나 최악의 상황에서도 처방기록이나 검사 결과 조회를 가능하도록 하는 별도의 시스템을 구축함과 동시에 비상 상황에서의 위기 관리능력을 전 직원이 갖추고 있도록 해야 한다.

체계적인 관리 병원이 정보 활용을 통해 진료 생산성을 극대화하고 경영 전략의 개발과 대 고객 서비스의 향상을 이루어 내기 위해서는 모든 데이터가 총망라된 체계적인 관리가 요구된다. 병원의 가용 정보로는, 신규 및 재진, 입원을 포함한 의무기록으로부터 얻을 수 있는 1차 자료(진료 정보+경영 정보)와 고객과의 각 접촉점에서 얻게 되는 라이프스타일, 가치관, 특정 기념일 등의 2차 자료(개인 정보)가 있다.

2차 자료에는 1차 자료 이상의 가치가 있기에 보다 적극적 자세로 고객별로 특화된 정보를 찾기 위한 노력을 기울여야 함과 아울러 순간순간 변화하는 상황 속에서 신속, 적절하게 대응할 수 있도록 업데이트된 정보를 가지고 인공지능과 같은 역할을 해줄 수 있는 시스템을 갖춰 나가야 할 것이다. 이는 고객과 관련된 정보가 접촉점이나 커뮤니케이션 활동 등을 통해서 얼마나 빨리 수집되고 활용에 반영될 수 있는가의 여부에 달려 있다.

위상 확립 병원의 정보 관련 부서는 정보의 정확한 분석을 통해 미래를 예측하고, 상황의 변화에 신속히 적응하며, 효율적인 방안을 실행함으로써 수익을 높이는 마케팅 전략의 산실이 되어야 한다. 이를 위해서는 [경영 정보시스템실]이나 [고객 정보시스템실] 등과 같이, 병원의 컨트롤타워 기능을 수행하는 부서로서의 위상과 면모를 갖는 명칭으로 개명되야 함은 물론이다.

이제는 병원의 성패도 정보에 달려있다. 이는 얼마나 가치 있는 정보를 수집, 분석, 활용하느냐에 따라 병원의 장래가 좌우된다는 뜻이다. 고객의 다양한 욕구와 불만을 신속히 파악하고, 그러한 고객정보를 직원들이 공유함으로써 진료 서비스 이상의 충분한 가치가 고객에게 제공되어야 한다.

이제, '고객을 안다' 는 것은 '고객의 요구를 미리 예측하고 충족시켜 줄 수 있다' 는 의미가 되어야 한다. 이는 병원 내 각 파트에서 발생되는 데이터를 근간으로 하여 체계적으로 구축된 데이터베이스를, 목적에 따라 효율적으로 통합 관리하는 데이터웨어하우스와 고객을 보다 잘 이해하고 착오 없는 마케팅 활동을 벌일 수 있도록 해주는 체계적인 정보시스템이 구축되어야 가능하다. 바로, 성공적인 병원 경영을 위한 마케팅 전략 수립의 대전제이다.

2. 데이터베이스 마케팅(Database Marketing)

1) 왜, 데이터베이스 마케팅일까?

데이터베이스 마케팅은 Pin-Point Communication을 통한 차별적 전략이다. 이 마케팅 전략의 핵심 포인트는 항구적인 고객을 확보하기 위해 '기존 고객을 어떻게 관리할 것인가?' 와 '잠재 우량 고객을 어떻게 파악해 낼 것인가?' 하는 것으로 축약될 수 있다. 이를 위해서는 고객의 정보가 필요하고, 그 정보를 보다 질 높은 서비스 제공과 장기적인 관계 구축의 수단으로 활용하기 위해서는 체계적으로 데이터베이스화 되어 있어야 한다.

그러나 아직 데이터베이스 마케팅이라고 하면 우선 방대한 양의 데이터베이스를 떠올리는 사람이 많고, 대기업들이나 은행, 보험, 호텔 등 서비스 관련 업체들이 하는 마케팅이라고 생각하는 경향이 있다. 실제로 모든 업종에 적용시킬 수는 없고, 고객이 많은 기업들은 데이터베이스 구축에만 몇 년씩을 투자하기도 한다. 또 데이터베이스 마케팅을 한다면서 고객의 연락처 리스트 수준에서 그치는 경우도 많다. 실제 제대로 실시한다는 것은 분명 쉬운 일이 아니며, 기업 내부에 상당한 변혁이 따라야 하는 것이 사실이다. 하지만 규모가 크고, 실행하는 데 어려움이 따르는 경우만 있는 것이 아니고, 우리 실생활 속에서도 쉽게 적용할 수 있는 것이 데이터베이스 마케팅이다.([참조 6-3] 고객 분석)

데이터베이스 마케팅의 효용

고객과의 일대일 대응 소비자 니즈의 다양화와 라이프스타일의 변화는 집단이 아닌 개인으로서의 고객 대응을 요구하고 있다. 이는 여성 취업률의 향상으로 맞벌이 부부가 증가하고 가계소득은 늘어난 반면 쇼핑 가용시간은 줄어 든 결과이다. 이제 기업은 고객 접근에 보다 새로운 방식을 모색하지 않으면 안 되게 되었다.

상표 충성도 제고 공급의 과잉과 가격 할인 경쟁은 개별 브랜드에 대한 충성도의 감소로 이어지고 있다. 더욱이 별다른 품질의 차이도 없는 유사 상품이 경쟁적으로 출시됨에 따른 제품 선택의 혼란은 브랜드 교

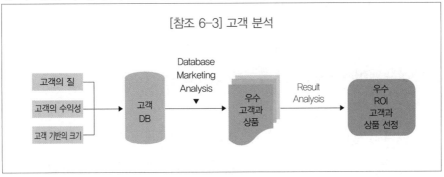

[참조 6-3] 고객 분석

체의 가능성을 점점 더 높여가고 있다. 이러한 상황에서 기존 소비자의 상표 충성도를 유지해 가려면, 보다 차별화된 부가가치를 제공하는 새로운 마케팅 수단의 개발이 절실하다.

커뮤니케이션 환경의 변화 공중파와 케이블TV 같은 매스 미디어에 의한 광고는 채널의 증가와 채널 변환이 자유로운 리모컨의 영향으로 광고 주목율이 크게 떨어져, 더 이상 종전과 같은 시청률에 따른 효과 예측이 어렵게 되었다. 때문에 보다 효과 측정이 용이하고, 소비자의 반응을 직접적으로 유발할 수 있는 새로운 커뮤니케이션 수단이 요구되고 있다.

기존 고객 관리 시장이 성숙되고 경쟁이 치열해짐에 따라 신규 고객의 창출보다는 기존 고객의 유지가 보다 중요하게 되었다. 많은 연구 결과에 따르면 신규 고객 창출비용은 기존 고객 유지비용의 5배에 이르며, 소비자를 대상으로 하는 일반적인 비즈니스의 65%는 만족을 얻은 현재의 고객을 통해 이루어지고, 충성도 높은 20%의 고객이 전체 매출의 80%를 올리는 것으로 나타났다. 더구나 우호적인 기존 고객은 스스로 구전 효과를 일으켜 새로운 고객을 창출하기까지 한다. 그만큼 기존 고객의 관리는 중요한 마케팅 과제이다. 이를 위해서는 기존 고객에 대한 보다 폭넓고 깊이 있는 데이터가 필요하지 않을 수 없다.

2) 데이터베이스 마케팅의 효과를 높이려면

데이터의 질(質)을 높여라 데이터베이스 마케팅을 이미 수집된 데이터를 그대로 통계 프로그램에 넣어 분석하는 작업으로 여긴다면 매우 잘못된 생각이다. 실제, 데이터베이스 마케팅의 효과는 얼마나 분석을 잘할 수 있는가가 아니라, 데이터의 기본 질에 달려 있다. 더욱이, 갈수록 다양해지고 있는 고객의 기호와 라이프스타일로부터 고객의 행동 패턴을 예측해 내려면 그 무엇보다 데이터의 질이 중요할 수밖에 없다. 질 높은 데이터란 단순히 오류가 없는 데이터만을 의미하는 것이 아니라, 고객의 의도와 행동을 정확히 예측할 수 있게 해주는 데이터를 의미한다. 즉, 성별, 연령, 주소 등과 같은 인구통계학적 데이터만으로는 별 성과를 얻을 수 없다. 최종의 구매 행동과 관련하여 고객의 의도가 반영되어 있는 데이터가 필요한 것이다. 만약 고객의 의도와 행동을 파악하기에 충분치 못한 데이터를 가지고 섣부르게 고객 행동을 예측한다면 자칫, 숫자의 함정에 빠져 엉뚱한 결론에 도달할 수도 있다.

데이터의 질을 높이기 위해서는 무엇이 필요할까? 또 현재 보유하고 있는 데이터의 질은 어느 정도일까? 이를 확인하는 방법은 실제 고객의 행동을 관찰하는 데서 시작할 수 있다. 고객이 제품을 선별하고, 구매하고, 사용 후 폐기하기까지의 전 과정을 관찰하면서 자신의 데이터베이스가 포함하지 못하고 있는 부분이 얼마나 되는가를 살펴본다. 즉, 이미 보유한 데이터만으로도 고객 의도와 행동 분석이 가능한가를 보면 자사 데이터의 현 수준을 파악할 수 있다. 여기서 말한 '고객의 의도와 행동 분석이 가능한가를 보는 것'을 통계 용어로는 '가설(假說)'이라고 부른다. 효과적인 가설을 세우고 데이터베이스의 질을 높이기 위해서는 고객과의 접촉 경험이 많은 현업 인력을 데이터베이스의 확보와 분석 과정에 참여시키는 것이 좋다.

고객 접촉의 질(質)을 높여라 데이터베이스 분석을 통하여 고객에 대한 새로운 정보가 도출되면 그것을 바탕으로 고객 접촉이 이어진다. 이

때 기업들은 통상적으로 고객과 만나는 횟수가 많을수록 고객과의 관계가 강화된다는 믿음으로 고객 접촉의 빈도를 늘리는 데 주력한다. 그러나 조사 결과에 의하면 고객의 40.1%가 월 평균 60건이 넘는 기업 판촉물에 노출되어 있는 것으로 나타났다. 이는 고객이 푸시 형태로 대량 살포되는 기업의 판촉 광고에 이미 지칠 대로 지쳐 있음을 보여준다. 때문에 차별화되지 않는 고객 접촉은 오히려 역효과를 초래할 가능성이 높다. 기업이 제공하는 정보를 고객이 무시해 버리는 단계로 접어들면, 반드시 전달해야 할 메시지마저도 차단될 수 있기 때문이다. 이것이 접촉 빈도보다는 접촉의 질을 높여 고객에게 감동을 주는 것이 중요한 이유이다. 가장 기본이 되는 고객 접촉은 현장 직원에게 있다. 직원이 고객의 호감을 얻고, 단골 고객과 우수 고객들에게는 그에 합당한 대우를 해주도록 하는 것이 어떤 정교한 데이터베이스 마케팅보다 효과적일 수 있다. 또한 데이터베이스 마케팅의 관점에서 고객 접촉의 질을 높인다는 것은 고객이 원하는 시기에 고객이 수긍할 만한 수준의 이벤트나 쿠폰 등을 제공하는 것을 의미한다. 그러나 이를 위해서는 비용 증가가 불가피하므로 그만한 가치가 있는 고객과 그렇지 못한 고객의 분리가 필요하다. 바로 고객 차별화이다.

고객을 차별 관리하라 고객은 기업의 소중한 자산이지만, 모든 고객들에게 천편일률적으로 해당하는 것은 아니다. 기업의 수익 창출에 기여하는 고객도 현실적으로 존재한다. 특히, 카드. 은행. 증권 등 금융업에서는 수익성 상위 고객과 하위 고객 간의 격차가 크게 발생한다. 따라서 고수익 고객에게는 당연히 합당한 보상 프로그램을 마련해 혜택을 제공해야 한다. 이때 고수익 우수 고객들은 시스템에 의한 자동보상보다는 기업으로부터 자신의 가치를 인정받고 자신에게 차별적인 지위를 부여한 서비스에 대해 감동하는 경향이 있음을 고려해야 한다. 한편 수익성이 마이너스인 고객은 정책적으로 이탈을 유도하여 수익성이 높은 고객에게 마케팅 지원을 집중할 필요가 있다. 사우스웨스트항공, 페덱스 등은 상습적으로 규칙을 위반하거나 다른 고객과 다투는 고객들을 불량 고객 리스트에 올려서, 이들에 대해서는 예약 완료 등의 이유를 들어 접수 자체를 거절하기도 한다. 여기서 나아가 기업의 허점을 노려 실속을 챙기는 얄미운 소비자, 일명 체리피커(Cherry Picker)형 고객이 우수 고객에게 돌아갈 혜택을 차지하고 있지는 않은지 기존의 로열티 프로그램, 포인트 및 제휴 제도 등의 허점을 점검해야 한다. 물론 많은 기업들에게 고객 차별화는 실행에 옮기기에 쉽지 않은 난제이다. 보유한 데이터가 실제로 고객가치를 정확히 반영하고 있다고 자신하기도 어렵고, 고객 차별화로 인하여 오히려 부작용이 발생할 수 있기 때문이다. 따라서 상대적으로 차별대우를 받는다고 느낄 수 있는 일반 고객의 반감을 최소화하기 위하여 고객등급 기준과 등급에 따른 혜택의 내용을 공개하는 것도 방법이다. 이때는 반드시 상위등급 고객이 되기 위해 필요한 포인트나 마일리지 등을 쉽게 조회할 수 있는 기능도 함께 제공해야 한다.

자사에 맞는 마케팅을 찾아라 데이터베이스 마케팅은 업종에 따라 접근 방식에 차이가 있다. 우선 금융, 통신, 유통 등과 같은 서비스업종은 상품 자체의 차별성은 적은 반면, 고객과의 접촉이 빈번하여 고객별 구매 및 서비스 이용 트래킹이 가능하다. 따라서 개인의 기호와 관심사 등의 감성적 요인을 매개로 한 상시적 관계를 지향할 수 있다. 예를 들어 보스턴은행은 우수 고객들의 취미가 골프. 요트, 테니스 등으로 나누어짐을 발견하고, 이들의 클럽 결성과 운영비를 지원하는 등 고객 간 교류를 증진시킨 결과 3년 만에 우수 고객수를 3배로 확대하는 성과를 거두었다. 반면 가전 및 자동차 같은 제조업에서는 제품 구매 주기가 길고 상품 차별성이 크므로 고객의 구매 가능시기에 필요한 제품을 정확히 제안하는 것이 필요하다. 또한 같은 업종이라고 해서 동일한 형식의 데이터베이스 마케팅이 적용되지 않는다. 동종업종에서도 기업마다 주 고객의 특성은 상이하기 때문이다. 예를 들어 혜택의 변화에 민감한 젊은 층이 주 고객인 기업과 포인트 및 제휴 제도에 무딘 중장년층이 주 고객인 기업은 데이터베이스 마케팅의 전략에 차이가 있어야 한다. 때문에, 자사 고객의 특성을 반영한 데이터베이스 마케팅이 이루어져야 하는데, 이는 단기간에 갖추어지고 달성될 수 있는 것이 아니다. 수차례 시행착오를 거치면서 찾아내어 자사에 적합한 유형을 만들어가야 한다.

불황기에 기업들이 가장 먼저 줄이는 항목 중 하나가 마케팅이다. 당장에 비용 절감의 효과도 있고, 기업 내부에서 반발도 적기 때문이다. 그러나 마케팅 비용을 줄이는 것은 브랜드력의 약화, 매출 감소 등으로 줄어든 비용만큼, 또는 그 이상의 손실을 유발할 수 있다. 이에 대처하는 효과적 방법 중 하나가 바로 데이터베이스 마케팅이다. 데이터베이스 마케팅을 통해 고객을 가치와 의도, 그리고 행동에 따라 세분화하면 최소의 마케팅 비용으로 높은 효과를 얻을 수 있다. 이제 기업들은 준비 없이 시작하여 실패를 가져왔던 과거의 데이터베이스 마케팅에 대한 회의적 시각을 이겨내고 그것을 통한 차별적 경쟁 요소의 추출에 적극 나설 때이다.

3) 데이터베이스 마케팅 성공 사례

월마트 고객 데이터로부터 마케팅 정보를 찾아내는 월마트의 놀라운 통찰력은 앞서 이미 소개된 바 있다. 월마트만큼 구매행태에 대한 연구와 수많은 정보를 축적하고 있는 곳도 드물다. 가령 수천 여 곳 이상의 매장에서 매주 약 1억 명 이상 고객으로부터 립스틱에서 부동액에 이르기까지의 구매 성향에 대한 다양한 정보를 얻고 있다. 월마트는 거기서 한 걸음 더 나아가 고객의 주택 구입자금 출처와 신용 정보에까지도 접근할 수 있다고 한다. 계산대 통로에서 수집된 월마트 정보는 매장별, 주별, 지역별로 기록되고, 치밀한 분석 과정을 거치면서 위력 있는 맞춤형 고객 정보로 수없이 업데이트 된다.

포드자동차 프랑스의 한 포드자동차 판매회사도 데이터베이스 마케팅을 아주 잘 이용한 대표적 케이스에 속한다. 이 회사는, 새 차로 바꿀 생각이 있는, 포드를 구매한지 3년에서 6년 된 사람들의 명단을 확보했다. 포드사는 이들에게 TV 광고 내용 중 가장 관심을 갖는 것이 무엇인가를 묻는 질문지를 보내 응답을 받았다. 그 응답에 따라 고객을 셋으로 나누고 각각의 부류에 각기 다른 판매 포인트를 강조하는 브로슈어를 보냈다. 즉 경제성에 관심을 갖는 고객에게는 연료비가 적게 든다는 내용의 브로슈어를, 안정성에 관심을 갖는 고객에게는 자동차의 안정도를 강조한 브로슈어를 보낸 것이다. 개별 고객의 욕구를 파악한 이러한 방법으로 이 회사는 큰 판매 효과를 얻을 수 있었다.

IBM IBM 데이터베이스 마케팅의 핵심은 'MSM(Marketing and Sales Management)' 이다. 이는 사내에 산재해 있던 고객 정보 즉, 현재 고객, 예상 고객, 임대 고객, 현장 접촉 정보 등을 통합하여 구축한

데이터베이스로 각종 회계장부 역할은 물론, 개별 인적사항과 주변의 의사 결정자와 의견 선도자, 인터넷 토론장에서의 기록 등을 총망라하고 있다. 또한 각 부분에서 전화나 우편 등으로 제기된 불만들을 해소하기 위한 항목도 포함되어 있다. 결국 MSM은 현장 판매의 효과적 수단이 될 뿐만 아니라, 기존의 텔레 마케팅과 다이렉트 마케팅은 물론 서비스 분야까지 통합하여 조직을 개편하는 역할을 수행했다. IBM은 또, 보다 효율적으로 고객에서 접근할 수 있는 방법을 찾기 위해 기존의 데이터베이스를 재구축하는 작업을 병행했는데, 텔레 서비스센터의 다이렉트 마케팅 팀은 MSM에 의해 수집된 고객프로필에 기초하여 타깃 마케팅을 실시하였다. 통합된 고객 정보는 매달 패키지화되고, 이를 바탕으로 고객의 수준을 '초기 단계→정보 수집 단계→관심 단계→종결 혹은 다음 단계' 등으로 분류, 다양한 레벨에 맞는 정보가 보내졌다. 그 결과, 1달 평균 4,500회 이상의 응대 건수가 나타났으며, 영업부서 고객 접촉 비용의 97%, 현장 판매 프로세스의 80%가 줄어드는 효과를 냈다. 또한 1년 6개월 동안 400개 이상의 다이렉트 마케팅 캠페인을 수행하여, 평균 12% 이상의 반응율을 보였으며, 4,000건 이상을 직접 판매로 연결시켰다. 이 밖에 휴면 고객을 상대로 한 캠페인도 벌였는데 여기서도 30만 달러 이상의 이익을 창출했다.

머더 바이더 북 오리건 주 포틀랜드에는 조그만 미스터리 전문서점이 있다. '머더 바이더 북'이라는 이 서점은 미스터리물 애독자만 1,500명을 확보, 데이터베이스화 해놓고 있다. 데이터의 분석 결과 독자들은 작가에 대해서만이 아니라 미스터리의 종류에 대해서도 폭넓은 다양성을 보인다는 점을 발견했다. 이를테면 어떤 독자는 냉철한 탐정소설을 좋아하는가 하면 어떤 독자는 경찰수사담이나 고상한 영국풍의 소설을,

또 어떤 독자는 국제 스파이소설을 애독한다는 등이었다. 이러한 데이터를 바탕으로 이 서점은 모든 서적을 16개 분야로 구분하고 각 분야의 독자들에게 분야별 도서목록을 발송함으로써 여타의 서점과는 판이하게 월등한 매출을 올릴 수 있었다.

4) 병원에서의 데이터베이스 마케팅

"데이터베이스의 이용이 들불처럼 번지고 있다." 오길비앤매더의 Irene Allanson이 한 말이다. 그의 말 그대로 기업들은 앞서 논의된 것처럼, 사활을 걸고 데이터베이스를 구축하여 고객관계관리 시스템을 강화하고, 초우량 고객에게는 사랑을 구하면서 '로열티 고객 마케팅'에 나서고 있다. 그러나 병원에서의 데이터베이스 마케팅은 극히 일부분의 병원을 제외하고는 제대로 운영되지 못하고 있는 것이 현 실정이다. 무엇이 문제일까? 아무래도 그 문제의 첫 번째는 대부분의 병원이 구체적인 고객 데이터를 갖추지 못하고 있는 데에 기인한다. 그러나 실제로는 병원에서도 개인 인적사항뿐만 아니라 증상, 과거 병력, 관심 질환, 종합검진 유무 등 자세한 자료들을 고객으로부터 큰 불평 없이 받아내고 있지 않은가? 때문에 데이터베이스 마케팅에 관련해 병원이 가진 정작의 문제는 어쩌면 병원이 가지고 있는 데이터에 대한 인식에 있는 것일지 모른다. 즉, 고객지향적 마케팅을 위해서는 데이터베이스의 구축과 활용이 필수적 사안임을 좀 더 깊이 인식할 필요가 있다는 것이다.

병원에서 데이터베이스 마케팅이 필요한 이유를 좀 더 구체적으로 짚어보면, 첫째, 병원이 지금껏 실시해온 기존의 마케팅 투자가 점차 기대하는 만큼의 효과를 주지 못하기 때문이고, 둘째, 병원에서도 고객에 대한 효율적인 관리의 필요성이 증대되었으며, 셋째, 정보기술의 도입에 따른 고객 데이터가 확보됨에 따라 마케팅과의 연계가 가능해졌으며, 넷째, 의료 시장 변화에 따라 앞으로 병원 간 무한경쟁 시대가 도래되면, 결국 고객의 정보를 통합하고 분석하여 활용하는 것이야말로 병원의 생존과 성장을 결정하는 핵심 경쟁력이 될 것이기 때문이다.

그렇다면 병원에서의 우수 고객은 어떤 사람일까? 이는 일반 기업이 가진 개념과는 좀 다르다. 즉, 건강이 좋지 않아 병원을 자주 찾는다고 우수 고객이 될 수는 없다. 그렇기에 병을 만들어 병원을 계속 방문하도록 유도하는 것이 우수한 고객 관리라 할 수 없다. 이처럼 여타 기업의 마케팅 기법을 병원에 그대로 적용할 수 없다. 또한, 질환이 발생해야 병원을 찾는 고객의 속성 때문에 병원 내원 빈도나 매출액 기여도에 따라 우수 고객을 구분해 낸다는 것도 적합지 않은 방법이다. 그렇다고 병원에 우수 고객이 없는 것은 아니다. 고객 정보를 분석해보면 틀림없이 병원의 매출에 기여하는 고객은 분명 있다.

전개 과정

구체적인 실천 방안으로는 병원 이용 정보에 따른 데이터베이스 마케팅 전개 과정을 간략하게나마 살펴보면 다음과 같다.([참조 6-4] 병원 데이터베이스 마케팅 전개 과정)

[Step 1] 고객 정보 Table 작성 고객 데이터베이스는 크게 개인적인 신상자료, 진단자료, 처치 및 검사자료 등으로 구분할 수 있는데, 각 자료들의 내용과 용도가 다르기 때문에 서로 독립적인 데이터베이스를 구축하고 이를 효율적으로 연결할 수 있도록 하여야 한다. 여기에는 이용

고객과 관련 있는 각종 정보, 이름, 주소, 취미, 생일이나 비용 및 질환과 관련한 내원 고객들이 개인적인 신상자료뿐만 아니라, 내원 시기, 내원 방법, 진료 내용 및 향후 처치 방법 등 고객에 대한 다양한 자료가 입력된다.

[Step 2] 데이터베이스 분류 병원은 크게 외래와 입원 고객으로 나눠 적용해볼 수 있다. 외래는 최초와 최근 이용 시점, 총 외래방문 횟수와 병원 이용 기간, 1회 방문 당 외래진료비 등을 계산해 볼 수 있다. 입원 경우엔 병원 이용 간격, 총 입원 횟수와 기간, 입원진료비 및 진료비 중 비급여비를 분석해 고객을 RFM(Recency, Frequency, Monetary) 기법으로 분류한다. 또한 고객의 충성도와 라이프스타일, 소개자 등으로 분류하기도 한다.

[Step 3] 데이터베이스 활용 일반적으로 한 병원에서 건강검진을 받은 사람은 다음 해에도 다시 그 병원에서 검진을 받을 가능성이 높다.

[참조 6-4] 병원 데이터베이스 마케팅 전개 과정

[Step 1] 고객 정보 Table 작성	[Step 2] 데이터베이스 분류	[Step 4] 정보 업데이트

1. 기본
• 성명, 주소, 전화번호
• 생일, 결혼기념일
• 이용비용, 지불 방법
• 이용 정보원
• 이메일 주소 등
 	
2. 질환
• 치유 정도
• 가족력
• 관심 질환 및
  타 질환 이용 여부 등
 	
3. 기타
• 인터넷 사용 유무
• 정보 관련 수용 여부
• 관심 질환
• 내시경
• 종합검진 이용 여부 등
	1. RFM
	2. 충성도
	3. 라이프스타일
	4. 소개자 등
	
	**[Step 3]
	데이터베이스 활용**
	
	• 생일 축하
	• 결혼기념일 축하
	• 소개한 분 감사 표시
	• 기존 질환 치유 정보
	• 평생건강관리 관련
	  정보 제공
	  -내시경
	  -종합검진
	  -공단검진 등
		1. 개인별 화면 정보
		• ㅇㅇㅇ
		• 방문일
		• 방문 여부
		• 재방문 여부 등
		  개인 정보 총 망라
		
		2. 방문 정보
		3. 반응 정보
		• DB 발송 이력
		• 실행 및 반응 이력
		  -TM
		  -이메일
		  -모바일 등

또한, 산부인과에서 분만한 산모는 아기의 예방접종과 검사를 위해 소아과를 방문할 확률이 높다. 때문에 병원에서는 고객을 특성별로 분류, 각 특성에 맞는 정보를 적시에 제공하는 것이 무엇보다 중요한 마케팅 활동이 된다. 이를 위해서는 질환 관련 정보 이외에도 생일이나 결혼기념일 등의 인적 정보를 활용하여 고객에게 적합한 방법을 찾아내어 공략한다.

[Step 4] **정보 업데이트** 고객 정보를 수집하고 분류해서 활용까지 거쳤다면 다음 단계는 정보의 업데이트이다. 가령 예약되었던 재방문의 실행 여부나 이용에 따른 활동 정보, 텔레 마케팅이나 DM 및 DB 발송, 이메일, 모바일 등의 발송이력과 그에 대한 반응까지 모든 이력사항이 그때그때 업데이트되어야 한다.

일대일 마케팅의 성공 여부를 결정짓는 가장 중요한 핵심은, 고객에 대한 정보를 얼마나 데이터베이스화하고 있느냐에 있다. 이제 병원도 우량 고객을 찾기 위해서는 데이터베이스를 통해 환자라는 이름의 고객을 분석해야 하며, 이용 경험에서 이력과 취향을 분석해 냄으로써 데이터로서의 질을 높여야 한다. 수준 높고 체계적인 데이터베이스는 결국 경영 이득과 직결되기 때문이다.

앞으로 세대가 바뀌고 시간이 흐를수록 개인 취향에 따른 선택의 폭은 더욱 넓어질 것이다. 치열한 경쟁 속에서 소비자의 선택을 받아야 하는 병원으로서도 그 고객 취향으로부터 자유로울 수 없다. 기존 고객은 이탈을 방지하고 재 내원을 유도함으로써 평생 고객화 하고, 우량 고객이 될 가능성이 큰 잠재 고객은 선별적이고 개별적인 접근을 통해 신규 내원 고객이 되도록 하는 병원에서의 데이터베이스 마케팅은 앞으로 모든 병원 마케팅 활동의 기초가 될 것이며, 그 활용 여부가 앞으로의 병원 생존과 성장에 엄청난 영향 요인으로 작용할 것이다.

고객이 원하는 바를 제대로 읽고 적시에 제공함으로서 고객의 만족감을 얻어내는 데이터베이스 마케팅은 이제 어느 업종에서나 마케팅의 기본이 되었다. 병원 마케팅에서도 물론 예외일 수 없다.

3. 고객관계관리(Customer Relationship Management)

1) 고객에게 좀 더 가까이, CRM

지금까지 기업과 고객의 관계는 시대 상황과 고객 욕구에 맞게 변천해 왔다. 1970년대가 고객이 찾는 상품을 만들어 '판매' 했던 시기라면, 80년대는 고객에게 만족(Customer Satisfaction)을 주기 위해 노력했던 시기였고, 90년대는 고객의 구체적인 취향을 데이터에서 찾아내어 마케팅에 활용하는 DBM(Database Marketing)의 시기였다. 이 DBM에서 한 걸음 더 나아가 90년대 후반부터 새롭게 도입된 개념이 CRM. 바로, 고객관계관리(Customer Relationship Management)이다.

기업은 일반적으로 '고객의 획득' 을 최우선의 과제로 삼지만 CRM은 '고객에 대한 정확한 이해' 부터 출발한다. CRM은 신규 고객의 확보보다 기존 고객을 유지, 발전에 더 큰 의미를 두기 때문이다. 또한, 데이터베이스 마케팅이 기업의 입장에서 고객의 정보를 활용한 단기적인 매출 향상에 목표를 두고 있는 것이라면, CRM은 고객의 관점에서 고객과의 접점을 관리하고, 보다 장기적으로 고객과의 관계를 유지함으로써 잠재 고객 활성화→신규 고객 획득→우수 고객 유지→고객가치 증진 →평생 고객화와 같은 사이클을 만들어가는 마케팅 수단이라고 할 수 있다.

또한, 기업 내·외부의 자료를 이용한다는 측면에서는 CRM이 데이터베이스 마케팅과 유사한 개념이라 할 수 있겠지만 고객의 정보를 취하는 방법의 측면에서 보면, CRM은 데이터베이스 마케팅에 비해 보다 다양한 고객 접점에서 훨씬 다양한 정보 취득을 전사적으로 행한다는 차이점을 가진다. 하지만 최근에는 데이터베이스 마케팅의 포커스도 고객 분석 쪽으로 집중되는 경향을 보인다. 때문에, 데이터베이스 마케팅과 CRM은 서로의 영역 구분이 모호해지면서 용어까지도 가끔은 혼용되기도 한다.

CRM의 고객 데이터는 크게 기본 정보, 거래 정보, 성향 및 속성 정보로 나뉜다. 고객 기본 정보는 주민등록번호, 생년월일, 주소, 전화번호, 나이, 결혼 여부, 가족수, 직업, 소득, 이메일, 기타 정보 등으로 회원가입 등록사항이나 기타 채널 등을 통해 획득된다. 고객 거래 정보에는 고객번호, 주거래 상품, 수익성, 현 거래 내용, 거래이력, 포인트 잔고 등이 있다. 고객 성향 및 속성 정보는 고객 거래 정보 분석을 통하여 얻을 수 있는 것으로 고객의 주요 거래채널, 사용 빈도, 고객 선호도, 불만 내용, 고객 리스트 등이다.([참조 6-5] 맞

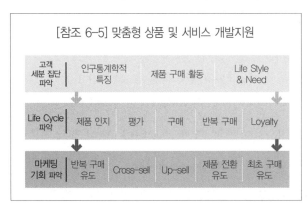

[참조 6-5] 맞춤형 상품 및 서비스 개발지원

426

춤형 상품 및 서비스 개발지원)

CRM은 '고객관계관리' 라는 말 그대로, 고객과 좋은 관계를 맺고 그 맺어진 좋은 관계를 지속적으로 유지할 수 있도록, 방안을 찾아 관리해 나가는 것이다. 그러기 위해서는 고객의 욕구를 알아야 하고 고객과 관련된 내·외부자료를 통합하고 분석하여 고객의 특성을 고려하는 활동을 수행해야 한다. 그러나 CRM에서의 고객은 지금까지의 고객과는 개념이 다르다. 즉, '모든 고객은 똑같지 않다' 는 것이며, '고객이 항상 옳은 것은 아니다' 라는 것이다. CRM에서는 '모든 고객이 왕은 아니다' 라는 전제에서 출발하여, 고객의 장래성에 따라 고객과의 '관계 유지' 뿐 아니라 '관계 끊기'도 함께 고려되어야 한다고 본다.([참조 6-6] CRM의 개념)

기업의 이익을 위해 관계 유지가 필요하다고 판단되는 고객의 충성도를 높이고 이탈을 줄이기 위해서는 그 고객에 대한 마케팅 정보를 한데 모아 창고를 만들고 데이터마이닝을 통해 고객과의 관계를 발전시킬 방법을 찾아야 한다. 그것은 기업과의 관계가 오래된 고객일수록 기업

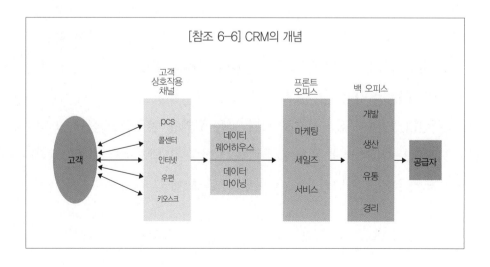

[참조 6-6] CRM의 개념

■ 교차 판매(Cross-selling)와 상향 판매(Up-selling)

미국, 유럽 등 선진 기업을 통해 보았을 때 CRM은 고객 충성도 강화, 개별 고객에게 맞춤 서비스 제공을 위해 수준 높은 고객지식을 축적하여 경쟁사들과의 차별화, 수익성이 높은 우량 고객을 파악하고 평생 고객으로 유도함에 두고 있다. 아울러 교차 판매(Cross-selling), 상향 판매(Up-selling) 등으로 고객 당 수익률 극대화, 고객 서비스의 신속성 향상과 비용 절감 등으로 나눠 볼 수 있다. 여기서 교차 판매는 기존의 상품 계열에 고객이 관심을 가질 만한 다른 상품을 접목시켜 판매하는 것을 말하며, 상향 판매는 설비의 마모 혹은 재공급 필요시에 업그레이드를 권유하여 판매하는 것을 말한다.

에 대한 수익 기여도가 늘어나기 때문인데, 바로 여기에 CRM의 핵심이 있다. 특히 신용카드업종의 경우, 비즈니스가 시작된 첫 해에는 적자를 크게 보지만 얼마만큼의 시간이 지난 뒤에는 흑자로 돌아선다. 이러한 현상이 일어나는 주된 이유는 초기에 고객을 확보하는 데 들어가는 투자비용과 기본적인 Base Profit이 비슷하기 때문이다. 그러나 시간이 지날수록 고객이 카드 사용량은 늘어나면서 그 고객을 관리하고 유지하는 비용은 줄어든다. 뿐만 아니라 오래된 고객일수록 구전 효과를 일으켜서 신규 고객을 끌어들이는 효과를 보이기도 하고, 높은 가격의 복잡한 서비스나 신제품 등을 선뜻 구입하기도 한다.

미국의 컨설팅회사인 베인앤컴퍼니의 1996년 통계에 따르면, 미국 기업들은 보통 5년 내에 고객의 1/2을 상실하고 있으며, 고객 유지율을 5% 포인트 증가시킬 경우 평균 고객의 가치가 25~100% 증가된다고 한다. 이는 결국, 같은 Market Share라도 그것이 신규 고객의 확보에 의한 것인지, 기존 고객에 의한 것인지에 따라 수익성은 큰 차이가 있음을 나타내는 것이다.

요컨대, 기업이 장기적으로 보다 높은 수익을 얻으려면 신규 고객의 확보보다는 기존 고객 유지에 주력해야 한다. 그럼으로써 기존 고객의 충성도를 높이고 이탈률을 줄여야 한다. CRM에 그 길이 있다.

2) CRM을 잘 하려면

기억하기와 알아보기

　고객관계관리를 잘하는 기업들의 특징은 한 번 온 고객을 잘 기억하고, 그 고객이 다시 방문할 때마다 반갑게 알아봄으로써 매번 관계가 강화될 수 있도록 최선을 다한다는 점이다. 기억하기와 알아보기. 바로 CRM의 핵심이다.

　기억하기(Remember) 매장을 방문한 고객들을 기억하려면 어떻게 해야 할까? 지금 내 앞에 있는 이 고객이 처음인지, 두 번째 방문인지, 자주 오는 단골인지 어쩌다 한 번 나타나는 뜨내기 고객인지, 어떤 제품을 얼마나 구매했는지, (서비스업종이라면) 선호하는 담당 직원은 누구인지 등에 대해 소상히 파악하고 있다면, 그리고 그 정보를 실시간으로 고객응대에 활용할 수만 있다면 우리는 그들에게 매우 인상적인 서비스를 제공할 수 있을 것이다. 일반 소비자를 상대로 하는 기업이라면 너나없이 어떻게 해서든 고객들을 자사의 회원제 프로그램에 등록시키려고 하는 이유가 여기에 있다. 그러나 은행이나 신용카드회사처럼, 첫 거래 시 고객에 대한 상세한 정보를 등록시킬 수 있고 향후 모든 거래내역 또한 자동으로 기억할 수 있는 '행복한' 기업들은 그다지 많지 않다.

　그렇다면 가급적 많은 고객들을 회원으로 가입시키면서도 고객들이 회원 등록 시 느끼는 우려와 불편을 최소화할 수 있는 방법은

▌데이터마이닝
데이터마이닝이란 데이터에 나타난 표면적인 특성보다는 그 데이터의 이면에 숨겨진 패턴과 관계를 찾아내어 광맥을 찾아내듯이 새로운 정보를 발견해 내는 것이다. 가령 할인점에서 쇼핑을 하고 받는 영수증이 우리에게는 무엇을 얼마에 샀는지 알려주는 증명서가 되지만, 업체에게는 고객인 우리들의 구매 패턴과 개인적 속성까지 짐작케 하는 데이터가 된다. 또한, 콘칩을 구매하는 고객의 50%는 콜라도 마신다거나, 고급 테니스라켓을 구입한 고객은 머지않아 골프채를 찾을 확률이 높다거나 하는 구매 행동의 연관성과 연속성을 알아낼 수만 있다면 보다 효과적인 판촉활동을 할 수 있다.

없을까? 파리바게뜨, 던킨도너츠, 베스킨라빈스와 같은 체인점들을 운영 중인 SPC그룹의 '해피 포인트' 사례를 보면 그 해답의 실마리를 찾을 수 있다. 파리바게뜨에서는 처음 방문한 고객에게 구매액의 5%를 적립해주는 해피 포인트 카드를 제안한다. 주민등록번호나 휴대폰번호와 같은 개인 정보를 제시할 필요도 없고 매장에서 회원카드를 작성할 필요도 없는 데다 평소 자주 들르는 타 브랜드에서도 사용이 가능해 회원 가입률이 높을 수밖에 없다. 무기명 적립카드와 다른 점은 적립된 포인트를 사용하기 전 인터넷을 통해 회원 정보 등록을 해야 한다는 점이다. 고객이 회원 등록을 하는 순간 회사는 그 고객의 그간 구매 정보를 고스란히 '기억'할 수 있게 된다. 고객 또한 이미 꽤 많은 포인트를 적립한 시점이므로 회원 등록의 부담은 첫 방문 시보다 현저히 낮다. 게다가 어쩌다 들르는 뜨내기 고객들은 대부분 회원 등록을 하지 않으므로 해피 포인트 카드의 경우 전체 회원 중 '활성화 고객(적극적 구매행위 유지고객)'의 비율이 매우 높게 되고 이는 바로 저비용·고효율 CRM 프로세스로 이어진다.

알아보기(Recognize) 기업이 고객을 기억하기 위해 노력하는 궁극의 큰 이유는 차기 방문 시 알아보기 위해서다. 레스토랑이든 미용실이든, 고객은 자신을 알아보고 자신이 다시 말하지 않아도 자신의 니즈와 취향에 맞는 서비스를 제공하는 업체를 선호한다. 만약 연간 수십 회씩 이용하는 단골 매장에서 방문할 때마다 처음 온 손님 취급을 받는다면 그것처럼 곤혹스러운 일도 없을 것이다.

CRM 선진 기업들은 자사의 고객을 알아보는 수준과 깊이에서 일반 기업들과 큰 차이를 보인다. 일반 기업들이 고작 고객들의 프로필이나 거래 정보 등을 파악하고 있는 반면 캐피탈 원, 테스코, 아마존, 이베이,

페이스북 등은 개별 고객의 거래 성향이나 취향, SNS 정보를 면밀하게 분석하여 고객과의 인터렉션(Interaction)을 개인화함으로써 자사의 차별화된 핵심 역량으로 활용하고 있다. 경쟁관계의 대형 할인마트들이 모든 고객들에게 동일한 카탈로그를 발송할 때, 테스코는 세분화된 개별 고객을 향해 연간 400만 부 이상을 발송, 업계 최고의 반응률(발송부수 대비 주문 비율)을 올리고 있으며, 페이스북은 회원 간 관계 분석을 기반으로 자사의 고객은 물론 '고객의 고객(친구ㆍ지인 등)' 까지도 인지하여 상호 연결시킴으로써 창업 후 8년 만에 세계 인구의 10%에 육박하는 사상 최대의 고객 데이터베이스를 구축했다.

동네 사람들을 상대로 하는 구멍가게를 운영하는 것이라면 단골 고객을 기억한다거나 알아보기가 그다지 어렵지 않을 것이다. 그러나 누군가가 하루에도 수천, 수만 명의 고객을 수백 개의 점포나 대리점을 통해 만나는 기업을 이끌려 한다면 CRM에 주목하여, 체계적으로 고객을 기억하고 알아볼 수 있는 프로세스와 시스템의 구축을 서둘러야 할 것이다.

단계별 전략

CRM 실행 프로세스상에서 가장 핵심적인 과제는 '어떻게 개별 고객과 상호작용을 전개할 것인가' 라는 것과 '개별 고객에게 어떤 부가적인 가치를 제공함으로써 로열티를 향상시킬 것인가' 라는 것이다. 여기서 '어떤 혜택을 제공할 것인가' 라는 문제는 말 그대로 '개별 고객이 진정으로 원하는 것이 무엇인지' 를 정확히 파악하는 것에서 출발하며, 이렇게 파악된 개별 고객의 니즈에 맞는 제품이나 서비스 혹은 마케팅 프로그램을 개발하고, 이를 그 고객이 원하는 방법으로, 원하는 시기에 제공할 수 있어야 한다.

일반적으로 CRM 전략은 '고객 정보의 입수→관계 창출→관계 유지→관계 강화'의 흐름을 가지기 때문에 이러한 순서에 의해 각 유형별로 전개가 진행된다.

고객 정보 입수 전략 현재 우리의 고객이 누구이며, 그중 보다 가치 있는 고객이 누구인지를 파악하기 위해서는 기존 고객에 대한 정보를 확보하여 데이터베이스를 구축해야 하는데, 이를 위해서는 개별 기업 나름대로의 특성을 감안한 전략이 필요하다. 필립모리스와 같은 거대 소비재 기업에서는 대규모 설문 조사를 통하기도 하고, GM이나 도요타 등의 자동차회사에서는 카드를 발행하는 방법으로 고객 정보를 확보하고 있다. 아멕스카드는 수백만의 카드 소지자에 대한 방대한 정보를 축적하고 있는데, 개별 고객의 이름, 주소, 휴가 갔던 장소, 방문한 레스토랑, 쇼핑한 제품 등의 상세한 정보를 바탕으로 개별화된 마케팅 커뮤니케이션의 전개와 아울러 일반 기업과의 공동 마케팅까지 벌임으로써 새로운 수입원 창출에 활용하고 있다.

관계 창출 전략 제너럴 밀스사는 TV의 황금시간대를 이용해 시리얼 식품 토털 레이신브랜의 무상 견본품을 제안하여, 100만 명 이상의 시리얼 애호자를 유인할 수 있었다. 또한 미국의 화장품회사인 헬렌 커티스사는 신제품인 피네스샴푸와 컨디셔너의 시장 진입 전략으로 예고 없는 무상 견본품을 제공하는 전략으로 큰 성공을 거두었다. 이 밖에 신규 고객을 확보하는 또 다른 방법으로 기존 고객을 활용하는 방법이 있다. 즉, 우량한 현재 고객을 매개체로 하여 구전 효과를 창출하고 신규 고객의 소개를 유도하는 전략으로 '회원을 통한 회원모집' 혹은 '친구소개 프로그램'이 그것이다.

관계 유지 전략 이는 확보된 기존 고객과의 관계를 유지하기 위한 전략이다. 기존 고객에 대한 정보를 확보하고 있다면, 이를 활용하여 제품 구매 빈도를 증대시키려는 '고객 활성화 전략'이나 자사의 다른 상품도 구매하도록 유인하는 '교차 판매 전략'을 전개할 수 있다. 이러한 노력들은 결국 기존 고객의 이탈을 방지하고 자사 브랜드에 대한 로열티를 강화하게 되어, 장기적인 관계를 강화하는 데도 기여하게 된다. 탑승비행 마일 수에 따라 무료 항공권을 제공하는 항공사의 마일리지 서비스나, 1년에 몇 회 이상 숙박한 우량 고객을 상대로 운영되는 호텔의 '명예회원우대제도'가 그 대표적인 예가 될 것이다.

관계 강화 전략 개별 고객과의 우호적인 관계를 구축하고 로열티를 강화하여 이들을 지속적인 충성 고객으로 유지하는 전략이다. 그 한 예로, 보스턴은행은 자사 고객 가운데 예금고 등을 기준으로 3,000명의 우수 고객을 선정하여 '프리이빗뱅킹그룹'으로 특별 관리하고 있다. 보스턴은행과 이들 사이에서는 개별적인 커뮤니케이션이 이루어지는데, 이들은 특별히 보스턴지역의 세미나나 유명 전람회에 초대되기도 하고, 미술과 관련된 고급 정보나, 견학 프로그램 등이 제공되기도 한다. 이외에도 일본의 도요타자동차가 벌이는 고객관계 강화 전략도 눈여겨 볼만하다. 도요타는 호주 시장에서 고급 승용차인 렉서스의 기존 고객 정보를 분석한 결과 렉서스 고객이 오페라를 자주 관람한다는 사실을 발견하고 이를 전략적으로 잘 활용하고 있다. 즉 시드니 오페라하우스의 스폰서가 되는 대가로 오페라하우스의 주차장에서 가장 눈에 잘 띄는 렉서스 전용 주차지역을 확보함으로써 렉서스 소유자의 자부심과 특권의식을 높여주는 한편 잠재 고객에 대한 광고 효과까지 거두고 있다.

e-CRM

e-CRM은 '고객 정보의 통합 관리와 고객 접점 강화'라는 CRM의 요소와 '일대일 마케팅을 통한 판매 강화와 고객의 만족도 제고'라는 e-Business의 요소가 통합된 개념에서 출발한다. 그것은 CRM이 지금까지 의존해온 전통적인 채널만으로는 고객과의 커뮤니케이션에 한계가 있고, 인터넷 마케팅은 고객과 보다 밀접한 관계를 형성할 수 있다는 이점이 있는 반면에 아직까지 그 신뢰성이 검증되어 있지 않고 있다는 인식에서 비롯된다.

효율적인 CRM을 위해서 꼭 필요한 것 즉, 구매 의사결정 기준이나 구매행위의 구체적 유형 등을 포함하는 고객 특성에 대한 정보는, 획득하고 관리하는 과정에 상당한 비용과 시간이 소요될 뿐 아니라, 주기적, 지속적으로 갱신되지 않는다면 CRM을 위한 정보로서의 가치는 거의 없다고 봐야 한다. 오히려 최신의 정보를 정확하게 반영하지 못한 CRM은 차라리 안하느니만 못한 역효과를 가져올 수도 있음을 간과할 수 없다. 지금까지 CRM이 가지고 있던 이러한 어려움을 극복하기 위한 방법 중의 하나가 바로 인터넷을 활용한 e-CRM, 상호작용적이고 쌍방향적인 커뮤니케이션을 통한 고객 정보 관리이다. e-CRM은 우선, 고객 정보를 획득하는 과정과 그 질이 기존의 CRM과 확연히 다르다. e-CRM은 인터넷에 개설된 웹사이트나 쇼핑몰에 고객이 접속하면서 시작되는데, 일단 접속이 되고나면 고객의 모든 행동을 모니터링 할 수 있다. 예를 들어 어떤 제품이나 서비스에 관심을 보이거나 구매했는지는 즉각적으로 알 수 있다. 이는 '구매'와 같은 완성된 형태의 고객 행동뿐만 아니라 '관심'이라는 태도 부분에 대한 정보까지 얻음으로써 전혀 새로운 차원으로 마케팅을 모색할 수 있는 가능성이 열린 것이다.

결론적으로 e-CRM은 고객 정보의 수집, 판촉이나 고객 서비스 등 구체적인 CRM 전략의 실행, 상호 커뮤니케이션 등의 기능을 가진다. 곧, 성공적인 e-CRM은 마케팅 실행 과정의 일부로써 효과적인 마케팅 커뮤니케이션을 수행한다.

3) CRM의 실패 원인

지금까지 국내에서도 상당히 많은 수의 CRM 프로젝트들이 수행되었지만 가시적인 성과를 내고 있는 것은 별로 없다. CRM 선진국이라는 미국의 경우를 보더라도 마케팅 프로그램 차원이 아닌 기업 전체 차원에서 CRM이 큰 성과를 거두고 있는 경우는 그다지 많지 않은 것이 실정이다. 왜 이러한 현상이 나타나는 것일까?

기업이 CRM을 구축하고 실행하는 프로세스는 크게 전략 수립, 시스템 구축, 실행으로 나눌 수 있다. 여기서는 각각의 단계에서 나타날 수 있는 문제점을 살펴보도록 한다.

전략 수립상의 문제

CRM 전략은 자사의 특성을 고려할 때 CRM의 어떤 부분에 상대적으로 중점을 둠으로써 보다 효과적이고 효율적인 고객 관리가 가능해질 것인가를 분명히 하는 역할을 수행한다. 또 예산이나 인력 등 자사의 여건을 고려하여 장기적으로 어떻게 CRM을 발전시켜나갈 것인가 하는 청사진을 제시한다. 흔히 CRM 실패의 원인으로 부실한 데이터의 문제, IT 시스템의 문제 등을 들고 있으나 그보다 더 큰 문제는 많은 기업들이

CRM에 대한 명확한 개념 정립을 하지 못해 CRM 구현을 위한 전략을 제대로 수립하지 못하고 있다는 점이다. 이는 CRM에 대해 이해가 부족하거나 자사의 상황에 적합한 CRM이 어떠한 것인지에 대한 명확한 인식이 부족한 데 그 원인이 있다.

시스템 구축상의 문제

과거와 달리 수많은 고객들을 대상으로 하는 CRM은 기본적으로 IT 시스템을 바탕으로 한다. 따라서 제대로 된 시스템이 없으면 CRM이 잘 이루어질 수 없다는 것은 자명하다. 성능이 낮은 시스템이나 자사에 적합하지 않은 시스템을 도입하는 경우가 이에 해당된다. 반면에 지나치게 과도하게 투자됨으로써 효율면에서의 문제를 안고 있는 시스템도 지양되어야 한다.

실행상의 문제

CRM을 실행하기 위해서는 기본적으로 정확한 고객 데이터를 필요로 하는 데 그 기본이 되는 고객 데이터가 정확하지 않은 경우 전혀 사실과 다른 결과가 나타날 가능성이 있다. 또한, CRM을 분석하고 실행하는 인력에도 문제의 소지가 있다. 갖추어진 IT 시스템이 아무리 좋다 하더라도 그것을 운영하는 담당 인력의 역량이 따라오지 못하면 그 시스템은 별 소용이 없음은 CRM에서도 예외일 수 없다.

4) 성공적인 CRM 적용 사례

총각네 야채가게

서울 강남의 한 야채가게. 아침에 가게 문을 열기 전부터 손님들이 줄을 서서 기다린다. 여기에서 파는 것은 어디에서나 살 수 있는 과일과 야채인데 이 손님들은 왜 유독 이 가게에서만 사려하는 걸까? 18평밖에 안 되는 작은 야채가게에서 판매되는 과일과 야채는 하루 4톤에 이른다. 직원들이 모두 총각이라 손님들은 이곳을 '총각네 야채가게'라고 부른다. 이곳의 대표는 이영석씨로 10년 전 오징어 행상으로 시작한 대졸 총각이다. 그는 사원을 뽑을 때 대졸 총각으로만 뽑는다. 이곳의 주요 고객이 주부들인데, 아줌마들이 총각을 좋아한다는 것이다. 철저하게 고객에 맞추는 그의 마케팅 전략의 일환이다. 장사하기를 좋아하고 고객 서비스에 적극적인 총각사원들이 주부 고객이 나타나면 무조건 "어머님"하고 반겨 인사한다. 그리고 그 고객이 어느 아파트에 살며, 식구가 몇 명이고 무슨 과일을 좋아하고, 신 맛을 좋아하는지 단 맛을 좋아하는지를 기억하였다가 고객의 이야기로부터 대화를 시작한다. "어머님 축하드려요. 이번에 큰 아드님이 고시에 합격했다면서요. 이제는 소원 성취하셨는데 어머님 크게 한 번 쏘셔야겠어요." 할머니가 오시면 먼저 다가가서 손을 잡으면서, "할머니, 어디 다녀오셨어요? 요새 통 안보이시던데.", "어, 광주 사는 우리 딸네 갔다 왔거든.", "아 그러셨어요. 얼마 전에 한 번 같이 오셨던 그 따님이시구나. 따님도 잘 있지요?" 이런 방식으로 고객 한 사람 한 사람을 기억해뒀다가 고객에게 맞춤 화법을 구사한다. 이러니 고객들도 판매원을 기억하게 되고 다음에는 그 판매원을 찾게 된다. 이영석씨는 말한다. "장사를 하는 사람은 고객정신이 가장 기본이거든요. 그래서 저는 사원을 뽑을 때 그것을 가장 중요시합니다. 기본이 되어 있으면 물건을 파는 기술은 이곳에서 보고 배우면 되거든요." 이렇게 고객 마인드가 된 사원은 고객 맞춤 서비스를 하게 되고 단골 고객을 만들게 된다. 이영석씨 말로는 개별적으로 100명 정도의 단골 고객을 가지고 있는 직원이 여럿 있는 데 그러한 판매사원에게는 '감성사원-고객 100인 법칙'이라는 별도의 이름 붙여주며 포상과 함께 동기 부여를 한다고 한다.

불황이든 호황이든, 고객관계관리를 실시하려면 먼저 고객 마인드를 갖춘 직원부터 양성해야 한다. 이러한 고객 서비스 사원에게는 CRM 시스템이 많은 도움이 되어 실질적인 고객 관리가 이루어지지만 CRM 시스템만 도입한다고 저절로 고객 관리가 되는 것은 아니기 때문이다.

리츠칼튼호텔

출장차 샌프란시스코의 리츠칼튼호텔에 묵게 된 한 고객은 서양식 푹신한 베개가 싫어 프런트에 약간 딱딱한 베개를 요구했다. 다음 목적지로 이동해 뉴욕 리츠칼튼호텔에 투숙한 그는 전혀 예상치 못했던 서비스를 받게 된다. 침대 위에는 앞서 사용했던 그 딱딱한 베개와 같은 것이 놓여 있었던 것이다. 샌프란시스코 리츠칼튼의 직원이 '고객기호 핫라인'에 고객이 좋아하는 베개를 등록해 놓았기 때문이다. 이처럼 리츠칼튼에는 고객 이름만 입력하면 고객 기호를 알게 해주는 공유 데이터베이스가 있다. 리츠칼튼은 약 50만 명 이상의 고객프로필을 축적하고 있고 그중 50% 이상의 고객에 대해서는 개인적인 기호까지 파악하고 있다. 이 호텔은 이와 같이 데이터베이스화(Customer Preference Hotline)하고 이것을 공유해서 고객응대에 활용한다. 고객에게 개인적인 관심, 심리적인 안정감을 주어 이것을 토대로 호텔과의 감정적인 관계가 형성된다. 리츠칼튼호텔 전 체인점엔 고객 코디네이터가 있는 데 주 업무는 고객의 개인적 취향에 대해 조사하고 고객별로 차별화된 서비스를 제공하는 일이다. 가령 예약 명단이 입수되면 그동안의 이력과 개인 취향들이 기록된 '고객인지프로그램'에 접속한다. 그러고 나면 매일 아침 간부회의에 참석하여 지배인, 객실 관리자, 식음료부 관리자 및 기타 관계자들에게 당일에 투숙할 고객에 대해 자기가 입수한 모든 정보를 제공한다. 과거 아침 일찍 어떤 신문을 넣어달라고 부탁한 적이 있었다면, 이 객실에는 그 신문이 새벽에 배달된다. 캔디나 초콜릿을 좋아한다면 미리 객실에 준비해 놓는다. 이러한 개인 정보는 대부분 모든 직원이 근무 중에 기록하는 고객취향수첩에서 수집된다. 청소부가 객실 정리를 하다가 골프채나 골프 잡지를 보았다면 "OO호실에 투숙한 OO씨가 골프를 좋아하는 것 같다"라고 기록한 뒤, 이를 고객 코디네이터에게 전해준다. 전달받은 코디네이터는 해당 직원에게 골프장 운영시간, 위치, 비용 등 정보를 제공해주라고 주의를 환기시킨 다음, 이를 데이터 베이스화하는 방식이다.

A은행

황사가 극심했던 어느 날 신용대출 상담을 받기 위해 A은행 지점을 찾은 중소기업 임원 이 씨는 뜻밖의 선물을 받았다. 창구 직원이 "황사가 심하니 기관지를 보호하셔야죠"라며 황사방지용 마스크를 선물로 건넨 것. 수년째 기관지염을 앓고 있던 이 씨는 흐뭇하면서도 '도대체 어떻게 알았을까'라는 생각이 들었다. 비결은 A은행의 고객관계관리시스템. 이 씨가 수개월 전 '기관지염 때문에 고생한다'고 말하자 창구 직원은 이를 고객 정보로 입력했다. A은행은 황사 시즌이 되면 마스크를 선물해야 할 고객으로 이 씨를 분류했다. 이 씨의 고객번호를 입력하면 '황사마스크선물요망'이라는 내용의 팝업창이 뜨는 것이다. A은행 CRM 팀장은 "고객이 생년월일, 주소, 가족관계, 종교 등 50개 정도의 정보를 제공하지만 고객과의 대화를 통해 은행이 입수하는 정보는 많게는 400개에 이른다"고 말한다. A은행은 고객 관리에 도움이 되는 것이라면 가리지 않고 정보를 수집해서 고객에게 맞춤 서비스를 제공함으로써 끈끈한 관계를 맺는다. 이제 은행은 금융백화점이 돼야 하고 토털 라이프 케어를 지향한다는 의미도 포함되어 있다.

5) 병원에서의 CRM

병원의 CRM은 고객과의 체계화된 커뮤니케이션 도구이며 고객과 병원을 묶는 연결고리라고 할 수 있다. 병원도 이제는 고객의 취향을 정확히 알아내서 그들이 원하는 것을 언제든 신속히 제공할 수 있는 준비가 갖춰져 있어야 한다. 이는 궁극적으로, 고객들로 하여금 모든 면에서, '나를 알아주는 병원'이라는 인식을 갖게 하는 것이다.

A종합병원 산부인과의 CRM 사례를 살펴본다. 이 병원에서는 앞서 보았던 고객 데이터베이스 구축과 함께 이를 활용한 교차 판매(Cross-selling)나 상향 판매(Up-selling), 재판매(Reselling) 활동에 CRM이 적용되고 있다. 접점 포인트에서는 고객의 인적사항을 입력하는 순간, 데이터베이스로부터 접수 고객의 산부인과 검진이력은 물론, 내시경이나 종합검진 등과 같은 여타의 모든 검사 유무까지 한 눈에 확인할 수

있다. 여기에는 단순 검사이력뿐 아니라 그동안 정보입수 활동을 통해 입수된 해당 검사에 대한 관심반응지수까지도 포함되어 있다. 이는 최적의 교차 판매를 위한 고객집중관리프로그램의 일환이다. 이러한 정보는 가령 내시경이나 종합검진과 같은 별도의 검사를 이 병원에서 받고 있는 고객에게는 재판매를, 타 병원에서 받고 있는 고객에게는 교차 판매를 하는 데 마케팅을 집중할 수 있게 해준다. 특히 CRM 차원에서 A종합병원 산부인과의 내시경센터나 종합검진센터의 최우선 관리 대상자는 내시경과 종합검진의 미 검사자이다. 어떻게 하면 이들에게 해당 검사의 필요성과 함께 자기 병원만이 가진 가치를 전달하느냐가 시급한 과제가 된다.([참조 6-7] A종합병원 산부인과 CRM 활동)

그러나 이와 같은 구매 방식의 예들은 극히 지엽적인 사항에 불과하다. 병원 CRM이 지향해야 할 궁극적 전략과 전술은 단순 구매 행동에서 벗어나, 전략적으로 설정된 고객과 병원 간의 관계를 강화하는 방향으로 전개되어야 한다. 이를 위해서는, 무엇보다 먼저, 고객과 병원이 서로에게 바라는 사항들 중에 공통되는 지향점을 찾아내 두 당사자들

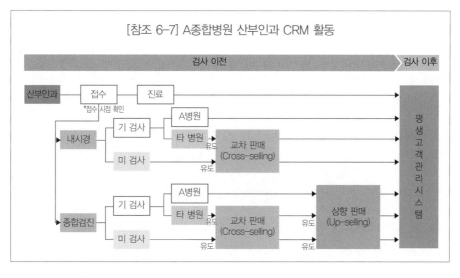

[참조 6-7] A종합병원 산부인과 CRM 활동

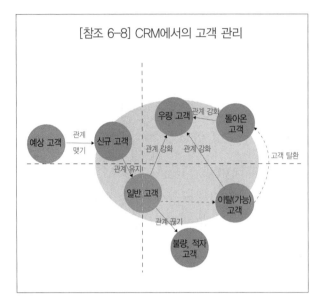

[참조 6-8] CRM에서의 고객 관리

예상 고객 — 관계 맺기 → 신규 고객

신규 고객 — 관계 강화 → 우량 고객 ← 관계 강화 — 돌아온 고객

우량 고객 — 관계 강화

신규 고객 — 관계 유지 → 일반 고객

일반 고객 — 관계 강화 → 이탈(가능) 고객

이탈(가능) 고객 → 고객 탈환 → 돌아온 고객

일반 고객 — 관계 끊기 → 불량, 적자 고객

사이의 바람직한 관계를 명확히 설정하고 그것을 병원 경영자와 직원들이 공유해야 한다. 이는 결국 병원 CRM은 그때그때의 한시적인 성과를 위한 것이라기보다는 기존 고객을 여하히 평생 고객화 하느냐 하는 항구적인 문제이기 때문이다.([참조 6-8] CRM에서의 고객 관리)

병원 CRM의 예

삼성서울병원 해마다 건강진단을 받는 고객들에게 일일이 전화를 걸어 맞춤검진에 대한 안내를 한다. 전년도 검진 데이터베이스를 바탕으로 개인의 병력, 생활습관, 가족력 등을 물어 개인에 맞는 건강진단항목을 짜준다. 검진 1달 전쯤에는 전담 간호사가 해당 고객에게 직접 통고하여 검진 날짜를 상기시킴으로써 다른 병원으로 갈 수 있는 경우의 수를 최대한 줄인다.

인제대백병원 가족회원 제도를 운영한다. 이 제도의 주목적은 우수 고객의 집중 관리다. 가족회원에 응급전화를 상설해 빠르고 질 좋은 응급조처를 해주고, 전화나 모바일 문자 서비스를 통해 진료 날짜와 투약 시간을 알려준다. 진료비 일정 부분 감면이나 기타 병원시설 이용 시에도 할인 제도 혜택을 준다. 진료비를 점수화해 일정 점수가 누적되면 종

442

합검진권이나 기타 법에 저촉되지 않은 혜택과 건강강좌 및 건강증진행사에 참여할 수 있는 권리를 제공한다. 이로써 우수 고객을 다른 병원에 뺏기지 않고, 수진율을 높이는 효과를 얻고 있다.

4. 고객경험관리(Customer Experience Management)

1) 마침내 CEM의 시대

CEM은 고객이 제품이나 서비스를 경험할 때 보이는 반응을 파악해 관리하는 마케팅 기법으로 고객의 부정적 경험은 제거하고 긍정적 경험은 강화하자는 것이 그 목표이다. 즉, 서비스 차별화 전략을 통해 모든 접점에서 고객과 관계를 맺고, 고객에게 남다른 경험을 제공하는 것이다. 그러기 위해서는 고객들이 어떠한 경험 사이클을 가지고 있는지 정확히 진단해야 한다. 그리고 그 진단을 바탕으로 경쟁사와는 다른 경험을 창조하고, 그 경험에 대한 고객의 평가를 적극적으로 반영해야 한다. 이는 고객에게 일관되고 통합된 경험을 제공할 수 있게 하여, 추후 기업에게 높은 고객가치가 되어 돌아온다. 이미 다수의 충성스런 고객을 가지고 있는 기업들이 널리 활용하는 기법이다. 요컨대 CEM은 시장 변화에 따라 고객이 기대하는 경험가치를 분석하고, 기업이 제공할 수 있는 차별화된 고객 경험을 정립한 후, 그에 따라 서비스나 제품을 개발하고 관리체계를 구축하는 계획을 모델화한 것이다.

컨설팅업체인 베인(Bain)이 전 세계 362개 기업을 대상으로 고객 중심 경영에 대한 의견을 조사한 결과에 따르면, 응답 기업의 95%는 "우리 회사가 고객지향적인 전략을 사용하고 있다"고 답했다고 한다. 또한 80%에 달하는 대부분의 기업들이 자신은 경쟁사보다 차별화되고 우수한 제품과 서비스를 고객에게 제공하고 있다고 믿고 있는 것으로 나타났다. 과연 고객들도 그렇게 생각하고 있을까? 안타깝게도 결과는 정반대였다. "당신과 거래하는 기업이 경쟁사보다 차별화되고 우수한 제품과 서비스를 제공하고 있는가?"라는 똑같은 질문에 대해 고객들 중에 불과 8%만이 "그렇다"라고 응답했다. 이 조사 결과는 무엇을 말하는가? 그만큼 기업은 자신들의 고객이 가진 생각을 모르고 있다는 얘기다.

우리의 고객은 과연 누구인가? 그들은 무엇 때문에 우리의 제품과 서비스를 구입하는가? 그들이 우리가 제공하는 제품이나 서비스에 대해 조금이라도 불편해 하고 있는 것이 있다면 그것은 무엇인가? 이러한 본질적인 물음에 명쾌한 답을 제시하는 기업은 그리 많지 않다. 그러나 이제는 기업들 스스로가 시대의 흐름과 고객 욕구의 변화를 인식하면서 제품이나 서비스에 대한 고객의 경험을 체계적으로 관리하는 프로세스 즉, CEM으로 관심을 돌리고 있다.

CEM이 각광을 받는 이유를 몇 가지로 간추려 보면 다음과 같다. 그하나는, '고객들의 경험 소비에 대한 욕구가 더욱 커지고 있다' 는 것이다. 고객은 더 이상 제품의 특징이나 편익만으로 돈을 지불하려고 하지 않는다. 그들은 브랜드가 제공하는 독특한 생활양식과 제품을 사용하면서 얻는 총체적인 경험을 더 중요하게 생각하기 시작한 것이다. 예컨대 스타벅스커피는 일반 커피에 비해 몇 배나 비싸지만, 사람들은 스타벅스가 제공하는 커피 한잔의 경험을 사기 위해 기꺼이 지갑을 열고 있다. 두 번째 이유는 '경험의 질이 기업의 성과를 좌우하고 있다' 는 것이다.

최근 많은 기업들은 제품과 서비스 차원이 아닌 경험을 판매하고자 노력한다. 이미 단순히 경험을 판매한다는 것만으로는 차별화가 어려운 국면에 접어들었기 때문이다. 경쟁사보다 품질이 우수하고 차별화된 경험을 제공해야만 자사 제품과 서비스의 로열티를 높일 수 있게 되었다. 당연히 경험의 질을 높이기 위한 기업의 활동이 요구될 수밖에 없다. 예컨대 '우리의 뛰어난 실적은 사용자 경험의 질을 획기적으로 개선한 결과'라고 강조한 인터넷 검색업체인 구글의 CEO, 에릭 슈미츠(Eric Schmidt)의 말 속에서도 질 높은 경험의 중요성은 잘 나타나고 있다. CEM이 각광받는 세 번째 이유는 'CRM의 보완적 수단으로서 고객경험관리의 활용도가 매우 높다'는 것이다.([참조 6-9] 고객경험관리의 진행 과정) 사실, 요즘 많은 기업들이 활용하고 있는 CRM 역시 고객 경험에 기반 한 마케팅 기법이다. 데이터베이스상에 기록된 고객들의 구매이력 등을 통해 최적의 고객 경험을 제공하고자 하는 것이다. 예컨대 금융기

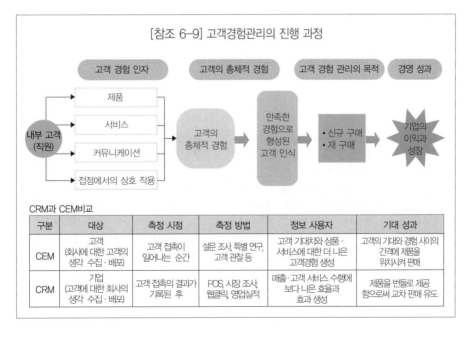

[참조 6-9] 고객경험관리의 진행 과정

CRM과 CEM비교

구분	대상	측정 시점	측정 방법	정보 사용자	기대 성과
CEM	고객 (회사에 대한 고객의 생각 수집·배포)	고객 접촉이 일어나는 순간	설문 조사, 특별 연구, 고객 관찰 등	고객 기대가치와 상품·서비스에 대한 더 나은 고객경험 생성	고객의 기대와 경험 사이의 간격에 제품을 위치시켜 판매
CRM	기업 (고객에 대한 회사의 생각 수집·배포)	고객 접촉의 결과가 기록된 후	POS, 시장 조사, 웹클릭, 영업실적	매출·고객 서비스 수행에 보다 나은 효율과 효과 생성	제품을 번들로 제공함으로써 교차 판매 유도

관들은 CRM을 바탕으로 우량 고객의 생일에 뮤지컬 공연 초대권 등을 보내는 등 타깃 마케팅을 통해 고객의 로열티를 높이고 있다. 하지만 축적한 고객 정보가 생각만큼 활용도가 높지 않다는 평가도 있다. 실제로 2002년 미국 NCDM(National Center for Database Marketing)자료에 따르면, CRM을 채택한 기업들의 약 62%가 그 효과에 대해 만족하지 못하고 있다고 한다. 이것이 바로, 많은 기업들이 고객의 경험 사이클을 면밀히 파헤치고자 하는 이유이다.

2) CEM의 성공 프로세스

CEM을 성공적으로 실행하기 위한 방안은 무엇일까? 다양한 사례를 통해 고객경험관리의 성공 전략을 자세히 살펴본다.([참조 6-10] 고객경험관리 실행 프로세스)

[참조 6-10] 고객경험관리 실행 프로세스

고객의 경험 과정을 해부하라	차별적 경험을 디자인하라	고객의 피드백을 반영하라	일관되고 통합된 경험을 제공하라
고객의 경험 세계는 제품과 서비스 자체, 커뮤니케이션, 사람 등 3가지 차원으로 구분됨 경험의 3가지 차원을 바탕으로 구매 전 과정에서 고객 접점을 파악하여 경험 요소를 정의함	경험의 3가지 차원에서 고객 접점별로 고객의 기대와 실제 경험과의 차이를 파악하여 만족, 불만족 요인을 간파한 후 경험의 우선 순위를 매김. 우선 순위를 바탕으로 독특한 판매 경험의 조합(USE)을 구성함	고객 의견과 경험에 대한 평가를 적극적으로 반영함 독특한 판매 경험에 대한 실효성과 매력도를 증대시킴	다양한 접점을 통해서 고객 경험이 일관성 있게 제공되도록 경험의 질을 관리함 고객경험관리부서를 활용하는 것도 효과적인 방법임

제1단계, 고객의 경험 과정 해부

기업이 CEM을 수행하기 위해서는 무엇보다도 고객의 경험 세계를 철저하게 이해해야 한다. 고객이 과연 어떠한 경험 사이클을 가지고 있는지 정확하게 알지 못한다면 고객가치를 제고할 수 있는 기회조차 얻을 수 없다.

고객의 경험 세계는 크게 3가지로 구분할 수 있다. 첫째, 제품과 서비스 자체다. 고객은 제품과 서비스를 탐색, 구매, 사용하는 모든 단계에서 브랜드를 경험한다. 둘째, 커뮤니케이션이다. 고객은 브랜드가 제공하는 수많은 커뮤니케이션 채널과 접하고 있다. 예컨대 홈페이지, TV 광고, 길거리 판촉 등 다양한 접점에서 고객은 브랜드를 경험한다. 셋째, 사람이다. 고객은 기업의 임직원, 매장 점원, 친구, 기타 주변 사람들을 통해 브랜드를 경험한다.([참조 6-11] 브랜드와 고객이 만나는 접점) 기업은 이러한 3개 유형의 경험을 바탕으로 구매 전 과정에서 고객 접점을 파악하여 타깃 고객의 경험 요소들을 명확히 정의해야 한다.

버진 애틀랜틱 항공사는 고객들의 비행 경험을 분석함으로써 브랜드 가치를 높인 대표적인 사례다. CEO인 리처드 브랜슨(Richard Branson)은 부임 이후 경영 시스템을 대폭 정비하고자 했다. 이를 위해 고객 경험을 분석하였는데, 그 결과 항공기 예약에서 실제 비행까지의 과정에서 고객이 경험하게 되는 단계를 50여 개로 나눌 수 있었다. 특히 긴 비행시간으로 인한 따분함이 문제가 되었는데 이를 개선하기 위해 기내에 쌍방향 오락 시스템, 마사지 등 엔터테인먼

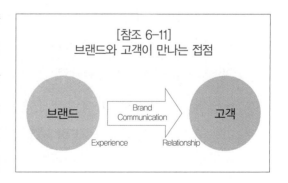

[참조 6-11]
브랜드와 고객이 만나는 접점

브랜드 → Brand Communication → 고객

Experience   Relationship

트 요인을 보강하여 인기를 얻었다.

인텔은 고객의 경험을 이해하기 위해 많은 노력을 하고 있는 것으로 유명하다. 단순한 첨단기술이 아니라 고객이 가치를 느끼도록 하는 최고의 기술을 구현하려는 것이다. 대표적인 사례가 인텔이 운영하는 PPR(People and Practice Research)이다. 인류학 및 사회학 전공자로 구성된 연구 팀은 TV, 집, 거리 등을 둘러싼 세계 각국 사람들의 생활습관을 분석한 연구물을 실시간으로 선보인다. 세계 각국에서 사람들이 중시하는 가치와 열망 등을 이해해 고객 경험을 간파하는 것이 PPR의 목표다. 예컨대 인텔이 중국에서 출시한 가정교육용 PC는 중국 부모들의 엄격한 교육관을 반영하여 소프트웨어 잠금장치 대신 실제 자물쇠를 달아 중국에서 인기를 모았었다.

제2단계, 차별화된 경험의 디자인

기업이 고객의 경험 세계를 정확히 분석하였다면 경쟁사 대비 차별화된 경험을 제공해야 한다. 이를 위해서는 고객 접점별로 고객의 기대와 실제 경험과의 차이를 파악하여 만족, 불만족 요인들을 간파한 후 경험의 우선순위를 매기고, 그 우선순위를 바탕으로 USE(Unique Selling Experience) 즉, 독특한 판매 경험의 조합을 구성한다.

크리스피크림 도넛은 독특한 '도넛 경험'을 통해 시장에서 대단한 성공을 거두고 있다. 크리스피크림은 던킨 도넛 등 경쟁사와는 다른 특별한 가치를 제공하기 위해 고객 경험을 분석하였다. 그 결과 고객들은 도넛의 새로운 맛뿐만 아니라 즐거운 구경거리에 대한 니즈가 매우 크다는 것을 알 수 있었다. 또한 제조 과정의 위생상태에 대해서도 불만을 가지고 있다는 것을 간파하였다. 이에 따라 크리스피크림은 '달콤한 도넛, 도넛 체험 그리고 즐거운 기다림'이라는 독특한 판매 경험을 디자인하였다. 먼저 달콤한 도넛의 경험을 위해 크리스피크림은 프랑스 요리사로부터 사들인 제조 비법을 응용해 '오리지널 글레즈드'라는 맛있는 도넛을 만들었다. 또한 도넛 체험을 위해 고객들이 매장에서 제작 과정을 직접 볼 수 있도록 함으로써 도넛에 대한 생생한 경험을 제공하고 위생에 대한 우려를 해소하였다. 크리스피크림은 즐거운 기다림을 위한 새로운 경험도 창조하였다. 그때그때, '현재 도넛이 제조되고 있다'는 뜻으로 매장 바깥에 'Hot Doughnuts Now(갓 나온 뜨거운 도넛)'이라는 신호의 불빛이 켜서 고객이 기다리는 즐거움을 맛볼 수 있게 한 것이다. 또한 크리스피크림은 고객들이 매장에서 기다리는 동안 지루하지 않도록 도넛을 무료로 나눠 주어 큰 호응을 얻었다. 이러한 무료 샘플 전략은 입소문이 나도록 하는 데 자연스러우면서도 결정적인 역할을 했다.

제3단계, 고객 피드백의 반영

소비자의 참여 욕구가 더욱 거세지고 있다. 생산적 소비자를 일컫는 프로슈머(Prosumer)를 넘어, 최근에는 창조적 소비자인 '크리슈머(Cresumer; R&D와 생산, 유통 등 기업의 프로세스 전 과정에 적극적으로 참여하는 소비자)'라는 신조어가 생겨난 것도 이러한 맥락이다. 기업은 고객의 의견과 경험에 대한 평가를 적극적으로 반영해야 한다. 고객을 참여시킴으로써 독특한 판매 경험에 대한 실효성과 매력도를 증대시켜야 한다. 기업은 고객 피드백을 적극적으로 반영하여 그들의 공감대를 이끌어 낼 수 있다.

나이키는 운동선수들을 신발 개발에 참여시킴으로써 '승리'의 경험

가치를 극대화하고 있다. 나이키는 이러한 신발 개발 과정을 '알파 프로젝트'라고 부른다. 먼저 패션디자이너, 인체공학전문가 등으로 팀을 구성한다. 그리고 이 팀으로 하여금 호나우도(축구), 타이거 우즈(골프), 앤드리 애거시(테니스) 등 각 종목을 대표하는 최고의 선수들을 직접 만나 경기 중 진정으로 필요한 것이 무엇인지 파악하도록 한다. 그런 다음, 선수들이 필요로 하는 것을 구현하기 위한 가장 효과적인 재료는 무엇인지 연구하여, 그들의 영감을 바탕으로 신발을 디자인한다. 그렇게 개발된 운동화는 참여 선수들에게 최소 3주 동안 사용해 보도록 하여 경기력 향상 여부를 평가에 반영한다.

제4단계, 일관되고 통합된 경험 제공

기업은 고객에게 일관되고 통합된 경험을 제공함으로써 고객가치를 높이는 데 활용하여야 한다. 이를 위해선 다양한 접점을 통해서 고객 경험이 일관성 있게 제공되도록 기업 내부에서 경험의 질을 종합적으로 관리해야 한다. 일관된 경험이 제공되지 않으면 다양한 접점에서의 경험이 오히려 잡음이 되어, 기업이 의도했던 브랜드 메시지 전달이 실패할 수 있기 때문이다. 우아하게 포지셔닝 했던 TV 광고가 가격 파괴와 같은 매장에서의 과도한 판촉행사로 인해 이미지에 혼돈을 가져오는 경우가 그런 예가 될 것이다. 또한 기업은 이러한 일관되고 통합된 경험을 지속적으로 갱신하고 재창조해야 할 것이다. 경험의 질을 꾸준히 개선함으로써 고객을 묶어둘 수 있으며 유행에 뒤쳐지지 않도록 할 수 있다. 자사 브랜드가 시장에서 성공적이었고 장수 브랜드라고 할지라도 시대의 감각을 적기에 파악하고 이를 제품과 서비스의 경험에 반영하지 못하면 참신함은 떨어지기 마련이다. 일관되고 통합된 경험을 제공하기 위해서는 경험을 체계적으로 관리하기 위한 조직을 활용하는 것도 고려해 볼 수 있다.

휴렛팩커드는 통합된 고객 경험을 제공하기 위해 고객경험관리부서를 적극 활용하고 있다. 고객경험관리부서는 매년, 전 세계 4만여 명의 고객을 대상으로 글로벌 고객 조사를 수행함으로써 고객들이 제품과 서비스를 사용하는 과정상 겪게 되는 문제점을 진단하고 있다. 또한 고객경험표준이라 불리는 고객경험관리를 위한 기업 활동의 지침을 마련함으로써 전 세계 9만 5,000여 명의 임직원들이 이를 완벽히 숙지하도록 교육하고 있다.

바비 인형은 출시된 지 40년이 넘었으나 지금도 초당 3개가 팔려나가고 있고, 시대별로 어린 소녀들이 좋아할 만한 트렌드를 적절히 반영하여 수없이 많은 변화를 주고 있다. 흑인 인형, 다양한 몸매 인형, 한복을 입은 한국 인형 등 소비자의 변화무쌍한 기호에 발맞추고자 노력하고 있는 것이다. 특히, 바비 인형의 디자이너들은 IT 제품의 디자인 트렌드를 참고하기 위해 전자업체 디자인연구소와의 협력관계에도 주력하고 있다.

이상에 예시된 CEM 프로세스의 핵심은 결국 고객이 중요하게 생각하는 접점에서 기업과 고객이 긴밀한 유대관계를 맺는 방법을 마련하는 것이다. 기업들은 고객과 마주치는 매 순간마다 경험을 창출하게 된다. 이를 위해 긍정적인 고객 경험을 고안하고 고객의 마음속에 그 고안된 가치를 각인시킴으로써 충성스런 고객을 확보해야 할 것이다.

3) CEM의 성공 사례

힐튼호텔은 고객이 자사와 만나는 수천 곳의 접촉점(Contact Point)을 재분석했다. 전화나 인터넷 예약, 여행사를 통한 예약, 브랜드 커뮤니케이션, 영업과 고객 관리 커뮤니케이션, 도착과 객실에 대한 첫인상을 포함한 체크인 과정, 모닝콜과 메시지 전달, 객실 내에서의 접객, 멤버십 고객 선정과 등록 과정에서의 커뮤니케이션, 고객지원, 룸 서비스, 호텔 프론트, 비즈니스 서비스센터 등 수많은 요소들이 이에 포함되었다. 그리고 이러한 분석 결과를 근거로 주요 접촉점을 고객의 선호와 요구사항, 중요도에 따라 단계별로 재설계하였다. 뿐만 아니라, 고객 데이터베이스만으로 움직이던 이전의 시스템을 대폭 수정하였다. 객실 디자인이나 욕실 설계, 가구 배치부터 브랜드를 알리는 광고와 기업 광고의 메시지까지, 접촉점 일체를 조사 결과에 따라 통합적으로 디자인하였다. 힐튼호텔은 이 과정을 통해 고객만족도를 75%, 첫 고객 재이용률을 10%, 힐튼 계열 호텔 간의 교차 투숙률을 5% 높이는 데 성공했다. 힐튼호텔을 만나는 고객, 특히 VIP 고객들은 힐튼이 자신이 원하는 것을 아주 잘 알고 있으며, 자신을 그저 돈을 내는 사람이 아니라 정성스럽게 모셔야 할 고객으로 여기고 있다는 것을 피부로 느끼도록 한 것이다.

에이비스렌터카는 고객들이 자동차를 빌리는 전 과정을 분석하여 고객 경험을 개선한 유명한 사례를 가지고 있다. 90년대 중반 에이비스는 경쟁사인 허츠, 내셔널에 비해 고객만족도 점수가 지속적으로 하락하자 이에 대한 원인을 찾고자 하였다. 이를 위해 에이비스는 고객들의 자동차렌트 경험을 조각조각 분석했다. 분석 결과, 고객들이 자동차를 렌트하는 과정을 100단계로 구분할 수 있었는데, 각 단계별로 문제점이 발견되면 이를 집중적으로 개선하였다. 예컨대 고객들이 렌트하는 데 걸리는 시간에 불만족하고 있다는 사실이 밝혀지자 우대 서비스 프로그램을 도입하였다. 회원에 한해서는 공항 내에 있는 렌터카 신청부스를 들르지 않고도 차를 바로 배정받을 수 있도록 한 것이다. 또한 차를 되돌려주는 장소 입구에 비행기 출발 시각표를 볼 수 있는 모니터를 설치하여 시간에 대한 스트레스를 줄여주었다. 이러한 고객경험관리 활동에 힘입어 에이비스는 90년대 후반 고객만족도 조사에서 업계 1위를 달성하였다.

디즈니랜드 "제 담당이 아닌데요…" 서비스의 취약지대라 할 수 있는 공공기관에서 흔히 들을 수 있는 말이다. 물론 요즘 공공기관들의 서비스는 질적인 면에서 크게 향상된 것이 사실이다. 그러나 아직은 부족한 것이 더 많다는 것 또한 인정하지 않을 수 없다. 디즈니랜드에서는 담당이란 말이 있을까? 결론부터 얘기하면 디즈니랜드에서는 담당이 별 의미가 없다. 디즈니랜드의 경영목표는 '부모와 자녀가 함께 즐길 수 있는 지상에서 가장 행복한 경험을 제공하는 것'이다. 이러한 목표를 달성하기 위해서 모든 직원은 공원 안의 쓰레기를 보면 너나없이 즉시 집어서 쓰레기통에 넣는다. 손님이 많아 팝콘을 정신없이 파는 도중에도 화장실이 어디냐고 물으면 팝콘 파는 것을 일시 중단하고 한 사람의 손님을 위해서 친절하게 안내해 준다. 공원 안 매점에는 상품의 가격표가 붙어있지 않다. 고객의 얼굴을 한 번 더 마주치고 이들에게 친절한 대화를 건네기 위한 장치이다. 청원경찰은 안전을 위한 안내자(Security Host), 운전수는 운전 안내자(Transportation Host), 식당 직원은 음식점 주인(Food and Beverage Host) 등으로 불리어진다. 또한 모든 직원은 단순한 직원이 아닌, 디즈니라는 무대에서 가장 행복한 경험을 제공해주는 쇼 무대의 배우(Cast Member)라 호칭한다. 당연히 이들을 일(Working)을 하는 것이 아닌 공연(On Stage)을 하고 있다고 상호 간에 얘기한다. 이러한 노력의 결과, 디즈니월드는 지난 6년여 동안 매출은 2배 이상, 이익은 5배 이상 증가하였다.

스타벅스 "단순한 음료로서 커피만을 팔았다면 오늘의 스타벅스는 탄생하지 않았을 것입니다. 커피는 사람과 사람, 또 사람과 사회를 연결해주는 매개체이며, 가정이나 직장에서 느끼지 못하는 평온한 공간을 제공해 줍니다." 하워드 슐츠(Howard Schultz) 스타벅스 회장의 말이다. 바쁜 현대인들에게 편안함과 안정은 귀중한 가치가 된다. 잔잔한 재즈의 선율과 짙은 커피 향, 추상적이면서도 강렬한 이미지의 그림들, 그리고 자유스런 분위기의 가구 배치는 고객으로 하여금 어느 한순간, 마치 유럽의 어느 카페에 들어선 듯한 느낌을 갖게 된다. 다른 세상을 만나는 느낌, 슐츠는 이를 '스타벅스 경험'이라고 정의한다.

카네기홀 세계적인 명성을 지닌 공연장, 카네기홀의 운영과 책임을 맡고 있는 '아이작 스턴'과 경영진은 카네기홀을 명성에 걸맞게 개선해야겠다는 생각을 가지고 있었다. 그들은 사람들에게 더 가까이 다가가고, 더 많이 사랑받으면서 기존의 세계적인 명성 또한 유지할 수 있는 방법을 찾기로 했다. 카네기홀을 방문한 청중들은 그곳만의 독특한 경험을 겪을 수 있어야 한다고 판단했다. 그래서 집중적으로 분석한 것이 '청중들이 콘서트에서 얻는 경험은 무엇일까?', '청중들은 콘서트홀을 들어올 때와 나갈 때 무엇을 느끼는가?', '연주회 막간에 청중들은 무엇을 하는가?' 하는 부분이었다. 그들은 카네기홀에 들어올 때부터 나갈 때까지 어떤 접촉점들이 있고, 고객들이 주요 접촉점에 기대하는 바와 실제 경험하는 바의 차이를 분석했다. 그 분석을 바탕으로 개선을 시도

한 결과, 변화된 것들은 의외로 아주 작은 부분이었다. 프로그램 안내책자와 책자 안 글자의 크기를 조금 더 키우고, 객석의 조명을 좀 더 밝게 하는 것, 위층과 아래층을 오가는 엘리베이터의 속도를 좀 더 빨리하는 것, 로비에 설치된 칵테일 바의 좌석을 더 많이 더 효율적으로 배치하여 휴식공간을 넓게 하는 것 등이었다.

4) 병원에서의 CEM

앞서 논의된 것처럼, 오늘날 고객의 선택은 상품에서 브랜드로, 브랜드에서 서비스로, 서비스에서 경험으로 넘어가고 있다. 이는 고객의 개념이 이제, '왕' 이라기보다는 '친구' 에 가까워졌다고 보아야 한다. 즉, 고객과 지속적으로 관계를 가지면서 그들에게 감동적인 경험, 경쟁사와 구별되는 독특한 가치를 주는 CEM이 기업체뿐 아니라 병원의 운명을 좌우하는 키워드가 되었음을 의미한다.

그렇다면 어떻게 병원이 친구처럼 고객과 가까워질 수 있을까? 그 방법의 하나는, 우리 일상에서의 친구관계가 그렇듯이, 경험을 공유하는 것이다. 고객과 경험을 공유하려면 먼저 그 고객이 병원에서 가지게 되는 경험을 정확히 파악해야 한다. 그러기 위해서는 접수에서부터 귀가까지의 전 과정에서 고객과 병원이 만나는 접촉점을 도식화해 볼 필요가 있다.([참조 6-12] A병원에서의 CEM 예) 그래서 각 접촉점에서 발생하는 고객의 기대와 욕구를 파악할 수만 있다면 그에 따른 서비스의 개발과 맞춤별 응대를 통한 고품질의 서비스 제공이 보다 용이해진다.

보라매병원 '처음부터 끝까지 좋은 경험만' 이라는 고객경험관리 슬

[참조 6-12] A병원에서의 CEM 예

신규 고객
재진 고객
타 병원
이용 고객 — 주차 — 안내 — 접수 — 진료 대기 — 진료 — 수납 — 귀가

수납 — 검사 — 귀가

수납 — 수술 예약 — 수술전 검사 — 귀가

로건을 선포하면서, 서울보라매병원은 '고객의 경험 관리를 최우선으로 생각하자'는 것과, 단순히 친절한 서비스에서 벗어나 '이용객과 보호자, 지역사회가 공감하고 감동하는 고객 중심의 진정한 서비스를 실현하자'는 내용의 각오를 새롭게 했다. 이 병원은 이를 위해 고객 관련 정책 수립 시, 병원 직원이 아닌 다양한 분야의 시민 대표자가 병원에 직접 의견을 제시하는 '시민자문위원'을 위촉하였다. '고객(환자)들이 보라매병원에 대한 좋은 경험만 갖게 하자'라는 생각을 근간으로 100여 개의 고객경험관리추진과제를 선정, 전사적으로 추진하였다. 이로써 보라매병원은 '고객의 눈으로 바라보겠습니다.', '고객의 마음으로 바꾸겠습니다.', '고객의 미소를 찾아 드리겠습니다.' 등의 서브 슬로건과 함께 시민이 주인이 되는 진정한 고객 중심의 병원을 지향해 가고 있다.

사이나이병원 응급실을 병원의 수익원으로 적극 활용해 수지를 크게 개선한 의료 마케팅 사례가 미국 메릴랜드 주 볼티모어에서 등장했다. 볼티모어의 사이나이병원은 1997년 하반기에 1,600만 달러를 들여 응급실을 이전의 2배 수준인 1,000여 평으로 늘리고 시설과 장비의 수준을 한 단계 올렸다. 하지만 ER-7이라는 이름의 이 응급실은 이 같은 크기와 시설장비 업그레이드 때문이 아닌 다른 이유들로 주목 받았다. 확장을 결정하기 전에 병원 경영진은 의료전문마케팅회사에 일을 맡겨 사전에 운영 전략을 면밀하게 수립했다. 우선 응급실을 찾는 사람들이 병원에 가장 바라는 것이 무엇인지를 알아냈다. 정답은 대기시간 단축, 의료진과의 의사소통 강화 그리고 무엇보다도 당장의 통증을 줄여 주는 것으로 나타났다. 이에 따라 병원은 이전에 절대로 경험하지 못한 방식으로 고객을 대하기로 했다. 응급실을 호텔 수준으로 꾸미고 서비스도 이에 걸맞게 제공하기로 한 것이다. 응급실에 도착하면 담당자가 입구에서 맞아 기본적인 사항을 파악한다. 응급실에 들어선 순간부터 의료진과 바로 의사소통을 시작할 수 있도록 배려한 것이다. 그 담당자들은 상태를 봐가면서 당장 불편해 하는 통증 문제를 우선적으로 파악한다. 기본적인 파악이 끝나면 차례가 돌아올 때까지 호텔 응접실 수준으로 꾸며진 대기실로 옮겨져 차례를 기다린다. 고급 커피를 무료로 마실 수 있다. 뿐만 아니라 도우미를 통해 다양한 요구를 할 수도 있다. 예를 들면 이웃에게 연락해 두고 온 개를 산책시켜주거나 사고로 깨진 유리를 갈아 끼우는 부탁도 대신해준다. 응급실장, 존 우건 박사는 "응급실에서의 사람들은 대기실에 머무는 동안, 병원으로부터 충분한 대접을 받고 싶어 하고, 프라이버시도 지켜주기를 바란다는 점에 착안한 것"이라고 설명했다. 대기시간은 크게 줄여 아무리 바빠도 20분 이내로 했다. 응급실은 7개 분야로 나누어 효율을 높였는데 이 중 가장 눈에 띄는 것이 급행코스다. 가벼운

▌ 플로리다종합병원의 CEM과 '인터렉션 매핑' 효과적인 CEM을 위해 고안된 매뉴얼이 있다. 미국 노스웨스턴대학의 앤드류 라제기(Andrew J. Razeghi)와 바비 캘더(Bobby J. Calder) 교수가 소개한 '인터렉션 매핑'이 그것이다. 인터렉션 매핑은 브랜드에 대한 경험을 디자인하는 데 도움이 되는 방법으로, 접촉점들을 바탕으로 만든 것이다. 이 매뉴얼을 플로리다 올랜도에 있는 한 종합병원에 적용하여 CEM의 실례를 살펴본다.([참조 6-13] 플로리다병원 인터렉션 매핑)

플로리다종합병원에서는 인근에 사는 유명 인사들이 자신들의 병원을 이용할 경우를 위한 특별 서비스를 만들기로 했다. 병원은 이를 위해 디즈니월드의 도움을 받았다. 디즈니월드는 디즈니랜드에서 고객들에게 경험을 제공하는 일에 익숙했기 때문에 그들의 자문이 도움이 될 것이라 판단한 것이다. 이 종합병원은 자문 내용을 통해 유명 인사인 고객이 병원에 들어와서 치료받고 나가기까지의 동선에서 어떤 접촉점들이 있는지, 그런 접촉점들 중 병원에서 제공해주는 서비스는 무엇이며, 이용고객이 기대하는 바는 무엇인지를 파악했다.

우선 윗부분에 큰 네모상자가 4개 있다. 이것은 병원에 들어와서 나갈 때까지의 동선을 파악하고, 그것을 대표하는 이름을 붙인 것이다.

병원 측은 고객의 정보 수집과 우선순위 결정→검사와 치료→병원에서 이송→청구라는 4가지 순서로 동선을 구분하였다. 그리고 밑의 작은 네모들은 중요한 접촉점들이다. 예를 들어 고객들은 건강 문제가 생겼을 경우 병원에 와서 '등록'을 하게 되는데, 그 등록창구가 중요한 접촉점인 것이다. 또한 네모 상자 사이의 대화체는 고객의 경험과 병원 측의 입장을 설명하고 있다. 고객은 그 접촉점을 통해 어떤 경험을 하는지와 병원이 왜 그렇게 할 수밖에 없는지를 설명하고 있는 것이다. 예를 들어 병원에 등록을 할 때 고객은 '매번 올 때마다 같은 질문에 같은 대답을 또 해야 한다'는 불편함을 말하고 있다. 이것이 고객의 경험이다. 이에 대한 병원의 입장은 '고객에 대해 보다 자세하고 정확한 정보를 받아야만 한다'는 것이다. 이런 식으로 매 주요 접촉점마다 고객들의 경험과 병원 측의 입장이 함께 정리되어 있다. 이를 통해 접촉점에서 생기는 문제가 무엇인지, 고객인 이용객들이 기대하는 바가 무엇인지를 찾아낼 수 있었다. 병원 측은 문제 해결을 위해 고객의 정보가 저장되는 동시에 병원비를 지불할 수 있는 스마트칩이 내장된 신용카드를 만들었다. 이것으로 고객의 부정적 경험을 없애고 병원 측의 필요를 동시에 만족시킨 것이다. 이처럼 주요 접촉점마다 고객들의 경험을 지도로 표현하여 정리한 것이 바로 '인터렉션 매핑'이다.

질병이나 상처는 이곳에서 처리해 다른 진짜 응급을 위해 기다리는 사람들의 시간을 줄이도록 한 것이다. 별도로 심장병전문흉통센터와 사고만 돌보는 외상센터 그리고 어린이를 맡는 소아센터도 만들었다. 전문성과 효율성을 동시에 추구하는 운영 전략이다. 이 모두는 고객의 요구를 전폭 수용한 고객 제일주의의 결과이다. 이러한 사실은 대대적인 홍보를 통해 널리 알렸다. 그러자 불과 몇 달 되지 않아 고객의 수가 이전보다 30%가 늘었다. ER-7을 거친 사람들은 고스란히 이 병원의 입원을 원했고 그 결과 전체 입원 고객의 60%가 응급실을 거친 사람들로 이루어지게 되었다. 존 우건 응급실장은 "우리가 시도하기 이전에는 어떤 병원 경영자도 응급실이 지역 내 시장 점유율을 바꿀 수 있다고 생각하지 못했다"며 "우리는 고정관념을 과감하게 깼다"고 말했다. 사이나이병원이 이렇게 성공을 거두자 위기를 느낀 주변 병원들도 앞다퉈 수백만 달러를 들여 응급실을 확장하거나 새로 짓는 계획을 발표했다. 사이나이병원과 볼티모어 시내의 또 다른 두 병원의 응급실 확장 사업을 맡았던 라이프 브릿지 헬스사의 워렌 그린 사장은 "병원 수익이 감소세를 보이는 현실에서 수익을 늘릴 수 있는 마케팅 대책은 응급실밖에 없다"고 분석했다. 그는 "병원이 오는 고객을 받기만 하는 시절은 끝

[참조 6-13] 플로리다병원 인터렉션 매핑

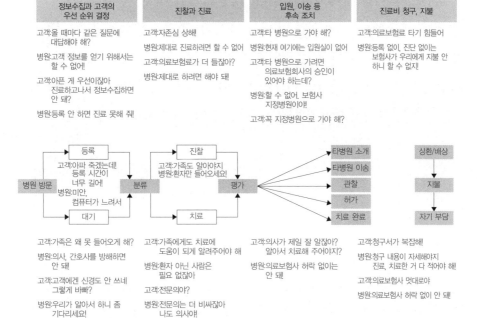

정보수집과 고객의 우선 순위 결정	진찰과 진료	입원, 이송 등 후속 조치	진료비 청구, 지불
고객:올 때마다 같은 질문에 대답해야 해?	고객:자존심 상해!	고객:타 병원으로 가야 해?	고객:의료보험료 타기 힘들어
병원:고객 정보를 얻기 위해서는 할 수 없어!	병원:제대로 진료하려면 할 수 없어	병원:현재 여기에는 입원실이 없어	병원:등록 없이, 진단 없이는 보험사가 우리에게 지불 안 하니 할 수 없지!
고객:아픈 게 우선이잖아 진료하고나서 정보수집하면 안 돼?	고객:의료보험료가 더 들잖아?	고객:타 병원으로 가려면 의료보험회사의 승인이 있어야 하는데?	
병원:등록 안 하면 진료 못해 줘!	병원:제대로 하려면 해야 돼!	병원:할 수 없어. 보험사 지정병원이야!	
		고객:꼭 지정병원으로 가야 해?	

고객:가족은 왜 못 들어오게 해?

병원:의사, 간호사를 방해하면 안 돼!

고객:고객에겐 신경도 안 쓰네 그렇게 바빠?

병원:우리가 알아서 하니 좀 기다리세요!

고객:가족에게도 치료에 도움이 되게 알려주어야 해

병원:환자 아닌 사람은 필요 없잖아

고객:전문의야?

병원:전문의는 더 비싸잖아 나도 의사야!

고객:의사가 제일 잘 알잖아? 알아서 치료해 주어야지?

병원:의료보험사 허락 없이는 안 돼!

고객:청구서가 복잡해!

병원:청구 내용이 자세해야 진료, 치료한 거 다 적어야 해!

고객:의료보험 멋대로야

병원:의료보험사 허락 없이 안 돼!

*미국은 우리나라처럼 국가의 의료보험체계가 아니라, 개인이 의료보험사에 가입해야 한다. 그래서 의료보험사가 병원이나 약국을 지정하기도 하고, 진료나 치료의 범위를 정하기도 한다. 미국의 의사들은 1차 진료 및 치료를 하지만, 자신의 전문이 아닌 경우 타 병원으로 이송하기도 한다. 이때 보험사 허락이 따라야 한다.

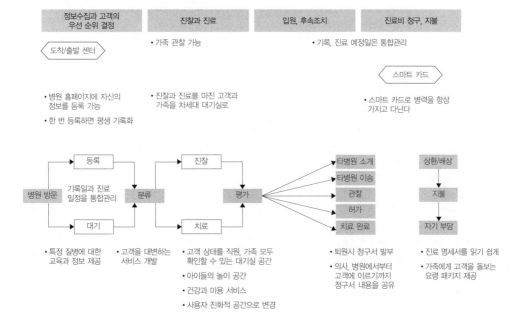

정보수집과 고객의 우선 순위 결정	진찰과 진료	입원, 후속조치	진료비 청구, 지불
도착/출발 센터	• 가족 관찰 가능	• 기록, 진료 예정일은 통합관리	
		스마트 카드	
• 병원 홈페이지에 자신의 정보를 등록 가능	• 진찰과 진료를 마친 고객과 가족을 차세대 대기실로	• 스마트 카드로 병력을 항상 가지고 다닌다	
• 한 번 등록하면 평생 기록화			

• 특정 질병에 대한 교육과 정보 제공

• 고객을 대변하는 서비스 개발

• 고객 상태를 직원, 가족 모두 확인할 수 있는 대기실 공간

• 아이들의 놀이 공간

• 건강과 미용 서비스

• 사용자 친화적 공간으로 변경

• 퇴원시 청구서 발부

• 의사, 병원에서부터 고객에 이르기까지 청구서 내용을 공유

• 진료 명세서를 읽기 쉽게

• 가족에게 고객을 돌보는 요령 패키지 제공

낳으며 앞으로는 오게 만들어야 한다"고 강조한다.

병원은 고객들로 하여금 두려움, 고통스러움, 절망감, 죽음, 슬픔, 이별, 권위적인 태도, 기계적인 반응, 불친절함, 과거지향 등과 같은 부정적인 경험에서 벗어나 자신감, 편안함, 희망, 기쁨, 친절, 친구, 미래지향 등의 긍정적인 경험을 가질 수 있게 해야 한다. 이는 이제 단순히 서비스 품질을 높이는 차원의 문제가 아니다. 병원 경영, 그 사활의 문제이다.

[용어해설]
데이터베이스(Database)

1963년 6월 미국 SDC(System Development Corporation)가 산타모니카에서 개최한 제1차 '컴퓨터 중심의 데이터베이스 개발과 관리(Development and Management of a Computer-centered Data Base)' 라는 심포지엄 제목으로서 공식 처음 사용되었다. 이곳에서 발표된 논문들은 대부분 자료파일에서 정보를 쉽게 검색하는 작업에 관련된 것들로, 단순히 자기(磁氣)테이프와 같은 보조기억장치에 저장된 자료파일의 의미로 쓰였다. 이후 현대적인 의미로서 개념을 확립한 사람은 당시 제너럴일렉트릭사의 C.바크만으로 그는 1963년 IDS(Integrated Data Store)라는 데이터베이스 관리시스템을 만들었다.

체리 피커(Cherry Picker)

상품이나 서비스를 구매하지 않으면서 부가 서비스만 골라 이용하는 등, 자신의 실속만 챙기는 얌체 고객을 가리키는 용어. 집들이를 앞둔 신혼부부가 고가의 가구를 구입했다가 집들이가 끝나면 반품하는 것처럼 기업은 반갑지 않은 이러한 고객들을 솎아내기 위해 '디마케팅' 을 동원하기도 한다.

참고문헌
1.데이터베이스 마케팅, 데이터를 활용한 효율적인 병원마케팅, 김은하
2.기획특집 데이터베이스 마케팅의 국내기반 및 광고주별 적용사례, 오세성 마케팅국차장, 사보 삼희기획, 1993.7
3.DB마케팅 사례, 신규고객 구축, msdbm.com

4.마케팅전략제안-DB마케팅, 이상민 금강기획마케팅연구소, DIAMOND AD, 1998.3/4

5.데이터베이스 마케팅, 기업의 효율적 데이터베이스마케팅전략, 신형원 삼성경제연구소경영 전략실수석연구원, CHEIL WORLDWIDE, 2009.7

6.들불처럼 번지는 Database Marketing, 김봉철 광고전략연구소, 코래드, 1990.3

7.고객을 사로잡는 데이터베이스 마케팅전략, 권오영, LG주간경제, 1997.9.10

8.고종관 기자의 열려라! 마케팅, 우량고객을 찾아라, 중앙일보 헬스미디어, 2011.3.24

9.CEO Information 인터넷 시대의 고객관계관리(CRM), 이상민 수석연구원, 삼성경제연구소 262호, 2000.9.6

10.특집II 서비스마케팅, 마케팅, 2002.3

11.김영걸 교수의 'CRM(고객관계관리) 클리닉' 고객 얼굴 기억하세요? 취향도 파악하셨죠?, KAIST 경영대학교수, 조선 Weekly BIZ, 2011.3.19

12.인터넷 마케팅, CRM에서 e-CRM으로, 박노성 뉴미디어팀, 대홍보, 2002.5

13.칼럼 CRM, 마케팅, 2002.3

14.Brand Journal, CRM은 고객마인드+고객관리, 김영한 마케팅MBA(주)대표, 오리콤, 2003.7

15.산업경영, 1997 가을호

16.은행들 고객정보관리 CRM시스템 도입 맞춤서비스, 동아일보 김선우 · 차지완, 2005.5.7

17.(고객이 추천한 1등 기업)기고, 사람들에게 '특별한 경험'을 제공하라, 한상록 KMAC CS경영본부본부장, 조선일보, 2011.12.21

18.고객경험관리(CEM)에 주목하라, 박정현, LG주간경제 910호, 2006.11.15

19.사례로 보는 고객감동 그리고 CEM 고객경험관리 2편

20.「고객접촉점이 마케팅이다」 정해동지음, 한언출판사

21."처음부터 끝까지 좋은 경험만"…보라매병원, 시민자문위원 위촉식 · 고객 경험 관리 슬로건 선포, 최수영기자, 메디컬헤럴드, 2012.4.26

22.선진의료 마케팅을 찾아서-8, "고정관념 깬 응급실이 돈벌어준다", 채인택 중앙일보 국제부기자, 이코노미스트 556호, 2000.10.10

23.고객경험관리의 진행과정 및 CRM과 CEM 비교, SAS 코리아

Hospital Marketing Dock Flow

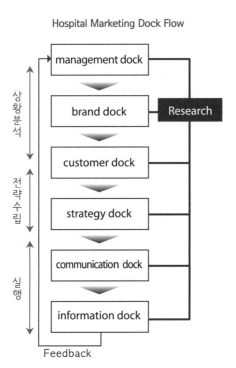

조사에 밝으면
마케팅 길눈도 밝습니다.
Hospital Research

1. 조사의 명(明)과 암(暗)
   1) 조사의 명(明) – 제록스
   2) 조사의 암(暗) – 마리안느

2. 조사를 통해 얻을 수 있는 것

3. 조사를 잘 하려면

4. 조사의 종류
   1) 정량 조사(Quantitative Research)
   2) 정성 조사(Qualitative Research)

5. 조사의 진행 단계

6. 병원에서의 조사
   1) 경영 전반의 단계별 조사
   2) 고객만족도 조사

"
판결하려면 조사하고
통치하려면 명령하라.
"

철학자 루키우스 안나이우스 세네카(Lucius Annaeus Seneca)

VII. 조사에 밝으면
마케팅 길눈도 밝습니다.
Hospital Research

「마케팅은 숫자싸움이다」의 저자, 츠바키 이사오는 마케팅을 '고객이 어떠한 상품을 원하고 있는지 시장 조사를 통해 알아내고, 그 조사의 결과를 통해 고객이 원하는 것을 제품화하며, 그 제품을 구입한 고객의 만족도를 다시 조사하는 과정' 이라고 말한다. 그는 성공 마케팅의 해답이 일련의 조사 과정, 그 시작과 끝 사이에 있음을 강조하고 있다. 결국, 조사의 결과치가 숫자이기에, '마케팅은 숫자싸움' 이라는 그의 책 표제도 수긍이 간다. 그의 말에 따르자면, 모든 경영 전략과 마케팅 전략은 조사를 통해 얻은 숫자를 근거로 한다고 할 수 있겠다. 영국의 과학자 로드 캘빈(Lord Kelvin)도 "모든 지식은 수치화 될 수 있어야 한다"고 주장한다. 이는 '지식은 수치라는 객관성이 뒷받침될 때 비로소 인정될 수 있다' 는 의미로 이해된다.

경영은 끊임없는 의사결정을 요구한다. 그리고 그 의사결정의 대부분은 불확실성에서 출발한다. 때문에 성공적인 의사결정은 그 불확실성을 얼마나 줄이느냐에 달려 있다고 해도 과언이 아닐 것이다. 그 불확실성을 가장 합리적이고 객관적으로 줄일 수 있는 방법이 바로 마케팅 조사인 것이다. 그러나 조사가 만병통치의 불로초는 분명 아니다. 조사가 마케팅의 중요한 프로세스임에는 틀림없지만, 그렇다고 해서, 조사 결과를 100% 신뢰해서도 안 된다는 말이다. 조사는 현실을 측정하는 한 방법일 뿐, 현실 그 자체는 아닐뿐더러 조사 과정에서 빠지지 쉬운 오류도 적지 않기 때문이다. 더욱이나 소비자에게는 스스로도 알지 못하는 마음, 무의식의 세계가 있다. 소비자 인식은 언제나 매우 다양한 문제들로 얽혀있고, 그중에서도 정작 본질적이고 핵심적인 문제는 조사만으로 뚝딱 알아낼 수 있는 것이 아니다.

그럼에도 불구하고 조사를 하는 근본적인 이유는 물론 기업의 이윤 극대화를 위해서이다. 조사에 근거하지 않은 무분별한 전략은 실패할 확률이 높고, 시행착오로 인한 시간, 금전적인 낭비를 가져올 수 있다. 시장과 마케터 사이의 갭을 최대한 매워주는 일. 조사의 역할이다.

1. 조사의 명(明)과 암(暗)

시장에서의 성패는 상품과 서비스 선택의 주체인 소비자에 의해 좌우된다. 그리고 그 소비자의 마음속에는 제각각의 브랜드들이 헤치고 나가야 할 길이 숨어있다. 그러므로 소비자의 의중을 정확히 알아내는 것이야말로 마케팅 여정의 시작이며 끝이고, 보물섬의 발견이다. 그렇다면 그 의중은 어떻게 알 수 있을까? 소비자들은 말과 행동에서 의식, 무의식적으로 자신의 생각을 드러낸다. 우리가 할 일은, 할 수만 있다면, 그들이 하는 작은 몸짓, 혼잣말처럼 속삭이는 작은 목소리까지도 '조사' 해 내는 것이다.

선진 기업들 대부분은 주요 의사결정을 위한 결재서류에 마케팅 조사 자료를 첨부하는 것을 당연한 것으로 여긴다. 또한 세계의 유수한 경영대학원에서는 "당신이 성공하는 경영자가 되려면 당신 스스로 조사전문가가 될 필요는 없지만, 조사전문가를 제대로 쓸 줄은 알아야 한다"고 가르친다. 게다가, 앞 장에서 잠시 언급됐던 바와 같이, '사람들의 사고는 95%가 무의식에서 이뤄지기 때문에 언어를 활용하는 기존 조사 방법으로 파악할 수 있는 것은 소비자의 니즈나 생각의 5% 정도에 불과하다' (하버드대학 Gerald Zaltman 교수)는 사실을 간과한 채, 수많은 마케터들이 무의식 수준에서의 소비자 의사결정 과정을 생략하고 의식 수준에만 초점을 맞춤으로서 정확한 소비자 이해를 하지 못하는 결과를 초래한다는 지적도 있다. 그러나 이는 '조사 무용론' 의 개념에서가 아니라 조사전문가에게 무의식 수준에서의 소비자를 이해하는 방법을 모색해 달라고 요구하는 뜻으로 받아들여진다.

반면, 세계적인 명품 브랜드, 샤넬은 "대중을 멀리해야 대중을 넘는다"고 하면서 "우리가 소비자를 의식하고 제품을 만들면, 딱 그 수준밖에 나오지 않기 때문에 시장 조사 같은 것은 아예 거들떠보지도 않는다"고까지 말하기도 한다. 조사가 만능은 아니라는 사실을 다시 한 번 일깨워준다.

1) 조사의 명(明) - 제록스

1960년대 복사기 시장은 제품만 있으면 영업은 저절로 되는 공급자 중심의 시장이었다. 당시 그 시장에 유일무이한 제품이었던 제록스는 자연히 생산과 판매에만 신경을 쓸 뿐, 소비자 욕구에는 관심이 없었다. 그러던 시장 점유율 100%의 제록스가 반독점법 위반 판결을 받게 되면서 상황은 급변한다. 대형 복사기 시장에는 코닥과 IBM이, 소형 복사기 시장에는 캐논과 샤프, 미놀타가 경쟁사로 참여하게 된 것이다. 결국 제록스 시장 점유율은 1975년도 60%에서 1980년 47%까지 미끄러진다. 당시 그들에게 경쟁력 있는 제품이라곤 전무하였고 빠르게 변화하는 시장을 따라잡을 여력마저도 상실할 지경에 이른다. 재고가 쌓여가는 위기에 처하자, 제록스는 대응 방안 강구를 위한 시장 조사를 실시한다. 우선 고객을 기존 고객과 신규 고객으로 이원화하여 각 부류의 생각에 대한 자료를 얻어 낸다. 이러한 고객 정보는 정기 조사에만 그치지 않고 현장 책임자 보고나 불평, 불만 관리 시스템 등 다양한 경로를 통해서도 수집되었다. 분석 결과, 고객의 충성도는 평범한 수준을 과감히 뛰어넘는, 아주 큰 만족을 주었을 때라야 높아질 수 있음을 알게 된다. 결국 제록스 전 회장 폴 올래어(Paul Allaire)는 "오늘부터 제록스의 최우선 과제는 고객 만족이며, 그 다음이 투자 수익률이고 세 번째가 시장 점유율입니다"라는 고객 만족 선언까지 하기에 이른다. 이로써 제록스는 조직, 보수체계, 전략 방향을 그에 맞춰 혁신함으로써 눈에 띄는 성과를 얻는다.

2) 조사의 암(暗) - 마리안느

'여성지의 혁신'을 내세우며 1989년 창간된 잡지 마리안느. 마케팅 전략은 기존 여성 잡지와 확실히 차별되는 건전한 여성 교양지로서 3무 (섹스, 스캔들, 루머)를 추구하자는 것이었다. 이 잡지는 사전에 독자를 대상으로 대대적인 조사를 통해 얻은 결론이었다. 기존의 자극적인 잡지에 식상한 소비자들이 전혀 새로운 콘셉트의 잡지를 원하고 있다고 판단한 것이다. 조사에 참여한 응답자의 95%가 건전한 여성 잡지가 나오면 구입 의향이 있다고 답했다. 그러나 정작 창간 된 이후 17호 만에 이 '건전한' 여성 잡지, 마리안느는 폐간되고 만다. 사람들은 가십거리가 실리지 않은 잡지를 원한다고 말은 하였지만 막상 출간된 잡지에 대해서는 별 관심을 보이지 않았던 것이다. 조사에 응하는 소비자들은 일반적으로 본인의 의사와는 달리 사회적으로 바람직한 응답을 하는 경향이 있음을 간과한 결과였다. 이는 조사가 빠지지 쉬운 오류의 대표적인 사례로 꼽힌다.

2. 조사를 통해 얻을 수 있는 것

소비자 중심의 시장이 된지 오래된 오늘에 있어, 소비자들의 말을 경청해야 돈을 벌 수 있다는 것은 상식 중의 상식이다. 조사를 통해 소비자의 생각을 읽어 냄으로써 얻어낸 실제의 성공 사례를 개념적으로 정리해 보면 다음과 같이 요약된다.

명확한 표적 시장 1884년 NCR회사의 존 패터슨(John H. Patterson)은 사상 최초로 금전 등록기를 만들었다. 그는 제품 우수성을 알리는 설명회를 갖는 등, 숱한 노력을 했지만, 소비자들이 별 다른 관심을 보이지 않자, 소비자들이 가진 정작의 고민이 무엇인지 들어보기로 한다. 그 결과, 당시 상점 주인들의 가장 큰 고민은 직원들의 '삥땅' 임을 알게 되고, 제품의 콘셉트를 '삥땅방지용제품' 으로 바꿈으로써 큰 성공을 거둘 수 있게 된다.

소비자 욕구 세계 최대 전동공구 블랙앤데커는 소비자가 매우 작은 먼지들도 청소할 수 있는 휴대용 진공청소기를 갖고 싶어 한다는 것을 조사를 통해 알아낸다. 그 결과 탄생한 제품이 더스트 버스터이다. 또한 손전등 사용 중 75% 정도의 시간에는 손에 들기를 불편해 한다는 것을 알아냄으로써 따로 세워놓을 수도 있고 사용자의 목에 두를 수도 있는 Snake Light라는 손전등을 개발, 소비자로부터 좋은 반응을 얻게 된다.

제품 사용 습관 발매 불과 1년 만에 200만 개 이상을 판매한 아모레퍼시픽 라네즈 슬라이딩 팩트의 핵심 아이디어는 표면에 달린 거울이었다. 수시로 자신의 얼굴 화장을 확인하고 싶어 하는 여자들로부터 뚜껑을 꼭 열어야만 거울을 볼 수 있는 기존의 파운데이션 케이스에 대한 불만을 발견한 것이다. 결국, 파우더 표면에 거울뿐만 아니라 슬라이딩 휴대전화처럼 열리게 만들어 뚜껑을 여는 단계를 없앤 이 제품은 보기 드문 히트 상품이 되었다.

소비자의 핵심가치 1달 내내 다른 맛을 골라먹는 재미를 선사한다는 배스킨라빈스 31. '우리는 아이스크림을 파는 것이 아니라, 즐거움을 판다' 는 포지셔닝으로 세계적인 브랜드가 되었다. 그 원동력은 시장 조사를 통한 소비자 분석과 그에 따른 신속한 대응의 결과이다. 리복 CEO

율리 베커(Uli Becker) 역시 "성공적 마케팅의 처음이자 끝은 고객이 무엇을 원하는지에 대한 통찰과 소비자의 그 소원에 대한 답에 있다"고 말한다.

경쟁자 정보 조사는 무엇보다 경쟁자에 대한 정보로서 다음의 몇 가지 질문에 대한 답을 제시한다. 나의 경쟁자는 누구인가? 그들은 나와 어떻게 경쟁하는가? 그들의 장점과 약점은 무엇인가? 그들이 중요시하지 않거나 커버하지 못하는 틈새 시장은 어디인가? 경쟁사와 비교하여 우리 회사를 독특하게 만드는 것은 무엇인가? 이다. 이 밖에도 소비자의 구매력과 구매습관, 목표 시장의 자금 규모와 경제적 속성 등을 알아낼 수 있다.

3. 조사를 잘 하려면

제대로 된 조사란 어떤 것일까? 여러 가지 판단 기준이 있을 수 있겠지만 보편적인 개념으로 요약하자면 유용성과 신뢰성이 있는 조사, 조사 방법이 같으면 항상 일관된 결과를 가져오는 조사라 할 수 있겠다. 이는 마케터로 하여금 그러한 조사의 결과를 근거로 고객의 구매 빈도를 늘리고 브랜드 자산을 강화함으로써 궁극적으로 수익을 늘리는 방법을 찾을 수 있게 하기 위함이다. 이를 위해 조사의 방법론적 몇 가지 기본 가이드라인을 정리하면 다음과 같다.

소비자와 동화되라 마케팅의 첫 번째 원칙은 사람을 이해하는 사람이 되라는 것이다. 그러기 위해서는 먼저 우리가 살고 있는 세상을 이해해야 한다. 사회 및 정치의 흐름, 영화, 책, 신문의 헤드라인 등 우리 주변에 있는 많은 것들이 소비자의 생각과 하는 일을 직간접적으로 말해 주고, 또 그것에 의해 소비자는 어떤 영향을 받는지를 알려준다. 정확한 조사가 되려면 먼저 주어진 환경 안에서 자신과 같은 한 사람으로서의 소비자를 충분히 이해하라.

'왜?'에 초점을 맞춰라 지금까지 여기저기서 시행된 소위, 마케팅 조사란 것의 대부분은 소비자들이 원하는 편리함과 다양함, 가치 등에 관한 것이었다. 그러나 이런 조사 결과는 이미 알고 있던 사실인 경우가 많고, 설령 새로운 사실을 알았다고 해도 그것이 소비자들과 의미 있는 연결을 만드는 데는 별 도움을 주지 못한다. 때문에 보다 효율적인 조사가 되려면 '무엇'이 아니라 '왜'를 알아낼 수 있는 것이어야 한다. 내 브랜드는 사람들의 생활 속 어디에 위치하고 있는가? 사람들은 그 브랜드를 어떻게 느끼고 있는가? 소비자는 왜 그 특정 제품을 사용하는가? 다른 사람들이 자신을 어떻게 봐주고 생각해 주기를 원하는가? 등이다.

설계에 집중하라 조사는 설계에 따라 소비자 행태에 대한 진정한 통찰력 제공의 유무가 판가름 난다. 이때 가장 큰 장애는 소비자들 자신이 특정 제품의 구매 이유를 모른다는 것이고, 설령 안다고 해도 이를 밝히려 하지 않는다는 것이다. 이런 경우, 직접적인 질문만으로는 어떤 행동 뒤에 숨어 있는 이유까지 밝혀내지 못한다. 때문에 우회적인 방법을 동원해야 한다. '만일~라면'식의 가설에 바탕을 둔 조사 설계가 보다 효과적이다.

가설을 숙고하라 제대로 된 가설이 제대로 된 결과를 낳는다. 가설을 잘못 세워서 잘못된 결과를 초래한 가장 좋은 예가 바로 뉴 코크이다. 코카는 맛 테스트를 통해 소비자들이 코카콜라의 톡 쏘는 맛보다는 펩시의 단맛을 좋아한다는 사실을 알아냈다. 그래서 조사는 더 이상 진행하지 않은 채 펩시의 맛과 비슷하게 만든다면 더 많은 사람들이 코카콜라를 마실 것이라는 판단을 내렸다. 그 결과, 뉴 코크는 출시되었지만 소비자들은 전혀 관심을 보이지 않았다. '두 맛 중 어느 맛을 선호하는가?'는 물어봤지만, '코카콜라를 이런 맛으로 만든다면 사서 마시겠는가?'는 물어보지 않았던 것이다.

조사 결과에 목매지 말라 조사 프로젝트의 처음을 제로로 보고 성공, 즉 시장에 영향을 미칠 만한 새로운 단서를 찾아내는 것을 100으로 친다면 아무리 설계를 잘하고 내용이 충실하다 해도 그 결과는 50 이상을 넘지 못한다. 나머지 50은 조사 결과에 기반을 두고 개발하는 마케팅 전략에서 찾아야 한다. 스포츠든 투자든 마케팅이든을 막론하고 실제 행동으로 연결시킬 계획을 개발하지 못하면 조사를 통해 얻은 정보나 지식은 아무짝에도 쓸모가 없다.

수치의 한계를 잊지 마라 조사 결과로 나타난 수치가 중요하긴 하지만, 수치 자체가 아니라 그 수치를 통해 나타난 이면의 의미를 중시하고, 인간으로서의 소비자를 이해해야 한다. 소비자는 무엇을 기대하고 있는지, 진정 중요하게 여기는 것, 꿈과 가치는

▌월마트의 현장 조사 시스템

월마트 본사가 있는 미국 아칸소 주의 작은 도시 벤톤빌 인근 공항에서는 매주 월요일, 월마트 임원들을 태운 전용 비행기 5~6대가 이륙해 전 세계로 날아간다. 이 임원들은 미국 전역과 전 세계에 있는 점포를 방문해서 고객들과 이야기하고, 현장 직원들로부터 의견을 듣는다. 이들의 방문은 그 점포의 책임자에게 미리 알리지 않을뿐더러 직원들과 이야기를 할 때도 그들이 월마트 임원임을 밝히지 않는다. 이렇게 화, 수요일을 현장에서 보낸 뒤 임원들을 태운 비행기는 수요일 저녁 다시 벤톤빌로 날아든다. 목요일에는 모든 임원이 본사에 출근해서 업무를 처리하고 금요일에는 함께 모여 출장에서 보고 들은 것을 관리자들과 함께 '왜 경쟁사인 타깃에는 있는 상품이 우리에게는 없는가?'처럼 아주 구체적인 문제를 가지고 논의한다. 이런 방식으로 10~12가지 문제점을 찾아낸 임원들은 토요일 아침 위성전화 회의로 전 세계 월마트 책임자들과 문제점과 해결책에 대해 논의한다. 일요일을 가족과 보낸 임원들은 다시 월요일 전세기를 탄다. 이런 방식으로 월마트 임원들은 전체 시간의 70%를 현장에서 보낸다. 매출 4,000억 달러가 넘는 월마트가 고객의 반응을 직접 듣기 위해 마치 동네 수퍼마켓처럼 조사를 한다는 것은 다른 기업에 주는 시사점이 있다. 즉 임원들은 무엇이 현장에서 벌어지는지를 자신의 눈으로 직접 확인하라는 것이며, 그걸 습관화하라는 것이다. 그러기엔 회사가 너무 크다거나 너무 바쁘다는 말은 무의미하다. 월마트도 하고 있다.

[참조 7-1] 주요 조사 방법

◇ 정량 조사
 - 전화면접법(Telephone Survey)
 - 대인면접법(Face to Face Interview)
◇ 정성 조사
 - 일대일심층면접법(In-Depth Interview)
 - 집단심층면접법
   (FGI, Focus Group Interview)

무엇인지, 여가시간은 어떻게 보내는지, 어떤 것에서 즐거움을 느끼는지 등을 알아내라. 소비자의 머릿속에 있는 것 못지않게 마음속에 있는 것도 중요하다.

항상 호기심을 가져라 누군가 스니커즈 초콜릿 바를 사는 것을 보면 왜 밀키웨이를 사지 않는지 생각해봐야 한다. 스포츠 레저용 차량이나 미니 밴들이 웬디스햄버거의 드라이브스루 창구에 줄지어 서 있다면 이들이 무엇을 살 것인지, 다음 번에는 어디로 갈 것인지, 그리고 늘 이곳에 오는지 아니면 가끔 들르는지를 생각해봐야 한다. 모든 행동에는 이유가 있으며 바로 그 이유를 알아내야 하는 것이다.

조사를 '빠르게, 제대로, 저렴하게' 할 수는 없음을 잊지 마라 빠른 결과 도출, 제대로 된 조사, 저렴한 비용 중에 얻을 수 있는 것은 2가지 뿐이다. 인터넷의 발달이 조사의 효율성을 크게 높여준 것은 사실이지만 아직도 대부분의 조사에서는 위의 3가지 요소가 모두 공존할 수는 없는 것이 현실이다. 만일 누군가가 이 3가지 모두를 한꺼번에 할 수 있다고 말한다면 이 사람은 돈만 노리는 사람이다.

4. 조사의 종류

우리가 흔히 말하는 조사의 종류로는 응답자와 일대일 인터뷰를 통한 정량 조사와 응답자 전체를 상대로 워크숍을 열어 결과를 토의하게

끔 하는 정성 조사로 나누어진다. 조사목적에 따라 이 2가지 방법 중 하나가 선택되며, 병행될 때 서로 보완적인 역할도 하게 된다.([참조 7-1] 주요 조사 방법)

1) 정량 조사(Quantitative Research)

전화나 대인면접법으로 대표되는 이 조사는 크게는 몇 천에서 작게는 몇 백 또는 몇 십 명을 대상으로 실시, 백분율 또는 비율로 결과치가 나타난다. 대인면접법은 '사람이 무엇에 집중하는가' 에 대해서 좀 더 통제를 할 필요성을 느낄 때 활용한다. 정량 조사는 대표성이 보장되는 표본을 대상으로 정보를 수집, 분석하여 '소비자는 이러이러하다' 라고 말할 수 있다. 이때 가장 큰 장애는 소비자들이 어떤 행동 뒤에 숨어 있는 이유까지는 밝혀내지 못한다는 것이다. 이 시장 조사로는 정기적으로 행하는 Bench Mark Study와 비정기적으로 행하는 다양한 형태의 조사가 있다.

Bench Mark Study 상표 인지율, 상표 사용율, 구매율, 상표 선호도, 중요 이미지의 변화도, 광고 기억율 등, 정기적으로 점검하여 지속적으로 마케팅 계획에 피드백해야 하는 지표 조사이다. 목표에 대한 과업 관리의 기본적인 통제 방법으로 사용되어진다. 병원에서 적극 활용될 수 있는 조사로는 소비자만족지수조사가 있다. 이는 병원 업무 전반에 걸친 내용을 점도표로 나타낼 뿐만 아니라 의술과 서비스에 관한 세부항목까지 만족도를 알 수 있다. 정도가 지수로서 계량화되기 때문에 계열별, 부서별로 성과를 비교할 수 있는 유용한 수단으로 활용될 수 있다.

Product Research 제품 사용 경험자와 미경험자로 나눠진다. 가령 미경험 소비자들 대상으로는 제품에서 느끼는 인상이나 이미지뿐만 아니라 호감도 등을 조사하게 된다. 또한 실제 사용 경험자들의 경우에는 제품과 관련한 제반사항으로 품질이나 콘셉트와의 적합도, 향후 재구매 의향 등으로 나뉘어서 조사가 이뤄진다.

Advertising Research 광고를 제작하기 이전에 필요한 사전 조사와 광고 효과 확인을 위한 사후 조사가 있다. 이는 기법에 따라 인지 조사, 기억 조사, 척도에 의한 태도 조사 등이 있다.

대 고객 비정기적 조사 문제점의 발견과 해결에 관한 조사로서 판매 부진의 원인 규명이나 새로운 시장 기회의 발견을 가능케 해준다.

2) 정성 조사(Qualitative Research)

소비자가 진정으로 원하는 본질에 접근하려면 문제의 핵심을 정확히 파악하고 소비자의 관심, 바램, 두려움, 한계 등에 대한 이해가 요구된다. 정성 조사는 자유로운 토론, 협의를 통해 정량 조사에서 계량화하기 어려운 의견이나 소비자 심리, 행동 뒤에 숨어 있는 감추어진 이유까지, 소비자가 가진 문제의 본질을 심층적으로 파악하기 위한 조사이다.

정성 조사에는 주로 집단토의(FGI) 방식을 사용한다. 이 조사는 참석자들의 공통된 경험에 집중하여 마케팅상의 문제 중 동기적인 측면의 시장 정보를 제공해준다. 참석 대상자들은 조사목적에 따라 선택되어지며, 서로 간에 보완적인 역할도 하게 된다. 이 방법을 사용하는 대표적인 조사로는 새로운 제품의 시장 가능성을 직접 소비자의 욕구나 동기 측면에서 타진해 보는 [제품의 수용도 조사], 소비자의 욕구나 동기에 관한 조사를 바탕으로 개발된 몇 가지의 광고 콘셉트를 소비자에게 제시하여 가장 효과적인 콘셉트를 선정하는 [광고 콘셉트 조사], 신제품이 출하된 후 약 6개월 내지 1년 정도 후에 그 제품에 대한 태도 형성의 요인을 점검하고 수정하고자 하는 [태도의 형성 및 변화 조사](이 조사는 일정 기간을 두고서 특정 상표에 대한 소비자의 태도 변화를 계속해서 추적해 가는 데에도 사용된다), 수시로 방문하여 그동안 느꼈던 체험담과 청취담, 주위의 소문 등 다양한 내용을 자유롭게 담소하거나 보고서를 작성하게 하는 [주부 모니터를 활용한 조사] 등이 있다.

5. 조사의 진행 단계

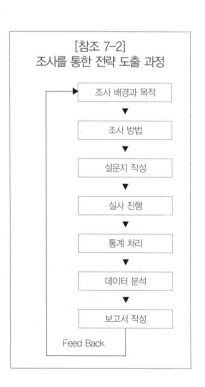

조사의 진행은 다음과 같이 7가지 단계로 나눠진다.([참조 7-2] 조사를 통한 전략 도출 과정)

1단계, 문제의 확인 및 정확한 목적의 설정

목표 관리 시스템에서의 정기적인 시장 조사를 제외하고는 하고자 하는 조사의 문제점을 정확하게 알고 있어야 한다. 또한 그 문제의 배경에 관한 자료도 충분히 검토되지 않으면 안 된다. 여기에서 놓치지 말아야 할 것은 모든 문제점들을 조사 담당자가 충분히 알고 있어야 한다는 점이다. 가능한 한 많은 자료들을 조사 담당자와 함께 협의하는 것이 효과적인 조사의 첫걸음이다.

2단계, 조사 방법의 결정

목적이 확고하고 그 목적의 달성을 위해 해결되어야 할 문제가 정확할 때 비로소 적절한 조사 방법을 결정할 수 있다. 이 단계에서 토의되어질 사항은 다음과 같다.

[자료의 수집 방법] 정량적인 방법과 정성적인 방법 중 어느 것을 할 것인가? 정량적인 방법에서도 개별 직접면접, 우편 조사 방법, 전화면접, 질문지 타인 기록법, 인터넷이나 모바일 등 여러 가지 중에서 어느 방법이 가장 효과적인가가 결정되어야 한다.

[대상자 선정 방법] 무작위 표집법과 목적 표집법 중의 선정과 무작위 표집법일 경우 확률적 방법이냐 비확률적 방법이냐 지역 집단 표집법이냐를 놓고 결정해야 한다.

[질문 내용 및 질문 기법] 어떤 방법으로 어떻게 알아낼 것이냐의 결정. 예컨대, 상표 인지율을 보조 상기법에 의해 측정할 수도 있고 무보조 상기법으로도 측정할 수 있다.

3단계, 질문지의 작성

가장 중요한 부분으로서 충분한 토의가 이루어져야 한다. 또한 아무리 훌륭한 질문지라도 반드시 Pre-Test를 거쳐서야 완성될 수 있다. 참고로 병원의 경우, 딱히 정해진 답은 없지만 일반적으로 인지도(커뮤니케이션)지표, 이용행태, 심층적 이해도, 건의사항 등 4가지 항목을 근간으로 하여 구성된다.

4단계, 실사 진행
질문지와 조사 방법이 결정되고 나면 면접원을 선발하여 필요한 교육을 시행한다. 실사의 진행은 계획된 기간 내에 매일매일 동일한 숫자가 집행될 수 있도록 조정되어야 하며 전일의 조사 결과는 당일의 재조사로 정확성을 검증해야 한다. 가장 중요한 핵심은 신뢰성, 곧 거짓 데이터에 대한 주의다.

5단계, 자료 점검 및 코딩
수집된 자료 중, 응답자의 응답태도가 부실한 것으로 판정이 된 것은 배제하고 코딩 작업을 실시, 엑셀이나 통계 프로그램 등을 활용한다.

6단계, 분석 및 제표 작업
코딩이 완료된 자료는 컴퓨터 분석 등을 시행한다. 이 분석은 질문지 작성 시에 이미 마련된 분석지침에 의해 집행한다.

7단계, 보고서 작성
보고서는 조사 결과를 통해 발견한 사실, 결론, 제언의 요점을 중심으로 문제 해결을 위한 관점에서 작성되어야 한다. 별도의 요약본은 필수 요건이다.

6. 병원에서의 조사

서비스업으로서의 병원은 고객과의 접점이 많고 구전에 민감한 노동 집약적 비즈니스라고 할 수 있다. 때문에, 조사를 통한 소비자 마인드 읽기는 병원 경영에 있어 최우선 과제 중 하나다. 상대를 모르면서 그에게 다가갈 수 없음은 지극히 당연한 얘기가 아닐 수 없다. 때문에 병원에서의 조사는 관점에 따라 다양한 유형의 설계가 나올 수 있다.

1) 경영 전반의 단계별 조사

1단계, 경영진단 우선 병원 내부 고객(직원)을 상대로 한 만족도 조사가 있다. 예를 들어 근무 만족도, 급여 만족도, 상하 및 동료 간 만족도 등 여러 가지 세부항목에 대한 조사이다. 내부 고객의 만족도를 높임으로서 보다 효율적인 경영 방안을 모색할 수 있다.

2단계, 브랜드진단 시장 조사를 통해 브랜드로서의 병원 이름이 갖고 있는 인지도 및 영향력을 파악, 이를 지수화한 것으로 소비자의 내원을 예측할 수 있는 정량적 지표이다.

3단계, 고객진단 소비자 의식의 심층에 잠재하고 있는 이용 동기나 이용 유형 등을 파악할 목적으로 행해지는 조사를 말한다. 소비자의 병원 선정 기준이나 동기 등을 파악할 수 있다.

4단계, 전략진단 병원도 전략이 없으면 이익을 낼 수 없고, 이익을 내지 못하는 병원은 존재할 수 없다. 이익의 산출은 숫자에서 비롯된다. 소위 '비즈니스 숫자'이다. 이 비즈니스 숫자를 이해하면 병원 수지상태의 파악과 더불어 전략에 대한 점검과 진단이 손쉬워진다.

5단계, 커뮤니케이션진단 소비자와의 커뮤니케이션을 위한 각종 제작물의 크리에이티브, 매체 적합성, 광고 효과, 경쟁자의 커뮤니케이션 활동 등에 대한 조사이다.

6단계, 정보진단 고객의 '이력과 취향'에 대한 조사이다. 고객 정보, 경쟁사 정보, 산업 정보 등 시장의 각종 데이터를 수집, 분석하고 그것을 기초로 하여 마케팅 전략 수립에 반영한다.

2) 고객만족도 조사

또 다른 접근의 조사도 생각할 수 있다. 그 중 하나로 우리나라 일부 대형 병원이 참여하고 있는 고객만족도 조사가 있다. NCSI에는 서울아산, 삼성서울을 포함하여 경희의료원, 서울성모, 세브란스, 고대안암병원 등에서 참여하고 있다. 평가항목은 다음과 같이 6가지로 나눠진다.

고객의 기대 수준 제품 또는 서비스를 구매하기 전에 가졌던 기대 수준으로 광고나 기업 이미지, 브랜드 등에 영향을 받는다.

인지 품질 수준 객관적인 품질이 아니라 고객이 제품과 서비스를 일정 기간 사용한 후 이를 주관적으로 평가한 품질이다.

▌조사의 함정–몽구스의 사례

한 때 하와이는 쥐 때문에 골머리를 앓고 있었다. 당시 하와이에서는 쥐가, 천적이 없어, 엄청나게 번식했는데, 그 수가 늘어나는 만큼 하와이의 설탕농장은 쑥대밭으로 변해갔다. 당국은 온갖 방법을 동원해 쥐를 줄이려고 노력했지만 모두 실패하고 만다. 자포자기했던 농장주들은 마침내 그 해답을 자연에서 찾고자 시도했다. 그리고 하와이에는 쥐의 천적이 없으니 다른 곳에서 그 천적을 데려오기로 하고 적합한 동물을 찾기 위한 연구에 몰두했다. 그 결과 마침내 완벽한 천적을 찾았는데, 그것은 바로 '인디언 몽구스'라는 동물이었다. 인디언 몽구스는 위험한 맹독의 코브라도 죽일 수 있는 용맹성과 강한 번식력을 지녔는데, 무엇보다 쥐를 굉장히 '즐기는' 동물이라는 점에서 매력적이었다. 실제로 연구 팀은 쥐와 인디언 몽구스를 한 우리에 가두어 넣고 관찰한 결과 모든 실험에서 몽구스는 쥐를 죽이고, 때로는 잡아먹기도 했다. ⏎

이를 근거로 연구팀은 몽구스가 쥐들을 모두 소탕할 것이라는 기대에 부풀어 다수의 몽구스를 하와이로 즉각 이송하기에 이르렀다. 하지만 오랜 시간이 지나도 쥐들의 수가 줄기는 커녕 오히려 늘어날 뿐 아니라, 몽구스의 숫자마저도 급속도로 증가하면서 예상치 못한 피해가 속출했다. 실험실의 그 완벽한 테스트 결과는 어디 가고 왜 이런 현상이 생겼을까? 그들은 쥐와 인디언 몽구스의 행태에 대한 명확한 분석과 해석은 놓친 채, 단순한 실험과 조사 결과만을 맹신했다. 그들이 놓친 사실의 핵심은 바로 '인디언 몽구스는 낮에 활동하는 동물인 반면 쥐는 밤에 활동하는 야행성 동물'이라는 것이다. 도대체 그 둘이 만날 기회가 없으니 어떻게 기대했던 결과가 나타날 수 있겠는가? 이런 통찰력 부족의 결과는 쥐는 쥐대로, 몽구스는 몽구스대로 늘어나게 한 것이다.

인지가치 수준 지불한 가격에 비해 품질 수준이 적정한지를 평가한 것이다.

고객 유지율 충성도가 높은 고객이 중장기적으로 해당 회사 고객으로 잔류할 가능성을 평가하는 지표이다.

고객 불만 수준 설문 대상자 중 실제 기업이나 기관에 불만사항을 제기한 사람의 비율을 나타낸다.

고객 충성도 고객이 해당 회사 제품과 서비스를 재구매할 가능성이 어느 정도인지 측정한 지표이다. 이는 병원의 최대 관심사인 고객만족도의 변화가 고객 유지율로 대변되는 수익성에 어떻게 영향을 미치고 있는가를 파악하는 데 있다.

의료 소비자들은 우리 병원에 대해 어떻게 생각하고, 무엇을 느끼며, 어떤 행동을 취하고 있는가? 이러한 질문에 답할 수 있는 유일한 방법은 조사이다. 그러나 여기에는 그 조사 결과를 액면 그대로 믿지는 않는다는 전제도 함께 한다. 요컨대, 조사 결과가 뜻하는 '행간(行間)의 의미'를 파악해 내는 통찰력이 필요하다는 것이다. 즉 '소비자들의 이러한 행동의 근본 이유는 무엇인가? 소비자들은 왜 이런 말을 했을까? 우리는 이러한 태도를 어떤 의미로 해석해야 하나?' 등, 조사 결과의 이면에 숨겨진 가장 근본적인 원인이나 사상, 기준이 무엇인지를 파악하고 나름대로 해석해 내야 한다.

애써 번 돈을 엉뚱한 곳에 쏟아 붓기 전에 반드시 조사의 당위성에 대해 짚고 넘어가야 한다. 만약 소비자가 어떤 사람들인지 모른다면 그들에게 도달할 수 없다. 너무도 당연한 진리이다.

참고문헌

1.SELLING WITH HONER LAWRENCE KOHN & JOEL SALTZMAN, 상암기획부설 커뮤니케이션전략연구소

2.발상의 전환으로 …이 세상에 없는 것을 창조한다, 이승녕기자, 중앙일보, 2009.7.1

3.「마케팅 종말」 서지오 지먼외지음 · 이승봉옮김, 청림출판

4.고객 만족 위한 최고 서비스?… '네 가지 격차' 부터 줄여라, 박수찬기자, 조선 Weekly BIZ, 2011.4.23

5.AAAA(American Association of Advertising Agencies)에서 펴낸 모든 젊은 광고인들이 알아야 할 일에 실린 Mc-Caffrey and McCall Inc. 부사장 Linden A. Davis jr의 글을 발췌, 번역. 특집 마케팅리서치, I.시장조사 : 모든 젊은 광고인들이 알아두어야 할 일, 都鍾洙

6.Special Edition Consumer Insight 뉴 패러다임-① '정보' 에서 '통찰' 로, 조형석부장 CS 5팀, LG AD, 2004.5/6

때로는 **병원도 아프다**

초판 1쇄 2013년 9월 10일

지은이 송재순
펴낸이 성철환 **편집총괄** 고원상 **담당PD** 유능한 **펴낸곳** 매경출판(주)
등 록 2003년 4월 24일(No. 2-3759)
주 소 우)100-728 서울 중구 필동1가 30번지 매경미디어센터 9층
홈페이지 www.mkbook.co.kr
전 화 02)2000-2610(기획편집) 02)2000-2636(마케팅)
팩 스 02)2000-2609 **이메일** publish@mk.co.kr
인쇄·제본 (주)M-print 031)8071-0961

ISBN 979-11-5542-025-6
값 24,000원